はじめての

オリエンタル占星術

―― 27宿の秘密 ――

水晶玉子・著

Contents
オリエンタル占星術

相性編

カレンダー編

付録1

付録2

オリエンタル占星術とは？

仏教の「宿曜経《しゅくようきょう》」をベースに
西洋占星術・インド占星術を取り入れ
抜群の的中率を誇る「オリエンタル占星術」。
その概要をまずはご紹介。

ベースは「宿曜経」

「オリエンタル占星術」と名づけて紹介するこの占いは、東洋のホロスコープ占いと言われる「宿曜経《しゅくようきょう》」をベースに、その起源を同じにするインド占星術と西洋占星術のニュアンスを現代に沿った形で加えて表現したものである。

「宿曜経」は、正式には「文殊師利菩薩《もんじゅしりぼさつ》及諸仙所説吉凶時日善悪宿曜経《およびしょせんしょせつきっきょうじじつぜんあくしゅくようきょう》」という名称の経典で、一般的には紀元8世紀に不空三蔵《ふくうさんぞう》という僧が中国に伝え、それを不空の孫弟子にあたる弘法大師空海が多くの密教経典とともに日本に持ち帰ったとされている。

不空はインド出身の高僧であり、彼が自分の知るインド占星術の一部を伝えたものが「宿曜経」だが、そこには当時の中国的な解釈・注釈も加わっている。

「宿曜経」の前後にも、27宿（28宿）の知識を含む「摩登伽経《まとうがきょう》」「三昧神足品《さんまいじんそくほん》」などや「七曜壤災訣《しちようじょうさいけつ》」「符天暦《ふてんれき》」などさまざまな天文・占術の知識の日本への請来があって、「宿曜道」なるものも生まれ、平安時代中期には「陰陽道」と勢力を二分するほどの占いになった。その後は、密教の奥義として現代まで伝えられてきた。

もともと、ヘレニズムという文化の坩堝《るつぼ》から生まれた、星の動きから人の運命を読みとる占いは、西で発達して現在の西洋占星術となった。一方、東へ伝播して、シルクロードを長く旅するように運ばれ、インドでは古来の土着の占いと結びついてインド占星術となり、さらに「宿曜経」として中国、日本にやってきた。

「オリエンタル占星術」とは、この占いが東へ東へと運ばれた長いはるかな旅を思ってつけた名称だ。「宿曜経」などが伝えた知識は、決して体系的に整ったものではなく、言葉も難解で、すでに現代からはかけ離れたものが多い。でも、そのエッセンスを千数百年後の、この日本という東の果ての国で、時代に合った言葉で新しく人の性格や運勢の理解を深めるための占いのひとつとして蘇らせることができればと思う。

月と27宿の関係

「宿曜経」には、西洋占星術の12星座にあたる「十二宮」やその日を支配する「七曜」としての火星、水星、木星、金星、土星などの記述、説明もあるが、その中心は月の運行を基本に置いた暦法だ。

月は27日で天球を一巡するとみなし、月の軌道を27等分。それを1日ごとに月が宿る「月の宿」として、その位置あたりにある明るい恒星の名前で27の「宿」が名づけられた。

27宿の中国とインドの名称とそれに対応する「十二宮」は次のとおりだ。

1 **婁（ろう）宿**　Aśvinī　羊宮
2 **胃（い）宿**　Bharaṇī　羊宮
3 **昴（ぼう）宿**　Kṛttikā　羊宮と牛宮

4 **畢（ひつ）宿**　Rohiṇī　牛宮
5 **觜（し）宿**　Mṛgaśīrṣa　牛宮と夫妻宮
6 **参（しん）宿**　Ārdrā　夫妻宮
7 **井（せい）宿**　Punarvasu　夫妻宮と蟹宮
8 **鬼（き）宿**　Puṣya　蟹宮
9 **柳（りゅう）宿**　Āśleṣā　蟹宮
10 **星（せい）宿**　Maghā　獅子宮
11 **張（ちょう）宿**　Pūrvaphālgunī　獅子宮
12 **翼（よく）宿**　Uttaraphālgunī　獅子宮と女宮
13 **軫（しん）宿**　Hasta　女宮
14 **角（かく）宿**　Citrā　女宮と秤宮
15 **亢（こう）宿**　Svātī　秤宮
16 **氐（てい）宿**　Viśākhā　秤宮と蠍宮
17 **房（ぼう）宿**　Anurādhā　蠍宮
18 **心（しん）宿**　Jyeṣṭhā　蠍宮
19 **尾（び）宿**　Mūla　弓宮
20 **箕（き）宿**　Pūrvāṣādhā　弓宮
21 **斗（とう）宿**　Uttarāṣādhā　弓宮と磨宮
22 **女（じょ）宿**　Śravaṇā　磨宮
23 **虚（きょ）宿**　Dhaniṣṭā　磨宮と瓶宮
24 **危（き）宿**　Śatabhiṣaj　瓶宮
25 **室（しつ）宿**　Pūrvabhādrapadā　瓶宮と魚宮
26 **壁（へき）宿**　Uttarabhādrapadā　魚宮
27 **奎（けい）宿**　Revatī　魚宮

なお中国では「斗宿」と「女宿」の間に

27宿の星座図

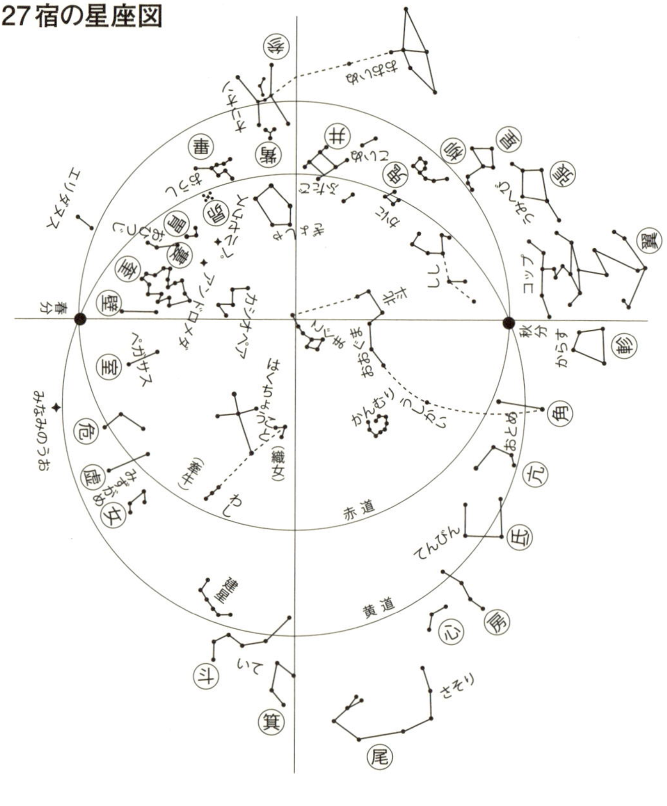

「牛宿」を入れて28宿としていて、インドでも28宿と27宿の二つの体系があり、「宿曜経」でも、上巻では28宿で記述されているが、下巻では「牛宿」は、毎日正午に南中して、万物を掌握する星座として、これを除いている。「オリエンタル占星術」も27宿を用いている。

このように「宿曜経」は、月の運行を基にした占いである。その人の「本命宿」は、生まれたときの月の位置で決まる。一方、西洋占星術では、自分自身を司るものは太陽であり、「何座生まれ」というのは、生まれたときの太陽の位置で決まっている。

ヘレニズム発祥の占いが、西では太陽を主体に発達し、東へは月を主体にして伝わっていったということは、文化史的に、とても興味深い。東洋思想の中核には陰陽思想がある。物事にはすべて陰と陽があり、そのバランスが大切であるという考え方だが、西では太陽、東では月を中心に占術が伝わり、発達したという現象は、まさに地球規模で陰陽のバランスをとったような出来事に思える。

複雑な多面体である人間がつむぎだすさまざまな運命。太陽を主体とする西洋占星術だけでは語りつくせない人の性格と運命の一面を、この「オリエンタル占星術」ですくいあげることができれば、陰陽のバランスのとれた人間像を語れるのかもしれない。

巻末p.224からの「本命宿早見表」で、あなたの生年月日を見つけ、自分の「本命宿」を探してみよう。「本命宿」はあなたの生まれた日の月の位置で決まってくる。

西洋占星術との関係

前述したように27の宿は、それぞれ12星座にあたる「十二宮」に対応している。

もし、西洋占星術の自分の出生チャートを持っていたら、自分の月が位置する星座と比べてみるのもいいかもしれない。ここで示された「本命宿」が属しているのは、西洋占星術のそれと同じ星座か、ひとつ後ろになるはずだ。

27宿と十二宮、七曜の関係

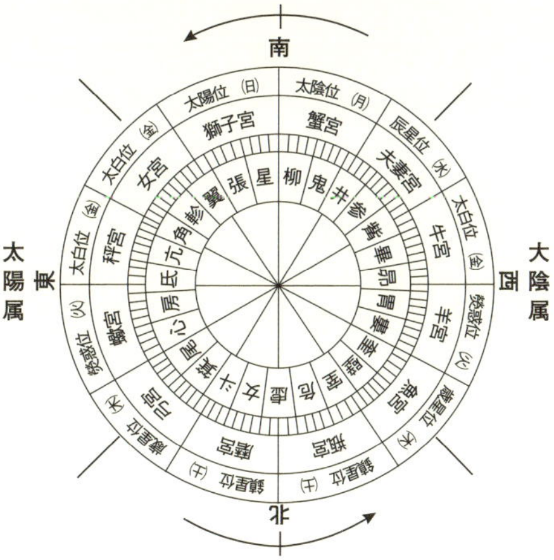

こうした微妙なズレが起きるのは、当時伝わったインド占星術では、黄道(太陽が見かけ上、天球上を一周する軌道)、座標の起点である春分点（春分のときの太陽の位置、12星座の起点）を紀元前300年頃に固定し、歳差運動による春分点の逆行を計算に入れていないため。そのため現在の西洋占星術とは、約24度のズレが生じている。

「宿曜経」では「十二宮」（12星座）の特徴は次のように述べられている。西洋占星術のそれと似ているようで微妙に違う。また古《いにしえ》言葉はハッキリしすぎてネガティブな表現も多いが、意訳して紹介しよう。

羊宮　人事を司る。福徳多く、長寿で忍耐強い。厨房の任につく。

牛宮　動物・資産を司る。幸福で親友に恵まれ、長寿。牧畜の任につく。

夫妻宮　子孫を司る。妻妾多く、人から尊敬される。秘密・管理の任につく。
蟹宮　官庁と口舌の仕事を司る。性悪で人を欺くが聡明。刑獄・訴訟の仕事に向く。
獅子宮　官位と得財を司る。精神は富貴孝順で、軍隊を掌握する。
女宮　妻妾、婦人を司る。心の中を見せず子供と財に恵まれ、宮中に仕事をもつ。
秤宮　宝庫を司る。心正しく公平で、信仰が厚い。財多く、財務を掌握する。
蠍宮　病気を司る。病多く、嫉妬深いが、病に詳しく医療の任につく。
弓宮　慶事や財を司る。計画性があり、難事をまとめる。将軍・宰相の任につく。
磨宮　闘争を司る。逆心を持ち、妻子をないがしろにする。刑吏の任につく。
瓶宮　勝利と強さを司る。忠信で、よく学び、学問を仕事にする。
魚宮　官位と職務を司る。学問があり、忠実で富貴。正直で役所の仕事に向く。

詳細にみると、「宿曜経」におけるインド占星術と中国の占星術にも、それを西洋占星術と比較した場合にも、いろいろな食い違いはある。とはいえ、占いの観点では、これらの占いの要素が足し算的に加わることはあっても、引き算で消えていくことはあまりないのが、実践的に占う場合の実感である。「オリエンタル占星術」は、それらを融合し、現代を生きる人にとって有効なものにしていく試みでもある。

なお「宿曜経」では、27宿の最初の宿は「昴宿」であり、他の文献では「角宿」から始めるものもある。「オリエンタル占星術」ではインド占星術と西洋占星術の観点から牡羊座の「婁宿」から始めている。

オリエンタル占星術活用のすすめ

「オリエンタル占星術」を初めて雑誌『FRaU』の占い特集号で紹介したのは1998年5月のこと。1回だけの特集のつもりだったが、多くの方に好評を得て、長年、連載を続けさせていただいている。本書の多くの部分は、そこで紹介した文章をまとめた形である。

西洋占星術では、月は太陽より本能と感情に根差した部分を語る星だが、それを基にした27の本命宿の性格の解説は、普段、その人自身が自覚していない部分を語るものとして楽しめると思う。

また、「宿」と「宿」との相性の解説は、日々の生活の中で人間関係に悩んだとき、とても役に立つはずだ。
「宿曜経」で紹介されている「宿」と「宿」の組み合わせでみる相性診断は、とてもデジタルな形でありながら、驚くほど的確に互いの関係性を浮き彫りにしてくれる。相性は、いい悪いだけでなく、縁の濃さ薄さなど、人との出会いと関わり方の不思議さを教えてくれるものでもある。

また本書では、雑誌連載でおなじみの「オリエンタルカレンダー」について、その読み解き方から作り方までを紹介している。

日々、その位置を変える月を使った「宿曜経」は、日運を占うのにとてもすぐれたツールである。それを基にしたこの「オリエンタルカレンダー」は、西洋から東洋まで多くの占術を試している私が「当たる」と実感して、日々、愛用している日運カレンダーでもある。

本書が、占いを通して、人やものの見方、関わり方に少し違うニュアンスを与え、毎日の生活を豊かにすることにささやかながらお力になれれば、幸いである。

この本の出版にあたり、FRaU編集部の「オリエンタル占星術」の歴代の担当編集の山内繁樹氏、長谷川淳氏、神谷明子さん、笹井郁奈さんのご尽力に感謝したい。

27宿
性格と運命編

27宿それぞれの性格から金運、
恋愛・結婚運、仕事運、健康運まで
すべてオリエンタル占星術で見通せる！

婁宿《ろうしゅく》
Aśvinī
つなぐ人

（ 宿曜経 ）

此宿生人。法合多技能少疾病好解医方。
性勤公務禀志慎密。
（上巻）

婁宿。宜諸急速事。
与薬取薬調乗象馬。及出売等並吉。
（下巻）

この宿の生まれの人は、多くの技術を持ち、病気をすることが少なく、医薬への関心が強い。仕事を手堅くきちんとこなし、緻密で丁寧で思慮深い性質を授かっている。
婁宿の日は、なんでも急を要する作業によい。薬を与えたり、受け取ったり、動物の調教や、商売に出向くことも吉である。

基本性格

「婁宿」の婁は、つなぐ、とらわれるという意味。インド占星術でこの宿の名は、馬をつなぐものという意味があり、夜から朝へ、前世から現世へつなぐ宿星とされる。
婁宿生まれの人は、聡明で穏やか。親しみやすい雰囲気で、「人間関係の要」ともいうべき存在になれる人だが、性格の本質はドライ。みんなとワイワイ騒いでいるときでさえ、しっかりと人や状況を観察する冷静さを失わないタイプ。何事も緻密にクールに対処していくことができるので、大成功はしなくても失敗は極端に少ないのがこの宿の特徴。つまり、どんなことでも無難につなぐことができる人なのだ。
そんな慎重さは、子供の頃、あまり丈夫ではなく、無茶ができなかったことに関係しているのかもしれない。大人になるにしたがって自分なりに健康面にも気をつけるようになるので頑健になり、独自の健康法を持つことも多いだろう。

世の中の出来事に敏感で、バランス感覚が優れているだけに、若いときは多少、与えられた環境から飛び出したてみたり、大胆な行動をとったりするが、次第に常識的なところから大きく踏みはずさずに生きていこうとする気持ちが強くなる。基本的には慎重なので、ダイナミックで冒険的な生き方はあまり肌に合わないようなところもある。

多芸多才で、優れた観察力からくる企画力、アイデアもあるが、やや線は細く、仕事も、よほどの確かな足がかりがなければ、独立したりフリーランスで生きるよりは、組織にいたほうが能力を発揮しやすい。そしてどんなことも正確にやりこなし、人の信頼を得てじっくり伸びていく。

婁宿が気をつけなければならないのは、日頃は内に秘めた鋭い批判精神を、場所をわきまえずに振りかざし、冷たく人を見下したりしがちな点。自分自身が計算して動くので、それができないいきあたりばったりの相手には特に手厳しい傾向がある。自分が思うより度量は狭いので、リーダーになるよりNo.2でいたほうが、自分も楽だし、能力もうまく発揮できそうだ。

人間関係もそつがなく、それこそ人と人をつなぎ、調整するようなこともうまいのだが、理性的すぎて、人間関係は広いけれど、見かけよりは浅く表面的になる恐れも。困っている人を助ける力と、個人的に誰かをまたは多くの人をサポートする使命感も秘めているので、もう少し寛大で、また熱い情熱を表に出して人と接するようにすると、人との関係も深まり、運気はよりレベルアップしていくだろう。

神経の細やかさがアクシデントの原因になることもある。小さなことを気にして大局を見失ったり、几帳面すぎて人間関係がギスギスすることも。人生が大きく動く30歳前後はうまく対応ができず、運気が落ち込みやすいけれど、そこを乗り越えれば確実な発展が待っているはずだ。

天職と使命

緻密な頭脳を持ち、冷静に計算をして動ける婁宿の仕事運は、その使命である〝つなぐこと〟を意識し、あなた自身が何をどこにつなぎたいか、それを考えてみると、自然に仕事や未来に対する答えが出るだろう。何より大事な命を安全につなぐことを目的とする医療関係は適職。大人しそうでも、実は闘争心が強く、修羅場では頼りになるので、防衛・防災関係にも向く。その計算能力の高さを活かして金融・証券関係、経理畑でも出世できるはずだ。

人と人をつなぐという意味で、ジャーナリスト、マスコミ関連、コンサルタント、秘書、さまざまな紹介業などにも向く。商売も、ただ商品を売るというより、それを必要な所に〝つなぐ〟という意識で動くと成功しやすい。また、伝統的なものや家業などを未来につなごうと考えれば、それなりの戦略を練って必ずやってのける。

要領がいいわけではないので、最初は選り好みせず、与えられた課題は何でもやってみることが開運のコツ。数をこなし、仕事を途切れさせずに経験を積むことで本物の実力がつき、年齢とともに他の人にない能力を発揮できる。つまり、失敗を次の成功につなげることもうまいのが婁宿なのだ。

恋愛＆結婚

婁宿は、清潔な雰囲気の美しい人が多い宿。でも、さっぱりしていてフェロモンは少ないほう。異性に対するアピールも案外素っ気なく、恋多きタイプではない。

男女とも異性に対する目が厳しく、つきあい始めても恋は盲目とはならず、相手の欠点もチェックしてしまうので、なかなか情熱が長続きしない傾向がある。特に女性はしっかりしているので、男性に甘えるよりは、男性から甘えられる側になりがち。男性も、遊びの恋愛は数多くしても、恋愛と結婚をはっきり分けて考える。だから男女とも、ベタベタ甘えてくるような異性と結婚はしないし、結婚後も相手に依存されると耐えられなくなるタイプだ。知的で、自分がかなわないと思う能力や魅力、立場、バックグラウンドを持つ異性には弱い。そんな異性への好みも婁宿の手堅さを物語る。

結婚観も理性的で、自分の家業や生活に必要、ピッタリと思える、しっかりした異性に出会うと決断は早い。その選択は意外に直感的。結婚に求めるのは、自分の育った家庭に似ている雰囲気や安定なので、その意味でお見合い結婚も悪くない。ただ、仕事や何かで自分にとって必要な相手と思えば、結婚という形にとらわれずにひとりの異性と長く関係を続けることもある。

結婚すれば、女性は有能な主婦だが、夫や家族を突き放して見るところがあり、気をつけないと家庭が冷たくなる恐れも。男性は家庭では外より鷹揚で、愛妻家になる。

お金のこと

スッキリとしていて華美な雰囲気を好まない婁宿は、あまりお金の匂いを感じさせない。ガツガツした言動は決して見せないけれど、本来緻密な性格なので、実はお金のことは常にしっかり管理し、損得は計算して動いているはず。コストパフォーマンスにも敏感で、基本的には節約家。

遊んでいるように見えても、自分の経済的な許容範囲を逸脱せず、見かけよりかなり貯蓄していることが多い。大儲けをしたとしても、まず無駄使いはしない。

ビジネスの才能もあるがワンマンではなく、自分の不得意な分野は共同経営などで人にまかせる形で成功する。

婁宿の人がお金を貯めるならまずは小銭貯金から。仕事などでは自分の金銭感覚を信じて大丈夫。「己を知る」「足るを知る」という自分への客観的な視線を失わなければ、お金での失敗はほとんどないだろう。

カラダと健康

婁宿は、インド占星術での名称・アシュヴィニーの〝馬に由来するもの〟から「馬師宿」とも称される。馬は、スラリと長い脚を持つ動物であるから、婁宿が、身体の部位で「脛《すね》」を司るのもうなずける。

実際、婁宿の人は、スリム、スレンダーな体型の人が多く、多少太っても不思議に脚だけは長く、細いままだったりする。

またインド名は、〝太陽に先駆けて現れる暁の女神〟も示すが、それも太陽神を乗せた車を引く馬のイメージに重なる。引っ張る、つなぐという意味を持つ婁宿は、人に先駆け、新しいものを追って、忙しく足を使って動いているときほど身心が充実する。そのためにも、歩くことは婁宿には大切な行為。ランニングでも、ウォーキングでも、散歩でも、歩くこと、走ることは婁宿の身体の活性化に欠かせない。

ただ、一度始めたことはなんとなく続けてしまう婁宿は、自分で考えているよりもデトックスはうまくない。身体にはっきりわかる不調が出たり、ギリギリ続けられなくなって初めて自分のストレスに気づくような鈍感なところもあるので、日々、こまめにデトックスをし、それを日常の習慣にしておく必要が。意識さえすれば、細かなところは気がつくし、継続する力はあるので、健康管理はうまい。「魔のウィーク」ごとに自分自身の状態を見直すのもひとつの手。そのとき特有の自分の身体の状態をチェックしていくことで、自分に合った独特の健康法を編み出していけるだろう。

注意すべきは脳疾患、心臓疾患など循環器系と腎臓病。薬とは上手につきあうが、薬に頼って無理をしないこと。腰痛や股関節の病気、腕などの骨折にも警戒を。

休息方法

見かけよりも神経が細やかで、小さなことが気になる婁宿は、自分で感じているよりも頻繁にリラックスと休息の時間が必要なタイプ。ただ、情報に対して敏感なせいか、何もしない静かな時間や、マッサージやエステなどのフィジカルな癒しの方法では、気分が落ち着かないことも多いはず。

むしろ部屋に閉じこもって自分の好きな音楽にどっぷりつかったり、DVDを観まくったり、読書をして脳内を別世界に飛ばすような、興味のある情報をインプットする時間を持ったほうが不思議とリラックスできるはず。また、ひとりで過ごすよりは、気心の知れた仲のいい友人・知人と他愛もないことを話したり、飲んだり、ちょっとしたゲームを楽しむのも癒しと休息になるので、声をかければ気楽に会えたり集まれる友人・知人は宝物だ。

婁宿が旅に出ると、細かいことに気がつくので同行者などから頼りにされるが、本人は休めないので、短い旅をチョコチョコするよりは留学、駐在などの長い滞在のほうが運気には好影響を与えることになる。

有名人

緻密な理論派の婁宿に、激動の時代の英雄は少ない。徳川家光の孫で、46歳にして徳川6代将軍となり、5代綱吉から8代吉宗の治世への〝つなぎ役〟のような役割を果たした徳川家宣が婁宿。

医学に縁がある婁宿らしく、オランダの医学書を訳し『解体新書』として刊行した杉田玄白も婁宿。歴代総理では宮沢喜一、大平正芳。

ビジネスの世界では、パソコンで世界の人々をダイナミックにつないだアップル社のスティーブ・ジョブズとマイクロソフト社のビル・ゲイツが奇しくもともに婁宿。

作家は直木三十五。また井上ひさし、唐十郎、山田太一など劇作家も多い。芸能界では、息の長い活躍をする人が多く、志村けん、とんねるずの石橋貴明、竹野内豊、生田斗真、岩下志麻、黒木瞳、田中美佐子。また次男の立場で平成の皇室を静かに支えているような秋篠宮文仁親王も婁宿だ。

ほかに、スティービー・ワンダー、アンジェリーナ・ジョリー、『ハリー・ポッター』のダニエル・ラドクリフ。

胃《い》 宿《しゅく》

Bharaṇī

巻き込む人

宿曜経

此宿生人。法合胆硬悪性霊耽酒嗜肉。
愛駆策劫奪強暴。禀志軽躁。足怨敵。
饒男女多僕従。
(上巻)

胃宿。宜為公事及王者之善事。
亦宜作厳整之事。伐逆除兇幷調訓在下。
及馬等畜生並吉。
(下巻)

この宿に生まれた人は、胆が据わっているが粗暴で、酒や肉食を好む。策略や略奪、横暴な振る舞いもあり、快活だか軽率なところもある。人間関係のトラブルも多く、敵も多い。部下など慕ってついていく人も多い。子だくさん。

胃宿の日は、公の事業や王や元首が善き事をするのに向いている。また、物事を厳しく整えるのにもよい。逆賊を討ち、悪人を除けたり、下の者や、馬などの家畜の訓練することも吉。

基本性格

「胃宿」の〝胃〟は、なんでも飲み込み消化吸収するような、旺盛な好奇心と欲望を表す。インドの星の名は、何かを担う、運ぶという意味を持つ宿。

胃宿生まれの人は気の強い自信家。頑張り屋で忍耐強く、知恵と底力がある。自分で興味を持ったことにはエネルギッシュに取り組み、力業で手に入れていく。欲しいもののためには強引なこともする、アクの強いところのある人だ。

原典に[※1]「22歳を過ぎて大富貴を得る」とあるように、自立心が強く、バイタリティもあるため、若いときから親の庇護を受けない生き方を選びがちで、多くの場合は、親をしのぐ成功を収める。

プライドが高く、基本的に自分以外をあまり信用しない。人を頼ったり世話や庇護を求めないかわりに、自分も人に与えない。

※1『三昧神足品』

そのうえ秘密主義なところがあり、本心をめったに明かさないので、どこか謎めいた雰囲気を漂わせる。そのせいか、人間関係には波風がつきまといがちだ。

見かけは軽く見えても負けず嫌いで、行く道を阻むものに対しては容赦なく戦いを挑む。競争、闘争には強く、痛み分けになることはあっても絶対に負けない。

こんな胃宿の人は行くところに嵐を巻き起こし、望むと望まざるとにかかわらず、人生が波乱含みになりやすい傾向がある。

また、原典に「瞋憤《しんふん》※2（怒りと憤り）多し」とあり、そんなふうに見えなくても、胃宿の人は常に怒りを抱いていたり、イライラしがちな一面がある。自己イメージが高く、向上心も強く、妥協もできないせいか、傍から見れば恵まれた状況にあっても、本人はなかなか現状に満足できない。何事も自分のやり方でやらないと気が済まず、自分なりの美意識、スタイルをつらぬいて、個性的な生き方を選ぶだろう。

基本的に「一国一城の主」タイプで、人に使われることは性に合わず、組織にはおさまりきらずに一匹狼として生きることを選びがち。実行力も統率力もあるため、いつのまにか反体制・反権力的なグループのリーダーになっていることも。胃宿の強さは不思議な魅力と人望となって、スケール感と安定感のある人気を得る人も多い。

もし、そうした「怒りと憤り」が大きなものに向けられれば、世間に一石を投じ、多くの人を救うことができるし、人からの信頼と尊敬を集めることになり、晩年運も安定する。それだけの力量を与えられて生まれたのが胃宿であり、そんな使命を担っているともいえる。逆に、そのパワーを個人的な欲望の充足に向け、怒りと憤りを小さな争いで爆発させてしまえば、人に嫌われたり避けられたりする恐れも強くなる。

文献※3には「智愚の相違甚だし」とあり、選ぶ生き方によって、人生の明暗が分かれるのが特徴。よい人生を送るには、そのパワーをなるべく世のため人のために使うことを心がけるといいだろう。

天職と使命

怖い物知らずの大物感を漂わせる胃宿は、胃袋のように、いろいろなものを飲み込んで、自分のものとして消化・吸収するパワーの持ち主。頼りがいもあるが、何事にも貪欲なので、無意識に儲けも手柄も独り占めするような傾向がある。

でも、仕事でそれをしてしまうと、お金は儲けても本物の成功には届かない。胃宿は、小さな人間関係の中だと強引で欲張りな人になりやすいが、広い視野を持って、周囲や大勢の人に役立つこと、喜ばせる仕事を目指せば、どんな分野でも成功する可能性があることを忘れずに。

味覚が鋭いので、食品や飲食関連の分野は適職。ただし愛想はよいとはいえないので接客ではない職種で。批評家やアドバイザーとしては、辛辣だが的確な指摘をズバズバできる。

懐が深く秘密を守る力があるので、弁護士や医者など〝守秘義務〟がある仕事、探偵や警察、政治家も向く。業績を競う先端技術の開発・研究などでも力を発揮できる。

恋愛＆結婚

女性はやや骨太で、女性的な柔らかな雰

※2『日蔵分・星宿品』

※3『宿曜二十八宿秘密奥儀伝』

囲気はないが、自分なりのオシャレを堂々とした独特のスタイルが魅力になる人が多い。あまり本音を見せない秘密めいたところが色気を感じさせるタイプと、気が強くて言いたいことをズバズバ言うのに、好きな男性には弱さもポロリと見せる、そんな普段との落差が恋の秘薬になるようなタイプがいるが、いずれも狙った男性はかなりの確率で落としていく恋愛強者。好きになれば一途で、自分や相手に配偶者がいてもお構いなし。それを障害とも考えずに、情熱のままに突き進む。むしろライバルがいると闘志を燃やす面も。年下や気の弱い男性にモテるが、相手にはそれなりのパワーや能力、財力を求め、結果を出せない男には手厳しく、容赦がない。

男性も情熱的で美人好み。他人に気を許さないぶんパートナーに甘え、求めるものも多いので、忍耐強い女性を選ばないと続かないかもしれない。仕事が充実していれば、外で適当に遊ぶことはあっても、家庭を乱すことはなく、子煩悩だ。

お金のこと

本気で取り組んだことには、誰よりも強いパワーを注入。胆力、底力があるので、スケールの大きな取引や経営ができるし、「借金も財産」と胸を張れるハートの強さもある胃宿。儲かれば大きいが、損をすれば返せないほどの借金を背負うような大勝負もできるうえに、マネーゲーム的な取引もするし、時には裏金が動くようなこともやってのけるタイプだ。

本気でお金を求めるあまり、かなり強引なこともするからこそ、自分の「欲」をキチンとコントロールしないと、お金に汚くなったり、トラブルに巻き込まれる恐れもある。原典に「駆策と劫奪と強暴を愛す」とあり、お金や欲望がからむと、かなり強引なこともできるが、それで恨みを買ったり敵を作ると、人生の幅を狭くすることにもなるので、特に個人的な金銭欲は慎むべき。

そんな胃宿は、お金を私利私欲ではなくもっと大きな事業やみんなのためになる公共的なことに使うことを心がけよう。そうすれば、個人的にもお金に困ることがないだけでなく、人望と信頼というお金では買えない財産も得ることができるだろう。

カラダと健康

胃宿という名称ながら、人体として司るところは「足先」。インドでの名称・バラニーの運ぶ、担う、養うという意味から「長息宿」とも呼ばれる。負けず嫌いで、生活力旺盛な胃宿のイメージをよく表す名称だが、息を詰めて踏ん張るパワーがあるからこそ、全体重を支える足先を司るのかもしれない。また、自分で自分の生活を養うという意味で「胃宿」の名称もふさわしいものだ。

胃宿の人は、小柄でも骨太で安定感のあるタイプが多い。美食家で、〝胃袋〟のように何でも自分の中に取り込んで、どんどん消化し、それをエネルギーに変えていく胃宿の身体にとって、大切なのは基礎代謝力。運動不足になったり、マンネリな生活になると、ネガティブなものがどんどん溜まってしまう。ストレスは、文字通り胃や消化器に不調が出ることも多いが、年齢と共に呼吸器系に出ることも少なくない。健康に気をつけるか否かで寿命はかなり違ってくる宿でもある。
　心身のストレスを発散しようとするとき、周囲を巻き込み、毒を撒き散らしてしまうのが胃宿の特徴。あなたにとってはちょっとした悪口、愚痴も、それが的を射ているだけに痛烈な批判となり、本来なら隠しておくようなことも正直に言ってしまうためトラブルメーカーになる恐れもある。
　でも、そんな心の〝黒い〟部分に客観性を持たせ、批評や創作に活かすとストレス解消、才能発揮の一石二鳥になるだろう。
　身体の毒は、ウォーキングなど歩くことで解消するのが一番いい。疲れたときは、足裏マッサージ、リフレクソロジーなどを試してみると、「足先」に感受点があるだけに、他の宿の人より大きな効果があるだろう。

休息方法

　胃宿の人は、文字通り食べることが大好き。味覚も確かで料理の腕もいい人が多い。胃宿の人にとって食べることは楽しみであると同時に癒しでもある。ただ、心身が疲れたり物事がうまくいかなくなると、高級な場所でぜいたくな食事をしたり、必要以上に好きなものにこだわったり、深酒をしたり、食事でストレスを発散するようになりがち。それで体調が狂うと、過食気味になってしまう恐れも。また、満たされない思いが心にあると、物欲に走り、買い物依存症に陥り、そのお金を工面するためにさらにストレスフルな生活に陥るような悪循環にハマる危険もあるので要注意。
　そんな胃宿の人が本当にリラックスして休息できるのは、大自然の中。海でも山でも、雄大な自然の中に身を置くことで、日常を忘れられる。貪欲で、物事になかなか満足できない胃宿は、世俗を忘れる環境に身を置く必要があるのだ。バーベキューやお弁当など自然の中でする素朴な食事が、本当はあなたの胃袋に優しいはずだ。
　また、移動、旅などを好むほうだが、お気楽な旅よりも、胃宿の場合、出張、視察など何か明確な目的を持った旅や移動がプラス。転勤などで、心ならずも海外や縁のない場所に長く滞在する運もあるが、結局は、元の場所に戻ってくるだろう。

有名人

　幕末は、ふたりの胃宿の生死が大きく時代を動かした。ひとりは14代将軍・徳川家茂、もうひとりは薩摩の西郷隆盛。家茂は20歳で死去したが、英明で人望があり、評価の高い人物。勝海舟(奎宿)は「家茂様の死で徳川幕府は滅んだ」と言い、江戸城は実質的には、無血開城で同じ「胃宿」の家茂から西郷へと手渡されたようなもの。
　総理大臣では橋本龍太郎。大きく人を救う視点で短い一生を貫いた宮沢賢治も胃宿。他には芥川龍之介、夏目漱石、武者小路実篤、松本清張、伊坂幸太郎など作家も多い。女性は独特の気の強さが魅力で、アメリカのファーストレディとして絶大な人気を誇ったジャクリーン・ケネディ・オナシス、女優ではイングリッド・バーグマン、グレース・ケリー、メグ・ライアン、沢尻エリカ、深津絵里、安達祐実。男優は、森繁久彌、笠智衆、加山雄三、宇津井健、寺尾聰、マーロン・ブランドなど、年齢を重ねても渋く輝くタイプだ。少年隊の東山紀之、大森南朋、大泉洋、嵐の相葉雅紀も。

昴宿《ぼうしゅく》

Kṛttikā

気高い人

宿曜経

此宿直生人。法合念善多男女。
勤学問有容儀。性合慳渋足詞弁。
（上巻）

昴宿。宜火則煎煮等事。検算畜生印畜生。
融酥和合。作牛羊諸畜坊舎及牧放。入温室。
種蒔黄色赤色等物。入宅及石金作等吉。
宜伐逆除怨作剃剪之具。
売物求長寿求吉勝事。
不宜修理鬢髪及遠行道路。
宜荘飾冠帯佩服金彫等宝物。
（下巻）

この宿に生まれた人は、心根が善良で、子供も多く、熱心に学問をし、容姿もすぐれていて、礼儀正しい。意固地で無愛想なところもあるが、弁舌は巧みである。

昴宿の日は、料理から物作りまで火を使うことによい。家畜を数え、印章を押し、乳製品を作り、畜舎を作り、放牧するのによく、温室に入り、赤や黄色の作物の種をまくのによい。新居に入り、石や貴金属の加工などをするのも吉。逆賊を討ち、怨みを解消し、刃物を作り、商売をし、長寿とめでたきことを求めて吉。ただ、髪を整えたり、遠方に行くことはよくない。宝物を飾り、成人式、任官式などをするのもよい。

基本性格

「昴宿」の昴は、すばる（統《す》べる）。つまり、まとめるという意味で、牡牛座の散開星団《さんかいせいだん》（プレアデス星団。肉眼では6つの星しか見えない）のこと。インドの星の名前は逆に、切る、分けるの意味がある。

昴宿は「高徳の宿」「吉祥の宿」といわれ、二十七宿の中でも、最も強い出世運を持つ幸運な生まれとされる。物質運もあるが、頭脳明晰で、損得抜きで動く善人なため、どちらかというと名誉と名声に恵まれる。

実際、昴宿の人は恵まれた環境で育つことが多い。それは、自分の進むべき道を見つける上で有利な環境という意味だが、経済的に豊かな育ちの人も多く、品のよさを感じさせる清潔なエリートタイプが多い。優しげな印象で弁舌も爽やか。志が高く、物事の本質をしっかりとらえることができる真面目な勉強家で、学問的なことだけでなく、芸術的な才能を持っていることも少なくない。

人間関係も悪くはなく、特に目上から引き立てられて、順調に能力を伸ばしていく。中年期の働き盛りで運気は頂点に達し、社会的に高い地位を得られることも多い。その後は大きな落ち込みもなく、特別な事情がなければ引退するまで理想的な人生航路をゆるやかに歩めるはずの人だ。

まるで非のうちどころがないほど幸運な人のようだが、やはり完璧な一生はありえないのが人間。恵まれている星だけにプライドが高く、潔癖で、それゆえに、人に合わせられず、自ら孤高の人になったり、正論を言いすぎて、人にうとまれるようなこともありがち。周囲の人によくしてもらえるので、それを当然のように思うと、わがままで図々しい人にもなりやすい。

失敗を恐れて行動が臆病になる傾向があり、傍から見れば今こそ大活躍ができそうな状況で動きを止めたり、意外な方向転換をしてしまうようなことが多い。なりふり構わず、必死になって泥をかぶるようなことができず、物事をきれいごとですませてしまう点は昴宿の弱点になるだろう。

経済的に恵まれた環境に生まれても、なぜか親との縁が薄かったり、身近な人と何らかの確執を抱えたり、家族関係に問題があることも多いようだ。

また昴宿の人の中には、昼間の行いが立派であればあるほど、夜には違う一面を見せる人もいる。仕事などで見せる顔からは想像もできない、遊び好きで変わった趣味を持っていたりする。深くつきあってみないとわからない意外な一面が人を驚かすことも。そんな落差がスキャンダルとして扱われる場合もあるが、堅いイメージの昴宿の無邪気で人間らしい一面として、魅力に転じることも少なくない。

堅苦しい雰囲気の中にもどこか気さくな明るさがあり、どんなにくだけた雰囲気や状況の中でも決して染まらない上品さを持つ。そんなバランス感覚と態度の切り替えのうまさが、昴宿の本当の開運のカギに。

天職と使命

頭が良く爽やかな雰囲気の昴宿は、どんな仕事でも一目置かれる立場になれる器の人。好感度が高く弁舌も巧みなので、学校の教師をはじめ、何かを教える立場は昴宿を輝かせる職業のひとつであり、そうして人を導くことは昴宿の使命のひとつかも。

学問以外でも、興味を持ったことを趣味として深めていければ、意外な分野で講師、インストラクターにもなれるはず。難しいことを少しずつ〝切りとって〟教えることがうまいのだ。また物事を広く高いところから見る視点を持つので、肉体を使うより頭を使う、みんなの司令塔的立場が似合う。

物事を客観視できる資質から、文筆業や語学を使うような仕事も吉。また美的感覚にも優れているので、芸術・アートの分野に才能を発揮することが多い。美食家なので、飲食関係でもそのセンスを活かせる。

自己イメージのレベルが高いので、職場でも、大勢の中で「人とは少し違う自分」というポジションを求めがちだが、ただの形式的で序列的な肩書や地位を追いかけるのではなく、ちゃんとした知識や技能の裏付けを持って、高いポジションを目指すことが成功のポイントになる。

恋愛&結婚

昴宿の潔癖で臆病な面が一番出るのは恋愛。優しくて能力があるので異性にはモテるタイプだが、あなた自身の理想は高く、傷つくのを恐れるため、簡単には恋愛をしない傾向がある。周囲の異性からは憧れの的なのに、晩婚になったり独身を通すことも少なくない。思い込んだら一途になるが、好みは少々独特で、傍から見ると「この人のどこがいいの？」と思われるような異性にのめり込むこともありがち。ただし、結婚運は悪くなく、パートナーから多くの援助や支えをもらえる生まれだ。

女性の昴宿は特に潔癖なので、一度交際を始めるとずっと一筋で、まずよそ見はしない。それだけに、結婚すれば夫の浮気に厳しく、見かけより意志強固で嫉妬深く、夫をビビらせることも。自分が思うほど器用ではないので、結婚したら仕事はほどほどにするほうが円満だろう。

一方、男性の昴宿は、世間的に見て理想的な相手と結婚した場合ほど隠れて火遊びをしやすい。でも、昴宿の男性の乱れた異性関係は運を下げるので、家庭を壊さない程度にとどめたほうが良さそう。

男女とも、基本的に相手に求めるのは、経済力や肩書より人間性。結婚までの交際期間は長いほうが吉。自分の表キャラだけを見せてゴールインするのではなく、本当に好きなこと、自分の裏キャラなども見せ、理解しあって結婚できる相手を探すべきだ。

お金のこと

ノーブルでエリート的雰囲気を漂わせる人や学者肌、芸術家肌が多い昴宿の人は、一見、お金に無頓着に見えるが、実は意外に商売上手。ただ、リアルにお金を扱う販売や取引などより自分自身の能力や才能をうまくお金に結びつけていくタイプ。自分のキャラ、生家の商売、地元の特産品などを最大限に生かしてブランド化したりして、大きな金銭的成功を収めることも多い。

どんな仕事でも昴宿の金銭での成功のポイントは高級感と向上心。たとえ日常的なものを扱っても、庶民的でお安いイメージは似合わない。クレバーでエレガントなセンス、スペシャル感をプラスすることが昴宿のお金儲けの秘訣になる。昴宿に安売りは似合わないのだ。

また昴宿は趣味人であり、せっかく稼いだお金を他の人にはあまり価値のないことにつぎ込んでしまうことも多いので、その点は少しセーブを。書籍や資料、学費など学問にお金を惜しまないのはいいが、それと同じくらい美食やお酒、被服費にお金を使いすぎるのは考えもの。

カラダと健康

昴宿が人体で司るのはズバリ頭。インド名のクリッティカーは、切る、分割するという意味があるが、〝切る〟という行為は、失敗が許されない、簡単にはやり直せず、事前によく考えないとできないことである。そんな名前からも昴宿は、あらゆる分野でブレインとなりうる賢さを持つ者として、頭を司っているのだろう。「名称宿」とも漢訳される晴れがましい宿でもある。

しかし、頭がいいだけに、なんでも頭で考えすぎる傾向があることも確か。人間は、頭と同時に身体も使う必要があるし、物事は論理だけでなく、体験や実感なども加えて初めてバランスがとれた判断ができる。若いときは、特に身体を動かすことが苦手な昴宿の人もいるが、年齢を重ねたらエクササイズ的なものを生活の中に取り入れることが昴宿の健康には必要になってくる。健康に慢性的な不調が出たら、薬に頼るばかりでなく、特に運動を。美食や過食での胃腸病や糖尿病などには要注意。自分で料理をすると健康面にかなりプラス。やってみると男性でも意外に料理上手になるはず。

また知的で穏やかな昼の顔に対して、個性が爆発する夜の顔を持つ昴宿だが、オンとオフをスッパリと〝切り替える〟ことができる点もインド名の〝切る〟に通じる。健康面でも、そんな切り替えは心身のよい毒出しになるだろう。

休息方法

いろいろな能力に恵まれ、気品とエリート的な雰囲気を漂わせる昴宿だが、リラックスするときは本能を全開にすべき。

一番心安らぐのは、愛する人との心を許しあう無邪気な時間。それ以外でも、お酒などを飲んでバカ騒ぎをしたり、ミーハーなものやちょっとHっぽいものが好きだったり。普段の〝社会的な顔〟なんてかなぐり捨てて、本当に好きなことを楽しめる趣味を堂々と持つことが昴宿の休息にはどうしても必要だ。

結果的に、密かにもうひとりの自分を楽しむ場所や仲間を持つことになるかもしれない。秘密といっても行きつけの飲み屋を持つレベルだったりするので、本人的には隠すほどのことではない場合も多い。しかし、そこは本当に親しい人だけに明かす秘密の場所にしたほうがリラックス度は高くなるだろう。もちろん、遊び仲間にも、いい相手を選ぶことが大切だ。

学ぶことが好きな昴宿は、遊びや観光などより自分自身のブラッシュアップのための旅行をするのもいい。長期滞在や留学などになると、意外に余計なものもたくさん背負いやすいので、時々、短期で出かけていくほうが有意義な旅ができるだろう。

有名人

本来、学究肌の昴宿には、学問・教育関係で名を残す人が多い。公家の立場で維新に参加した岩倉具視《ともみ》が昴宿。昴宿としての彼の真骨頂は、明治４年から政府首脳を引き連れて約２年間、世界を巡った「岩倉使節団」かも。また江戸時代の「天保の改革」で知られる老中の水野忠邦、米沢藩の藩政改革を成功させ名君の誉れ高い上杉鷹山《ようざん》も昴宿だ。総理大臣ではクリーンさが売りだった三木武夫。医者でもあったキューバの革命家チェ・ゲバラ、アメリカの公民権運動家マルコムX、そしてアメリカ初の黒人大統領となったバラク・オバマ。巨人軍のV9を成し遂げた川上哲治監督も昴宿だ。洒脱な天才肌も多く、落語家の立川談志、漫画家の赤塚不二夫、高橋留美子、やくみつる。映画監督に宮崎駿《はやお》、大林宣彦、森田芳光。ほかに、とんねるずの木梨憲武、五木ひろし、アラン・ドロン。女優は山口智子、永作博美、和久井映見、綾瀬はるか、新垣結衣など、同性にも支持されるタイプが多い。黒田清子元内親王も昴宿。

畢宿 ひつしゅく

Rohiṇī

揺るがぬ人

宿曜経

此宿直生人。法合多財産足男女。
性聡明好布施。有心路省口語。
心意不翻動。行歩如牛王有容儀。
（上巻）

畢宿。宜農桑種蒔修田宅嫁娶。
作厨舎作食作畜生舍。
通決渠河修橋梁。作諸安定之事。
作衣服並吉。不宜取債放債。
宜納穀及酒食雑物。不宜生財。
（下巻）

この宿生まれの人は、財産家になり、子供にも恵まれる。聡明で他人を喜ばそうとする。心に目的を秘め、多くを語らないが、決してブレない。歩みは牛の神のごとくゆっくりだが、落ち着いていて礼儀正しい。

畢宿の日は、農業や養蚕、田畑や家の修理、嫁を娶り、畜舎を作り、食べ物を作るのによい。水路を整え、橋を修理し、諸々を安定させることを行うとよい。衣服を作るのも同様に吉。しかしお金の貸し借りにはよくない。穀物や酒など農作物を納めるのはよいが、蓄財に走るのはよくない。

基本性格

「畢宿」の畢は畢生《ひっせい》（終生）ということを表し、生涯をかけてなにかを成そうという強い信念と持続力に恵まれることを表している。元来のインドの星の名前では、車などに乗る、のぼることを意味する。この「車」は、決して速く進む車ではなく、重量感があり、たくさんの荷物を運べるようなもの。原典にも「行歩、牛王の如し」とあり、その歩みは速くはないが、人の言葉に左右されず、遠い目標に向かってゆっくりじっくり進み、確実にモノにする。畢宿の人は、それができるだけの体力と集中力を持続させる精神力を授けられて生まれてきている。気力と体力の強靭《きょうじん》さは二十七宿の中でも群を抜いていて、とにかく頑張り屋だ。

そんな畢宿生まれの人だが、見かけはおっとりしていて、素朴で、温かい雰囲気を漂わせている人が多い。

特に、子供時代は無口なうえに頑固なので、あまり目上からは可愛いがられない。地味で、あまり目立たないことも多い。畢宿の人生は、何かひとつ目的を持ったところから動きだすのだ。その目的達成率は、「星宿」と並んでかなりの高さ。それは畢宿が12星座では牡牛座に属していて、自分の好きなこと、快適と感じることを本能的に求める力が強く、志したものと、もともと心の奥にある欲求とにズレがないからかもしれない。大地に根を張ったような安定感やブレのない誠実な雰囲気が魅力となって、青年期から中年期に、自力で安定した活躍の場を得ていく。

ただしスロースターターで何事も時間がかかり、一度動き始めると、簡単に方向転換ができない。何かが違うと思いながら、突っ張ってどんどんズレた方向に進むことも。最初に高い志を持つこと、そして謙虚に軌道修正をする柔軟さも大事だ。

根が善良なので、むやみに争いを起こすことはないが、なぜか職場などのグループ内で敵対する人ができたり、ライバルが現れやすい運気も秘めている。それは畢宿の人が、どこでも自分流を貫き、人と合わせないから。多弁でも言葉での自己主張は得意ではないので、誤解を受けやすい面もある。一言でいえば、マイペースすぎて「空気を読まない」タイプともいえる。また、目的のためには、ときには自分勝手なことをすることも。でも、その結果非難されたり孤立しても平気なくらい、強い信念を持って物事に当たるのが畢宿なのだ。

特に、畢宿は時間をかけ苦労して権力や立場を手に入れるので、一度得たものに対する執着心は強く、後進に道を譲るという発想はなく、自然に目下や後輩にもきつくなる。目上としての畢宿はなかなか手強い存在だろう。だが、むやみに自分の考えを頑固に貫くだけでは、人生の後半に運を下げてしまう恐れが。力があるだけに「自分さえよければ」という考えは強く戒めて。

天職と使命

自分の考え、感覚には基本的に自信があり、それを何かの形で実現できるような仕事を選んでいく傾向がある。誠実で正直だけど、人に柔軟に合わせることは苦手なので、自分のペースでできる職業が良く、商売人よりは職人向き。時間はかかっても常に自分のできるギリギリのところで勝負をしながら、そのスキルを磨いていくことで、自分にふさわしい環境をつくるだろう。時間をかけて困難なことを成し遂げるのが畢宿の持って生まれた使命だ。

若い頃は特に、自分のやり方にこだわりすぎると周囲の人とテンポが合わず、仕事もやりにくくなる。ある程度力をつけるまでは、我慢も必要。目的意識さえしっかりしていれば、自分のやりたいことをするために大きな組織でひたすら上を目指し、いずれトップにも立てる器だ。努力家ゆえに自信過剰になりやすいが、部下に自分のやり方や嫌なことを押しつけず、寛容さを心がけると、さらに大きな成功を得られるはず。

実業界だけでなく政界などにも向くが身体が丈夫なので肉体を使う仕事に適性もある。時間に追われる忙しい仕事が次第に苦痛になったら、意外に田舎暮らしも性に合う。自然を相手にする農業、林業、園芸、酪農なども適職だ。ただし、火難の暗示があるので、火を使うような仕事は避けたほうがよさそう。

恋愛&結婚

浮ついた感じがしないので、恋には受け身のように見えるが、意外にストレートで積極的。ひたむきにひとりの異性を真剣に愛し、自分のほうから動いて迫力と根性で意中の人の心を摑んでいく。愛情に関することでも、努力を惜しまないのだ。ただ、苦労しそうな異性に入れあげることも多く、自分が愛するように愛されないと、寂しさと不満を内に秘めがち。愛情面でも我慢強く、小さな不満を漏らさないので、相手は畢宿の我慢に別れる直前までまったく気がつかなかったりする。大事にしたい関係なら、時にはケンカをして本音や毒を小出しにしたほうが恋の傷口は広げないですむかも。

畢宿は美人星のひとつなので、女性は容姿に恵まれる。気持ちの切り替えは下手なので、一度の失恋や終わった恋をいつまでも引きずらないようにすることが大事。仕事か家庭かとなると、両立できそうでいても結果的にはどちらかに偏ることに。仕事を続けるなら、協力的な相手を選ぶべき。家庭に入れば良妻賢母になる。

男性は何かに打ち込まないとパワーを持て余して結婚後も遊ぶかも。見かけより亭主関白で家ではわがまま。家庭的で自分に合わせ尽くしてくれるような女性を選ぶほうが安定した生活を築ける。

お金のこと

自分の好きなこと以外はやりたくないうえに、よく言えば粘り強く、悪く言えば不器用な畢宿は、あまりお金にならない仕事や生活スタイルでも、そう簡単には変えられないことが多い。とはいえ基本的にはリアリストなので、経済的な豊かさと自分にとっての心地よい生活、お金と好きなものを常に天秤にかけながら進んでいくことになる。その意味では、お金に関して決してルーズでもお気楽でもない。お金は、自分にとっての心地よさ、快適さを手に入れるための手段であることはよくわかっているが、畢宿にとっての心地よさは、意外に素朴で、牧歌的なものなのだ。たとえば大自然の中での生活に金銭以上の価値を感じれば、お金よりその生活を選ぶこともあるだろう。我慢強いので、会社や組織に入ればしぶとく頑張って少しずつ自分の動きやすい立場と権力を築き、経済力もつける。逆にいえば、畢宿の財運は時間をかけないと培えない。高級なものを時々食べたりする程度のプチ贅沢で、無駄使いはしないが、何か思惑がなければ、気前よく目下におごることもない。役に立たないお金の使い方はしないのだ。

カラダと健康

畢宿が司るのは、顔の中でも額。インド名・ローヒニーののぼる、あがる、成長するという意味から「長育宿《ちょういくしゅく》」とも呼ばれる。

動植物の成長には時間がかかるように、畢宿はスピーディーに動くタイプではないけれど、一度歩みだしたら止まらない力強さを秘めている。そのイメージは重い荷を載せた車を引いて歩む逞しい牛。そして重い車を引いて踏ん張るとき、一番前に突き出すのが畢宿が司る額なのである。また、集中するときに〝気〟が集まるのも額。畢宿の人は、ここ一番の勝負のときは前髪などで額を隠さず、出すといいだろう。

本質的には頑健だが、粘り強い頑張り屋だけに、心や身体のデトックスは下手。なんでもギリギリまで弱音を吐かずに踏ん張るので、気がついたときには、あなた自身はもう限界という状態で、強い毒が自分や物事を取り返しのつかないほど蝕んでいたりする。一度身体に入れたものは蓄えてしまうので、美食・過食をせず、粗食を心がけたほうが長生きできそうだ。スポーツ、運動などもやりすぎに警戒して。自分の体力を過信し、身体の疲れや異変には鈍感なほうなので、定期的な休養、健康面のチェックなどを生活の中に取り入れるようにしよう。

休息方法

基本的に穏やかで、感情を露《あらわ》にしたりしないので目立たないが、畢宿はとても自己中心的。常に自分のやり方、考え方、自分のペースを貫く。自分が折れて柔軟に人に合わせることは苦手だ。だから休息も、自分が休みたいときに自分の好きな方法で休むスタイル。レジャーや食べ歩きなども好きだが、のんびり屋に見えて、何もしないでいるより、身体を動かすほうがリラックスできるタイプ。ストレッチやマシーントレーニング、ヨガやダンス系の動きを自分のペースで行うのがお勧め。試合やゲーム形式のスポーツより基本動作の反復などをすると心と身体が浄化されていくだろう。

また何事も人の計画に乗るのは苦手なので、レジャーなどは自分が立てた計画に面白がってつきあってくれるパートナーがいればいいが、いなければ単独のほうがいいくらい。旅行も駆け足のスケジュールは苦手。有名な観光スポットには興味がなく、雄大な自然やその土地のパワーを感じられる場所が好み。腰が重いので、旅に出るまでは大変だが、その土地が気に入ると頻繁に通い詰めるようなことも多い。本質的には、都会生活より田舎暮らしのほうが性に合うことも多い。都会でも緑を置いたり、ペットを飼ったりする自然の癒しを生活に取り入れると、休息と運気アップに効果的だ。

有名人

粘り強く、マイペースでじっくりと自分の目標を実現していく畢宿。大河ドラマ『篤姫』で有名になった薩摩藩の家老・小松帯刀がいる。ドラマ『坂の上の雲』の主人公のひとり、〝日本騎兵の父〟といわれる陸軍大将・秋山好古や、好古が名をはせた日露戦争の指揮官だった乃木希典も畢宿。関税自主権の回復に尽力した外交官・小村寿太郎、女性解放運動の旗手・平塚らいてうも芯の強い畢宿だ。日本の歴代総理大臣には、寺内正毅、若槻禮次郎、濱口雄幸、福田赳夫、菅直人と５人が畢宿。作家は高村光太郎、池波正太郎、北杜夫、開高健、三谷幸喜。漫画家の藤子・F・不二雄、芸能界では中村吉右衛門、渡哲也、石坂浩二、松本人志、B'zの稲葉浩志、西島秀俊、小栗旬。韓国のペ・ヨンジュン。しっかり者風の美女が多く、中村玉緒、三田佳子、松田聖子、後藤久美子、米倉涼子、吉瀬美智子、観月ありさ、中島美嘉。人気絶頂で引退、決して復帰しない山口百恵の強さはいかにも畢宿。

觜宿《ししゅく》

Mṛgaśīrṣa

聡い人

宿曜経

此宿生人。法合有名聞景行。
美容貌心肚鎮浄。愛服薬必得力。
心口隠密挙動不軽躁。
為人好法用愛礼儀。
（上巻）

觜宿。作急要事及和善事並吉。
宜種蒔白汁樹草等。
又宜王者作舎作纛床座。
又入新宅嫁娶修理髪洗浴。
作求吉勝法。著新衣厳飾作喜楽調畜生。
作除災謹身呪術壇場之法。
祭星曜作髻並吉。
（下巻）

この宿に生まれた人は名誉を得て行いも立派で、姿かたちが美しく、心も清らかで肝も据わっている。薬の服用が好きだが、それで必ず力を得る。何かしら秘密を抱えやすいが口は堅く、軽はずみな行動はしない。常に決まりごとを守りキチンとしていてよき人間関係を好んで作っていく。

觜宿の日は、急ぎの事や人との和合を求めることによい。白い樹液の出る樹草等の種蒔きにも向く。王者が宿舎や飾りや床座を作ることにもよい。新居に入り、嫁を娶り、髪を直し、入浴し、密教の息災法を行うのも吉。服を新調し、飾り、家畜の世話をするのもよい。災いを取り除き、身を慎んで、呪術の壇場を作り、宿曜の星を祭ることは同様に吉である。

基本性格

「觜宿」の觜は、くちばしのこと。インドの星の名は、鹿の頭または角を表す。

12星座では、牛宮（牡牛座《おうしざ》）と夫妻宮（双子座《ふたござ》）の両方にかかっているためか、觜宿生まれの人には２つのタイプがいる。いろいろなことにくちばしを突っ込むタイプと、普段は無口で無愛想な感じがするタイプ。でも、どちらも話しだすと弁が立ち、ずばり核心を突く一言を言ったり、言葉に説得力と魅力があり、それで人を引っ張っていくことができる能力を秘めている。インドでは鹿は釈迦《しゃか》の説法《せっぽう》を最初に聴いた動物であり、森の中では人を先導する働きをするとされている。

ただし、原典に「心口隠密にして挙動軽躁ならず」とあるように、よくしゃべるタイプの觜宿でも意外に、自分の気持ちや大切なことは簡単には話さない。もともと思慮深く、慎重で論理的な考え方ができるので、觜宿の言葉の裏には、いつでもちゃんとした計算と思惑があるのだ。

こんな觜宿の人は本来、礼儀正しく、知的で慎しみ深い性格だ。子供の頃は親の言うことをよく聴き、勉学意欲も旺盛。物事にはじっくりと取り組むうえに、心に響くようなことも言うので、目上の人に可愛がられ、大事にされることも多い。

時には大きな口を叩くこともあるが、本来は先のことをいろいろ考え、怖がりなくらい慎重だ。荒っぽいこと、人と争うことが嫌いなので、時には臆病な人と思われることもあるかも。常に危機を回避する最善の方法を考える意識が、素早く的確な状況判断となって、周囲から信頼されることも多い。反面、大事なところで一歩を踏み出せずに、チャンスを逃すようなこともしばしば。でも忍耐力があるので、失敗を避けながら、次のチャンスを待つことができる。基本的に運気は人生の後半から開ける大器晩成型。しかも途中での落ち込みが少なく、地味でも、穏やかで挫折を知らない出世運の持ち主だ。

ただ、フランクに自分のことを話さないため、同年代の友人や仕事仲間などには、ちょっとウケが悪かったり、誤解されやすい傾向があり、注意が必要。周囲にいつもたくさんの人がいて、楽しそうに見えても、觜宿の心の奥にある本当の思いを知る人、語れる人は意外に少ないのだ。

だからこそ觜宿は、言葉にしなくても思いが伝わる相手を大事にすべき。たとえば同じ環境、同じ時期を一緒に過ごした人、バックボーンや立場が共通する人。そういう人を大事にし、長くつきあうことで、觜宿は強くなれるし、運気も上がる。

こんな觜宿がつまずくとしたら、物欲や野心の強さが原因。觜宿は房宿とならんで財運のある宿だが、房宿の場合はなにもしなくてもお金に恵まれるのに対して、觜宿は、自分の才覚を生かして確実に蓄財するタイプ。とはいえ、若いうちから分不相応な財を求めるのはつまずきの元。スタイリッシュで人とは違ったおしゃれを楽しむ人も多いため、身の回りにお金をかけることも。そこには物で自分をプロテクトしようとする気持ちが隠れているのだが、物にこだわらないほうが、觜宿の〝福分〟は大きくなる。また、隙のない觜宿が隙を作ってしまうのがお酒。酒席での過ちには注意を。

天職と使命

知的で思慮深い觜宿は、組織の中にいても、自分で起業しても、それなりにうまくやっていけるタイプ。中でも、緻密な計算を必要とする仕事、言語能力を活かせる仕事で、その能力を最も輝かせるはず。文筆業、出版、広告、弁護士、研究職、IT関連、税理士、金融関連などはよく、駆け引きもうまいので営業や商売でも頭角を現す。

勉強家で、常にスキルアップを目指し、社会人になってからも学ぶことを忘れないので、年齢を重ねても、時代の流れに遅れずについていけそうだ。

ただ、荒っぽい環境や現場、激しい闘いや競争などにもまれることは苦手なので、危険が身近にあるような仕事は避けるべき。逆に何かの危機管理をしたり、保険などリスクに備える職種はピッタリだ。

細かいところに気がつくし、失敗しない

ようにリスクのあるものは早めに捨てる。こんな觜宿の頭の回転の速さに、周囲がついていけず、誤解を受けることもしばしば。自分には当然のことも丁寧な説明を心がけて。争うことが嫌いな觜宿は言葉によって人や物事をまとめるのが使命なのだ。

恋愛＆結婚

本質的に真面目で、傷つくことを恐れるので、恋愛には臆病。相手が拒否しないという確信が持てるまで自分からは動かない。男女とも、自分に自信がない若いときほど、ちょっと手の届かないようなレベルの高い異性に憧れ、追いかける傾向が。けれど、その恋では本当の安らぎは得られないかも。また、恋愛関係になると常に自分が優位に立とうとしたり、気を使っているつもりでキツイ一言を言って、失敗しがち。そのため、少し年齢を重ね、自分に自信がついてからのほうが恋愛・結婚はうまくいく。幼馴染み、同級生、長年の友人など、お互いのことをよく知っていて、なんでも言える異性を選んで落ちつくことが多い。

女性は、結婚と仕事との両立もできるし、やりくり上手で蓄財上手なしっかり者の妻に。生活が安定すると、女性としての魅力も増すはず。男性もよい配偶者に恵まれる運があるが、あまりオープンな家庭にはならない。妻には強気に振るまって実は甘えるタイプ。男女とも結婚運は良いだけに、浮気や不倫は運気を損なうのでご用心。

お金のこと

觜宿は、27宿の中でも一、二を争う財運の強さの持ち主。その強運の裏付けは頭の回転のよさと慎重さだ。計算力があり、観察力があって、何事も判断が速いため、人に先んじて、利益を摑み、損失を抑える。

相手の心を読むので、交渉事にも無類に強く、いざとなったら相手に嫌われてでも、周囲から浮いてでも利益になることを押し通す強さも、觜宿の金運を後押しする。さらに、一度獲得したお金はチマチマと使わず、貯めておいてドカンと自分の財産になるようなことに使うので、なかなか目減りしないのだ。センスもよく価値あるものを見る目もあるが、持ち物は少なめにしたほうが金運は上がる傾向が。損になることは滅多にしないが、周囲から、ひとりだけうまくやっているというイメージを持たれないように気を付けて。儲かったときには気前よく、人のためにもお金は使っていこう。

カラダと健康

觜宿が司る人体の部位は眉。インド名のムリガシールシャは、鹿の頭あるいは角を意味し、「鹿首宿」とも漢訳されている。「觜」はくちばしと読むが、本来は、食い違いぎざぎざに並んだ角の形を表す象形文字だ。

人間の眉は、あまり動かず、地味なパーツのようで、表情・印象を大きく決定づけるもので、実は、顔の中ではとても目立つ部分。鹿の角ほどではないが、ぎざぎざであることも多い。觜宿の人に、口数は少ないのに妙に存在感を発揮する人が多いのは、大きく動かないようで、とても雄弁に思いを語る眉に力があるからなのかも。

だから、觜宿の人がパワーアップをしたいときは、眉は細くしすぎず、自分らしく整えることが大事になってくる。また眉は人相学では周囲へのセンサーである。情報に敏感な觜宿は、目に見えない鹿の角のようなアンテナを持っているのかも。

こんな觜宿は、インプットする情報量が多いので、それを上手に吐き出さないと、モヤモヤする思いが体に思わぬトラブルをもたらす。もし、気楽に話して思いを吐ける相手が身近にいなければ、日記をつけても、ネットの中で匿名で本心を吐露してもいいかも。人に伝えなくても心の中を言葉にすることが觜宿にはよいストレス解消法なのだ。生々しすぎる言葉は直接人にぶつけずに、紙などに書き出して捨てるのもスッキリできる方法。不調はアレルギーや呼吸器系、目や耳の感覚器など首から上に出やすいが、心身のデトックスを心がければ、基本的には丈夫で長命なほうだ。ほかに注意するとしたら、右肩と足先の怪我、内臓は肝臓と腸に注意。水難にも警戒を。

休息方法

言葉の面白さや美しい物に対して敏感な觜宿にとっては、面白い本を読んだり、美しいものに触れる時間は大切な休息になる。自分のアンテナにひっかかるセンスのいい物を見つけるためのショッピングや美術館巡り、エンターテインメントの鑑賞も觜宿には必要な休息の時間になるだろう。

觜宿の女性には、飾り気のない知性派とメイクばっちりのおしゃれな人がいるが、特にメイクが好きな人には、鏡に向かって自分の顔にいろいろ描く時間が一番リラックスできる時間だったりすることも。

常にいろいろ先に考えを巡らせてしまう觜宿には、毎日の睡眠を充実させることも大事。忙しくても少し早めの時間に寝たり、体に合った寝具で深い睡眠をとるように心がけると、長い休暇などを取らなくても意外に心身の調子をよく保てるだろう。

また、觜宿は慎重なので、旅に出かけるとなれば、情報を仕入れ、計画どおりに、無理なく目的を果たしていかないと落ち着かない。都会的な場所より、古都のたたずまいや神社仏閣、教会など宗教施設が好きな傾向があり、癒しを感じるだろう。

有名人

豊臣秀吉は、觜宿の人とされる。觜宿特有の先見性と手八丁口八丁の巧みな交際術で天下をとったということか。

その治世に元禄文化が花開いた５代将軍綱吉が觜宿。觜宿は武人ではなく、文人の宿なので、文学の世界には近代から現代まで多くの觜宿がいる。近代俳句と短歌の提唱者である正岡子規が觜宿だが、言葉に独特の重みと説得力を持つ觜宿だからこそ、短いセンテンスに思いを込められたのかも。ほかにも北原白秋、司馬遼太郎、山本周五郎、野坂昭如、田辺聖子、小松左京などがいる。４コマ漫画の中に庶民の機微を描き込んだ『サザエさん』の長谷川町子も觜宿。

歴代首相では山本権兵衛、麻生太郎。スポーツ界では朝青龍、現役時代ボールに言葉をかけていた投手の桑田真澄。芸能界では菅原文太、矢沢永吉、吉田拓郎、高橋克典、織田裕二、嵐の松本潤、浅丘ルリ子、樹木希林、薬師丸ひろ子、宮沢りえ、深田恭子、井上真央。海外ではマザー・テレサ、ロシアのプーチン大統領、デミ・ムーア。

参 しんしゅく 宿

Ārdrā

改める人

宿曜経

此宿生人。法合猛悪梗戻嗜瞋好。
合口舌毒害心硬臨事不怯。
（上巻）

参宿。宜求財及諸剛厳事。
穿池売有乳畜生。造熟酥圧油代酒。
圧甘蔗種甘蔗畋猟。及置関津等並吉。
（下巻）

この宿に生まれた人は、勇猛で向こうっ気が強く、怒りやすい。口が悪く、言葉に毒があり、強情だが、何があってもひるまない怖いもの知らずである。

参宿の日は、財を求め、諸々の荒々しく厳しい行為に向く。池を掘り、乳の出る家畜を売り、乳製品を作り、油を絞って酒を買い、サトウキビを圧したり植えたり、狩猟をする、および港に関を築くことにもよい。

基本性格

「参宿」の参は、三に通じ、オリオン座の三つ星のことを示す。インドの星の名は、湿った、または新しくするという意味があり、嵐の神を表わす。何もかも洗い流す嵐の浄化と、それを必要としているほど汚れた状態を示し、何事においても両極端なものを秘める宿とされている。

嵐の性質を持って生まれたためか、参宿の人は大胆不敵でエネルギッシュ。原典に「心硬く事に臨み怯《ひる》まず」とあり、どんな場所、どんな人にも自分を貫く度胸がある。欲しいと思ったものに対しては、周囲からどう思われようと猛烈な努力でものにしていくことに。目が美しく、優しげなルックスの人が多いのに、批判精神も強く、気に入らないことにはとことん反抗する激しい気性。でも、それによって既成のものを打ち破って新しいものを創り出す、革新的な運気と才気を与えられているのだ。

自信家で、毒のある言葉や衝動的な行動を抑えきれないことも多く、その生き方はどうしても冒険的になり、人生も波乱がつきもの。好き嫌いが激しく、つきあう人を選ぶが、相手からも極端に好かれる場合と嫌われる場合に分かれやすい。

子どものころから個性が強く、自己主張も激しく、自分なりに納得ができないことに反発するが、親の愛情には敏感。その奔放さを無理に抑えつけたり、放置すると、「汚れた状態」を好む、荒っぽいタイプの参宿に育ってしまう恐れも。参宿の子どもは、親の育て方で未来を左右されることが多いが、愛情を持って小さい頃からある程度好きなことをさせると、参宿は本来が独立心旺盛《おうせい》なので、自力で道を見つけて、早めに世の中に出ていくことになるはずだ。

自分が燃えない、やる気を持てない仕事にはつかないので、働くことには熱心。参宿特有の斬新なアイデアや発想で、スペシャリストといえる立場を築いていく。新しいものへの興味は、年齢を重ねても、ある程度のポジションを得ても衰えず、ときには自分で築きあげたものを乗り越え、スクラップ＆ビルドを繰り返し、個性的な世界を創り上げていくことに。

明るく陽気でカラッとした印象を与える人が多いけれど、もとの星の名前に「湿った」という意味があるように、実はウェットで繊細な面も秘めている。天真爛漫《てんしんらんまん》でピュアゆえにやや横暴に見えたり、残酷なようで優しく、強いようで脆く、意外に感情的だったり、参宿には両極端が混在する。でもだからこそ、強引なだけではできない大きな仕事を成しとげられるのかもしれない。

若いときには体力に自信があるので、勢いに任せて生きているが、その流れのままにワンマンになっている場合は、40歳前後に曲がり角がくる。実は寂しがり屋なので、自分勝手なようで、家族、仲間や後輩、部下などを身近に置きたがるが、それなりに誠実にキチンとつきあっておかないと、晩年に人が離れ、運気ががっくりと落ちる恐れがあるので気をつけて。

天職と使命

アイデアが豊富で、新しいこと、人のあまりやらない特殊なこと、オリジナルなことに興味がある参宿は、自分で企画をして、それを実現していくクリエイティブな仕事がピッタリ。普通の仕事についても、そこでいろいろな工夫、改良を加えることで、目立つ存在になっていく。どんな分野でも、古いものを壊し、新しいものに生まれ変わらせて、蘇らせるような使命を帯びた宿といえるのかもしれない。

その独特の感性と言語能力を活かして、教師など教える職業、ジャーナリストなど伝える仕事では唯一無二の存在感を放つ。芸術や芸能、スポーツなどの才能があれば、若いうちから活躍できる。

度胸の良さをいかし、人が行けないような場所、危険がつきまとうような仕事でも大丈夫。あまり他の人がやったことがないような分野、職種には情熱を傾ける。

我が道を行くようで、自分の会社や所属する組織、その業界への愛情は意外に深く、あの手この手でそこを盛り上げることも厭わない。尊敬できる上司には尽くし、後輩や部下はとても可愛がり、独立すれば、意外に面倒見のいいトップとなる。野心も強いので、仕事で必要と思えば、少し汚い手などを使うこともできるが、それは本当の成功を遠ざけることと肝に銘じて。

恋愛＆結婚

気が強く、ひとりでも平気そうな顔をしているように見えるが、参宿は夫妻宮（双《ふた》子座《ござ》）に属するためか、異性への依存度が高く、常に愛する人、パートナーを求めて、恋多き人生を生きることが多い。

恋愛でも大胆で自分に正直なので、異性から異性への綱渡り、略奪愛の荒技《あらわざ》もあり。好きになるとブレーキは利かないが、大胆すぎる交際は運気を損なうので気をつけて。普段は、人には媚びず、自分の思ったことを押し通す気の強さで目立つ反面、情にもろく、愛する相手には従順で、純真な一面も見せる。そんな意外性が魅力になり、多くの異性にモテて、女性は特に小悪魔的に周囲をふりまわすこともあるが、この人と思った男性とは、意外にあっさり結婚する傾向が。結婚しなくても、側にいる異性によって、その雰囲気、生き方はかなり変わってくるのが参宿。女性は結婚すれば、家庭重視で、次に仕事という優先順位になる。また恋人がいなければ、何か別に愛を注ぐ対象を常に求めるのも参宿の特徴。

男性は行動のフィールドが広いので、束縛の強い女性とはうまくいかず、理想も高いので相手選びは難しく、結婚までは時間がかかりそう。結婚すれば、仕事の相談などを妻にしたり、密かに妻の意見を気にしたりする。とはいえ、仕事でプラスになったり出世に役立ちそうな異性を選ぶわけでもないところが参宿のピュアさだ。

お金のこと

創意工夫が大好きで、人のやっていないことがやりたい参宿は、お金儲けもユニークなやり方で成し遂げる可能性が大。会社勤めをしていても、いろいろなアイデアを出すことで出世し、会社を儲けさせることも多い。個人事業主でも活躍できる。でも必要なものにどんどん先行投資していく傾向があり、常にお金は動かしているのであまり蓄財はしない。必要な道具などに凝ったり、新しい物や珍しい物につぎ込んだりもするが、バイタリティがあるので、かけたお金は必ず取り戻していくだろう。

また、キツイ性格に見えても自分の身内や仲間、部下の面倒見は良く、金銭面も気前がいい。ただ身内や仲間を守ろうとするあまりお金がらみの問題に巻き込まれることもあるので気をつけて。

カラダと健康

人体で参宿が司るのは目。インド名のアールドラーは、湿った、濡れたことを意味する言葉であり、人体の露出した部分で最も湿っているのは目であり、濡れた目の極みは涙。参宿は「生眚宿《しょうせいしゅく》」とも漢訳される。「眚」はあやまちや目のかすみを意味し、涙で目が曇った状態を表す。参宿の人は、気が強いのによく泣く。泣いた後はケロリとしていたりもするが、感情を嵐のように爆発させて、それがいいものでも穢《けが》れた悪いものでも、一気に水に流して変えてしまうとする大胆さや残酷さや荒っぽさも、この名前は物語っているのだろう。

そんな参宿の人は、確かに鈴を張ったように、はっきりした目が印象的な人、小さくても表情豊かな目を持つ人が多い。目はチャームポイントであり、目力をつけるメイクなどは開運に役立つが、同時に目に素直な感情が表れすぎて嘘がつけない点で、ときには注意が必要になる。

気持ちの切り替えはうまく、ストレス解消や毒出しは上手なほう。ただ、欲望には基本的に忠実なので、我慢や制限などはせず、食べたいだけ食べたら、それに見合うだけの運動をしたりしてバランスを取るタイプ。迷ったら動くのが参宿なのだ。些細なことでも、身体は常に目いっぱい使い、自分の肉体の限界に挑戦しているようなところも。おかげで、突然病を得ることもあり、医者などの言うことを素直に聞かず、自己過信で身体を悪くすることもある。特に注意する部位は肝臓や泌尿器など。

危ないスポーツや車の運転が好きなので怪我も多く、左肩、頭部は特にケアを。回復が早いのをいいことに何度も危ないことをくり返す困ったヤツにならないこと。

休息方法

鋼鉄のようで、感性豊かな参宿が、本当に心身を解放し休息するためには、感情を動かすことが必要だ。そのためにポイントになるのが〝涙〟。映画やDVDなどで泣けるような作品を観たり、思わず感動の涙を流してしまうようなイベントを計画したりすると、疲れも心の憂さも嘘のように消滅し、気分も変わって、元気になれるはず。本当に涙が出なくてもいいから、自分にとってこれは「泣ける」と思う作品や歌などをチェックしておくと、心が疲れているとき、荒れているときの精神安定剤になるかも。

また、目が疲れると、そのストレスで感情が荒れ体調を崩すことも多いので、目は酷使しないほうが。パソコンなどで目を使う作業などをするときは、こまめに休息を。

参宿が好む旅は人のあまり行かない場所や珍しい旅。実は寂しがりやなので、一人旅は好きではなく、家族や気心の知れた仲間と一緒のワイワイといく旅が一番楽しい。

有名人

古いものを壊し、新しきを創造する宿である参宿には、明治維新の立て役者がゾロゾロいる。維新の三傑のひとり木戸孝允、奇兵隊を結成した高杉晋作、公家から倒幕運動に参加した三条実美がいずれも参宿。また黒船が来たときの徳川幕府の老中首座だった阿部正弘も参宿の人。日米和親条約の締結を始め、彼の打った策が徳川幕府にプラスだったかはともかく、割と簡単に大胆な決断や行動ができる参宿がそのとき江戸幕府の中枢にいたことは、歴史の転換には意味があったのかも。歴代総理では黒田清隆と鈴木善行、福田康夫。ほかにアメリカのビル・クリントン元大統領も。ニュースキャスターの古舘伊知郎とフリージャーナリスト池上彰、フィギュアスケートの高橋大輔も参宿。芸能界では、神田正輝、細川たかし、堤真一、氷川きよし、伊勢谷友介、滝沢秀明、松嶋菜々子、石川さゆり。海外では、英国のウィリアム王子、グレタ・ガルボ、ブレジット・バルドー、エディット・ピアフにブルック・シールズ。

井宿《せいしゅく》

Punarvasu

みがく人

宿曜経

此宿生人。法合銭財或有或無。
情愛声名作人利官。
縦有官厄還得解脱。
受性饒病亦多男女。高古義有急難。
若論景行稍似純直。
（上巻）

井宿。有所恵施必獲大果。
有所置事必成就。
宜作諸祭法婆羅門祭天法。
宜嫁娶及納婦人必子息繁盛。
此宿所作事皆成吉。唯不宜合薬服。
（下巻）

この宿に生まれた人は、経済面では浮き沈みが激しく、貧富が分かれる。名誉名声を求め、官職につくと出世する。公なことで災いを受けることもあるが、かえってそれを乗り越えて目覚めることに。子だくさんだが、体は丈夫ではなく、病気も多い。また、古い教えを大事にする。急な災難を受けることもあるが、純粋で素直に見えるところは魅力である。

井宿の日は、人によいことをすると必ず大きな成果を得、官公庁でやることは必ず成就する。諸々の祭事の作法を実行し、婆羅門天を祭るのによい。嫁を娶れば、必ず子息は繁栄する。この宿の日は行うことはみな成功するが、ただ薬の調合、服用はよくない。

基本性格

「井宿」の井は、文字どおり井戸を表すが、井戸は、毎日、繰り返し水をくむ場所であり、反復の象徴でもある。インドの星の名は、宝を取り戻すことを示し、やはり繰り返しや反復を意味する。

井宿の人は、冷静で穏やか。知的なタイプが多く、てきぱきと物事を処理できる。そして坦々とした繰り返しの作業にも耐え、その積み重ねや蓄積を生かして、ひとつの分野で大いに力を発揮することになる。

そんな井宿は、議論、論戦となれば、27宿中最も強いといわれている。情報収集能力も分析能力も素晴らしいものがあるうえに、見かけより弁が立ち、持論は絶対に曲げないので、無理な論理でも人を説得し、巻き込んでしまう力も持っている。

ところが、理詰めで無意識に相手を追い詰めたり、ちょっとした主張が誰かの批判になったりして、人から恨まれたり、人間関係を壊すこともあるせいか、論戦で勝っても現実で痛い目を見ることが少なくない。時には、自分の論理や計画などを過信して失敗もする。井戸は深いが狭いように、井宿は集中力と持続力はあるけれど、視野が広いとはいえない側面があるからだ。

そのせいか、原典にも「官厄あり」とあり、違法なことに巻き込まれたり、立場を失うような出来事に遭遇しやすいという暗示が。見かけによらず野心家だが気が小さく、中途半端に保身に走ると判断を誤りやすい。特に、何かで突然、修羅場に陥ったときなど、簡単にいつもの冷静さを失い、トラブルを招く。

けれど、原典の文章は「還って解脱《げだつ》を得る」と続く。そうした失敗やトラブルを結果的には人生のよい転機に結びつけられるのが、井宿の人の運勢の特徴だ。

〝官厄〟とは別に、人生の若い頃に波乱の相もある。病気やアクシデント、好きな異性との別れなどの落ち込みに見舞われたり……。でも30代後半になると急に道が開けて、不思議なくらい運気は安定するだろう。たとえ人生の前半が不遇で、どこかの時点で〝官厄〟的トラブルがあっても、〝宝〟を取り戻せるような逆転を成し遂げられる。

それも、井宿の頭脳がシャープで、物事を論理的、合理的に判断でき、経験や失敗から物事を学ぶことができるから。そして、それは決して一発逆転ではなく、毎日を地道に繰り返すところから始まる逆転であることを忘れてはならない。井宿は頭で納得しないと動けないので、何事も、行動には多少時間がかかることも覚えておこう。

こんな井宿は、組織の中では、参謀的な立場やNo.2でいたほうが、その才覚は生かしやすいだろう。人間関係でも、他人の欠点をすぐに見抜くので、特に威圧的な相手には強く反発してしまうかも。相手から見れば、理屈っぽく隙がなく、使いにくいため、叩かれやすい。自分でトップに立つと逆風を受ける傾向も強くなるので、参謀の地位に甘んじたほうが楽で運気的にもいい。

また、クールなようでも、ナイーブで寂しがり屋、家族思いな人でもある。そんな一面を理屈や演技で隠しがちだが、だからこそ井宿とは真逆の、感覚的、直感的に物事を判断するいわゆる動物的なカンが鋭いタイプが身近にいると、解放され、救われるかもしれない。逆にそんな感覚派の人が冷静さを失ったときには、あなたの静かな理性がその人を助けるので、そんなパートナーや友人をひとりは確保しておきたい。

天職と使命

深い井戸から何度も水をくみ上げるような反復作業が得意な井宿は、専門分野を狭く絞れば絞るほど、大きな能力を発揮できるスペシャリストタイプ。優れた分析力と批判精神を活かして情報やデータを扱う仕事、研究職などがピッタリ。独自の論理を構築して、理性的に状況を整理して周囲を支えるのが井宿の使命である。

興味のない分野ではまったく力が出ないので、早めに自分の得意分野、好きなことを見つけて、仕事につなげる努力をすべき。言葉も巧みなので文筆業や教育関係、交渉力が必要な仕事でも抜きんでた存在になれる。ただ、泥臭い商売や一か八かの勝負をするような世界は、あまり向かない。特に、独立・起業して、常に金銭面を気にする状況になると、頭の良さから小細工をして、それが裏目に出て失敗をする恐れもある。お金のことをあまり考えずに、好きなことに没頭できる職場を探してみよう。

専門分野を極めるスペシャリストとして〝井戸の水〟（知恵）を世俗の欲で濁らせないことが井宿の活躍と成功の鍵なのだ。

恋愛＆結婚

理想が高く、好きなタイプ以外と軽くつきあうことがないうえに、自分をさらけ出すのが下手なので、若い頃は恋で苦労しがち。些細なことで傷ついたり、相手に完璧を求めて別れたりする不器用な側面が。

女性はクールビューティタイプと賢さをソフトな笑顔に包んで面白キャラを作るタイプに分かれるが、どちらも本音は見えにくい。男性の井宿は柔和で知的。クールなようで、親しくなるとチラリと見せるホットな一面が魅力になる。

男女とも、好きになるのは、話しやすくて一緒にいてリラックスできる相手。そのうえ何か自分にはない能力があれば鉄板。そういう相手なら、年齢差があったり、訳ありでも気にしない。

ただ、慎重なので、出会ってすぐ電撃的に恋に落ちるようなことは少なく、長年の友人、仕事などで気心が知れた相手と自然に結ばれることが多い。結婚も、急ぐと自分と合わない異性を選ぶ恐れがあり、少し遅めでも冷静な気持ちで選んだ相手とするほうが安定できそう。再婚でもいい縁がある運勢。結婚後は、口うるさいけれど家庭的。ただ、意外に仕切り屋なので、自分が仕切れる部分が少ない家庭だと落ち着かず、満足感を得にくいかもしれない。

お金のこと

クールな井宿は、本来はお金や物質的なものにはあまり執着がない。形あるものとして何かを絶対に手に入れたいと思わないせいか、小銭を得ても、傍から見ると「なぜ？」と思うようなことに贅沢さを求め、無駄遣いもしてしまう。

むしろ、会社のお金、自分だけでは勝手には使えないようなお金をうまく生かして大きなビジネスで成功することが多い。お金を目的として働くより、もっと高い志や目標があるほうが、結果的には大きな金銭を得られる。金銭欲より名誉欲が強い井宿には誰かのため、みんなのためという気持ちが金銭を扱うときにも大切なのだ。

そして〝官厄〟の危険を忘れずに、お金の取り扱いは常に公明正大を心がけて。特に、お金の管理はしっかり自分でしたり、金銭面で公私混同をしないことが、井宿の成功と平穏な生活には必要不可欠だ。

もし、井宿が金銭を得たいと思ったら、日々、何かを繰り返すことで得た経験、データや記録、また時間をかけなければできないことが、お金や財産の元になる。積立貯蓄、保険など、コツコツと貯めたお金も何かのときに本当に役立つお金になるだろう。

カラダと健康

井宿が人体で司る部分は両方の耳と頬。インド名のプナルヴァスは反復を意味するが、漢訳では「増財宿」とも呼ばれる。

普通、人間は一度聞いただけでは簡単なことしか知ることはできない。深く理解しようと思えば、何度も繰り返し聞き、確認することが必要で、それが本物の知識や財産になるということだ。健康という最高の「財」も、日常の地道な繰り返しでしか築けないことを、この宿の名は示している。

人相学的にも耳たぶは財運を表すので、井宿の人はイヤリングに凝ったり、ときには耳ツボマッサージなどの健康法も試すといいかも。でも、何よりも人の話をよく聞くことが井宿の開運ポイントである。

井宿のストレスは、いろいろ考えすぎるところに生まれる。情報を扱ったり、細かい作業を続けることは苦にはならないが、どうしても〝頭モード〟になりがち。頭ばかり使って身体を使わない状況が続くと、身心の活力が失われる。生活習慣病、特に循環器系や血管・血液の病気には警戒を。部位は指先、小腸、心臓などに注意。

こんな井宿の人は、散歩や家事、エクササイズで軽く身体を動かしながら考え事をするのもよい。スポーツなどで身体がクタクタになると、よく食べられ、眠れて身心の毒が出る。何も考えず頭を空っぽにする〝身体モード〟時間が井宿には不可欠だ。

休息方法

目の前にある課題などに対して大変な集中力を見せ、常にどこか神経が張り詰めている井宿は、ドンと長期的な休みよりも、日常生活の中での小さな癒しと休息が必要なタイプ。特に井宿は、比較的インドアで過ごす時間が長くなる傾向もあり、できれば、戸外で過ごす時間、外の空気を吸う休息をとることが必要だ。狭い空間に閉じこもる時間、ありきたりの毎日の繰り返しが、視野を狭くしたり、心身にダメージを与えることも少なくない。戸外でのスポーツもストレス解消にはいいが、庭やベランダで植物を育てたり、ペットと近所を散歩したり、日光浴、月光浴などで毎日、ささやかでも自然を感じることが井宿にはよい休息になる。サプリなどに頼ったケミカルな疲労回復方法は、なぜか徐々にエスカレートしやすく、量が増えやすいので、ご用心。

また、井宿は弁が立つので、語学力を身につけたり、興味のある土地について学べば、さまざまな幸運が。旅先の土地だけでなく、旅での移動中に人生を動かすきっかけに出会うことが多いだろう。

有名人

近代日本に大きな影響を与えた啓蒙思想家・福沢諭吉が井宿。抜群の思考能力と応用力で理想を追う井宿は、泥にまみれるような世界は苦手なうえに権力やお金を求めると、トラブルに巻き込まれやすい運を持つためか政治家は少なめであるが、総理大臣にはノーベル平和賞の佐藤栄作と海部俊樹。文学の世界には多く、古くは女流歌人・与謝野晶子、新劇の大衆化に努めた劇作家・演出家の島村抱月から、太宰治、沢木耕太郎、塩野七生、江國香織など現代の人気作家にも多い。 スポーツ畑には賞に名を残す沢村栄治、野村克也、江川卓、北の湖。芸能界では田中絹代、原節子、加賀まりこ、松坂慶子、安田成美、中谷美紀、韓国のチェ・ジウ。男性は陣内孝則、稲垣吾郎、内野聖陽、堺雅人、小室哲哉がいる。

鬼《きしゅく》宿

Puṣya

とらわれない人

宿曜経

此宿生人。法合分相端政無邪僻足心力。
合多聞有妻妾豊饒財宝。
能検校処分又親。
（上巻）

鬼宿。所作皆吉。求声誉長寿若為生事。
及諸端厳相将其服拝官勝位。
有所為求並皆吉祥福徳増長。
又宜遠行進路理髪著新衣。
及先浴等事並吉。
（下巻）

この宿に生まれた人は、端正で美しく、純粋で邪心がなく、精神力が強い。世間のことをよく知っていて、異性運も、財運も豊かで、それをよく検査、管理、処理することができる。また親しい友人も多い。

鬼宿の日は、やることすべてが吉の日で、名誉と長寿が求められる。あらゆる厳かなことによく、宰相や将軍、衣服や官位などを受けることがあれば、すべてめでたく、幸福も徳も増すだろう。また遠くに行くこと、髪を整え、新しい洋服を着ることもよい。また何かを洗うことや入浴も吉である。

基本性格

「鬼宿」の鬼は、神または悪神の呼び名であり、人の業を超えた勝れた働きを表す言葉。またインドの星の名は、花や滋養を意味し、物事を育てる力を表す。

鬼宿の人はスケールの大きい行動派で、好奇心の強い勉強家。常識にとらわれない、人とはちょっと違った発想力があり、好きなことのためならば、それこそ鬼が栖《す》む黄泉の国までも出かけていくとされているほど。好きなことが探しきれなかったり、束縛の強い環境にいると、散漫な行動を繰り返し、時には放浪癖が出る鬼宿もいる。

陽気でフレンドリーで、どんな環境にもとけ込める鬼宿は、一見そうは見えないが、かなりの変わり者。鬼宿の心のツボのスイッチは他の人とは違ったところにあって、周囲には何がいいのかわからないことに感激して入れ込んだと思ったら、やはり他の人には些細に思えることで、突然興味を失ったり、怒ってフイとどこかに行ってしまうようなことも。とにかく、ある日突然、「そんなことを考えていたのか」という行動に出て、周囲を驚かせたりする。

鬼宿が人と少し違っているのは、原典に「邪僻《じゃへき》無く」とあるように、何かにとらわれることなく、物事をとても素直にシンプルに見るため。時に、その無邪気さが他人には愚かさに見えたりもするが、その時代や社会からのバイアスのかかった価値観を離れてみると、一見常識はずれ、奇抜に見える鬼宿の言動も理解できるはず。特に子供の頃は人とテンポが合わせられず、おっとりしていて、変わった子として疎外感も味わうかもしれないが、そんな子供の頃の夢をいつまでも大事にするのも鬼宿の性格の特徴のひとつである。

お人好しで、求められれば意気に感じて、一銭にもならないことにパワーを注ぐこともしばしば。人に利用されたりもするが、本人は案外ケロリとして、気にかけない。物より心に重きをおく鬼宿には、体験すること、人との交流そのものに他の人より強い意味を感じたりするからだ。こんな他人への奉仕は〝運の貯金〟となって、鬼宿を意外なところで助けたりもする。また鬼宿には霊感といえるほど勘の鋭い人が多い。それは、お気楽に危険なことにも突っ込んでいく鬼宿を守るために天が与えた資質なのかも。だから、危なっかしいようでも意外に騙されないが、余計な苦労を背負い込まないためには、知性を磨くことも大切だ。

どこまでも心の自由を求める鬼宿だが、実はとても家庭的。身近な人とファミリー的な関係を築くのはうまい。その〝愛〟を大きな対象へと広げていく力が鬼宿の運気の流れの根底にある。鬼宿は、人やものを育てる才があるとされるが、それは鬼宿の人がいつまでも子供のようなピュアさを忘れないがゆえであろう。

天職と使命

常識を超えた発想力や集中力を秘めている鬼宿だけに、常識やスピードを要求される職種では、持ち味を生かせないかも。あまり束縛を感じない環境で、好きなことに通じる仕事を選ぶべきだろう。人との交流は大好きで巧みだが、堅苦しい職場では、型破り、変人として浮く恐れが。また破天荒であっても礼儀や序列、慣習なども無視しないこと。好きな仕事でも、いい人間関係を築けない環境では長続きはしない。

鬼宿は、自分を必要としてくれる人がいる環境に自分の使命を感じる。特に「自分がなんとかしてあげたい」と思う気持ちは揺るぎない決意を生む。愛情深い鬼宿は、人に頼まれたことは嫌とはいえず、頼まれなくても自分でできることはやってあげたいと思うタイプ。お金や名誉を度外視して人に尽くすこともあり、それが常識にとらわれない仕事や職業の選び方につながる。でも逆に自分の存在意義を感じられなくなれば、あっさりと転身して、もっと必要とされる場を求めて自由に動いていく。

気まぐれと誤解もされやすいが、その使命は何かを〝慈しみ育てる〟場合が多い。人の心を敏感に感じる必要がある教育、福祉関係、サービス業は適職。特に子供や弱者を相手にした仕事には適性を発揮する。農業や、動物や植物を育て慈しむ仕事もいい。家族や地元に対する思い入れが強いので、家業を継いだり、地元を守るような仕事も吉。一ヵ所に縛られるより、自分が動くことで受け継いだものを大きくし、変える使命も持つ。海外で才能を発揮したり、遠方との関わりでチャンスを摑むことも。人懐こく、どこでも馴染むので旅行・交通、交易の仕事にも向く。

恋愛＆結婚

明るくて意外性に富んだ言動が異性の注目を集めるので、恋には次々と出会う鬼宿。

女性は、一見、鼻っ柱が強いようでも、枠にはまらない言動がちょっと危なっかしく、男性の保護本能をくすぐるタイプ。交際すれば、27宿中で一番といっていいほど献身的だが、それだけに相手の気持ちや関係性での〝嘘〟にも敏感。また、束縛されて自分の心の自由を守れないと感じると、相手の前からフイと消えてしまったりする。自由奔放で気まぐれな女にも見えるが、鬼宿の女性の行動の本質は母性愛にある。男性に対して、ピュアな愛情と同時に、安心して子育てできる経済力や安定感もしっかり求めている。この人と狙いを定めると、略奪愛的な闘いにも突っ込んでいく。そして、自分を丸ごと受け止めてくれる包容力のある男性か、逆に尽くして悔いのない男性に落ち着くはず。結婚すると、よき妻、よき母で、家庭や子供を守るためには驚くほどの強さ、激しさを見せることもある。

男性は、スケール感のある行動力と優しさが魅力で、あか抜けないようでも意外なモテ男。結婚前も結婚後も、女性との関わりは多く、簡単には落ち着かない。でも最終的には家庭的な女性を選び、子供ができると、マイホームパパになる。

お金のこと

自分の好きなもの、愛するものに対して惜しみなくお金をかける鬼宿。ただ、鬼宿の場合、その好きなもの、愛を注ぐ対象が個性的だったり、注ぐ愛が深すぎて普通のレベルを逸脱するので、金銭感覚も変わっているという印象を与えがちだ。

特に、余裕がなくても、ついお金をかけるのがファッション。定番スタイルに違和感を覚えるので、どうしても少し変わった、凝った服などを買ってしまう。また、家族やペットなど自分が守りたいもののためには、どんなに大金をつぎ込んでも後悔しない。お金をかけることも愛の証だからだ。

若いときは、好きなこと、意義を感じたことのためには、採算を度外視して暴走し、貧乏にも動じない。でも、鬼宿がそのキャラクターを素直に発揮すれば、いろいろな人に助けてもらえるので、意外にお金に困らなさそう。やがて、本当に愛する人やものを守るために、ちゃんとした収入が必要と自覚すると、鬼宿の金運は安定する。いざとなれば、人とは違う発想力と交際術で大きな金運も摑んでくる。

カラダと健康

人体の中で、鬼宿が司るのは鼻。インド名のプシャは、繁茂する、育てる、その結果としての花などを意味する。「熾盛宿《しょくじょうしゅく》」とも漢訳され、このきらびやかな名前は、鬼宿の人が明るくて、いろいろな意味で目立つことを示す。鼻も、顔の中央にあって目立つものであり、大人になるにつれて、一番高く育つ部分。鬼宿には実際、鼻が大きめだったり特徴的な人も少なくない。

そんな鬼宿の人の魅力を引き出すのは、嗅覚を刺激する香りのおしゃれ。繊細で揺れやすい心を癒すためにも生活の中にいろいろな香りを取り入れるといい。

また鬼宿は、運勢の流れ方も常識でははかれないようなところがある。突然、思いがけない病を得たり、思わぬアクシデントに巻き込まれて、ふっと別の世界に去るように消えるようなこともあるとされている。そんな予測不能な傾向もあるので、スリルを楽しむような遊びは控えて。

また、ハマれる仕事に就けば働き者で、責任ある役割を得ると、休息を忘れて動き回るので、多少の体調の悪さなど頓着せずに放置し、気がつくと重症ということも多い。それを避けるためにも、人間ドックや休養は鬼宿には絶対に必要。毎年、時期を決めてレジャー気分でボディチェックをする機会は作るべきだろう。特に注意すべきは胃腸と肝臓、リンパ腺や甲状腺など。肥満にならないようにすれば基本的には丈夫。

休息方法

常に自由を求め、束縛のきつい環境ではストレスを感じやすい鬼宿には、時々、海外などに長く出かけたりして日常をまったく忘れるような休息が必要だ。それにはリゾート型の旅行がお勧め。あまり人の行かない場所などで過ごすのもいい休息になる。

一年に一度ぐらいそんな旅行ができれば、心身のよいコンディションを保てるはず。ただ、ストレスの大きさに比例して、旅する時間がどんどん長くなり、モラトリアム的な生活に陥らないように注意を。

自然との親和性が強い鬼宿のストレス解消には、大自然に親しむ時間も欠かせない。日常なら子育てでもペットの世話でもベランダ菜園でも〝命〟に愛情をかけることが喜びで癒しに。ハイキングや登山、サーフィンなど自然に触れる時間が生活を豊かにする。それが家族や家族のように気心が知れた人々との時間なら、最高だろう。

有名人

幕末最大のスター、坂本龍馬が鬼宿の人。実像はわからないが、現代では、人とは少し違う発想力、枠にとらわれない行動力など鬼宿の個性を体現した生き方で幕末を駆け抜けた風雲児のイメージで語られている。他に実質的な日本陸軍の創始者とされる政治家で兵学者の大村益次郎。明治新政府で司法制度の整備に注力しながら、後に反乱罪で裁かれた江藤新平。幕末の突出した鬼宿の３人がともに暗殺や処刑という最期を遂げたのは、動乱期の中でさえ鬼宿の行動のスケールが常人の理解を超えていたからかも。歴代総理では〝平民宰相〟の原敬、55年体制以降初の非自民政権の首相、細川護熙。作家の浅田次郎、乙一。芸能界ではハナ肇、ナインティナインの岡村隆史など存在が個性的な人や宮本亜門、乙武洋匡など枠にとらわれない活動をする人が多い。海外でも大活躍の渡辺謙や真田広之、中村敦夫、竹中直人、岸谷吾朗、香川照之、SMAPの香取慎吾、城田優、鈴木保奈美、石田ゆり子、りょう。

柳《りゅう》宿《しゅく》

Āśleṣā

熱中する人

宿曜経

此宿生人。法合軟眼饒睡性霊。
梗戻嗜瞋不伏人欺。又好布施亦好解脱。
耽著情事難得心腹。
（上巻）

柳宿。宜厳飾事。是伐逆囲城間掩襲。
封潜窃詭誓詐敵人。
時此宿雨者必蚊虻。苗稼滋盛吉。
（下巻）

この宿に生まれた人は、なまめかしい眼をしていて、よく眠る。向こうっ気が強く、頑固で怒ると人がとりなしてもおさまらない。また人を喜ばすことが好きで、それによって向上しようとする。異性に執着し、一度心が変わると元には戻らない。

柳宿の日は、威厳を示すようなことによい日。敵を討ち、城を包囲し、奇襲攻撃をし、隠れていた敵を封じ、いつわりの誓いで敵を欺くのによい。この宿の日に雨が降ると必ず、蚊や虻がわくが、農作物はよく滋る。

基本性格

「柳宿」の柳とは、長く筋に分かれる姿の象徴。インドの星の名は、からみつくの意味があり、星座は蛇の頭を表す。

蛇にも似た柳の姿は、柳宿が何事にも狭いが深く、そして長く接する性質を持ち、ある特定の専門的な分野に精通するような生き方を選ぶことを示している。

たおやかに揺れる柳の葉のように、一見優しく穏やかで落ちついた雰囲気の人が多いけれど、性格は、強い情熱を秘めた熱狂体質。一度興味を持ったことには、それこそ命懸けのような激しさですべてを捧げるが如く熱中していく。その情熱は永遠に続くかのように思いきや、あっさり別のものに向くこともある。その深い思い入れと突然の変わり身のギャップが、細く長い柳の葉のイメージにつながるのかもしれない。

そんな柳宿は、初対面の好感度は抜群の

「つかみ上手」。子供のころから親や教師に可愛がられ期待もされ、成人すると大物感を漂わせることが多く、目上には目をかけられ、目下からは慕《した》われる。仲間づくりがうまく、不思議なくらい周囲に支えてもらえる運気を持ち、人間関係では常にいい巡りあわせ、ツキに恵まれる。一度親しくなった相手とは、とても親密なファミリー的な絆を築くのがうまい。交際範囲はあまり広くはなく、全方位的によい顔をしないだけに、心を許した相手に見せる無防備なまでの信頼や献身は、その当事者にはたまらなく魅力的なのだ。

ただ、そんな身近な人との深い絆も、柳の葉先までいくと、そこでプッツリ切れてしまうようなこともある。無二の信頼関係にあった密度の濃いつきあいが、何かをきっかけに途切れて、結果的には一時的なものになりがち。実は、柳宿の人間関係の新陳代謝はかなり激しいのだ。

人間関係が長続きしない理由のひとつは、柳宿の深すぎる愛。それが相手に重い場合もあるし、相手に甘えや慢心を芽ばえさせ、逆に柳宿を傷つけることも。また、一見しっかり者で立派に見える柳宿にはわがままでアバウトな一面もあり、そのギャップが人間関係を乱すこともある。そして、一度切れた関係はほとんど戻らない。

とはいえ柳宿は、男女で運気に少し違いがある。男性は、肩に力が入らず、柳宿のダメな面を素直に出せるので、気弱さが親しみやすさとなって人の支えを得るので、人間関係に波乱は少なめ。

女性のほうが器が大きく、いざというときは驚くほどの強さを見せる。正義感も強く、理不尽なことに立ち向かっていく度胸もあり、一匹狼《おおかみ》的な生き方をする人も。それだけに、外側のイメージと内側の顔のギャップが大きいのは女性のほうかも。

ただ、期間の長短にかかわらず、柳宿には濃密な人間関係がすべての糧になる。

また、外での人間関係がやや不安定なせいか、柳宿は家族との関係がかなり強い。思い入れの強さゆえ愛憎相半ばすることもあるが、なんらかの形で家族と深く関わりながら生きることが多い。

天職と使命

細く長く分かれる柳の枝のように、ある分野にマニアックな情熱を注ぐ柳宿。当然、自分が好きで熱中できる専門分野を絞ることが仕事での成功の鍵になる。

その一方で、大衆にアピールするものに対する嗅覚が鋭く、不思議な人気運も秘めている。地味な研究職もいいが、そうした専門的な分野を事業や商売につなげる才覚もある。ビジネスセンスがあり、起業も悪くないが、そんな仕事のきっかけやヒントは家庭内や家族に起きた出来事、家庭生活の中にあることが多い。それだけに仕事に家族を巻き込みやすい傾向がある。

家庭生活や子育てからヒントを得た料理や飲食、子供、健康、芸能関連の仕事やずっと続けていた習い事の先生は適職。

組織の中にいても、大きなチームよりはファミリー的な、比較的小さな人間関係やグループの中にいるほうが働きやすく、いい仕事ができる。一見、交際上手なようで、身近な人とは問題を抱えやすい反面、外部の人や少し距離のある人にはとても評価が高いのが柳宿の特徴。海外や遠方で認められ、チャンスを摑むことも多いので、貿易や語学がからむ仕事も吉。ただ、遠方で活躍しても、最終的には地元に戻ったり、家族との縁は切れないだろう。

恋愛&結婚

女性は結婚願望が強い。恋愛すれば結婚を意識し、それを考えられない相手とはあまり恋愛をしない。好きな男性とはすぐに夫婦、家族になりたいと本能的に思うのだ。女性は原典に「軟眼」とあるように、少し眠そうな特徴的な目をしていて、セックスアピールがあり、狙いを定めて意中の男性を落とす。恋は長く一途なので、その過程で結婚もあり、意外に早婚なことも多い。

相手が年上の男性でも、自分が男性をリードする関係を好むのは、柳宿の女性の愛の基本が〝母性愛〟だから。尽くすが、束縛もする。男性が自分の理解を超えた世界で生きることを嫌うので、職場結婚など同じ世界で生きる相手を選びがち。ただ、子供ができると、夫より子供に夢中になることも。また、純粋に愛を求め、ひとつの恋にこだわり続け、独身を通すこともある。

それに対して、男性の愛は穏やかで、受け身。自分から情熱的に異性を追いかけることは少なく、来るものは拒まず、去る者は追わず的な感じになりがち。交際中も、結婚後も、女性にイニシアティブを預けるので、家庭的でしっかり者のパートナーと落ち着く。周囲や家族の勧める縁談で良縁を摑むことも。家庭内では婿養子でも大丈夫なくらい女性のいいなりだが、それで案外、幸せ。気楽に浮気もするが、家庭はめったに壊さない。ややマザコン傾向があり、親との同居が長いと縁遠くなることもある。

お金のこと

柳宿の場合、お金を生み出し儲けるきっかけや環境も、それを消費し使うときにも、家族や家庭の存在が大きく関わってくる。

柳宿はまず、生き方を選ぶときに親の職業や思いに強く影響される。結婚後も育った家庭の金銭感覚をずっと引きずっていく傾向がある。また家族の誰かの仕事を手伝ったり、時には家族の抱えた問題がビジネスにつながることもあり、家族経営的な商売の中に身をおくことも多い。

当然、家族の絆に金銭面が強くからんで、運命共同体的な縁や利害が生まれるが、そこには家族だからこそ生じる難しい問題も。そのため、家族でもお金のことは曖昧にせず、ビジネスライクに決めることは決め、適当な距離感を築くことが、柳宿には金運だけでなく、愛情運でつまずかないためにも重要なポイント。遺産などは、もらうにしても残すにしても、生前にはっきりと決めておくことが他の宿の人より重要だ。

カラダと健康

人体で、柳宿が司るのは歯。この宿のインド名・アーシュレイシャは、付着や細かいものの合体を表す。柳の葉のように細かく分かれた専門的なものを集中して追いかけ、特殊な分野で才能を発揮する柳宿は、物事を細かく嚙み砕いてひとつのものにするための道具である歯を司るのにはふさわしい宿かも。またインド名は「不観宿《ふごんしゅく》」とも漢訳されるが、歯は口を閉じていれば通常は見えないものであり、それは柳宿の、表面的な柔らかい雰囲気からは想像できない気の強さ、頑固さを物語っている。

そんな柳宿の人にとって、やはり歯は大切なアイテム。美しい歯を保つだけでなく、歯並び、噛み合わせを矯正すると、顔の印象や体調が変わり、身体全体の健康にもよい影響があるので、ほかのことはズボラでも、口腔ケアには気を遣おう。ほかに注意すべき部位は肺と生殖器。眼病にも警戒を。

もうひとつ柳宿の健康管理で大切なのは体重のコントロール。男性はいわゆる細マッチョ系。しなやかでバネのある体質で、本来、運動神経もいい。女性も〝柳腰〟的な柔らかいスリムな体型が本来のもの。不規則な生活と加齢で太りやすくなるが、柳宿の場合、他の宿以上に肥満がさまざまな病気や怪我を引き起こすので要注意。特に、スポーツをやっていてやめた後はしっかり体重の管理を。

休息方法

動けばエネルギッシュで、運動神経がいい人も多い。スタミナもありそうだが、実際にはそれほどでもない。仕事や何かに集中したら、同じくらい十分、休養をとらないとハイレベルの活動は続けられない。

柳宿のオフは完全な〝チャージ〟の時間としてリラックスし、緊張と弛緩のメリハリをはっきりとつけるべき。ひたすらダラダラと何もしない時間はどうしても必要なもの。くつろぐなら温泉旅行やリゾート滞在型の旅もいいが、美食三昧よりプチ断食などで内臓も休めるほうが柳宿向き。

集中力のある柳宿にとって、何かに夢中になること自体は心地いい状態で、ノーストレス。むしろ、その集中を妨げる雑事、人物がストレスの元になる。それを排除しようとしてヒステリックに反応し、感情を爆発させることも。それも一種のストレス解消法だが、評判を下げないよう、無理のないスケジュール管理が健康の元だ。イライラしたときはガムを噛んだり、マウスウォッシュなどで口の中のリフレッシュを。模型作りや裁縫など細かい作業が好きなので、そんな趣味に熱中するか、園芸や釣りやサーフィン、登山など、自然からパワーをもらう趣味がよい休息になる。

有名人

柳宿の男性は上の人にあまり逆らわないせいか、幕末に名を残す人は少ない。西郷隆盛（胃宿）の弟で、後に明治政府の重鎮として活躍した西郷従道が柳宿。江戸時代、「天保の改革」での芝居小屋廃止に反対したことで「遠山の金さん」のモデルになった遠山景元も柳宿だ。歴代総理では、皇族として敗戦処理内閣を担った東久邇宮稔彦親王、日本新党内閣の羽田孜。日本民俗学の父の柳田国男。村上春樹は海外でも評価が高い。ノーベル化学賞の田中耕一、日本の漫画文化の基礎を築いた手塚治虫、水木しげるも共に柳宿。スポーツ界では海外で活躍するサッカーの香川真司、内田篤人、ほかに室伏広治も。芸能界では仲代達矢、井上陽水、梅宮辰夫、佐野史郎、南原清隆、嵐の大野智、松田翔太。女性は論客の櫻井よしこや田中裕子、吉田美和、三浦りさ子、宮﨑あおい。海外ではクリント・イーストウッド、トム・クルーズ。

星宿《せいしゅく》
Maghā

目指す人

宿曜経

此宿生人。法合愛諍競不能圧捺嗜瞋怒。
父母生存不能孝養。死後方崇饗追念。
足奴婢畜乗資産。
有名聞善知識亦多悪知識。
一生之間好祈禱神廟。
（上巻）

星宿。凡諸種蒔皆吉。唯不宜種㲲。
宜取五穀等種芸薹。又宜修宅祭先亡。
将五穀入宅。作諸住定業並吉。
亦宜修理鬢髪。
（下巻）

この宿に生まれた人は、議論が好きで競争心を抑えられず、怒りも激しい。両親が生きているうちは親孝行できないが、亡くなった後に思いをこめ供養することになる。部下や家畜、資産を持てるし、善き知識人として社会的名声も得られる。一方で悪知恵を働かせる人もいるが、一生涯、仏縁があり、神仏を祈禱する人となる。

星宿の日は、すべての種蒔きに吉。ただ㲲（麻）を植えるのはよくない。五穀を刈り取り、芸薹（菜種）を植えるのはよく、家を修理し、先祖を祭るのによい。五穀がどんどん家に入ってくるだろう。また諸々の住居の作業と髪を整えるのもよい。

基本性格

「星宿」の星は、文字通り夜空の星を示すと同時に、星のように仰《あお》ぎみる遠大な理想を指すといわれる。インドでこの星の名は、世界を整理、統制する力、権威を表す。

星宿の子供時代は、かなり地味。いつもじっと周囲を観察しているようなところがあり、あまり可愛げはない。成長しても、何を考えているのかわからない人物に見られやすいが、大人になるにつれて、星宿は次第に大きな夢や理想を抱く。それは何万光年も先の星を目指すような遠大なものであり、人とはちょっと違う、オリジナリティのある夢なのがこの宿の特徴だ。

星宿の人生は、そんな明確な目標が定まって初めて始まるといってもいい。そこからの星宿の頑張りは、地道だが確かなもの。まるで職人のような努力を積み重ねていく。ほかの人よりは時間がかかり、回り道や苦難もあるが、必ず目的を達成し、さまざまな分野でユニークな存在になっていく。決して反抗的でも闘争的でもない星宿だが、実は静かな反骨精神のようなものを秘めていることが多い。原典に「名聞善知識あり。また悪知識も多く」とあり、一見エリート街道を進んでいるような星宿だが、お行儀のいい正統派や本流のものを追わない傾向が強い。だが、そんな、王道を離れた普通とは少し違う方向への努力が、かえって認められ、高いポジションや存在感を得ることになるだろう。

さらに文献※に「他人に労すれば繁盛す」とあり、分け隔てなく、誰とでもニュートラルに接する姿勢に人が集まり、やがて本流に対抗するグループのボスになることも。いわば異端のカリスマ的存在の器だ。

また星宿は、ライフスタイルやファッションにも自分なりのこだわりを持つが、その感覚は、すぐには人に理解してもらえないかもしれない。他の人より長いスパンで物事や人生を考えられるのは星宿の長所だが、ときには周囲との感覚のズレも味わいそう。でも、星宿が世間一般の常識などに自分を当てはめて人と比較し焦って行動することは、運気を落とす元になる。

また、自分が頑張れるので人も同じようにできるはずと思うと、人にとても厳しくなり、恐れられることも。言葉でのコミュニケーションは決してうまくないので、行動で気持ちを示すことと、明るい寛容さを忘れないことが星宿の開運ポイントだ。

天職と使命

遠大な目標を求める星宿だが、逆にそんな夢や理想が見つかるまでは、どんな仕事をしても身が入らず、意欲のない人として、フラフラとその日暮らし的な生活をしがち。

もし、目指すべきものが見つからないときは、子供のときからの夢を少し別の形で追ってみたり、憧れの人、またはライバル的な人に近づきたいという気持ちを仕事などにつなげてみるといいかも。

具体的に目指すものが見つかったとしても、星宿は下積み時代を経験することが多い。でも心の軸さえ決まれば、基本的に働き者で休むことを知らないかのようにがむしゃらな努力ができるので、やがて、独特のスキルや技を磨いて独特の個性を発揮するようになるだろう。

ただ〝星〟はやはり太陽や月ではないので、主役より脇役タイプ。〝いぶし銀〟的持ち味で全体を支える役割が天命だったりする。でも脇役やNo.2でいたほうが、かえって認められ、主役をしのぐ注目を集めることも。

大きな組織だと、埋もれたり、派閥争いに巻き込まれたりしやすいので、会社勤めより職人として何か技能を持って生きるほうが吉。組織に属すなら研究職。扱うなら動かない土地に関わるものがよく、不動産、土木・建築などにも縁が。当然、土地と触れあう農業、園芸、林業も適職だ。また、遠い星、大いなる宇宙とつながるセンサーのような感性を秘めているので、神職や僧侶など宗教的な分野にも適性がある。

恋愛＆結婚

恋愛でも妥協をしないので、ひとりの人と交際しても結婚までにとても時間がかかることもあれば、逆に理想の相手を求めて、

※『宿曜二十八宿秘密奥儀伝』

いろいろな異性を渡り歩くことも多い。でも遊びの恋はなく、いつも真剣。短い交際で終わった恋でも、交際中は常に本気だ。

夢を追いかけるのに忙しく、男女とも晩婚傾向が強いが、いろいろあっても結局、職場の同僚など身近な相手と結ばれやすい。最終的には、大いなる星宿の夢や理想を最も理解してくれる相手を選ぶし、そういう相手でないと、やがて心は通じなくなる。

特に女性は、見かけよりも家庭的で家事上手。結婚後、家庭と両立できる夢を探せればハッピーだが、結婚前からの夢を諦めきれずに追いかけようとすると、家族と仕事や夢と現実の板挟みで悩みそうだ。実は、愛を言葉で伝えたり、ストレートに表現することはあまり得意ではない星宿。コミュニケーションが不足してしまい、ある日、突然の別離なども起こりやすい。

また男性でも女性でも、その見果てぬ夢や目標を配偶者、時には子供に託すような生き方をすることが少なくない。相手の夢や目標を支えることが自分の生きがいになれば、とても献身的な愛を捧げるだろう。

結婚後も、恋をすればそれは浮気ではなく本気。その異性が自分の夢を配偶者よりも理解してくれれば、不倫でも何でもかまわず、その愛に走る。結局、星宿にとっての愛とは、夢や目標の共有なのだ。

お金のこと

若い頃や、その仕事を始めたばかりの頃は、お金がなくても選り好みせず何でもやる。そのうちに少しずつ実力をつけ、ステイタスが上がっても仕事のスタンスは変えず、ハードに働き続ける。そのうえ生活は質素を好むので、さぞお金が貯まりそうだが、実はそうでもない。〝一点豪華主義〟的にこだわりのあるものにつぎ込んだり、仕事の拡大のために投資をしたり、部下や後輩におごったりで、財は常に循環させ、お金としては手許に残さない。文献※にも「独立すれば安寧《あんねい》なれども貧し」とあり、人のためにお金を使うことが暗示されている。情に厚く、面倒見のよさがあだになって、身内や他人のトラブルに巻き込まれやすい傾向もある。それでも星宿の独特の個性を支え夢を実現するためには、協力者や部下、仲間が必要。そんな助けあえる人材こそ財産だと考えるべきかも。

もし、星宿が財産を残そうとするのなら、金銭より土地の形で持つといい。不動産があると、それがいつかあなたや家族、仲間を助けるはずだ。ただし、一度購入したマンションや土地などを投機目的でコロコロと転売したりしないこと。「不動産で残せ」という教えは、それが動かないからであり、時代が変わっても無価値にはならないものだから。それはお金や財に興味がなさすぎる星宿への戒めと助言なのだ。

カラダと健康

人体で星宿が司るのは、項《うなじ》。「項」の漢字は、頭と背の間をまっすぐ貫く部分を表す形。星宿のインド名のマガーは、惜しみなく与えるという意味だが、漢訳は「土地宿」なのは、土地は作物に滋養を与え、人間にも多くのものを与えるからだろう。一方で、土地は権力者から恩賞として与えられ、人は土地を通して権力や天とつながる。〝うなじ〟も同じように、天や頭からの指

※『宿曜二十八宿秘密奥義伝』

令を身体につなぐ部分である。

そんな星宿の人にとって大切なのは〝姿勢〟だ。常に正しい、よい姿勢を保つことが健康と開運の元になる。

長期的な展望を持つと、誰にも負けない頑張りを見せる星宿は、かなりの体力的な無理にも耐える。職人的な技を身につけ、磨こうとするときには、無理な体勢、姿勢を長時間続けることもあるはず。それは精神的にはまったくストレスにならないが、身体のほうには少しずつダメージを与える。極端にひどいときは、骨が何らかに変形しても平気だったりするのも星宿だ。

そんな星宿に有効なのは、整体治療などによる姿勢矯正。首のコリは精神面にも大きく影響を及ぼすことが知られているが、それ以外に、骨盤、膝などもチェックポイント。骨密度も定期的に調べておくといい。根を詰める作業の合間に姿勢の歪みを直すために、軽い体操で身体をほぐす習慣をつけるだけでも健康状態は変わるだろう。

また、星宿が一番のストレスを感じるのは、ひとつ目標を達成した後、次に目指すべきものを見出せない状態。迷走中に暴飲暴食したり、身体に悪い嗜好品を摂取しがちだ。そのときも首や肩を中心にしたマッサージや骨格矯正で気分転換を。カルシウム摂取も必要。そうすれば、また目標を探す気力、前進力も蘇る。基本的には長命。

休息方法

気分転換がうまくない星宿は、急にポッカリと暇な時間ができたりすると、調子が狂いそうで、休むよりは別の仕事を入れてしまったりする。休んでいると、その間に取り残されるような不安を持つ。だから星宿が休息をとるなら、仕事で関係のある人々とどこかに出かけたり、仕事上の交流の延長で過ごすのが一番かも。また、自分は休まなくて平気でも、家族や仲間など身近な人のために休む時間を作って。どんな場合も完全に仕事や日常を断ち切れないタイプだ。

旅好きで、開運のきっかけが海外や遠方にあることも多い。地元では伸ばせない羽根を旅先で伸ばして、意外な遊びに手を出すことも。旅に頻繁に出かけているよりは、そこに別荘などを持って基点を作るほうが、その土地での新たな人との交流も生まれて、心の休息の地にできる。神社仏閣など宗教的な場所も星宿には癒しになる。

有名人

徳川三百年の治世の礎を実質的に築いた二代将軍・秀忠、新撰組の副長として今も絶大な人気を誇る土方歳三もこの星宿。星宿は、働き者だが、人に厳しい面があるため、〝鬼の副長〟となったのかも。また明治天皇も星宿だった。歴代総理大臣では、二・二六事件で倒れた高橋是清、戦争に反対しながら軍部に抗しきれず、A級戦犯として処刑された広田弘毅。日本の連合艦隊司令長官・山本五十六と連合国軍最高司令官のダグラス・マッカーサーはともに星宿だった。『星の王子様』の作者で空に消えたサン=テグジュペリも星宿の人。芸能界では勝新太郎、いかりや長介、西田敏行、坂東玉三郎、柳葉敏郎、上川隆也、成宮寛貴。女性は倍賞千恵子、都はるみ、松任谷由実、川島なお美、鈴木京香。また秋篠宮紀子妃、英国のキャサリン妃も星宿。

張《ちょうしゅく》宿

Pūrvaphālgunī

目立つ人

宿曜経

此宿生人。法合足妻妾多男女。
出語愜人意。甚得人愛。少資財智策。
亦不多業。合得人財。
（上巻）

張宿。宜喜慶事。
求女嫁娶修理宅。作衣服厳飾物。
作愛敬法等並吉。
（下巻）

この宿に生まれた人は、愛情運に恵まれ、子供も多い。話す言葉が人の心をとらえ、とても愛される。財運はあまりないが、知恵と策略がある。また、あれこれ手を出さずに一業に徹すると、人の財産や援助を得られる。

張宿の日は、お祝い事に用いるとよい日。恋愛や見合いにもよく、婚姻や家の修理、衣服や装飾品を作ること、愛や和合を求める祈禱にも吉である。

基本性格

「張宿」の張は、強く張った弦のことを表し、この宿の生まれの人がパンと張ったカッコよさの持ち主であることを示す。インドの星の名は果実のことで、次の「翼宿」が、自分が果実となって人を楽しませるのに対し、張宿は、人が果実を自分に与えてくれるように仕向ける人。どちらも人の目を気にする、やや自意識過剰気味の宿だ。

張宿の人はもともと華があるうえに、自分の見せ方、演出がうまいため、とにかく目立つし、トークもうまく、人から引き立てられる得なキャラ。原典にも「語を出すに人意に愜《かな》い、甚だ人の愛を得る」とある。

人をまとめることもうまく、組織のなかで立場を与えられれば、それにふさわしい働きができる。一見、マイペース、傍若無人に振る舞っているようで、実はとても周囲に配慮し、人間関係のバランスをとる繊細さも持ち合わせている。

張宿は武人の星なので、本来は知恵と勇気も兼ね備え、そして組織的なものは決して乱さない星なのだ。ただ、武人は弱みを見せることを嫌う。プライドも高く、何より失敗をおそれるので、時には口のうまいハッタリ屋になりやすい危険もある。

また、武人の星のせいか、男女で性質や運勢が少し違うのも張宿の特徴。なぜか女性のほうが怖い物知らずで、肝が据わり、ケジメがあり、自分の行動に責任をとりながらしっかりと生きていくタイプが多い。

一方、男性のほうはやや神経質な面がある。堂々とした雰囲気があってそうは見えないが、実は気が小さく几帳面。

戦場で本当に命のやり取りをした武人が、いつも気持ちが張りつめていて心が休まらないように、男女とも張宿は、些細なことをしつこくチェックしたり、グズグズ悩んだり、それを身近な人にはネチネチとぶつけるようなところもある。

ただ、普段の人づきあいの中では、そんな神経質な一面を露骨に出すことは少なく、そのセンスのよさで、順調に運を伸ばす。

若いときから目上の人に可愛がられ、引き立てられる張宿だが、逆に自分が年長者になったり、トップに立ったときに、その運気の難しさが出やすい。文献《※》にも「人を見下して誤る」とあり、自分が粘り強く、細やかなところまで目が行き届くので、特に自分より目下の人間が気が利かない、努力をしないことに対しては厳しい。それでも女性の張宿は太っ腹で寛大だが、男性の張宿は厳しいばかりで、結局、気難しい先輩と煙たがられやすい。人脈と人気が命の宿だけに、思い上がると一気に人が離れ、運が落ち込む。年齢を重ねても謙虚で、人に任せるところは任せ、目下の人ともよい関係を結べるように心がけると、張宿の運気は落ち込み知らずで右肩上がりに。

天職と使命

〝華〞があってパリッとした存在感で目立つ張宿は、どんな場所でも臆さないその押し出しの強さ、派手な人気運とアピール力を仕事でもおおいに利用すべき生まれだ。

大勢の前で何かを語ったりパフォーマンスをするような仕事、教師や講師、アーティスト、エンターテインメント系、政治家などは適職。スポーツやレジャーに関連する職種にも縁がある。また、どんな職種でも人前に出て何かをすることは、張宿の使命と運を生かすことになるので、恐れずに一歩踏み出してみよう。自分が楽しいと思ったことで人を楽しませることは、張宿の使命といってもいい。また、自衛隊や警察など統制のとれた組織で動く職業も吉。

それが演技でも、必要に応じて居丈高に強気に出られるのが張宿の強みでもあり、仕事などでそれが役に立つ場面があれば利用すべき。でも張宿が本当にやるべきは、その後の細やかなフォローだったりする。

内心、とても神経質な自分の一面を表に見せないため、陰でどれだけの準備、努力ができるかが実は張宿の成功の鍵。そんなダンディズムを持ちあわせない張宿は、ただの〝張りぼて〞な人になるだろう。

女性は見かけどおりの女傑で、しかも気配りもできるので、会社の中にいればそれなりに出世するし、起業してもOKだ。一方、男性は慎重でやや臆病なので、自分で未知

※『宿曜二十八宿秘密奥儀伝』

の分野を切り開くよりは、家業を継いだり、誰か引き立ててくれる人、よき指導者などがいそうな環境のほうが成功できるだろう。人に可愛がられて伸びる張宿は、自分が年長者になったとき、目下に愛情をかけることがやや下手だが、それも密かな使命であることを忘れずに。

恋愛＆結婚

男女ともスタイリッシュであか抜けていて、人気がある。女性は特に美人が多く、男性をその気にさせる〝果実〟のような、華やかで明るいフェロモンをまき散らす。男性は、少し斜に構えたような雰囲気がカッコよく、母性本能をくすぐるタイプ。

どちらもモテて、異性に追いかけられることも多いが、自分で追いかけてモノにした相手でないと満足できない。そして、まず好きになるのは、自分以上に華がある、何かを〝持って〟いて目立つ異性だろう。

けれど、心のどこかで恋人や配偶者を自分のステイタスのように考えているうちは、本当の安定した関係は築けなさそう。張宿は、気を使わずに一緒にいてリラックスできる、明るい気持ちになれる異性を選ぶのが一番。その相手は、幼なじみなどの地味な異性だったり、年齢差があったり、周囲から見ると何かがアンバランスな意外な異性かもしれないが、安らぎこそが大事だ。

結婚後の問題は、張宿がかなりの甘えん坊なことかも。特に男性の場合は、子供が生まれると、妻の愛が半減したように感じて、ちょっと家庭の外に目が向く恐れも。何かあると、張宿の女性はキッパリ別れて、逞しさを増し、再婚したり、男に頼らずに生きていく場合も多い。男性の場合は、好き勝手しながら別れずにいると、晩年になって妻のほうから熟年離婚なんてこともあるので、パートナーに甘えすぎないように。

お金のこと

お金があってもなくても、見かけはパリッとしているので、張宿の懐具合の実情は外からはあまりわからない。ただ、外面を飾り、いかにも高そうなものを身につけている張宿ほど、実は金銭面で余裕がなく、逆にお金にゆとりもあり内面も充実している張宿は、あまり外面にこだわらない傾向がある。

かといって安い物は好まず、自分なりのこだわりのある部分にはお金をかける。でも、それ以外の部分は節約派だ。

本来は几帳面な働き者なので、正義に基づいて働いていれば、お金でつまずくことは少ない張宿。ビジネスではハッタリをかますこともあるが、男性はそれを会社や組織のため、女性は自分のために使う。

人に好かれる張宿は、生家やそれ以外の人からもお金や財産になるものを受け継ぐ運があり、特に女性は結婚、離婚で財産を殖やすようなこともありがち。

ただ、張宿のお金の問題は、受け継ぐときよりも誰かに引き渡すときに起こりやすく、後継者を見誤ったり、引き際を間違えて、財を失ったり損をすることも。晩年のお金の扱いには少し注意が必要になる。

カラダと健康

張宿が人体で司るのは右肩。インド名のプールバ・パールグニーのプールバとは、前、先を表し、パルグニーは果実、結果、利益の意味。「前徳宿」とも漢訳される。

右肩は、多くの人の利き腕の肩でもあり、肩はその人の心身の状態を端的に周囲に伝える部分だ。調子がいいときは肩で風を切って歩き、失意のときは肩を落とすように、張宿の人は気持ちのあり方が、身体の様子にダイレクトに表れる。そのストレスは肩こりに表れることが多いだろう。プレッシャーを感じたり、強がって虚勢を張ったりすると、知らず知らずに肩に力が入るからだ。

張宿の肩のまわりに不調が出たときは、休養不足、生活のどこかに無理があることのサインと考え、ストレスの原因を探って早めにそれを改める対処が必要だ。

病気もストレスからくる。うつ病など精神的な疾患やアレルギーには早めに対処を。心臓病、脳疾患などにも注意が必要。弓の弦が切れるように突然、病がやってくる恐れがあるので、日ごろから血圧はチェックを。

ストレス解消は、まず、肩こり解消から始めよう。スポーツマッサージを受けたり、マッサージチェアを利用したり、肩こり体操などをして、肩の緊張を取り除くことで、少しナチュラルな自分を取り戻せるだろう。

休息方法

迫力のあるカッコよさが身上の張宿は、自分が感じている以上に人の視線を常に気にしている。だから本当の休息には、誰の視線も気にせず、自分の立場や肩書などを意識しなくてもいい環境が必要になる。自分のことを知っている人がいないという意味での海外、人があまり行かないような場所などへの旅が一番だろう。ツアーなど人に合わせなければいけない旅は好きではない。用心深いので、旅先でのトラブルは少ないが、中途半端な知り合いとの旅はストレス解消にはならず、険悪になったりするので、ひとり旅のほうがいいくらいだ。

長い休みがとれないときは、ホテルステイなどでひとりになる時間を作ると、心身が生き返るはず。張宿は神経が細かく潔癖なので、意外なものが苦手だったりするが、それを我慢しないですむ少しわがままな時間も、張宿にはなによりの休息になる。

登山、キャンプなども行くなら少人数で。女性でも乗馬、射撃、弓道など軍人がやるようなことをやってみるとストレス解消になるだろう。対戦型のスポーツやゲームなどもハマれて楽しいかも。

有名人

張宿は周囲の空気を読み、人に配慮しながらスタイリッシュに振る舞う。古くは平家の世を生き抜いて鎌倉幕府を開いた源氏の御曹司・源頼朝が張宿。徳川幕府を立て直した名君の８代将軍・吉宗も張宿。黒船がやってきた頃に13代将軍になった徳川家定は張宿の繊細さが強く出た人物だったのかも。歴代総理では満州進出を推進した軍人・小磯国昭、そして安倍晋三。若手のホープ小泉進次郎。作家では江戸川乱歩、東野圭吾、さくらももこ。芸能界では田村正和、萩原聖人、向井理、松山ケンイチ、三浦春馬などイケメン揃い。越路吹雪、八千草薫、藤山直美、小泉今日子、藤原紀香。英国のエリザベス２世女王、デザイナーのクリスチャン・ディオールや、冷戦終結の立役者のゴルバチョフ元大統領。

翼宿《よくしゅく》

Uttraphālgunī

羽ばたく人

宿曜経

此宿生人。法合愛騎乗鞍馬駕馭車牛。
布施喫用触処遊従。
為人穏口語。受性愛音楽。
（上巻）

翼宿。所作皆吉。置宅垣牆穿壕作市。
作城邑作車輿。修農商業種蒔嫁娶。
凡作諸安定之事並吉。
（下巻）

この宿に生まれた人は、乗馬や、牛車などに乗ることを愛し、人に振る舞うことを惜しまず、あちこちを見て触れあって旅する。穏やかに話し、歌舞音曲を愛する性質を持っている。

翼宿の日は、何をするにも吉日。家を建て、垣根を作り、壕を掘り、市場や城壁、車を作ることなどにもよい。農業や商業にもよく、種まき、婚姻など安定を求めることはすべて吉である。

基本性格

「翼宿」の翼は、文字どおり大きく羽ばたく力を持つ意味。インドの星の名は果実のことで、前の「張宿」は人に果実を与えるように仕向けて自分が楽しむのに対して、「翼宿」は自分が果実になって人を楽しませる人。どちらも人の目を気にする宿だが、翼宿のほうがサービス精神が旺盛だ。

名が示すように、翼宿生まれの人は翼を使って遠い所に何かを伝える使命を持つとされる。原典に「処に触れて遊従し」とあり、海外も含め、さまざまな土地に行くことが多い生涯が暗示されている。そのためか、穏やかそうに見えて実は度胸があり、どんな環境にも適応し、自分のペースを作れる資質に恵まれている。

翼宿のもうひとつの特徴は完璧主義。普段はおっとりとした雰囲気だが、理想が高く、妥協を許さない頑固な一面もある。翼があるため視点が高く、どこか風格があり、自然にリーダー的な立場になることも多い。ただ、自分に厳しいため人にも厳しく、また、理想のためなら金銭的なことや時間的なことを度外視するので周囲とギクシャクすることもあり、独善的にならないよう注意が必要だ。それでも、根は正直でサービス精神もあり、人に好かれる生まれ。

こんな翼宿は別名「北徳宿」といわれ、昴宿、斗宿とならんで幸運な宿とされている。特に家族には恵まれ、周囲に助けられ、波乱の少ない人生を送る人が多い。

子どもの頃は活発で利かん坊だが、親には従順。男性も女性も、若い頃から何かの形で一家を背負うだけの力量を発揮することが多いだろう。そして、そういう形で早く自分の生きるべき道を見つけることが翼宿の幸運につながるのだ。

ところが、「自分が何をやりたいかわからない」というのは、翼宿にはありがちな悩み。もともとが完璧主義なだけに、納得のいく道を選ぼうとするあまり迷って、夢ばかり追ってふらふらと時間を無駄にすることも。そこで親との関係がよすぎたり、金銭的に余裕があると、パラサイトシングル的状態におちいることも。思うような環境を探せず、〝翼〟を使えない翼宿は、放蕩三昧な困り者になることさえある。

そうならないためにも、翼宿はとにかく表に出て、まず今できること、好きなことを掘り下げてみるべき。完璧主義は夢探しではなく、実際の現場で発揮しよう。

動き出した翼宿には、外国人や海外に住む人、海外への訪問が何かのチャンスを運ぶことが多い。国内でも、少し離れた場所に人生が動くきっかけがあるかも。翼宿の人が最初から外国好き、旅行好きとは限らない。でも好きな海外のスター、ある地方の食べ物などが大きな世界への入り口になることも。まずは視野を広め、翼を広げられる場所を探すことから始めよう。

天職と使命

翼宿は文字通り、その翼で自分が遠くへ飛んで行ったり、何かを伝える使命を秘めている。自分は何を翼に乗せたいか考えてみると、自然に天職が見つかるだろう。

でも闇雲に海外や遠くへ行けば成功できるわけではない。ひとりで起業したりするより、企業や組織の一員として何か技能や知識を持って遠方に飛んだほうが活躍できるタイプでもある。

その意味で、世界を飛び回るCAや外交官、交通・運輸関係、貿易、旅行業、ジャーナリストは適職。何かの研究で海外に行くことも吉。また、自分自身は動かなくても、ネットで世界中につながることができる昨今、好きでやっていることが海外や遠方で評価されたり、天職のヒントをネットなどを通して見出すこともありそう。身近なものを世界に広めることもまた、翼宿の使命である。

ただ、視野が広すぎて目標が定まりにくいときは翼宿のサービス精神や人を喜ばせる資質を意識してみよう。サービス業は適職。ほかにも身近な人があなたに期待することに応え、それを活かすことから始めてみると、天職に近づけるかもしれない。

恋愛&結婚

翼宿の女性は見かけより内向的。本人は、

それを弱みと感じて、本当の喜怒哀楽を隠しがち。そのため、いつでもフラットな表情でとっつきにくい態度になるか、ちょっと無理しているくらいの明るさやテンションを装うことが多い。いずれにしても、男性に本音を簡単には見せないので、恋人になると、普段の雰囲気と素顔とのギャップに驚かれることも。少なくとも、男性に妄想を抱かせたまま結婚はしないほうがよく、ある程度の交際期間は絶対に必要なタイプだ。理想は高く、好きになったからといって男性に甘くならない一面もあり、翼宿の女性は、結婚に至らない真剣交際を何度か繰り返す傾向が。やがて最初から自分の素顔を隠さなくてもいい気安い男性か、何か尊敬できるところのある男性を選んで落ち着きそう。でも結婚すれば、他の女性からは気難しそうに見られる男性とも意外にうまくやれるのが翼宿の女性。しっかり者の妻で、よき母になり、仕事と家庭、子育ての両立も意外に器用でうまくこなす。

男性は、ナチュラルな優しさで好感度が高く、やや女難気味にモテるほう。遊びを覚えると悪妻をもらうといわれているので、初恋を貫くか、適齢期につきあった相手と早めに結婚したほうが無難。結婚運はよく、よい家庭に恵まれるが、妻がいても女性との関わりは減らず、浮気の誘惑と闘うことに。浮気でなくても、仕事が忙しくて家庭が空の巣になることも多い。最後に帰る場所として、妻や子供との絆は大切にしないと、熟年以降は、ひとりの巣しか作れなくなってしまうかも。

お金のこと

翼宿は本来、お金よりは名誉に恵まれる運気を持っている。でも名誉を大事にする生き方をしていれば、自然にある程度のお金もついてきて、困らないタイプだ。

働き者で、仕事に対する姿勢はシビアで金銭感覚もしっかりしているが、自分で起業したり、サイドビジネスを始めたりするのは向かない。翼宿の金運は〝公共〟の利益を意識したときに、最も失敗のない形で発揮される。翼宿は実は人を使うのがあまりうまくなく、自分の損得を考えると、金銭への執着が強くなりすぎる傾向がある。私利私欲に走ったり、器以上の財産を貯め込みすぎると、運気に狂いが生じやすい。重い荷物を抱えては鳥は飛べなくなるからだ。

仕事などで広い世界、地方などを飛び回る人は〝止まり木〟や〝巣〟を求める気持ちからか、不動産への思い入れが強くなりやすい。でも、不動産にからむビジネスは翼宿には鬼門。若いときは都会で洗練された生活を送っていた翼宿も、年齢と共に田舎志向に。自然の豊かな土地に自分の家や別荘を求めれば、それが翼宿には一番の財産になるはず。自分が住む以外で土地にからむ商売をすると、やがてそれが重荷になることも多いだろう。

カラダと健康

翼宿が人体で司る部分は左肩。インド名のウッタラ・パールグニーのウッタラは、後ろを表し、前の「張宿」と一対で扱われる。漢訳は「北徳宿」だが、ウッタラには「北」そして「左」の意味もある。

肩は、いからせたり落としたりして、その人の気持ちをストレートに表す場所だが、多くの人の利き腕ではない左の肩を司る翼宿は、右肩を司る「張宿」ほどわかりやすく気持ちを出さない、やや屈折したタイプ。

また、翼は卵やヒナを守るためにも使い、「翼」の文字には助ける、かばうという意味もある。翼宿の人は、無頓着なようで意外に身体に気を使い、一度食当たりをしたものは二度と食べなかったり、子供の頃の怪我の跡など身体のどこかをかばうような癖があるかも。

そんな翼宿の人は肩が強く、物を投げるのも得意なはず。でも逆に肩にテンションがかかりやすいので、肩を鍛え、肩こりなどを撃退するようにすると体調は上向く。〝翼〟を使えずに窮屈にたたんだまま規則や制約の多い状況に長く置かれるのが、翼宿には一番のストレス。ルーティンで束縛感のある毎日を続けると、気づかないうちに体調を崩すことも。ストレスを感じたら、それと闘うよりも逃げ出して解消するのが翼宿なので、何か生活に変化、メリハリを作る工夫は大切だ。自分が思うよりストレスには弱く、それで精神的に不安定になったり、免疫力が低下する心配も。心臓や肝臓、さまざまな感染症に注意が必要。そして、もうひとつ翼宿が警戒すべきは、乗り物や移動中のアクシデント。体調がいまいちのときの運転、移動は要注意。

気をつければ、本来は長寿の生まれの翼宿だが、高齢になると、心に翼が生えて身体を離れてしまうことがあるかもしれない。

休息方法

翼宿の一番の休息とストレス解消法は旅。特に、束縛の厳しい毎日を送る翼宿は、日常を断ち切り、未知の世界に身を置いてみると、身も心も軽くなるはず。忙しく観光地を巡る旅もいいが、田舎暮らしや、海の見える場所などでゆったり時間の流れる日々を過ごすのもいい。飛行機だけでなく、ドライブ、バイク、鉄道など乗り物好きも多く、実際に旅に出かけられなくても、乗り物に関わるグッズなどはストレス解消に一役買うはず。インドア派の翼宿には、DVDやゲーム三昧の時間で日常を忘れるのもいい。また家族と故郷で過ごす時間は、体調だけでなく、運気を整えるのにも吉。

自然の中でも、都会の中でも、高い場所や見晴らしのいいところは翼宿にお勧め。鳥になったような視界は快感なはず。スポーツなら、野球やゴルフなど球技がお勧め。肩を使って球を投げたり飛ばしたりする動作は、翼宿の〝気〟を活性化するはずだ。

有名人

明治時代、数多くの会社の創業に関わり、日本の資本主義の父とも言われる渋沢栄一が翼宿。自らの財閥を作らなかったのは、公共心を優先させる翼宿らしさか。キリスト教の布教に尽力した内村鑑三、細菌学者として海外で名声を得た野口英世も翼宿。歴代首相では敗戦直後の日本をリードした吉田茂。そして昭和天皇も翼宿だった。海外では、ジョン・F・ケネディ、英国の元首相マーガレット・サッチャー、初代007を演じたショーン・コネリー、カトリーヌ・ドヌーヴ、フェイ・ダナウェイ、マドンナ。芸能界では三船敏郎、松田優作、舘ひろし、18代目中村勘九郎、桑田佳祐、役所広司、佐藤浩市、豊川悦司、大沢たかお、嵐の二宮和也、KAT-TUNの亀梨和也、真矢みき、木村佳乃、蒼井優、堀北真希。

軫《しんしゅく》宿

Hasta

まわす人

宿曜経

此宿生人。法合有諸宝物。
合遊歴県。稟姓嫉妬為人少病。
能立功徳兼愛車乗。
（上巻）

軫宿。宜諸急速事。遠行向外国。
修理鬢髪取象調象乗象。
学技芸求女嫁娶。
服著衣裳穿池修園圃造垣牆等吉。
除蕩窃逆南行大吉。
（下巻）

この宿に生まれた人は、諸々の宝物のようなものを持っている。いろいろな場所を見て旅をする。嫉妬深いが、あまり病気にはならない。果報を得るために、善い行いをしながら、楽しく車に乗って旅する。

軫宿の日は、急を要することをやるのよい。海外など遠方に出かけたり、髪を整えたり、象をとらえて調教し、乗ったり、新しい技術を学ぶのにもよい。恋人を探し、結婚したり、衣服を新しくしたり、池を掘り、田畑や垣根を造るのににもよい。ひそんでいる逆賊を討つために南へ行くのも大吉である。

基本性格

「軫宿」の軫は、車輪に渡した横木のこと。インドの星の名は、手を意味する。横木は2つの車輪をつなぐもの、手もまた握りあうことで人と人とをつなげるものだ。さらに「軫」には、人の様子を見て心配する、憂えるという意味もあり、軫宿の人が持つ周囲への気配りや優しさも表している。

こんな軫宿の人は、とにかく社交家の交際上手。ソフトな雰囲気と優しい気配り、人の嫌がるようなことも引き受けるフットワークの軽さで周囲に人を集める。

気がよくて、他のどの宿にも負ける最弱の宿ともいわれるが、逆にいえば、自分から上手に折れることでどんな相手や状況もしなやかに受け入れ、自分のペースに引き込む最強の人づきあいの達人だともいえる。決して警戒心を与えず、むしろ癒しキャラ、突っ込まれ役として愛されながら、気がつけば誰よりもよいポジションにいたりする、甘え上手でしたたかな人だ。

本質的には精神性が強く、人に見せない自分だけの世界を持つ。文献※にも「性は裏なり」とあり、自分は一歩引いて、ディレクターとかフィクサー的な立場を好む。密かな根回しや仕切りをしながら陰から物事を動かし、自分の思いを通していく。

実は少々嫉妬深く、密かに身近な人にライバル心を抱くようなことも多いが、本質的に善人なので、面と向かって刃向かったり、「自分が、自分が」としゃしゃり出ていったりはしない。もし、それをしてもあまり人に勝てないし、反感を買って、よりパワフルな人につぶされてしまう。時には悔しい思いをしても、空気を読んで、一歩控えめにしていたほうがかえって目立ち、引き立てられるのが軫宿なのだ。

軫宿のこんな性格は子供のころあまり身体が丈夫ではなかったり、人に揉まれるような育ち方をすることが多いためかも。一見お人好しの軫宿を甘く見る人も少なくないし、確かに人に利用されやすい一面もあるが、損得勘定には敏感なので、大きなダメージを受けることはまずない。

このように軫宿は、社交的だが大勢のリーダー役にはあまり向かない。上の立場に立っても、人の意見をよく聞く調整型のまとめ役だ。でも人から学び、人の力をうまく利用することで伸びる人でもある。

軫宿のもうひとつの特徴は、何をするのもスピーディなこと。文献※にも「物事を成すに風の如く」とある。軫の字には車偏がついているが、まるで車に乗っているようにクルクルとよく動き、行動範囲も広い。作業、決断は何でも早いので、自由に動き回れる環境に身を置くほうが幸運に出会う。

親には可愛がられるが、親元を離れたほうが開運は早く、田舎よりは都会に住むほうがよいとされるのは、新しいもの、流行のものも軫宿の開運には欠かせないからだ。旅行や移住も幸運の鍵になる。もちろん軫宿は、どんな環境でもそれなりに人に馴染んで、うまくやっていけるはずだ。

天職と使命

頭の回転が速い軫宿はどんな職種でも重宝がられるが、特に手先を使う仕事には強く、あなたの天職はあなたの手が知っていることも多い。たとえば、子供の頃から、人の髪の毛に触れることや料理を作るのが好きだったり、考えるより先に、その手がやりたいことを始めているだろう。

また、スピードや素早い行動力を必要とする旅行・観光、交通関係、流行を追いかけるマスコミ業界などにも向く。ただし、あまり荒っぽい仕事や作業は向かない。

軫宿は「女宮」つまり乙女座に属する宿なので、男性でもどこか女性的な性格だったり、女性の気持ちがよくわかったりする。だから、女性が多い職場や環境に身を置いたり、女性を相手にする仕事をすると、その能力や感覚をより生かせる。ファッション、美容、医療、健康、ヒーリング的な分野ではビジネスセンスが冴えるはずだ。

どんな分野でも、新しいもの、最新技術や流行の最先端をいくものを取り入れることが使命であり、ときには新しいものを作り出すこともできる。軫宿の場合、ただのアイデアだけで終わらず、それを実現する技術力を持てることが強みだ。

※『宿曜二十八宿秘密奥儀伝』

社交的なので営業や接客、飲食、仲介業にもピッタリ。軫宿の本当の使命は、どんな分野でも人と人、人と物との調整やオーガナイズにある。自分が表に出るより、プロデューサーのような立場で動くと多くの人から頼りにされ、評価されやすい。人に利用されているようで、ちゃっかり人を利用できるのが軫宿だが、だからこそ人間関係での誠実さがどんな仕事でも大切だ。

恋愛&結婚

交際上手なので、若いときから異性との関わりも多く、早熟。男女とも狙った相手はほとんど落とすツワモノ。特に男性は、ソフトで優しげな雰囲気と女性の気持ちを心得た言動、扱い方でかなりの恋愛巧者だ。

仕事と同様、やることが速いので、恋愛も、出会ったと思ったら恋人になり、あっという間に結婚までいくことも多い。ただし見切りをつけるのも早く、ダメと思ったらすぐに別れるので、恋愛の数は年齢とともに増えていき、異性を渡り歩くことにも。

特に若いときは電撃結婚に走りがちだが、すぐに破れることも少なくない。早婚で子供ができても、30代後半から40代で夫婦関係に波乱の暗示が。それは軫宿が根っからロマンチストで結婚後も男や女である部分を捨てないから。その部分を満たしてくれないと別の異性の愛を求めて、浮気から別離なんてこともあるが、再婚運も悪くない。

男性はあまり家庭は壊さないが、もともと女性との関わりが多い運命を持つだけに、複雑な恋愛模様を抱えることも。男女とも少し年齢を重ねてからの結婚や相手が再婚など訳ありの人のほうが落ちつくようだ。

そして男女とも困ったときに頼るなら女性。表でも裏でも軫宿の味方は常に女性なのだ。

お金のこと

手早く、器用で、状況判断も的確で抜け目ない軫宿は、大きく儲けなくてもお金には困らない。常に忙しく動いていることが多いが、動けば動くほど運も向いてくるし、お金も入ってくる。しかし、お金が入れば、流行のもの、オシャレや高級車などの相応な贅沢をしたり、次の活動の経費に使ったりして、お金も回しつづけ、動かない財としてはあまり手許に置かない。

もし金運を大きくしたいときは、女性の感覚、人気、ニーズを意識するといい。女性を対象とした分野、女性が好むことなどの中にビジネスチャンスがある。

もうひとつ意識すべきは新しさと速さ。他よりも新しいことを早く取り入れて、何よりもまず、スピードなどで勝負すると、お金はどんどん入ってくるはずだ。

軫宿が損をするのは、新しいもの好きが裏目に出て、つまらない情報に踊らされたとき。よく知らない人の言葉を信用して、ちょっとした欲から先走って飛びつくと痛い目にあうこともあるので注意を。

また、異性問題では別れるたびに損をしがち。男性は慰謝料を支払ったり、女性は結局、相手から何ももらわず、逆に何かを預けっぱなしにしたまま別れたりし、離婚太りなどとは無縁だ。でも人間関係が軫宿の運気の胆。ささやかなことでもいいので、人に対して奉仕的にお金を使うことと、仕事なども含めてサービス精神を心がけることが、安定した金運を必ず運んでくる。

カラダと健康

インド名・ハスタが「手」を意味する軫宿が人体で司る部分はもちろん手だ。軫宿生まれの人は、少し大きめな手を持つ人が多く、手の動きに豊かな表情とパワーを持つ。当然、手先の手入れは大切で、ネイルなどは軫宿の運気アップには欠かせない。

またサンスクリット語で〝手を持つもの〟はゾウを意味するため、軫宿は「象宿」とも漢訳される。大きな力を持って人のために働く穏やかな性格のインドゾウのように、その手を誰かのために使うことが軫宿に真の開運をもたらす。

活動的でよく動き回る軫宿は丈夫な人のように見えるが、実はあまり頑健ではない。特に注意が必要なのは呼吸器系と感染症。消化器系は腸が心配。腰痛などにも注意を。新たに発見されたり流行している病気などにいち早くかかりやすい傾向もある。

スピードの出るものに縁があるので交通事故にも注意を。体調がいまいちのときは運転や乗り物での移動も避けるべき。大好きなレジャーや旅行も無理なスケジュールにならないよう気をつけよう。

休息方法

旅好きな軫宿は、休みをとるとなったら、さっさと仕事を片付け、あっという間に自分で手配をして旅に出かけたりする休み上手。旅もリセット、リフレッシュにはいいが、軫宿の休息は、実はメンタル面以上にフィジカルな面に重点を置くべき。何か発病してしまうと、長引く傾向があるからだ。

そのためには、体調が悪くない平時からの身体のメンテナンスが重要になる。重点的なエステやマッサージ、プチ断食、整体などを日常生活の中に取り入れることで、キチンと自分の体調に向きあう過ごし方をしよう。普段から半身浴や岩盤浴、リフレクソロジーなど自分の身体が喜ぶことを定期的にするよう心がけて。

人づきあいにつきまとうストレスを解消してくれるのは、言葉ではないコミュニケーションができるペットや動植物。スポーツは、自然の中でできる乗馬、ゴルフなどあまりハードすぎないものがお勧め。さらに、料理や編み物、工作など何でも無心になって手を動かす作業に没頭するのが軫宿には心の浄化作用になる。

有名人

歴代首相では、明治政府で藩閥や軍部、皇室との間の貴重なバランサーだったという「最後の元老」西園寺公望、大正デモクラシー時の内閣、清浦奎吾。現代の政治家では小沢一郎。技術者は多く、日本初の写真館を開いた上野彦馬、トヨタ自動車の創業者である豊田佐吉と豊田喜一郎父子、ソニーの創業者のひとり盛田昭夫など、技術大国日本の礎を作った人々が軫宿だ。芸能界でも、男性は高橋英樹、岸部一徳、椎名桔平、佐藤健、桐谷健太など男臭いようでも優しげ。逆に女性は天海祐希、松雪泰子、長澤まさみ、上戸彩などキリッとしたタイプが多い。巨人軍の原辰徳、将棋の羽生善治、名インタビューアーの阿川佐和子。海外ではダスティン・ホフマン、ジョディ・フォスター、ジュリア・ロバーツ、ナタリー・ポートマンも。

角宿《かくしゅく》

Citrā

愉《たの》しむ人

宿曜経

此宿生人。法合善経営業饒六畜。
所作事多合。又手巧所作惬人情。
只合有二男。
（上巻）

角宿。宜厳飾事。取雑色衣作安膳那。
服薬及取珊瑚金銀赤銅摩尼金剛諸宝物
等諸珍帛物。王者厳服観兵及進路。
作求安隠祭祀天神。
宝賜将士金銀百穀衣物入城。
作花鬘臥具歌舞詠唱。幷余伎芸等並吉。
（下巻）

この宿に生まれた人は、工夫をしてやりくりをし、財産を増やす。働き者で本業以外にもいろいろできる人である。手先が器用で、その行動は人を喜ばせ、心をとらえる。男兄弟の中に生まれやすい（または子供は男子二人）。

角宿の日は、厳かに飾ることは吉。いろいろな色の服を選び、目薬を作り、薬を飲み、珊瑚、金銀、銅製品、珠玉、金剛などの宝物や織物を得るのにもよい。王たる者は、衣服を正し、閲兵、行進し、無事を求め、神を祭り、宝を将や兵士に授け、財宝や穀物や衣類を城に入れるといい。髪に花を飾り、寝具を置き、歌舞や唱歌などの芸事をするのにも向く。

基本性格

「角宿」の角は、動物の「つの」やとがった「かど」のこと。インドの星の名は、鮮やかな装飾という意味や、あちこちに跳ぶ驚くべきものという意味がある。「つの」は美しい細工を施されて、いろいろな物に使われるが、人を傷つける武器にもなる。

そんな名前を与えられた角宿の人は、他人から見ると誠実で心地よい印象を与えるが、その内面には、人とは調和しきれない「かど」を秘めている。原典にも「手巧みにして、所作人の情に惬《かな》う」とあり、角宿が器用で、その言動は人によい印象を与えるという点でこの上ないとされている。特に、若いときは、優等生風で清潔感がある爽やかな雰囲気が好かれ、不思議な人気運を持つ。センスがよく、器用なので、人とは一味違うことをやってくれそうな期待感を与え、たくさんの人を惹きつける。

ただ、真面目そうに見えて、本質的には、楽しいことが大好きでラフな一面もあるのが角宿。芸術からちょっと俗っぽい遊びまで気軽に何でも手を出す。格調が高い世界よりはサブカルチャーっぽいものを好むが、何でも楽しもうとする気楽さは角宿の魅力であり能力。難しいことや堅苦しいことをカジュアルで楽しいものに変える業は、器用で人気運のある角宿ならではのものだ。

また、角宿は自分の好きなことは誰が何と言おうがやってしまう奔放さと強引さを持つ人。熱くなると意外に危ない橋もスルリと渡ってしまう。親しくなると、外見のイメージと行動のギャップに人は驚くかも。実は好き嫌いも激しいほう。好きな人に対しては脇も甘くなるので、利用されたり失敗したりすることもある。逆に嫌いな人は徹底的に避け、表面的にさえ合わせようとしない傾向も。それが角宿の心の中にある〝かど〟であり、意外に人との間に〝境界線〟を作るタイプなのだ。でも選り好みの度が過ぎると角宿の活躍の場をせばめ、運気のスケールを小さくしてしまうので気をつけて。

こんな遊び好きな側面を秘めている角宿には、子供時代の教育が肝心。過保護な親に甘やかされて育つと、遊び好きで怠け者になる危険性が。逆に金銭的に不自由で苦労したり、制約の多い環境で厳しくしつけられ、自分を制御することを覚えて育った角宿は大成する。だからこそ、角宿が大事にすべきはよきアドバイザー。耳が痛いことを言われると怒る角宿だが、厳しい忠告をくれる人は、〝自分をニュートラルな状態にしてくれる人〟と感謝し、逃げたり遠ざけたりしないこと。そうしてバランスのいい社交性を身につけた角宿は、何歳になってもみんなに慕われる人気者だろう。

天職と使命

スッキリして誠実な雰囲気の角宿は、普通に仕事をすればどんな職場でも人気者だ。人間関係のよさを生かして営業・接客業にも向くし、手先が器用で美的感覚もあるので、好きな分野で職人的な仕事をするのもいい。自分のお店などを持っても大繁盛するだろう。

ただ、必ず自分で楽しめる分野の仕事を選ぶこと。さもないと、努力もできず、いい加減な仕事っぷりになってしまう。

ムラ気のある角宿には医療や金融など小さなミスも許されない職種は向かない。堅苦しい職場、無味乾燥な事務職などだと、わがまま勝手、緊張感がなくて使えない人になる恐れも。また肩書や立場を気にしすぎると角宿のよさは生かされにくい。本来、角宿の使命はそのアレンジ力。センスのよさで難しいことを簡単にして広げたり、高級なものを庶民的にする一方で、B級品や古い物に価値を与えたりできるのは角宿ならではの才能。最初から大きなビジネスを目指すより、自分の好きなことを身近な人に伝え提供することから始めると、自然に天職にたどり着ける。具体的には、飲食、ファッション、レジャー関係、広告・マスコミ関係。意外に教え上手なので教師や芸事の先生にも向く。

恋愛＆結婚

爽やかで知的な雰囲気で好感度抜群の角

宿は、みんなの憧れの的。モテモテだし、本人も恋愛ではかなり奔放。近づいてくる異性と次から次へと大胆に恋愛を楽しむことに。自分に好意を寄せてくれる異性とはとりあえずつきあうし、自分で好きになった相手にもストレートに気持ちをぶつけていくので異性遍歴は若くても多くなる。

でも結婚運はよく、相性のいい夫や妻に恵まれる運を持つので、結婚は早めにしたほうが、角宿の遊び好きでラフな一面が抑えられ、責任感のある明るい家庭人として落ち着いた人生を送れる。女性は料理や家事など女子力を磨くと、よい縁のきっかけ作りに役立つはず。結婚すれば、良妻賢母になり子供を可愛がる。男性は稼ぎのある女性やしっかり者の妻に恵まれる運があり、子煩悩な父親になる。

男女とも適齢期を過ぎると、結婚相手を選ぶことに迷いが出て、恋愛の数ばかり増えてしまう傾向が。子供ができるなどしないと、結婚に踏み切れなくなる。結婚では条件よりも直感を優先して、本能的に好きな相手を選んで。本気で好きになった相手と結ばれないと、裕福な生活でも心が満たされずに、浮気や遊びなどで家庭を乱し、波乱の人生を送ることにもなりがちだ。

お金のこと

角宿の経済感覚も子供のときの育ち方が影響する。子供のときに裕福で、しかも甘やかされ、物のちゃんとした価値を教えられないと、角宿の心の中のわがままな〝種〟が野放図に育ち、お金や物を大切にできない大人になり周囲に迷惑をかけてしまう。逆に子供のときに親が厳しく、物やそこに秘められた人の心の重さを教えられれば、器用な働き者になり、堅実に財を築く。

ただし、ビジネスで大成功するタイプではなく、大金を動かすことにはあまり向かない。自分のセンスに自信があり、人や物の好き嫌いが激しい。またきちんとした角宿は分不相応なことに手を出さない慎重さを持つので、無理のない範囲で地道に稼ぎ、貯蓄をするほうが向いている。

少しばかりお金を握ると、山っ気を出して大金を動かそうとしたり、自分の趣味につぎ込み、あっという間に浪費しがち。角宿は特にギャンブル的な遊びには手を出さないほうがよさそうだ。

本来は清潔感溢れる雰囲気と巧みなコミュニケーション能力で人に好かれる資質の角宿。そこを大事にしていれば、生涯、お金に困ることはないし、お金の問題で人間関係を壊すこともないはずだ。

カラダと健康

人体で、角宿が司るのは、頤《おとがい》。下あごである。下あごは誰でも多少は尖っていたり、文字どおり角ばっていたりする部位だ。頤はへらず口、悪口の意味もある言葉でもあり、見かけによらずキツイ角宿の言動、性格を物語ってもいる。一方、インド名・チトラーは、鮮やかに彩色を施されたものを意味し、「彩画宿《さいかくしゅく》」とも漢訳される。これは角宿が人に与える、美しい絵のような鮮やかな印象を表す言葉だろう。

こんな角宿の人は、あごのラインとそこが強調される笑顔がチャームポイント。身心が充実しているときほど、あごを含む顔の下半分のフェイスラインが引き締まり、笑顔もキレイなはず。そこが緩くたるんだときは、体調と生活が乱れていることが多い。
　また、角宿にとっての本当のストレスの原因は、周囲の人があなたに持つイメージとセルフイメージのギャップの大きさにあるかも。自分では意図していないのに、周囲は角宿の人に何かの理想像を重ねることが多い。あなた自身は、その好印象をうまく利用しながらも、次第に周囲からの優等生のイメージが窮屈になる。だから角宿は、少しずつでも、カジュアルでさばけた自分の素顔を見せられる人間関係を作っていくと、ストレスもだんだん小さくなる。
　もともと手先が器用なので、落ち込んだり、鬱々としたときは、手を使うといい。針仕事や書道、楽器、料理などは吉。また運動神経もよいので、スポーツ特に対戦形式の勝敗のあるゲーム性の強い競技は角宿の心の憂さを晴らしてくれるようだ。
　活動的なので意外に手足の怪我が多く、目の疾患も心配。また飲食が偏ると肝臓、心臓に病を抱えがち。アルコールや美食はほどほどに。腰痛などの身体の痛み、精神的疾患など慢性的な病のときは、歯の噛み合わせや首の神経の治療も効果がありそう。

休息方法

　人気者の角宿は、その気になれば遊び相手に不自由しない。多趣味なので、休みには誘い誘われて大いに遊ぶことになるだろう。本人も、好きな人たちとのそんな解放感溢れる時間が自分に必要な休息と考えがちだが、それは違うかも。実は毎日の生活、忙しい時間の中でも上手に息抜きをし、遊べるのが角宿。仕事なども自分の好きなことにつながるものを選んでいれば、あまりストレスもないはずだ。
　それにもかかわらず、自分の好きなことばかりをする休日を過ごすと、生活のリズムが崩れ、ともすると怠惰な生活に流れたり、遊びすぎてハメを外して、角宿の無責任な一面が助長される危険がある。
　できれば休日は、そのときの自分に必要な訓練やトレーニング、勉強などにあて、体調を整える時間にすべき。禁酒、禁煙など、休日は普段嗜みすぎているものをやめたりと、少しストイックに過ごしたほうが実は角宿にはプラスの休息になるだろう。

有名人

　幕末・明治の有名な角宿の人物には天璋院篤姫がいる。会う人みなの心をとらえる魅力の持ち主といわれた篤姫は、角宿の人気運を活かして、動乱期に巧みに筋を通して生き抜いた女性だ。篤姫の養父で、薩摩藩主・島津斉彬《なりあきら》（亢宿）の異母弟、斉彬亡き後に藩主の父親として倒幕を後押しした島津久光も角宿だ。歴代総理では森喜朗。ほかに雅子皇太子妃、田中眞紀子。文化人では北大路魯山人、石川啄木、横尾忠則、山本容子。小津安二郎、周防正行などの映画監督や、ちばてつや、柴門ふみ、鳥山明など漫画家にも多い。スポーツ界では千代の富士（現・九重親方）、貴乃花（現・貴乃花親方）、クルム伊達公子、谷亮子。芸能界ではみのもんた、武田鉄矢という説教を売りにしている二人のほかに玉置浩二、村上弘明、西村雅彦、オダギリ・ジョー、要潤、水嶋ヒロ。女性は、片平なぎさ、杉田かおる、財前直見、広末涼子、山田優。

亢《こうしゅく》宿

Svātī

あらがう人

宿曜経

此宿生人。
法合統領頭首弁口詞能経営饒財物。
浄潔装束愛喫用。
造功徳足心力益家風。
（上巻）

亢宿。宜調馬騾驢等。必易馴快利。
宜教撃諸鼓楽等嫁娶結朋友。
宜発遣怨讎。不宜自行動。宜種蒔草木。
種穀小豆大豆烏麻等皆吉。
（下巻）

この宿に生まれた人は、人の上に立って統率するリーダーの器。弁舌が巧みで、物事のやりくりがうまく、財産を増やす。衣服は清潔でスッキリしていて、いろいろな仕事をする。人を助けることも好きで、精神力が強く、家運を上げる人である。

亢宿の日は、馬やラバやロバを調教するとよく、よく馴れて気持ちがいい。打楽器を習い、教えるのによい。婚姻や友情を結び、恨みを晴らすのにもよいが、自分から行動を起こすのはよくない（相手が動いたときのみいい）。雑穀、小豆、大豆、麻などの種を蒔くのは吉である。

基本性格

「亢宿」の亢はたかぶる、きわめる、たち向かうという意味がある文字。インド占星術でこの宿の名は、自分自身や独立、戦争なども示す。そして、これらは、いずれも亢宿の性格を端的に表す言葉でもある。

亢宿には自分なりの理想や価値基準があり、それを高く掲《かか》げて、どんな人に対しても、どんな状況でもそれを変えずに貫いていく。そういう点では27宿中最も頑固であり、妥協のない人だといっていい。

自立心に富み、自分の感覚を信じて、困難な道も粘り強く切り開いていく。自分が正しいと思えば、ひとりでもまったく気にしない。とはいえ、亢宿が人と交流することが苦手でひとりの環境を好むわけではない。「秤宮」（天秤座）に属しているだけに、対人関係の中で自分の個性を見つけ、その中でより自分を際立たせることが得意だ。

比較対象がいること、誰かと競うことなどで独自性も個性も目立つことになる。

いつも人とぶつかったり、何かと戦っているように見える亢宿もいるが、それは本人も無意識のうちに、ライバル、反抗できる大きな存在、負けたくない相手などを作り出しながら生きているから。実は、押さえつけられたり叩かれたり、少し逆風を受けたほうが生き生きと自分を出せるのが亢宿の特徴。既成の概念や権威には馴染まず、反抗しながら新しいことを求めるアバンギャルドなファイターなのだ。

何の波風も立たない穏やかな場所にいるよりは、激しい競争やギリギリのところで勝負をするようなハードな環境を好む傾向があり、それが何歳になってもどこか若々しくカッコいい雰囲気を生み出す。とっつきにくく、個性も強いので、亢宿は一見〝変わった人〟と思われがちだが、その主張や行動は大きな正義にもとづき、高い視点から見れば、いたって正論であることも多い。普通の人なら妥協したり、折り合いをつけるところも、自分が損をしたり不利になっても信念を押しとおす正義感、筋の通し方が亢宿らしさだ。

でも原典に「頭首を統領し、口詞を弁じ、能く経営し」とあり、その信念の強さに人がついてくることも多く、トップの器。ただ、亢宿は一対一の交渉では無類の強さを発揮するが、大勢のリーダーとなったときは、信念や理屈を押し付けるだけでなく、世の中の事情や人の心を理解するための知性もないと、本当に人はついてこない。

その意味でも亢宿は、子供のときに受けた教育で人生が左右されるといわれている。生まれて最初に抗《あらが》う相手は親なので、亢宿の子供は理屈っぽく扱いにくく、反抗期もキツイはず。でも、それを押さえつけるだけでは、偏狭で自分勝手な価値観に凝り固まって、ただのけんかっ早い、トラブルメーカーになってしまう。

「ノー」と言うばかりでなく、自分にとっての「イエス」を見つけることが、亢宿には重要な課題なのだ。そのためにも、学校の勉強以外でいろいろな見聞を広め、多様な価値観に接するべき。知性を身につけた亢宿は、他の人にはない情熱を持った清潔な人として、尊敬を受ける人になるだろう。

天職と使命

自我が強くて頑固な亢宿は、愛想がよくないので、サービス業や人に頭を下げるような商売にはあまり向かない。

むしろ、その信念の強さを仕事で活かすなら法曹関係、警察官など正義を貫ける職種がピッタリ。何かと〝戦う〟仕事では一歩も引かない強さを発揮するので、防災、防衛、スポーツ選手やジャーナリスト、医療関係などは適職だろう。妥協をしない姿勢で製造業や研究職でもいい仕事をする。

ただ、反骨精神も旺盛なので、若い頃は会社組織の中では生意気と思われたり、人間関係で悩むこともありそう。派閥争い的なことに巻き込まれやすい傾向もあり、年功序列ではなく、厳しくても実力主義の職場に向く。親の後を継ぐことは少なく、継ぐとしたら、まったく違う方法をとりそう。

意外に交渉術は巧みで、ビジネスセンスもあるのでフリーランスもいいが、金銭感覚が少し変わっているので、独立したら金銭面は信頼できる人に任せて。ただし、ごまかしがないので銀行や経理関係などでお金をメインに扱う職業につくのは悪くない。激しい競争や過酷な環境で勝ち抜いて出世するが、珍しい、他の人がやりたがらない職種、仕事に、やりがいと使命を感じて飛び込んでいく亢宿も多い。

恋愛＆結婚

自分からは相手に合わせないので、意外に恋愛モードにならない人。それだけに、ピンときた相手には夢中になり、つきあえば、結婚まで一気に突っ走ることが多い。特に若い頃は、一度火がつくと情熱的。ただ、相手からも同じくらいの愛と情熱が返ってこないと不満で、不安になる。小さなことでも妥協しないので、ケンカは多く、短い恋愛を繰り返す可能性が。

結婚は、若いときにあっさり結ばれるか、仕事などをある程度やりぬいてからの晩婚が多く、極端。ときには、結婚という形式にしばられないこともある。

最初は相手に一生懸命尽くしても、結局は尽くしてもらえる相手でないとうまくいかなくなるので、特に女性は家庭にどっしり落ち着く生活は向かないかも。

それでも、愛した相手に対しては一途で、結婚して生活が安定すれば、おしどり夫婦に。特に男性は、一見軽く遊んでいるように見えても、ひとりの女性をずっと大事にするし、マメではないので浮気もしないほう。浮気よりも金銭問題に注意して。

お金のこと

亢宿はお金や物質的なものに対する欲やこだわりが小さい。そこが清潔であることが、ライバルや敵を含め周囲の信頼を得る元になる。どちらかというと質素で、華美なことは好まず、似合わない。

逆にいえば、亢宿が個人的に資産を増やそうと、あれこれ考えを巡らせて投資をしても、あまり儲からなかったり、失敗をすることが多い。というのも亢宿は、もともと金銭的な価値観やお金の使い方の基準が人と少し違うから。むしろ、それで損をしたり、トラブルを招いたりしやすい。

そのため小銭を扱う仕事より会社などで大金を動かすほうが、亢宿の資質は生きる。

また、普段の生活の中でのお金の使い方、金銭の基準に疎いのも亢宿の特徴だ。たとえば、ご祝儀の額が立場と釣り合っていなかったり、親しくない相手に突然、高額の贈り物をしたり、その逆もあったり。周囲とはかけ離れたお金の使い方をすることが。そこには亢宿なりの理由があるのだが、つまらないことで〝変人〟扱いされないよう、若いときから体験的に金銭の常識などもしっかり学んでおくことが大事だ。

カラダと健康

人体で亢宿が司るのは、胸の部分。ちょうど鎖骨のあたりを指す。「亢」の文字は、たかぶる、たち向かうという意味があるが、何かに向かっていくとき、人は必ず胸を前に張り出す姿勢になる。胸は亢宿の強い自己主張と意志を最も表す部位なのだ。インド名のスバーティは、自分自身を意味し、この人が多くの人の中にも埋没しない自我を持つことを表す。「善元宿」とも訳されるのは、善いと思ったことはひとりでも始める強さを示すのだろう。

こんな亢宿の人は、いつも胸を張って、信じたことを貫く生き方が似合う。必要以上に胸を突き出せば傲慢な姿勢となるが、下を向かずよい姿勢を保つことは亢宿の体にも運気にもプラスになる。亢宿の男性は鍛えれば胸板がとても厚くなるが、男女とも基本的にはスレンダーな体型で、スッキリとした鎖骨のあたりに色香を漂わせる。

そんな亢宿がストレスを感じるのは、自分が今、何と戦っているのか、その手応えのないとき。燃えるものが見つからない〝ぬるい〟状況に陥ると、気が滅入り、偽悪的な態度をとることも。亢宿には、常にその闘争心をぶつける何かが必要なのだ。イライラの発散にはスポーツやゲームがよく、特に、体型がたるんできたら、日々の中に運動を取り入れて。肉体の老化にも抵抗するので、運動機能や美肌など年齢の限界を超えようと頑張り〝アンチエイジング〟の星になれたりする。弱点は、肺など呼吸器系なので、喫煙者はできれば禁煙を。大腸や泌尿器系、肝臓や精神面の病気にも注意。車の運転やスポーツなどでの事故にも警戒を。

休息方法

闘争心が旺盛な亢宿。普段はそれをなるべくオブラートに包んで生活しているが、ストレスが溜まったり、体調が落ちてくると、無闇に反抗的になったり、身近な人と争うことも多くなる。だから、休息の時間には、そんな闘争心を思い切り発散することが亢宿にとってパワーチャージになる。

その方法は、勝敗や成績を競うスポーツや何かのゲームを見たり、やったりするのが一番。格闘技や将棋などふたりでコンビを組んでやる遊びもいい。少し過激なファッションやメイクもストレス発散には効果的。その強い正義感に従って、何かボランティアに参加するのもあり。

ただ、本当は疲れているのに、人に弱みを見せられないのも亢宿の一面。自分で自分を追い詰めすぎないよう、ひとりの時間も大事にして上手に肩の力を抜くことも覚えよう。好きな音楽や香りなども心身のリラックスに吉。旅は、観光より何か目的を持っていくものがよく、自然豊かな土地より人の多い都会のほうが休息になるだろう。

有名人

筋の通った反骨精神の持ち主である亢宿は、幕末・明治の歴史の中に多く登場する。篤姫（角宿）の養父で、進取の精神に富んだ薩摩藩主の島津斉彬、また、土佐勤王党の盟主の武市半平太。公武合体で将軍家に降嫁した和宮も亢宿。歴代首相では大隈重信が亢宿。彼が創設した早稲田大学の「学の独立」という建学の精神に亢宿の性格が漂う。ほかに戦後、現行憲法下で初めて組閣した日本社会党の片山哲のほか、宇野宗佑、自民党の主流派を壊した小泉純一郎も。ジョージ・W・ブッシュ元米大統領、ミャンマーの民主化運動の指導者アウンサンスーチー。作家には徳冨蘆花、室生犀星、三島由紀夫。スポーツ界ではイチロー、三浦知良、工藤公康。芸能界には石原裕次郎、萩本欽一、唐沢寿明、福山雅治、KinKi Kidsの堂本剛。浅野温子、椎名林檎、神田うの、竹内結子。海外ではウォルト・ディズニー、シルベスター・スタローン。

氐宿《ていしゅく》 Viśākhā

欲する人

宿曜経

此宿生人。法合有分相好供養天仏。
心性解事受性良善。承君王優寵。
富饒財物利智足家口。
（上巻）

氐宿。宜作農具。
種大麦小麦稲粟等。
幷種蒔諸菓樹並吉。
凡諸有大為作事並不可作。
宜醞酒漿宜種甀栽樹甘蔗等並吉。
（下巻）

この宿に生まれた人は、容姿が立派で、神仏の供養を好む。物事をよく理解して性格は善良なので、君主の寵愛を受ける。また、財産に恵まれ、家族を養うのに充分な知恵を持つ。

氐宿の日は、農機具を作ることによい日。大麦、小麦、稲、粟などだけでなく果実の樹を植えるのお吉。ただし、あらゆる大きな物を動かしたり、作ることはするべきでない。それ以外は、酒作りや麻やサトウキビの栽培にもいい。

基本性格

「氐宿」の氐は、根底、基本を表す文字。インドの星の名は熊手のように先が分かれた形の根元を表す。これは氐宿の人が、物事の根本を押さえる知恵を持ち、そこから物事を発展させていく資質を示している。

氐宿の人は、誰とでも親しめる庶民的な人当たりのよさと物事をうまくさばく知恵があり、人に頼られながら自分の目的を遂げていく。でも氐宿にとって本当に大切なのは人間関係より目的のほうなので、必要となれば、身近な人でもバッサリ切り捨て、嫌いな人とも力を合わせるドライな一面がある。よくいえば清濁あわせのむ器の大きい人だが、悪くいえば目的のためには何でもする、裏表のある自己中心的な面も秘めた精神的にタフなタイプだ。

原典にも「利智にして家口足る」とあり、家族を養うのに十分な知恵と力を持つことが示されている。特に女性のほうが気は強く、自然に一家の柱になることが多い。氐宿は「剛柔宿」と漢訳されるが、それは外見の柔に対する内面の剛を表すと同時に、男性が柔で、女性が剛であることも表す。

こんな氐宿は、子供のときは気性が激しくわがまま。同じ激しさでも〝抵抗〟という形でそれが出る亢宿に対して、氐宿は本能に忠実な傾向があり、物欲、色欲、名誉欲など現実的な欲望に強さが出るタイプ。氐宿は心の中に一匹、ドライでわがままな虎を飼っているようなもの。経済的に恵まれた家庭や躾の厳しい家庭に育ったほうが、その虎もあまり大きく育たないとされるが、若いうちは、自分の欲望を隠さず、強くマイペースで周囲から警戒されやすい。

でも次第に、その欲望の強さをオブラートで包む知恵がつけば、賢く度胸もある人間として目上からは可愛がられ、エネルギッシュに動いて、自らの欲を満たしていく。

働き者で頭もいい、豪快なリアリストの氐宿は、何をやってもある程度の成功を収めるが、一生に一度はどん底に突き落とされるような経験をするとされている。そのどん底が、若いときのつらい修業時代、下積み時代である氐宿も多いが、ある程度目的を達成し自信をつけた後に、何かで大きく落ち込むことも少なくない。

元々欲望が強いので、何でも自分の思い通りにしたい、手に入れたいという執着心や自己顕示欲があり、人にわからないからいいとそのダークな一面を発揮してしまうと、それまで築いたものをすべて失ったり、多くの敵を作るような事態も招く恐れがある。特に異性問題には注意が必要。

でも氐宿は底力のある生まれ。つらい状況を人のせいにせず、自分の反省につなげれば、必ず、前以上の幸せを摑める。むしろどん底は氐宿がよりよく生き直すために天が与えたチャンスになるはず。勇気があって勤勉な氐宿が、自分の欲望をコントロールできれば怖いものなし。優しさや思いやりを持った氐宿は、誰よりも多くの人に利益と喜びを与えられる存在になれる。

天職と使命

人当たりはソフトで優しげでも、内面は強心臓の〝外柔内剛〟の人である氐宿は、ハードな仕事、過酷な環境でも勝ち抜ける気力と体力の持ち主。不規則な勤務時間、激しい競争、きついノルマのある仕事でも知恵と行動力で好成績を挙げられる。そんな氐宿の使命は、何かの根幹を支え、多くを束ねること。リーダーとして人をまとめる力量もあるが、しっかりしすぎて若い頃は組織の中では目上に煙たがられる傾向も。

親の仕事や家業はまず継がない。若くして起業してもOK。業種はあまり問わないが、大衆を相手にする仕事だと、その動物的な嗅覚が冴えるので、販売、製造、マーケティング、マスコミなどは適職。現場主義で、体を使う仕事に向く。営業力も技術力も抜群で、人を使うこともうまいので、ひとりで始めた会社を一代で大きくするようなことも可能だ。大きな会社で忍耐を重ねれば、やがてその屋台骨を支えることが使命になる。

大衆を相手にするという意味で、公務員や政治家にも適性があるが、権力欲が強くなりすぎると落とし穴も。個人的な欲望を仕事に絡めすぎると、仕事の質が落ちる。

氏宿の本当の天職は、大勢の人に喜ばれる、役に立つという発想の先にあるのだ。

恋愛&結婚

好きになると強く熱く相手を求めていく氏宿は、相手のためには何でもするくらい尽くすが、その思いの強さゆえ、何かをきっかけに、愛が激しい憎悪に変わることも。遊びの軽い恋もするけれど、本気の恋になれば、結婚するかどうかにかかわらず、人生のすべてを引き換えにするほど真剣なものになるはず。でも目的意識が強いためか、選ぶ相手は無意識のうちに、自分に現実的なプラスを与えてくれるような異性が多い。一緒に協力して働けたり、教え教えられるものがあったり、自分の力になってくれるような異性を選ぶことが多い。そのため、本人はまったくそんなつもりはなくても、周囲からは打算的な恋をしているように見えることもある。

氏宿の女性は、普段はサバサバしていても、好きな男性に対しては女子力全開。略奪でも何でもして愛をもぎ取ってくる。不道徳な恋でも止められないのが氏宿。若い頃は自分より力のある男性でないと満足できないが、ある程度自分で実力をつけると、年下だったり、自分が主導権をとれる相手を選ぶ。再婚で幸せを摑むことも。

男性の氏宿は女性ほど危ない恋愛には近づかない。早婚でも晩婚でも、しっかり家庭を守り自分に尽くしてくれる女性を選び、家庭は意外に子供中心だったりする。

ただ、男女ともに本当に好きな人と結婚しないと、結婚後、浮気や不倫などで異性関係に波乱の暗示も。一度深く関わった相手とは、別離後も金銭や子供、あるいは憎しみなどの感情で結ばれ続け、よくも悪くも氏宿の人生に影響を与え続けることになる。

お金のこと

利害に敏《さと》く、知恵もバイタリティもある氏宿は、本当に欲しいと思ったものは、あれこれ手を尽くして、必ず手中に収めていくやり手だ。それだけに、子供のときにお金で苦労したり、いろいろ不足しているものが多かったりすると欲望が肥大化して、金銭への執着が強くなる傾向がある。

でも、本来はあまり飾り気がなく、〝物〟に執着するタイプではない。お金の計算も細かくなく、お金は何か別の欲望を満たす道具であると見なすことも多いだろう。

そんな氏宿の金運をよくするポイントは、流行や大衆の動向をしっかり見極めること。そこに氏宿のマネーチャンスはある。

他の宿の人より、一度に大きな金額を扱ったり動かせたりする氏宿だが、それだけに常に金銭へのモラルは大事にすべき。特に、落とし穴は異性。女性でも、お金にものを言わせて異性への欲望を満たそうとしたり、恋愛沙汰でお金を使ったりすることも多い。好きな相手には金銭面が甘くなって信用を失う恐れも。氏宿の場合、お金に関しては特に、公私のケジメが大切だ。

カラダと健康

氏宿が司る人体の部分は臆《おく》。「臆」とは胸の奥、心のことである。インド名のヴィシャーカーは、熊手のように分かれたものの根元を表わし、「善格宿」とも漢訳される。

「格」という文字もまた、人間が芯に持つ本質を表す文字。氐宿は口が悪く、ズバズバ物を言っているようで、本心は意外に見えにくい。だから「臆」とは心のさらに奥につかえている思いを表している。

逞しいリアリストに見える氐宿だが、そのタフな活動力は、実は気力、メンタルな部分が支えていて、心の持ち方で体調にも運気にも大きな差が出るタイプであることをこの名称は示している。

そのことを一番自覚していないのは、もしかしたら氐宿本人かも。ケガや病気で初めてストレスに気づく。

本来の体型は、男性のほうは細身でスマートなタイプが多く、女性のほうが骨太でガッチリしたタイプが多い。けれど、気持ちの持ち方ひとつで体型も変わる。鍛えればマッチョにもなるし、絞ればスレンダーにもなる。体重も気持ち次第だろう。

メンタルの強さで体の無理はきくが、放置したり自己流の健康法で大病にしないように、何かあったら早めに病院へ。糖尿病や心臓病、女性は婦人科系に注意。ケガや関節の疾患は長引くのでちゃんと手当てを。

休息方法

元来、体力も気力も強い氐宿は、必要とあれば相当長期間、休息なしでも激しく動けるタイプ。下手に暇な時間があると、無理な恋愛や好きなものに没頭しすぎて人生を複雑にしてしまう恐れもある。

そんな氐宿の休息は、自分より〝大きなもの〟に向きあうことで得られる。大自然もいいが、ライブやスポーツ観戦など人のたくさん集まるイベントに参加して大衆の〝気〟に触れるのも吉。普段は何もかも自分でコントロールしようとしてしまうので、敢えてそれをしない状況が氐宿にとっては本当の休息になる。たとえば日常を離れ、少し不自由なこともある旅行も時には必要な休息になる。パートナーにすべてお任せの旅行、ツアー旅行なども、文句を言いながらも心身は休まるはずだ。

身体のメンテナンスも大事。マッサージ、エステやヘアセットなどで、誰かに身を任せる施術を受ける時間はいいデトックスに。お酒を飲まない〝休肝日〟やよく眠る日など身体に優しい休日も定期的に作ろう。

意外に氐宿向きな休息は習い事。ときには初心者、何もできない自分になって、指導者に全面的に従い、強烈な自我を崩してみることも氐宿には悪くない毒出し方法だ。

有名人

戦国武将では、東北の虎と呼ばれた伊達政宗が氐宿。志より利害優先のタイプのせいか幕末・明治の有名人には少ないが、坂本龍馬とともに暗殺された中岡慎太郎がいる。歴代総理では大逆事件の検事でもあった平沼騏一郎、太平洋戦争当時の首相・東條英機。明治の文豪で軍医でもあった森鷗外ほか文学者には島崎藤村、野口雨情、五木寛之、作家で政治家の石原慎太郎。芸能界では北大路欣也、美輪明宏、渡瀬恒彦、坂本龍一、長渕剛、藤木直人、田辺誠一、野村萬斎、八代目市川海老蔵、溝端淳平。夏目雅子、天童よしみ、酒井法子、浜崎あゆみ、倖田来未、柴咲コウ、戸田恵梨香、黒木メイサ。海外ではジェームズ・ディーン、レオナルド・ディカプリオ。

房宿《ぼうしゅく》

Anurādhā

持ってる人

宿曜経

此宿生人。法合有威徳足男女饒銭財。
合快活紹本族栄家風。
（上巻）

房宿。宜結朋友婚姻。
凡和諸善事喜楽吉祥事。
交好往還及摂情。受戒布施発使置官。
修道学芸工巧等吉。
（下巻）

この宿に生まれた人は、人を心服させる威徳があり、子供にも、大きな財産にも恵まれる。（直系の生まれであることが多いため）気持ちよく家を継ぎ、家を栄えさせる。

房宿の日は、友情や婚姻を結ぶことによい。諸々の善き事に適していて、おめでたいことや交友し、行く来をすることに向く。感情をうまくおさめて、仏の戒めを受け、人や公のために動き、さまざまな使者をおくり、官職を得るのにもよい。道を究められるので芸事や技術を学ぶのも吉。

基本性格

「房宿」の房は、かたわらにある小さな部屋を表す文字。インドでの星の名は、利益や恩恵が近くにあることを意味し、いずれも房宿の人が幸運に恵まれやすい生まれであることを示している。原典にも「銭財饒《おお》きに合す」とあり、特に金運に関しては27宿中No.1の強さ。あまり苦労しなくても、お金のほうから転がり込んできて、豊かな生活を送れるとされている。

また、男女とも容姿に恵まれ、しかも冷たい感じを与えないので、子供の頃から人の注目と愛を受ける。人の引き立ても得られ、仕事も、よほど高望みをしなければほとんど自分が望むようなポジションを手に入れる。原典にはさらに「家風を栄えしむ」とあり、いい仕事だけでなく玉の輿結婚や逆玉婚などで、生まれたときの環境より必ず裕福になる運気を持っている。

こんな房宿の運の特徴は、誰かから何かを譲り受けたり託されたりする立場になりやすいこと。親や配偶者などからお金や財産を受け継ぐことは多いし、物質的なものでなくても、財を生み出すもとになる容姿や才能を与えられている。身内以外の指導者や先輩などから技や教えを託されたり、引き継ぐ立場になることも少なくない。

こんなラッキーの裏には房宿特有の、周囲と調和していく力や努力、なるべく人からの批判を受けないようにする用心深さと慎重さがある。房宿の人は頭もよく勉強家で、常識もわきまえていて、決して人に不快感を与えない。交渉上手で、じっくりと人をその気にさせていくこともうまい。反面、人の目や常識を気にし、そのうえ経済的にも恵まれてしまうとガムシャラになれず、何事も中途半端で終わる傾向も。現状に甘えずに向上心をと言われても、現状が恵まれていればそれは難しいところ。そこが房宿の試練かもしれない。

こんなに恵まれている房宿も、中年以降に波乱があり、孤独運に見舞われやすいとされている。それは、ラッキーに生きてきて自分と家族ぐらいにしか目を向けず、周囲を大事にしなかったことが遠因かもしれない。実は人に同情したりしない、クールで冷たい面も秘めている房宿。そのため愛やその裏返しの嫉妬やネガティブな感情を向けられても気づかず、思わぬトラブルを招くことも。原典※には「崖岸より堕ち刀兵の厄有り」とあって、突然の崖から落ちるような運気の暗転の危険も示唆されている。

中年を過ぎれば誰でも容姿は衰え、若い頃の美貌や特権も消える。そうなったとき、「自分はなにも持っていない」と慌てないように、房宿は若いときから、家庭や子供以外にも打ち込めるものを見つけておくべき。また友情など他人との深い絆を大切にして。持って生まれた運に驕《おご》らず、自分から与える心を持つこと。そうすれば房宿も晩年に心安らかな生活を必ず送れる。

天職と使命

さまざまなものを人から受け継ぐ運を秘めた房宿は、有形無形の〝財〟を持つ家に生まれ、それを引き継ぎ守ることが使命となることが多い。もちろん、ただ守るだけではなく、時代に合わせて変容、発展させる才にも房宿は恵まれているはず。家の跡継ぎを望まれているなら、受けて立つべき。親や先代とうまくやれるとは限らないが、家や家業の繁栄に貢献はできるはず。

房宿の女性には玉の輿運があるが、ただ金銭的に豊かなセレブ妻になるだけでなく、たとえば老舗の若女将になったりするように、結婚で何かを担う傾向も強い。

仕事選びで迷ったら、子供の頃から好きでたまらないもの、誰よりうまくできるものを仕事にする道を選べば間違いない。

仕事は緻密で熱心。細やかさを活かして医療、金融、研究職に向くが、人を惹きつける雰囲気を活かし、サービス業も吉。どんな職種でも人前に出ていくことはプラス。そして、就職したり関わりを持つなら、その業界のトップや一流どころを目指すべき。人の援助に恵まれ、スポンサー探しもうまいので起業にも向くが、会社・組織にいても、うまく人間関係を泳いで後継者やよいポジションを得られる。

あなた自身が今、受け継ぎたい、伝えた

※『日蔵分・星宿品』

いと思うものがあれば、それを持っている人や場所に自分からアプローチするのもいいだろう。そこで自分の使命と思えるものとの出会いがあるかもしれない。

恋愛&結婚

モテるので恋愛はいつも自分のペースで進められる。多くの異性から好意を寄せられ、いつも自分から相手を選べる立場で、有利に恋をコントロールできるため、恋愛のことでは深くは悩まないだろう。

当然、理想は高く、自分を安くは売らない。愛があればお金がなくてもいいとはならず、相手の外見から経済力やステイタス、才能に至るまで考慮していくため、実際に交際にまで至る恋の数は意外に少なく、結婚も早くはない。でも、その魅力で最後はそれなりにハイレベルな異性の中から、納得のいく相手をゲット。人もうらやむカップルになれることが多い。特に男性は、結婚相手と遊びの恋の相手をしっかり分けて、最終的に妻にはどこに出しても恥ずかしくない女性を選ぶことになる。

家庭は自分なりに大事にするが、房宿は夫婦仲がよすぎると相手を剋《こく》す(傷める)という暗示がある。すれ違いが多かったり、何か割り切った少し距離がある夫婦生活のほうが、皮肉にもトータルで見ると幸せな人生になることも。

また、子育てには非常に熱心で、家族や子供には強く思いを入れて尽くすが、そこには、子供をどこか自分の分身のように感じて愛を注ぐ、房宿のナルシスト的な一面が隠れている。でも、房宿が得た子供は、房宿の望むような方向には進んでくれないことがほとんどだ。そこに期待をかけると、中年以降の苦悩が増えるだけなので、子育てもひとつの仕事として理性的に取り組むことが、安定した家庭生活を営むコツだ。

お金のこと

二十七宿中No.1の財運を持つ房宿だが、貧から身を起こし、一代で財を築くようなたたき上げタイプは少ない。最初からある程度の資産家の家に生まれ、その資金力でさらに大きな仕事をすることが多い。

それ以外にも、お金を得るきっかけになる資質や才能に必ず恵まれている、いわゆる〝持ってる〟人だ。自分が何を〝持ってる〟かわからないなら、幼いときからよく人に誉められる点を伸ばしアピールしよう。

もちろん、だからといって怠けていては財運にたどり着けないし、相続した財さえ目減りする。自分が天から与えられたもの、容姿や頭脳、何かに打ち込める才能や交際術などを懸命に磨き、最大限に活かしたときに大きな財運の扉は開くのだ。

人の引き立て、援助は房宿の財運に欠かせないもの。誰より高価で華やかな物が似合うのも房宿だが、個人的にお金を貯め込み贅沢するより、多くの人が喜び役に立つようなお金の回し方を考えると、その財運はさらに強まり、名誉もついてくる。相続問題などで身内でもめたりすることもあるが、お金がらみで人に悪い印象を与えると、それがお金以外の凶運の引き金になる。

カラダと健康

房宿が司る人体部分は右臂《みぎひじ》、右の腕のこ

とだ。インド名のアヌラーダーは、喜びに沿う、恩恵に浴するという意味で、人との調和の中で利益を得ることを表し、「悦可《えっか》宿《しゅく》」とも漢訳される。しなやかな腕のように、状況に巧みに合わせることで房宿は幸運をつかむ。また房宿の、人を惹きつけてやまないフェロモンは、舞踊などでたおやかな腕の動きが見る人を魅了するかのごとく、肩のラインから発散されていたりする。

そんな房宿の人は、他の人よりもアンチエイジングを意識し、若々しい美しさ、外見を保つことが、自信と幸運のキープのためにも必要なことになる。容姿に恵まれている房宿にとっては、見た目の印象はその運気にも関わる問題。加齢や肥満で容姿が衰えることは自分で思う以上に大きなストレスになる。男性でも女性でも、見た目を磨くことは房宿の心身の健康には欠かせないことなのだ。だから日々のスキンケア、ボディケアには時間もお金もかけて。また、加齢は二の腕のラインにもハッキリ出るので、ここの部分のケアも忘れずに。

体重管理も大切だが、房宿の場合、ダイエットはエクササイズより食事制限が効果的。それは房宿が基本的に美食家だから。健康のためにも食事は偏らないように。糖尿病、痛風には注意。アルコールは少し控えめに。口やアゴの病気、小腸など消化器系と腎臓は弱く、むくみが出たら警戒を。脳疾患、心疾患など突然の発病にご用心。健康に気を使う房宿も多いが、突然の発病を防ぐためにも定期的な健診は欠かさずに。

休息方法

ゴージャスで華やかな物に縁がある房宿には、家でひとりゴロゴロするような休日は本当の休息にならない。仕事のために地味に過ごしている人ほど、休日は着飾って、高級なショップに出かけたり、一流の物に接して気分を上げるべき。いつもより少し贅沢な時間を楽しむことが、房宿にはストレス解消とパワーチャージになる。

一方、エステサロンからスポーツジムまで自分のボディをチェック＆ケアして磨きをかける時間も、房宿には欠かせない休息だ。家でもバスタイムはたっぷり時間をとるべき。それはリラックスするだけでなく、自分の身体を意識できる時間になるからだ。

旅に出るなら貧乏旅行は房宿には似合わない。旅先では一流のものや高級なものをひとつは味わうと、楽しいストレス解消に。そして周囲へのお土産も欠かさずに。

有名人

戦国武将では、天下統一目前で倒れた織田信長が房宿。〝黄門様〟の伝説を残した水戸光圀も。最後の将軍・徳川慶喜は、負の財産も含めて幕府という大きなものを託された房宿。西郷、大久保、木戸の維新の三傑亡き後の明治政府を受け継いで初代総理大臣になった伊藤博文も。その伊藤の師で、多くの志士を育てた吉田松陰、不平等条約の改正に尽力した陸奥宗光も房宿。歴代総理では後に二・二六事件で暗殺された斎藤実、陸軍大将だった阿部信行。スポーツ界では王貞治、ジャイアント馬場、白鵬、女子サッカーの澤穂希。芸能界では明石家さんま、小林薫、藤井フミヤ、熊川哲也、富司純子、沢口靖子、小雪。海外ではフランシス・F・コッポラ、韓国のチャン・グンソク。

心宿《しんしゅく》

Jyeṣṭhā

演じる人

宿曜経

此宿生人。法合処族衆得愛敬。
承事君王多蒙礼。摧悪奨善運命耳。
（上巻）

心宿。宜作王者所須事。亦宜厳服昇位。
及取捉象馬調乗諸畜等。
宜接按摩必得。身分潤満。
宜事王者及取左右駆使人等。
宜修髪髪作農桑業。唯除営功徳事。
自餘不可輒出財与人。及放債凶。
（下巻）

この宿に生まれた人は、一族の中でも群を抜いて、多くの人から愛され、大事にされる。身分のある人に仕えれば、自分もまた位を得る。悪をくじき、善をすすめる正義に生きる運命を持つものである。

心宿の日は、王者がなすべきことをするのによい。服を整えて位を得たり、象や馬を手に入れ、家畜の調教にもよい。また按摩を受ければ、必ず体が潤って満たされた気持ちになる。身分のある人に仕えるのもいいが、使用人を雇うのもいい。散髪や農業、養蚕のことをするのもいい。ただ人のために善い事をするのはよくなく、たやすく人に金などを与えてはいけない。支払いや借り入れなども凶である。

基本性格

「心宿」の心は文字通り、身体に対して精神を表す言葉だ。インドではこの星の名は最年長者、最も古きものを意味する。これは、心宿の人が最も経験を積んだ者の心、若くても老成した人のようにさまざまなことを思い巡らせる心と知恵を持つことを示す。

こんな心宿は、普段は明るくて頭の回転も速く、チャーミング。人の心を察し、それに合わせて動くことができるので、子供の頃から人気者。穏やかで、思いやりがある〝いい人〟として、巧みに人の心を掴み、隙がない言動で順調に運を伸ばしていく。荒っぽいことは苦手で、厳しいこともやんわり受けとめるような、茫洋とした優しさが魅力。心宿は、それほど深く関わらなければ、誰にとってもとても楽しく、つきあいやすい人だろう。

でも少し深く踏み込んでみると、まった

く違う顔を見せることもある。滅多に人には見せないが、外での陽気さが嘘のように家ではむっつりしていたり、突然、理由もなく不機嫌になったりすることも。普段はものすごく人に合わせる反面、人からの干渉を徹底的に拒絶して、自分だけの世界を守ろうとする二面性がある。

常にさまざまなことに細かく心を砕いているので、心宿はとても内省的。だからこそ、全然違う外向きの自分と内向きの自分を抱えることがあり、バランスをとりながら、その狭間に独自の世界を作っていくのが心宿の本質だ。

聡明で敏感なので、子供の頃から、安定した環境で愛情深く育てられると、心の不安定さが抑えられ、心宿のよい面が大いに発揮され、おおらかで優しい性格に育つ。逆にプレッシャーを感じたり、問題のある環境に置かれると、不安定な面が表に出たり、平気で嘘をつくズルさを身につけてしまうことがあるかも。でも深くつきあわなかったり、利害がからんだりしなければ、こんな心宿の裏の面に人はほとんど気づかない。心宿は天性の役者なのだ。

むしろ心宿の一番の問題は、人心を摑むのがうますぎて、結果的に人を利用したり、人間関係を引っかき回してしまいがちなところ。文献※に「人の虚を窺《うかが》う」とあり、人の心の隙に入り込んで魅了もすれば、人の足をすくいもする。しかもそれを本能的にやってしまうのが心宿なのだ。

本当の心宿はナイーブで臆病。自分の心さえ信用しきれないのだから、当然、人の心に対する猜疑心も強くなるし、その分ジェラシーも強い。一度傷つくと、いつまでもひきずることがあり、傷つくことや損をすることを恐れ、要領よく立ち回りすぎる恐れが。それで、その場その場で相手を喜ばす耳触りのいいことを言い、逆に自分が袋小路に入り込んでしまったりする。

こんな心宿に必要なのは、自分の本音を話すことで心の整理ができるセラピスト的な存在。それが何でも話せる家族や身内なら一番だが、プロのカウンセラーでも行きつけのお店の気心の知れた店員でもいい。その時々で相手は変わっても、いろいろなことを話すことで心の奥にあるものを整理し、自分を客観的に見る目を失わなければ、心宿は人も自分自身も裏切らず、人生を楽しめるだろう。

天職と使命

文字通り人の〝心〟を動かすことがうまいのが心宿。相手の心を読み、その心理的な駆け引きのうまさを生かせば、サービス、接客、販売、コンサルタント、教育関係など直接人に接する仕事で評価される。マーケティング、広告・広報など広く大衆を動かす戦略を練る職種でも成功しやすい。緻密で慎重なので細かい仕事は得意だが、精神性が強いので、どこか知的で哲学的なものを扱うほうが個性を生かせるし、本人も飽きないはず。人の心を扱う職業として芸能・芸術の分野では、表現者として表舞台でも裏方でも活躍できる資質を持つ。医者や弁護士、警察など常に冷静に相手の心を読む仕事にも向く。

ただ、何でも器用にこなせるので、心の趣くままに仕事を替えやすく、職を転々とする性癖が心配だ。戦略ばかり練っているうちに〝策士、策に溺れる〟状態になった

※『宿曜二十八宿秘密奥儀伝』

り、自分の心のブレで自分も周囲も振り回したり、仕事で美味しいとこ取りや、ズルをする悪心も芽生えがち。
　そうならないために心宿の人には、常に法律やその業界の規範、ルールをしっかり守ることが大切だ。巧みに人を操れる、時には欺ける資質を持つだけに、どんな場所、どんな職業においても、原典にあるように「悪を摧《くじ》き、善を奨《すす》める」ことが心宿の使命であることを忘れないようにしたい。

恋愛＆結婚

　心宿は異性の心のツボをうまく押さえる恋愛上手。女性は会うたびに意外な一面を見せる小悪魔的な魅力で男性を翻弄。一方で男性は相手の理想像を演じてみせることで心を掴む。でも本質的には臆病で、傷つくことを恐れるので、本気で好きではない異性に対しては大胆でも、本命の異性には、なかなか接近できないところがある。結局、相手の気持ちが自分にハッキリと向いていてフラれる心配がないとわかって初めて、積極的になれる。
　一度心が通じあった相手とは、自分の気持ちをすべてわかってほしいと願うが、どこまでも心をのぞき込もうとする心宿は、自分の愛情にも相手の愛情にもなかなか確信が持てないところがあり、ひとつひとつの交際は長いのに、結婚の踏ん切りがつかないこともしばしば。年齢を重ねるほど恋愛や結婚に懐疑的になるので、結婚は若い時に勢いでするか、つきあってすぐに結婚するほうがベター。
　男女とも、好きか嫌いかよりも、何か自分に現実的なメリットがある相手、何かで協力しあえる相手を選ぶと、家庭は安定するだろう。根が子煩悩なので、子育てにまつわる困難も乗り越えられる。

お金のこと

　人の心を敏感に感じとれる心宿は、当然、人のニーズなどを探りあてるビジネス的な〝嗅覚〟が優れている。それだけに、お金に関するトラブルに巻き込まれやすいのも心宿の金運の傾向。それは、利益を得るための社交辞令的な振る舞いが巧妙すぎたり、人の心の隙をついたり、機を見るに敏すぎて、結果的に誰かを裏切り、出し抜くという印象を与えやすいから。せっかく財産や名誉を得ても、その過程であなたに利用された、だまされたという人がいては、心宿の財運はそこで伸び悩んでしまうだろう。お金を得ても幸せになれないこともあるかも。
　だからこそ心宿は、お金を取り扱う際に、充分すぎるほど周りの人々に気を遣い、真心を忘れないで。その巧みな人心掌握術や儲けへの嗅覚はウィンウィンの相互利益のために使うことが心宿に本当の財運と成功悪をもたらすのだ。
　また金運に関しては継続が力に。こちらがダメならこちらと、収入源をコロコロかえる算段はマイナスに働くことを忘れずに。

カラダと健康

　人体で心宿が司るのは左臂《ひじ》、左の腕になる。インド名のジェーシュターは、最も古きもの、最年長者を表し、そのため「尊長宿《そんじょうしゅく》」とも漢訳される。心宿の「心」は、真ん中を表す文字でもあり、人々の輪の

〝中心〟とも解釈できる。
長老は人の中心にいて尊重されるべき存在だが、精神的支柱であり、現実では一歩下がる。かつて右大臣は若く、年長者が左大臣になったように、左は長老の定位置だ。つまり目立たないところで心を砕きながら、巧みに物事をやり抜く資質が〝左〟にはこめられているのだろう。人体で左の腕を司る心宿は、若くても、軽そうでも、見かけより物事を深く考える世慣れた人なのだ。
心宿は繊細なので、心を使いすぎてネガティブなものを溜め込み、鬱状態になりやすい傾向もあり、常に心と身体のバランスを考えることが大事な人。
たとえば、考え事をしすぎて頭の中が煮詰まってきたら、歩いたり、スポーツなどで汗を流してみる。また人の期待に応えようとしすぎる努力もストレスになる。そのため、心因性や神経からくるさまざまな病気になりやすく、飲酒、喫煙も病気の引き金に。糖尿病、心臓、腎臓などにも注意。骨や歯の病気にならないようカルシウムも摂ろう。ハードに動いていた人は運動などを急にやめると身体を悪くするので気をつけて。
また〝左臂〟を司るためか、心宿の人には左利きの人が相対的に多いとされるが、そうでない人も、左腕・左手を何かで使ってみると、意外な才能を発見するかも。

休息方法

繊細でサービス精神が旺盛な心宿は、人と一緒だと無意識のうちに気を使って、本当の休息を得られないことが多い。では、ひとりの時間に安らぐかといえば、いろいろな考えが頭や心を巡って、不安や悩みにさいなまれて落ち込む恐れも。
そんな心宿の休息は、ダラダラと無意味に時間を過ごすよりは、行動することの中にある。無心になれるという意味ではスポーツもいいが、黙々と取り組むランニングなどより、相手と駆け引きを楽しむゲーム性のある競技のほうが面白く、休息になる。
また古いものに接するのもいい。神社仏閣など由緒ある場所に出かけたり、美術館や博物館で価値あるものに接したり、伝統芸能などに触れたり。先人の知恵や思いを知り、時間を積み重ねてきたものの重みを感じることが、心宿を本当の安らぎに導いてくれる。旅に出かけるなら、そんな場所を訪ねる旅が心宿にはおすすめだ。

有名人

井伊直弼（尾宿）の暗殺後に幕政の中心となった老中・安藤信正が心宿。的確な事後処理で評価が高い人物だが、坂下門外の変で襲撃を受けて退いた。また日本古来の柔術を理論化し、「柔道」というスポーツとして確立した嘉納治五郎、博覧強記の博物学者・南方熊楠という明治の知の巨人も心宿。歴代総理では、総理退任後、東條内閣倒閣に尽力した岡田啓介、戦後では芦田均と鳩山由紀夫。野球界では、野茂英雄、松坂大輔と投手が多いのは、心宿が〝臂〟（肩から腕）を司るからか、心理的な駆け引きがうまいからか。芸能界では渥美清、九代目松本幸四郎、郷ひろみ、近藤真彦、YOSHIKI、阿部寛、反町隆史、瑛太、常盤貴子、菅野美穂。海外ではピカソ、チャップリン、ヒッチコック、リチャード・ギア、スティーブン・スピルバーグ、レディー・ガガ。

尾宿《びしゅく》

Mūla

粘る人

宿曜経

此宿生人。法合足衣食多庫蔵。
性慳渋志悪戻諍競。
合得外財力性愛花薬。
（上巻）

尾宿。宜作服著事。
蒔樹種根及取煎吉。又宜剛厳事。
洗浴除滅厭呪。種圧蒲萄甘蔗。
置宅置蔵作愛喜事。
合湯及散阿伽陀薬。弁壇場事並吉。
（下巻）

この宿に生まれた人は、衣食にも恵まれ、裕福である。性格は意固地で無愛想で物惜しみをし、争いごとを好む。借りたお金や人の財を利用して資産を作る。でも花や薬を愛するような粋で雅な面もある。

尾宿の日は、服を作ること、着ること、木や根菜を植え、取り入れて煎じることによい。また敵を討つような勇ましいことにも向く。入浴して呪詛を払い、蒲やブドウやサトウキビを植えたり加工し、家や蔵を建て、湯や薬を調合するのによい。男女で喜び合うこと、密教の祭事にも向く日である。

基本性格

「尾宿」の尾は、最後尾のこと。どんな状況でも最後まで引かずに戦う強さと粘りを表す。インド占星術でこの宿の名も、根や基礎を表す言葉。土の中にしっかりと根を張るように、ひとつのことを長く集中力をもって継続できる資質を示している。

地中を好むという意味もある尾宿は、基本的に派手さはなく地道。質実剛健な武人の星なので、負けず嫌いで闘争心は強い。大人しそうに見えるが競争することは嫌いではなく、持続する集中力では27宿の中でも一、二の芯の強い性格だ。ただし、尾宿の戦いはじっくりゆっくりと結果を求める持久戦。ケンカなどで尾宿を敵にすると絶対に勝てないとされるが、それも長期戦の場合。尾宿がカッとして短期決戦を挑めば、尾宿の良さは発揮されず、負けたり、大事なものをなくしたりすることもある。

そして、尾宿が戦う対象はライバルであって、既存のものを壊すような新たなものを求める闘争はあまりしない。本来、武人が権力体制に組み込まれた存在であるように、尾宿は、物怖じしないわりには世の中の仕組みや目上の人に従順。上下関係に厳しく、序列には敏感で、その中で上を目指して努力をする。学歴やブランド、ランキングなども気にするほうだ。

人間関係も含め何事も受け身で、自分から周囲に働きかけたり、積極的に溶け込んでいくタイプではない。納得のいくつきあいだけを選ぶので、その飾り気ない誠実さを強く信頼する人も多いが、反面、どうしてもなじめない相手もいるはず。でも、変化を好まないので、何かが違うと思っても、とりあえずは忍耐するためか、不本意な相手ともそれなりに我慢をして交流することが尾宿の人生には起こりがちだ。まずは自分の許容範囲で受け入れ、コツコツ何かを変えようと粘るのが尾宿のやり方だが、それが無駄な迷走になるか、意味ある試行錯誤になるかは、その後の尾宿次第だ。

こうして頑固に、あくまでマイペースに自分なりの軌道修正もしながら、実直にひとつの道を歩むうちに、結果的に何かを締めくくる〝しんがり〟の役割を担う不思議な運命を尾宿は秘めている。

こんな尾宿は、子供の頃は無口で我慢強く目立たないけれど、規則は守るので親には心配をかけない。学歴にこだわって勉強を頑張るか、そうでなければスポーツなど自分が一生懸命になれるものを探して、熱心に取り組む優等生タイプ。文献※にも「大人に従って事を行えば吉運は末にあり」とあり、学ぶことが嫌いではなく、尊敬できる、心の通う師や先輩との出会いで、人生がガラリと変わることも多い。

そんな尾宿の落とし穴は、世間体や肩書を気にしすぎること。ともすると、表面を取り繕って、本当の生きがいや根を張る場所にたどりつけず、ドン尻の人生にもなりかねない。また、目的をひたむきに追っているうちに時代が変わって、時には時代遅れになったりする恐れも。でもブレずに自分を貫けば、やがて時代が尾宿にまた追いついてくることもある。尾宿が目指すのは、常に長距離ランナーとしての勝利なのだ。

天職と使命

柔軟性が乏しい尾宿は、何事においても簡単に引かないため、一度始めたら方向転換は容易ではない。それだけに自分を賭けて悔いのない仕事を選ぶまで時間がかかるスロースターター。プライドが高く器用でもないので、若いときは仕事の悩みも多い。

そんな尾宿が天職を見出すには、資格や技能、特別な知識や経験など〝武器〟を身につけることが早道。正直で、愛想もいいほうではないので商売には不向き。サービス業、接客業は選ばないほうがよいかも。

序列を気にし、ブランドが好きなので、勤めるならば、中小企業よりは大企業。最初は地味な存在でも、出世レースでは勝ち残って最後に笑うタイプ。公務員にも向くが、その中で特定の分野のスペシャリストを目指すことが自分の居場所を見つける鍵。武人の星らしく、自衛官、警察官、法曹関係など何かと戦うような職種は適職。土に触れる農業、林業、建設・建築関係、何かの仕上げ、つまり最終工程を担当するよう

※『宿曜二十八宿秘密奥儀伝』

な分野、高齢者向けの仕事も吉。

自尊心が傷つく、満たされないと思うと職場や職種を替えることもあるが、単なる表面的な肩書やステイタスに動きを置くと、派遣社員などで転々とすることにもなりがち。何歳になっても、自分が納得できる意義と目的さえ見つければ、そこから頑張って、過酷な環境にも耐え目的を達成するのが尾宿なので、自分がやりたいことより、できること、望まれることを視野に入れ、自分の使命、やりがい探しを諦めないことだ。

自分を生かせるひとつの場を見出した尾宿は、地道に長くハイレベルな仕事ぶりを何歳になっても維持し、〝高齢者の星〟になれるはず。そして何かを締めくくり、見届ける有終の美を飾ることが尾宿の使命だ。

恋愛＆結婚

女性はどこか堅い印象で甘え下手なところがあり、男性を見る目も厳しいうえに、自分からは軽く動けない傾向が。特に若い頃は、相手の容姿やステイタス、自分との釣り合いなども気にして、気楽な交際はできない。好きになれる異性に出会えない、恋ができないという悩みを抱えたりする。

男性は毅然とした男っぽさや仕事への情熱が女性を惹きつけ、受け身だけれど、密かにモテるタイプ。堅そうに見えるし、本人も遊んでいるつもりはないが、常に恋人はいて、見かけより恋の数は多いかも。

男女ともに仕事に夢中になったり、納得のいく相手を探して晩婚になる傾向。恋の夢を描くこともあまりないので、結局、身近で同じ目標を持って頑張れる仕事仲間、同級生、同郷の人など、何か共通点があって安心できる相手に落ち着きやすい。信頼している人の紹介や見合いなどセッティングされた出会いでうまくいくことも多い。

あまり早くに結婚すると、より惹かれる異性が現れ苦しんだり、別離を迎えたりしがち。ギリギリまで忍耐するので、相手には「まさか」の別離になることも多そう。

結婚後の夫婦仲は良好で、女性は堅実な妻となり、男性は意外に妻の言うことを素直に聴く夫に。子供の面倒もよく見て、波風の少ない家庭を築ける。

お金のこと

〝武人の星〟の尾宿は基本的に、お金そのものを目標にして頑張ることは少ない。金儲けに興味がない分、うまくもなく、儲けを競う企業より、収入は低くてもやりがいやプライドが満たされる仕事や立場を選ぶが、結果的にそのほうが経済面は安定するはず。尾宿が本当に欲しいのは達成感とステイタスであり、お金は常にその副産物。だからこそ、意義を感じれば目先の利益は度外視して誰もやらない〝火中の栗を拾う〟ような作業や立場も担うし、それが思わぬ財運をもたらすことも多い。

お金は衣食住や家族、仕事の道具などに多少の贅沢もするが、基本的に質素で節約も苦にしない。若いときから少額でも積立預金、保険などを始めておくと、その継続力で意外にガッチリ貯めて、何かのときに役に立つ。ただし、将来に備えすぎてケチになると、つまらない争いを招くことも。

でも、お金や物に恬淡とした尾宿の潔さは、お金では得られない成功と評価を運んでくることも多いだろう。

カラダと健康

尾宿が人体で司るのは「心」とされるが、部位としては胃や脾臓、みぞおちの辺りを示すと推測される。原典※には、骨にくっついているとの意があり、「心」は肋骨の下の部分の真ん中を示すようだ。

インド名のムーラも、つけ根や尾を意味し、「根元宿」とも漢訳され、じっくり闘って根を張る尾宿の生き方に通じる名称だ。

尾宿の粘り強い闘争心を支えるのは、やはり基礎体力とスタミナ。スポーツなどで持久力、持続力を養うことは、尾宿の運を必ずアップさせるし、スタミナ源としての食事へのこだわりも尾宿にはプラスになる。

ただ尾宿は、普通そこまでやらないという限界を平気で超えて、結果的に身心を傷めやすい傾向も。過剰なトレーニングやダイエットには特に注意が必要で、健康・美容面に関しては専門家に従い、自己流で行わないこと。年齢と体力のギャップに鈍感なので、若い頃から続けてきた仕事やスポーツでのアクシデントにも警戒を。

また、尾宿が一番ストレスを受けるのはプライドが傷ついたとき。尾宿のストレスは身体のシグナルとして表れる。頭痛や、耳など感覚器に不調を感じたときは、ストレスも限界なので早めに治療、もしくは環境を変えるべき。頑張りすぎると重病に発展する恐れも。痛めやすいのは消化器系、脳梗塞や肝臓、腎臓。女性は婦人科系も。

休息方法

実直で、一本調子の単調な生活に陥りがちな尾宿は、気分転換が下手なタイプ。だから、上手な休息をとるには環境を変え、日常生活の場を離れることが必要。でも、のん気にぶらぶらとしてもあまり休養にはならない。遊びに行くのも、事前に情報を調べて、それを目指して行くような目的達成型の休み方、レジャーが吉。コーヒーも家で飲むより近所のカフェで飲んだり、〝場〟を替えて生活にメリハリをつけることが休息に。そこに行けばリラックスできる行きつけのお店、散歩コース、習い事の場所など、お気に入りの〝ブレイクの場〟を作っておくのもいいかも。やるならジムトレーニング、武人のたしなみの乗馬、剣道、弓道。テニスや野球など対戦型の競技、水泳、ランニングなど持久力が必要なことを。

日常を忘れる旅は大きな癒しになるが、リゾートでのんびりするより名所旧跡や由緒、格式のある場所、有名な観光スポットを巡るツアー旅行などのほうが尾宿向き。

有名人

文字通り〝最後尾で闘う〟運を持つ尾宿は、歴史でもしばしば何かの幕引き役で登場する。桜田門外で暗殺された老中・井伊直弼が尾宿。昭和天皇の信任厚く、戦争の早期終結を図る役割を担った総理大臣の鈴木貫太郎も尾宿。総理経験もあり、鈴木内閣で最後の海軍大臣を務めた米内光政も。竹下登は昭和最後の総理。芸能界では市川猿之助、十五代片岡仁左衛門、関口宏、小田和正、萩原健一、山下智久、小林幸子、松本明子、菊川怜。海外ではエリザベス・テイラー、ジュリー・アンドリュース、マライア・キャリー、アル・パチーノ。漫画家の石ノ森章太郎、松本零士。

※『七曜攘災決』

箕《きしゅく》宿

Pūrvāṣādhā

盛り上げる人

宿曜経

此宿生人。
法合遊渉江山経営利潤。為人耐辛苦。
立性好婬逸婦女。饒病愛酒。
（上巻）

箕宿。宜剛厳事。
又掘溝渠穿池井通決河流。
種水生花及根実者。修園圃醞酒漿。
及作橋梁等並吉。
（下巻）

この宿に生まれた人は、山河をよく歩き回り、出歩くことが好きだが、商売は上手である。我慢強く、忍耐することで、よき面が出てくる。男性は女好きだが、酒をとても好み、病気がちとなる。

箕宿の日は、敵を討つような荒々しい作業によい。溝や池を掘り、河川を整備し、水生の花や球根を植え、田畑を耕すのによい。酒を醸造し、橋を架ける作業にも向いている。

基本性格

「箕宿」の箕は、風の神を表す文字。インド占星術のこの宿の名は、征服されざる、支配されざるものを示す。隣の宿である斗宿が、逆に人を征服、支配しようとする気持ちが強いのに対して、箕宿の人は、勝たなくてもとにかく負けないことを重視する。

箕宿の人は、いつも強気で威勢がいい。その行動は情熱的で過激。大勢の中で何か目立つものを持ち、行く先々で嵐を巻き起こすような、人の心をざわつかせる強い印象を残す。同じ弓宮（射手座）に属す前の宿の尾宿とは、目標を得て一直線に進み、競争、ケンカも厭《いと》わない性質は同じだが、箕宿は大胆でカラッとして、心の中が丸見えのわかりやすい陽性の宿だ。

子供時代の箕宿はきかん坊だが、純真なので扱いやすい。次第に目立ちたがり屋となり、スポーツや勉強など何か自分の得意なものを探し、それを一生懸命伸ばし、アピールしながら成長する。

怖いもの知らずで、ずけずけと本音でものを言う。どんな相手に対しても自分らしい態度で接する、ある意味で勇気のかたまり。文献※にも「大人を恐れず我意募《つの》るよりて目上に憎まれる」とあるように、お世辞や社交辞令を言わないため人に誤解されることも多く、その態度の大きさを嫌われたり憎まれたりして敵も作りやすい。でも、自分の目標のためならば人にどう思われようと平気だし、むしろそれで目立つことがうれしいくらいなのが箕宿だ。

とはいえ腹の中には悪意も何もなく、サッパリしていて自分を偽らない度胸が買われて周囲から好感を持たれ、人に可愛がられたりもする。偉そうに見えても意地悪ではないので、友人、仲間は多く、意外にきめ細かく人の面倒を見るので人望を得て、ボス的な存在になることも多い。

しかし箕宿は、自分がトップに立つより誰かを補佐することで間接的に思いを通し、誰かを助けるときに一番輝く運気を背負っている。逆にいうと、箕宿がサポートにつくと、サポートされた人は大きく運気を伸ばすのだ。

思い切りがよいので、一見、大雑把な性格に見えるが、観察眼は鋭く、作業はきめ細かい。物事の道理に精通し、人の思いや動きをよく読んで、自分なりに筋も通す。そんな箕宿の才覚を認めて傍に置きたがる人、箕宿が尊敬して自分からサポートにつく相手、自分の手でなんとかしたいと思い入れるほどの相手に出会ったとき、箕宿は本領を発揮することになる。

箕宿の人生は人との出会いで自分らしい活動の場を得ると、急に開ける。その意味で、なるべく孤立せず多くの人と触れ合っていくことが箕宿の開運の元になる。

特に中年以降、一本調子のマンネリ、行き詰まりに陥りやすい傾向があり、生活が荒れやすい運気も秘めている。そのとき、素直にアドバイスを聞ける人、ブレーン、思慮深い友人や仲間がいるかいないかが、箕宿の運の分かれ道になるだろう。

天職と使命

強気で度胸満点の箕宿。普通の人ならビビってしまうような場所でも堂々と振る舞い、平常心でいられるのは、大変な長所。だが、何の経験も実績もない若いときは、根拠のない自信を振りかざす、ただの生意気な扱いにくい半端ものにもなりやすい。

まずは胸を張れる技術や職能を身につけるといい。仕事は、地味な事務職などよりも、〝現場〟での強さや一瞬の判断力を生かすもの、自分で仕切れたり、目立つことができる職種を選んでいくと、自分の天職・使命を見出しやすい。

誰かの代行、代弁などをすることがうまいので、ジャーナリストやマスコミ業界は適職。目立ちたがりの本能が強いなら、アナウンサーやリポーター、エンターテインメントなど表に出る職種を。弁護士や司法書士、会計士、コンサルタント業など専門的なことを代行・助言して感謝される仕事にも大いに燃える。特別な資格や知識、経験を身につけていけば、自信に箔もつく。

また、警察や消防など緊張感ある場所で働けば、その物怖じしない度胸がより光るはず。何でも臨機応変に応じる才覚、人を仕切る能力は旅行業界や接客業でも輝くだ

※『宿曜二十八宿秘密奥儀伝』

ろう。コツコツとひとりでやるような仕事より、人とのふれあいが多い職種を選ぼう。

威張っているようで、人間関係は巧みで盛り上げ上手なので、お店を経営すれば繁盛させる。ただ蓄財への執着心は薄いので、大きな事業には向かないが、政治家は悪くない。また雇われ店長や社長、マネージャーなどになれば、かなりの敏腕。出世レースでも、自分がトップを狙うより、誰にトップを取らせるかという位置につけているときが一番いい働きができるだろう。

恋愛＆結婚

女性はキッパリはっきりした性格。そのへんの男よりよほど男前な姉御肌タイプ。強いので男性に頼られることもしばしばあるが、相手選びはシビア。見かけの可憐な感じに惹かれて接近してくるような男性は、まず相手にしない。箕宿の女性は、基本的には自分のほうから男性を追いかけてゲットしたい願望が強い。惹かれるのは、ちょっと人とは違う個性を持っていて精神的に共鳴できる男性、または一見しっかりしていそうでも少し頼りなく放っておけない感じの男性。結果的には、ちょっと世間の枠から外れた世界で生きているような、周囲が「なぜ？」と思うような意外性のある男性と結ばれやすい。フラれた悔しさをいつまでも忘れない執念深いところもあり、ときには独身を通すこともあるが、一度惚れた相手には徹底的に尽くすので、世話女房型の〝あげまん〟となることも多い。

箕宿の男性は、頼りがいがありながら、どこか可愛げもあって、人気がある。本人も女性からちやほやされるのが好きで、や遊び人。みんなに人気のある美人や目立つ女性を手に入れたい気持ちも強いが、どんなに惚れた相手と結婚しても、若いときは、それなりに浮気もする。恋人には強気だが、妻には、外では見せない弱気なところを見せるので、それを受け入れて、亭主関白でいさせてくれる、しっかり者の女性を妻に選ぶべき。箕宿の男性は父になると子供と一緒に妻に甘えそうだ。

お金のこと

箕宿は基本的に商売上手。ストレートに相手の懐に飛び込んでいく率直さとどこかピュアな人柄が愛され、お金を生み出す。アバウトなように見えて、お金の扱いは穴がなく、あまり贅沢もしない。

けれど別名「無財宿」とも言われる箕宿は、自分のためにはお金を稼がず、残さない。逆に会社やお客、家族や地域のために……という目的が明確になると箕宿の財運と商才は冴える。特に女性は、一家を支える立場になれば男性以上に稼ぐ。夫と生別・死別すると、財運はさらに大きくなるという。

そんな箕宿の金儲けのコツは、とにかく目立つこと。箕は〝幟《のぼり》〟という意味もあり、本人はただでさえ目立つ個性の持ち主だが、さらに宣伝、広報、ネットなどを使って自分や関連するものを際立たせれば、大きな金運を生むはず。ただし成功するとワンマンになりがち。いかに謙虚に周囲の意見に耳を傾けられるかが安定した金運の元になる。

カラダと健康

箕宿が人体で司る部位は右脇。インド名

のプールヴァ・アーシャーダーは、支配されざるものの意味があり、「前魚宿」とも漢訳される。プールヴァは、前、先の意味で、次の宿の斗宿とは一対として扱われる。箕宿の名称も「箕」は、穀物を入れる籠《かご》、一方の「斗」が穀物を測る枡《ます》で、やはり道具として一対になっている。「魚」は、汗をかく脇の下の水のイメージからだろうか。

箕宿にとっての最大のストレスは、実はかなり強い自己顕示欲をあまりうまく発揮できないこと。仕切りたいのにそれができず、誰かに仕切られるような状況、環境に箕宿は強いストレスを感じるはずだ。

だから仕事で自分が仕切れるような立場になることは必要な目標だが、それ以外でも、家庭や友人関係で自分が主役、リーダーになれる場を探そう。フェイスブックなどネットの世界をそれに利用するのもいい。

箕宿はストレスを感じると、特に食生活が乱れがち。飲酒や食事の量が極端に増減する危険が。特にお酒の飲み方に注意を。それによって肝臓や消化器系、心臓の病気に陥りやすくなる。目の病気や肌の不調にも注意。むくみやすく、リューマチ、女性は冷え性に悩みやすい。手足のケガにも注意して。

こんな箕宿の人は、半身浴も含めて気持ちのいい入浴を心がけよう。汗をかくことが何よりの毒出し。スポーツはダンスなどエンターテインメント系もおすすめ。またリンパマッサージもよく、特に脇の下から体側の肝臓の経絡を重点的に。怒りが溜まったときのデトックスにも効く部位だ。

休息方法

目立ちたがりで仕切りたがりな箕宿のパワーチャージには、自分が中心になってみんなの注目を集めるような状況が必要だ。そのためにはさりげなく自分の得意なものを誰かに披露するシチュエーションを求めるべき。歌がうまいならみんなでカラオケ、スポーツが得意ならギャラリーの前で活躍できる試合など、時々は何か〝発表会〟的なイベントを自ら求めるといい。それを目指して緊張した後の〝弛緩〟が、あなたにとっては最高の休息になるはず。

特に得意なものがなければ、気心の知れた人々や仲間との飲み会やホームパーティの幹事役などもいい。一対一で自分語りするより大勢の中で自分を出すほうがみんなにも喜ばれ、スッキリ度も高い。

旅はひとりよりみんなでワイワイと行く旅を。旅先なら、自分が仕切らなくても意外に楽める。物怖じしないので、旅先など未知の世界で意外な収穫を摑むこともある。

有名人

戦国武将では、晩年の秀吉にただ一人意見できる立場だったという前田利家が箕宿。政府から下野した後の自由民権運動で名が残る板垣退助。歴代総理では、ジャーナリストから政治家になった石橋湛山。弁護士から政界に転じ、大阪維新を目指す橋下徹も。フィギュアスケートの浅田真央。芸能界では緒形拳、藤田まこと、十四代目市川團十郎、堺正章、中村雅俊、中村獅童、矢部浩之、中居正広、玉木宏、岸惠子、由美かおる、優香、上野樹里、榮倉奈々。永井美奈子や赤江珠緒など女子アナがとても多い宿でもある。海外ではアーノルド・シュワルツネェッガー、ケビン・コスナー。

斗《とうしゅく》宿

Uttrāṣādhā

戦う人

宿曜経

此宿生人。法合愛鞍馬歴山林。
愛祈禱祀結交賢良。
多技能足銭財。
（上巻）

斗宿。宜著新衣及安久事。
置蔵修理園林。
造車輿等乗載之物。
営田宅城邑福寺舎等。
作戦具及諸用物並吉。
（下巻）

この宿の人は乗馬や乗り物を愛し、野山を歩き、旅を好む。祈禱や祭祀が好きで、信仰心が強い。賢く良心的な人と交流し、いろいろな技術才能があり、財産を築くことができる。

斗宿の日は、新しい衣服を着て、物事を安定させ続けることがよい。蔵を建て、植林の手入れをし、乗り物を造り、田畑や家、城壁や神社仏閣を造営し、戦具など諸々の道具を作ることはみな吉である。

基本性格

「斗宿」の斗は杓《ひしゃく》の意味。斗宿は、それこそ杓ですくうように、広い世界から知恵を集める好奇心と賢さを持つ人。北斗七星は知恵の象徴でもある。インドの星の名は、征服されざるもの、破れざるものの意味。前の箕宿は、その場で負けさえしなければ満足する、どこか大らかな負けず嫌いだが、そこに斗宿は完璧な勝利を求める緻密さと野心が加わる。斗宿の斗は闘の字にも通じ、闘いを象徴する弓宮（射手座）と上昇志向の強い磨宮（山羊座）の両方にかかるすこぶる闘争心の強い宿。でも斗宿には、一見おっとりとして物静かに見えるタイプが多い。それも勝気な一面をむき出しにしない斗宿の戦略と知恵なのかもしれない。

斗宿は人生の最初の時期に苦労があるとされている。子供時代や若い頃に病気をしたり、苦労の多い家庭環境だったり。でもそれを乗り越えることで、斗宿の心は強靭になり、個性も育まれ、そこで目的も見出していく。人との闘いにも強いが、自分との闘いにも強い斗宿の性質が培われる。

斗宿は27宿のうち、昴宿や翼宿とならんで幸運な生まれとされているが、他の2つの宿にくらべると努力型。そしてその幸運が最も発揮されるのは人間関係だ。原典に「賢良と結び交わる」とあり、知的で情のある人々が周囲に多く集まり、さまざまな形で斗宿を支え、助けることを示す。

まずは、よき師や指導者、先輩などに恵まれることが多く、憧れの存在に不思議と近づける縁などもあり、斗宿の可能性を広げ、引き上げてくれる。また、すぐれた能力や人格の友人・知人を得て、交流の中で磨かれることも多い。そんな素晴らしい人脈を呼び寄せるには、高い志を持ち、それに向かって努力する姿勢も必要だが、斗宿は本来、勉強家で勤勉な努力家の星だ。

また斗宿の人は、利害や損得ではなく、理念、思いに基づいて行動する精神性の強さも特徴。直感力が人並み外れて強いこともあり、心の満足、充足を何より求めるため、その志、思いが周囲や多くの人の共感を呼んで、やがて人に憧れられるようなカリスマ性を発揮することも多い。

ただ、志の高さが足るを知らない貪欲さになったり、闘争心の強さが身近な人との卑近な争いなどに向けば、斗宿のマイナスの一面が強く発動してしまう。時には正論を通しすぎたり、感覚の違いで人とぶつかったり。自分が努力家だけに、自分の思うように動かない相手にはかなり厳しい。そんなときの斗宿の冷酷さは、周囲を震え上がらせ、逆にそのシビアさが斗宿の器の小ささとなって、人が離れる危険も。高い目標を見ていないと、つまらないことで的外れな戦いをして時間を無駄にすることもある。その強い闘争心は、あくまで大きな志、ライバルや不正との戦いに使おう。

天職と使命

よき師、指導者に恵まれる運を持つ斗宿は、「この人についていきたい」「この人のようになりたい」と思う人との出会いから天職に導かれることが多い。力のある人に見込まれたり、多くの教えや期待、影響を受け、引き上げられながら自分の使命を悟ることになるだろう。

旺盛な闘争心が、ここで一番になりたい、負けたくないという分野、フィールドに自然に斗宿を引っ張っていき、そこで天職に巡りあわせてくれるだろう。その意味では、子供の頃の遊びや好きなことの中ですでにそれを意識したりして、目指す仕事や業界などは早くに思い定まる人も多そう。

具体的には、美的センスがいいので、ファッションやアート、料理やフード関係、文筆業など自分を表現する仕事で才能を発揮する人も多い。闘争心が強いので、スポーツや政治、法律関係など戦いのある世界にも向く。あまり形あるものを相手にするのではなく、何かに思いや思想、精神性を託すような仕事に就くほうが伸びるタイプだ。

そして斗宿は、仕事に思いを強く込めるからこそ、スケールの大小はともかく、その分野でカリスマ的な存在感を発揮する使命を担う。また、教わり上手は教え上手なので、年齢を重ねると、かつてあなた自身が教えられたことを、今度は指導者的な立場で教えることも多く、教育、政治、宗教方面で人を導くことになることも。

恋愛&結婚

男女とも賢く優しげで、理想的なイメージを周囲に与えるが、つきあってみると意外に負けず嫌いでこだわりが強く、ビックリされるというパターンが多い。

斗宿本人は向上心が強いので、若いときは、憧れや尊敬の気持ちが恋や愛に変わったり、自分を引き上げてくれそうな能力や立場を持つ異性に心惹かれがちだ。

逆に、自分が引き上げてあげたい、自分が支えてあげたいと思う異性を選ぶこともあるが、そこには精神的に何か通じあう絆などが必要。いずれにしても、同級生や同業者、対等な友人はあまり対象にしない傾向がある。仕事仲間なら年齢や立場に大きな差がないと苦しくなる。どこかに相手への競争、ライバル心が生まれたりしてギクシャクするのだ。

男女とも、仕事と恋愛を秤にかけると仕事を選びがちなので、結婚は遅めに。家族に対する情愛は強いのだが、結婚後も仕事や自分のことを優先する姿勢はあまり変わらない。時には家庭生活を犠牲にするような形にもなりやすいので、それを受け入れてサポートしてくれる異性を選ぶべき。

そのためには自分をよく知る身近な、そして寛大な異性が最適。斗宿の持つ目標や志をサポートしてもらえるなら、なおよい。その点をよくわかっているかもという意味で、男性は、尊敬する先輩などに紹介された女性は悪くない選択。

女性は、家庭的な妻を求める男性は避けたほうがいい。子育て中はともかく、斗宿の女性は家庭の中には収まりきれない。男女とも、結婚には精神的な面の一致がなにより必要な宿である。また、自分自身や配偶者の親兄弟への孝養も、斗宿の愛情運の向上と安定には大切なことになる。

お金のこと

精神性が強い斗宿に金運をもたらす源は、学問や知識、技術、それを得ようとする向上心だ。つまり、形のないものからお金を生み出すのが斗宿の特徴。知恵や権力のある人、ハイレベルな人脈と出会うことで運気を伸ばすタイプなので、まずはそんな人々と出会える環境に身を置くためにも、学歴や肩書、資格などが必要。そのためには自分に〝投資〟するお金が必要だ。

基本的には物やお金に執着しない斗宿だが、お金を得ると、ファッションや美術品、書籍のほか、学問、習い事、宗教関連など生活必需品以外のものにつぎ込みがち。

特に内面が充実しているときは、物や外見にこだわらないのが斗宿。逆に内面が空虚だったり、志を見失ったりすると、それを埋めるかのようにファッションにお金をかけ、着飾ることも多くなる。でも基本的に、斗宿には華美、贅沢は似合わない。お金のことをあまり考えないでいたほうが、お金は向こうからやってくるようだ。

また斗宿の金運を左右するのはライバルの存在。競い合う商売敵などには出し抜かれたりもするが、いないよりいたほうが刺激を受け、不思議に双方とも利益を上げる。逆にライバルや身近な人と感情的にこじれると、人を遠ざけ、金運にもダメージが。

特に年下や後輩に自分の金銭面の価値観を押しつけないように配慮を。

カラダと健康

斗宿が人体で司る部位は左脇。インド名のウッタラ・アーシャーダーは、支配されざるものの意味があり、「北魚宿」とも漢訳される。ウッタラは、後ろ、北、そして左を表すサンスクリット語で、前の宿の箕宿とは一対として扱われる。斗宿の名称も「斗」が穀物を測る枡《ます》で、「箕」は穀物を入れる籠《かご》を意味し、道具としてやはり一対だ。「魚」の訳語は、脇の下から出る汗やそこを流れるリンパ液の象徴であろうか。「斗」は闘うという意味も持つ字だが、それは体内で病原体と戦うリンパ球のイメージに重なる。

そんな斗宿の人は、自分自身の免疫力を保つよう、ストレスなどをコントロールすることが他の人より重要だ。スタイリッシュな斗宿は、ストレスを無意識に隠し抑えるタイプ。そして斗宿のストレスは、目的や志を見失い緊張感を失ったとき、人間関係に苛立ったときに急に大きくなる。仕事をやめたりしたとたんに急に病弱になる人も多いが、それも免疫力の低下がきっかけ。風邪が肺炎になり、怪我が感染症で重症化する危険がある。血液やリンパ、腎臓や泌尿器系の病気にも注意を。また、斗宿には冷えは大敵。体を冷やさず、温める食材を意識して摂取して。もちろんリンパマッサージも斗宿には効果的な健康法だ。

休息方法

斗宿の本当のストレス解消には、精神面の充実が何より必要だ。人一倍高い目標を目指す斗宿には、生身の人間よりも、それを超えた大きな存在としての神とか自然の摂理のようなものと向きあう清浄な時間が心地よい。だから、特定の宗教を信仰しなくても、神社仏閣や教会などを訪ねたり、スピリチュアルな分野に触れたりすると、意外なほど安らかな気持ちになれるはず。お墓参りなども含めて身近に〝大いなるもの〟を感じることが斗宿の心身の休息には欠かせないことなのだ。

流行の先端をいくものより、古いもの、伝統芸能など先人が積み重ねてきたものに心惹かれる。知的で学ぶことが好きなので読書や習い事もストレス解消になる。

また斗宿にとっての旅は、仕事や何か使命を背負っていくか、見聞を広げるようなものであり、きっと休息とは無縁。でも友人や知人を訪ねる旅は休息になるだろう。

有名人

戦国武将では最後に覇権を握った徳川家康。幕末に尊王攘夷の意思を強く持たれた孝明天皇が斗宿。明治には、〝東洋のルソー〟中江兆民、「武士道」を海外に紹介した新渡戸稲造、日本美術を再評価した岡倉天心と斗宿の思想家が多い。歴代総理は、桂太郎、加藤友三郎、池田勇人、中曽根康弘と仕事人ぞろい。佐々木主浩、上原浩治、高橋由伸、ダルビッシュ有と野球選手も多く、作家は渡辺淳一、村上龍、脚本家の橋田壽賀子、内館牧子。芸能界では浜田雅功、内村光良、吉岡秀隆、竹下景子、中山美穂、安室奈美恵。海外ではアインシュタイン、タイガー・ウッズ、ジョニー・デップ。

女宿 じょしゅく

Śravaṇa

地道な人

宿曜経

此宿生人。法合足心力少病。
好布施守法律。勤道業栄祖宗。
(上巻)

女宿。凡為公事皆吉。
出城外発教命除逆敵置城邑。
立宰輔発兵作戦具取与。及呈学技芸。
穿耳修理鬢髪按摩並吉。
不宜著新衣及競財穿池等。
宜供養尊者諸天父母及諸貴勝。
(下巻)

この宿に生まれた人は、精神力が強く、病気にもなりにくく、好んで人を喜ばす。法律をしっかり守り、仕事に打ち込み、君主や家を栄えさせる。

女宿の日は、公務や行政の仕事によい日。城の外に出て、命令を発したり、敵を討って城壁を築き、官吏を立て、兵を派遣し、武具を造り与えることに向く。また技術や能力を披露し、(飾りをつけるために) 耳に穴をあけ、髪を整え、身体を按摩することも吉。新しい衣服を着たり、財を競ったり、池を掘ることはよくない。尊者、神仏、父母の供養によい。

基本性格

「女宿」の女の字は、男性に対しての女性ということから、この人が陽に対する陰の力を持つことを示す。インドの星の名は、聞くこと、学ぶことという意味があり、女宿の人が広く人の意見を聞いて取り入れる吸収力があることを表している。

陰性の星だけに、根は無口で静かなおとなしい印象の人が多く、どちらかというと女性のほうが強くてしっかり者。男性は少し線が細く、如才のなさが目立つタイプ。

でも、実は男女とも、なかなかの力量を持つ生まれ。社会のことをよく見聞きして、それを自分のものにしながら、自己研鑽《けんさん》を重ねて、どんな分野でも高いレベルに達する人。そうして徐々に自分のテリトリーを広げ、そこを守るような生き方を好む。

こんな地道な努力ができるのは、女宿が安定した子供時代を過ごすことが多いからかも。親には反発せず、若いときに親や目上から教わったことを大人になっても律儀にずっと守り続ける人も多い。

自分に与えられた立場、役割には何より忠実で、そこで最高の存在になろうと頑張る。思い込むと一直線。自分で自分を枠にはめ、ストイックでさえある努力の裏には、コンプレックスや、何かを補いたいという気持ちが隠れていることも多い。

普段は明るく振る舞って、ユーモアで周囲を和ませる、愉快な女宿も多いが、それは一種の配慮、思いやりで、本音は簡単には見せない、ガードが強いタイプ。強い上昇志向もむき出しにはしない。革新的なようで保守的で、立場や肩書にもこだわる。慣れていること、予想していたことでは余裕のある態度だが、突発的なこと、想定外の状況には弱く、慌てたり、パニックに陥ってしまうこともある。お気楽そうに見せて勉強家で完璧な準備する女宿。人に見えないところで努力するのが女宿の真骨頂だ。

文献※に「陰謀詭詐《きさ》に利あり」とあるのは、こんなふうに自分をオープンにしないから。秘めた野心のためならば、緻密な計画や根回しや策を使うので時にはそれが人を裏切るような形になる。自分に厳しい分、人にも厳しく、現実的な判断で、ダメだと思ったらバッサリと人や物を切り捨てることもできる。もともと物事の裏側、一歩引いたところで力をふるう運があるので、人を陥れるつもりはなくても、時には裏のある怖い存在にもなるのだ。

礼儀や常識にはうるさい反面、力のある人にたいしては弱く、下には強く出るような傾向も。自分を慕う人や身内で固まってしまうとかなりワンマンで陰険な一面も出やすい。真面目すぎて思い込みが強くなる傾向がある女宿の人は、性別に関係なく、女性的な柔軟性、きめ細やかな配慮を常に忘れないようにしながら、硬軟、明暗のバランスを取ることで成功と幸福を得る。

天職と使命

女宿が持つ〝陰の力〟とは、地味めで目立たないが、実質的な部分を支え、現実を動かす力を示す。究極の陰の力が、家庭の主婦の〝内助の功〟だ。だが、それは必ずしもアシスタント、サポート的な立場を意味しない。主婦が、家庭では誰よりも権力と権限を持つように、女宿は実質的な権力を持つ使命、運勢を持っている。

密かに野心的で上昇志向も強いが、一気にその座を求めるのではなく、コツコツと地道に上昇するのが女宿のやり方。一匹狼ではなく、組織のトップを目指すので、いい仲間や部下ができる職場が天職の場所かも。ただし、大組織、大会社より小人数のチームのリーダーなどが一番力量を発揮できる。

慎重な女宿は冒険的なことは好まないので、官僚、公務員、教師などパブリックな世界で働くのはよく、資格や免許を必要とする安定した仕事が適職。緻密な計算能力を活かし、経理や税理士にも向く。物を見る目があるので、アンティークや伝統芸能、食品や衣料などに関わる仕事はいい。特に男性の女宿は、女性の感性を理解、共鳴できるので、女性を相手にしたり、女性の中に入っていく仕事で成功できる。専業主婦（主夫）も悪くない選択だ。

女宿は〝官僚の星〟といわれる。それは規範やルールを重視して杓子定規に物事を

※『宿曜二十八宿秘密奥儀伝』

考えやすい一面も物語っているが、官僚は本来は〝公僕〞。広く多くの人の言葉に耳を傾け、自分を殺し、一歩引いて全体のことを考える冷静な視点を持つことが女宿の使命であることを忘れずに。

恋愛＆結婚

女宿は恋をすると思いつめやすく、性格の暗い一面が出やすい。本気になればなるほど小さなことを気にしてじめじめ、くよくよとする傾向が。若い頃は特に高望みの恋をするため、悩むことも多そう。

女性は、普段はサバサバと見せていても、好きな男性には女っぽいフェロモン全開で、一途な尽くし型。それが男性には〝重い〞。恋愛中は従順。結婚すれば、良妻賢母ながら自分が中心になって仕切る家庭を築くので、妻になると態度がガラリと変わるタイプ。主導権を渡してくれない男性とはうまくいかない。目の前のことに必死になるので、仕事との両立では悩むかも。仕事で力を発揮すると、ふさわしい相手が見つかりにくくなるので、結婚は早めが吉。ただしバリバリのキャリアウーマンでも恋人はいるのが女宿の女性が多い。

男性は、見かけによらず女好きで、女性との縁もできやすい。自分が関わっている中で、最高のレベルと思う女性を狙う傾向が。人が羨むような女性を手に入れたいという気持ちがすべてのパワーの源になるので、簡単に妥協はしない。でも細やかな配慮ができ優しいので恋愛上手。家庭では家事や育児も手伝う穏やかないい夫になる。結婚後もモテるが、〝女難〞の傾向が。女性問題で家庭が揺らぐと運勢も揺らぐのでご用心。

男女とも、育った家庭、親の影響が強く、異性の親とよく似ているか、正反対の相手を配偶者に選びやすい。また、親が甘くて自分が中心にいられる家庭にいると、結婚の縁から遠ざかりやすいようだ。

お金のこと

向上心が強い女宿が目指すのは、本来はお金よりも高いステイタスや名誉・名声。でも幼少期の経済状態にあまり余裕がないと、まずはお金を求める。逆に豊かな環境で育つと、親とは少し違う名声や成功を先に求めるが、お金に関しては本気で苦労するまで、かなり無頓着に。どちらにしても、お金で何かを取り繕おうとしたり見栄をはったりすると、女宿の金運は下がる。

基本的に社会性があり、何事もキチンと積み重ねられる女宿は、普通に頑張っていれば年齢と共に経済面も安定して、最終的にはお金も名声も両方とも手に入れるはずだ。女性の女宿のほうがやり手で経済力も強く、結婚後も社会との関わりを求めて何かでお金を稼ぐ。男性のほうが趣味や交際にお金を使う。習い事、学費などには他の宿よりお金をかけるほうだ。持ち物は一点豪華主義。服にはお金をかけなくても、時計など貴金属には高価なブランドものを求めたりするが、生活がうまく回っていれば、度は越さない。危機管理的なものにはお金をかけるので、タンス貯金やへそくりは多く、保険を過剰にかけすぎる場合も多い。一攫千金《いっかく》は狙わず、臨時収入も貯蓄するタイプ。女宿の財源は、庶民的な分野より一流または公的な分野、そして女性と縁が深い分野にありそうだ。

カラダと健康

人体で女宿が司るのは腹部、それも「肚《はら》」。「肚」は、食べ物を摂るとふくらむ部分を示す。一方、インド名のシュラヴァナは、聞くこと、学ぶことを意味し、「耳聡宿《じそうしゅく》」とも漢訳される。お腹と耳ではあまりにもかけ離れているようだが、共通するのは吸収する力。お腹は胃や腸で食物から栄養分を取り入れる。心は耳で情報や知識を聞いて満たされる。何に対しても優れた吸収力を持つことが女宿の特徴だ。

そんな女宿の健康のポイントは消化器系。そこがしっかり働けば、食べすぎてもスリムな体型でいられる。胃腸が弱いと力が出ずに、なよなよした感じになるか、内臓脂肪でお腹がふくれる。元来消化器系は弱くはないが、無理は禁物。腹筋を鍛えお腹回りをスッキリさせれば魅力もアップするだろう。

ストレスには普通の人より耐性がある反面、身体に不調が出ないと自分のストレスに気づけない。日頃の血圧、血糖値のチェックで心臓、脳疾患は抑えられる。首、足の不調、女性は子宮、卵巣、男性も生殖器の病気に注意。健康に関して自分で学び、よい習慣を取り入れれば長寿に。

またストレスが限界を超えると、秩序無視の突拍子もない行動に出やすく、交通事故とお酒のトラブルに注意を。そんな衝動は、スポーツや音楽、お笑いなど架空の世界で荒っぽいものに触れて発散させると身体にも運にも害を及ぼさないですむ。

休息方法

勉強家でリアリストな女宿は、休日も自分自身をレベルアップさせるために使うことが多い。しかし趣味的でもつい〝努力〟してしまう傾向があり、スポーツは休息のようでいて、時々、つらくなるかも。

伝統あるもの、世間的な評価が高いものが好きな女宿だが、一方でまったく異質なものが好きな傾向もある。たとえばアイドルやオタクっぽいものにハマったり、女性は格闘技やスプラッター映画、男性は編み物などが好きだったり。でも、枠にはまりすぎる普段の生活とのバランスを取るためにはどんなことでも本当に好きなことに浸る時間は必要。それを一緒に楽しむ家族や友人こそ本当の休息をくれる存在でもある。

また、思い込みが強い女宿は世界の広さ、海外事情などを知るのはよく、機会をとらえて旅行すべき。ただ、それは休息ではなく研修旅行のようなものかもしれない。

有名人

鎌倉幕府打倒を企て、南朝を開いた後醍醐天皇、徳川幕府で最長在位、多くの子を残した11代将軍・家斉が女宿。彼の下で厳しい倹約を求めた「寛政の改革」を行った老中・松平定信も同じ女宿だった。真珠の養殖に成功した御木本幸吉。歴代総理では実は評価の高い小渕恵三。作家では大江健三郎、瀬戸内寂聴。スポーツ界ではテニスの松岡修造、サッカーの長友佑都。芸能界は桂三枝、加藤茶、ビートたけし、関根勤、中井貴一、本木雅弘。森光子、和田アキ子、上沼恵美子、風吹ジュン、中森明菜、今井美樹、水川あさみ。海外ではデビッド・ベッカム、サラ・ジェシカ・パーカー。

虚 きょしゅく 宿

Dhaniṣṭā

夢見る人

宿曜経

此宿生人。法合足穀多貯積。
長命富勝蒙君王寵愛。
又好饗禱神廟終多快楽。不合辛苦。
（上巻）

虚宿。宜諸急速事。
宜学問及夜欲作求子法。其法不宜昼作。
主産閹官。宜供養婆羅門。
置城邑及置兵官財等。
又宜還人財物売畜生。
著衣著荘厳具作商業。新置技芸並吉。
（下巻）

この宿に生まれた人は、穀物や貯蓄も多く、長寿でどんどん裕福になれる生まれであり、身分のある人から引き立てられる。また、信仰心があって霊廟を祭り、生涯、たくさんの快楽を得る。つらいことや苦労には向いていない。

虚宿の日は、急を要する事をするのによい。夜に学問や子授けの法をするのにもよいが、その法を昼にしたり、宦官の処置を施すのはよくない。神仏を供養し、城壁を築き、兵や官財などを置くことはよい。また人に財を返還し、家畜を売るのにも向く。衣服と荘厳な武具を着、商売をして、新しい技術を身につけることも吉である。

基本性格

「虚宿」の虚は、もとは神霊の下る丘を表した文字で、そこから〝空《くう》〟、むなしいという意味で用いられる。インドの名は、とても豊かな財宝を表す言葉。このように豊かでありながらむなしいという名を与えられた虚宿の人は、〝形のない宝〟を探し求める生き方をする、精神性の強い人である。

本来は幸運で人徳もある生まれ。すっきりとした知的な雰囲気に、ゆったりとしたおおらかさが加わって、誰にでも好感を持たれるタイプが多い。ただ、感受性は人一倍強く、若いときから、大人もビックリするような深いことを考えていたりする。また、そういうことを考えなければならない境遇に置かれやすい運気も持っている。

そんな中で、虚宿の人は他の人とは一味違う、大きな夢と理想を抱く。なにしろ虚宿の求める〝宝〟は形のないもの。常識には収まらず、周囲の人には、簡単には理解してもらえないものだったりする。

そのため、自我に目覚める子供の頃から30歳ぐらいまでの虚宿は、そんな自分自身の敏感な心と大きな夢を制御しにくく、ただの夢想家のように思われることもしばしば。自分でも自分の心を持て余す、不安定で扱いにくい人になりやすい。人の心の難しさを知る繊細な虚宿は、発想も反応も独特で、特に感情表現が一般の人とは異なる。さっきまでご機嫌だったのに、ちょっとしたことでかたくなになったり、怒ったりする。強い上昇志向をストレートに行動に結びつけず、あえて否定するような屈折した行動に出たり。誰よりも理想と現実のギャップに悩むので、気が強いのか弱いのか、わからない人に見えやすい。

こんなふうに、虚宿の人が本来、少し不安定なものを持つのは、虚宿が現実的な磨宮（山羊座）と精神性の強い瓶宮（水瓶座）の両方にかかる宿だからかもしれない。心の芯に、まさに矛盾と虚の部分を持っているといってもいい。でも、精神的な葛藤を繰り返しながら、そこを埋めていくものを探し、努力するからこそ、虚宿は独自の魅力で輝く人も多く、やがて個性的な、誰にも真似できない〝宝〟のような世界に到達する。苦しいかもしれないが、原典に「辛苦には合せず」とある通り、それをなんらかの形で乗り越えることを保証している。

また、夢見がちで人との協調性はいまいちな虚宿は、うっかりすると孤独を求めてしまいがちだが、それでは虚宿の人生の扉は開かない。夢を実現し、虚の部分を埋めるには、何か技能や知識、学問などが必要。それは不安定な心の制御にも役立つだろう。まずは、そんな教えを授けてくれる人を求めよう。また、虚宿とは正反対で、しっかり地に足をつけ、常に現実を見ることができ、生活を管理してくれる人が身近にいれば、なお虚宿の人生は安定する。どこか浮世離れしている虚宿の、お金や時間、食事や健康など生活をしていくうえで重要な現実的な部分を一手に引き受けてくれる誰か――それは家族やパートナー、友人、スタッフなどかもしれないが、そうした人を得ることができれば、虚宿の夢は大きく実現に近づく。そして味方を作りながら夢に近づくのが、虚宿の成功の秘訣なのだ。

天職と使命

形のない財宝を求める虚宿の天職は、製造・生産業など有形のものを扱う分野ではないことが多い。つまり売るべきものや扱うものは、サービスやアイデア、技能など無形なものである仕事に向く。たとえば安心を売る保険や便利を売る旅行・運送業、情報やイメージを扱うマスコミ、広告業界、芸術、エンターテインメントなどが適職だ。

プライドが高いので、ビジネスセンスはいまひとつかも。虚宿の人にとって一番大切なのは、夢や理想。そんな虚宿の最大の使命は、人々に夢や希望、楽しみ、あるいはビジョンや仕組みなど大きなものを与えること。現実に縛られず、大きなスケールで動ける資質はそのために与えられている。

理想を語れる教師など教育関係、研究職もよく、理想を持って現実を変えるという意味で、志を持てば政治家も悪くない。どんな職業でも、具象から抽象へ、抽象から具象へと物事を自在に変化させ、虚と実の間を生きることができるのは、虚宿の独特の能力だ。仕事探しでは、理想と現実の狭間でやや迷走することも多い虚宿。そのときは夢や理想にひきずられすぎないで自分の能力や立場をリアルに見つめ、みんなのために自分ができることを考えると天職にたどりつけるだろう。最初は小さなことでも、虚宿は目に見えないものの力で多くの人の心を変える使命を持っているのだ。

恋愛＆結婚

根がロマンティストなので、映画の中のような恋を求めて思春期を過ごす虚宿。夢の中のヒーロー、ヒロインのような異性に片思いをすることも多く、そんな相手とうまくいけば、素敵な恋人の時間を送れる。だが、そのまま勢いで若いときの恋を実らせると、結婚という現実の前に夢破れることもしばしば。相手がとても年上だったり、しっかり者で虚宿をそのまま夢の中に置いておいてくれる相手でないと、長続きは難しいかもしれない。

むしろ、若い頃の恋の夢を一度乗り越えた後で結ばれた相手のほうが安定した関係を築くことができる。それでも、あまり日常にまみれた潤いのない生活は苦手。結婚相手は、貧しくても何かの夢やロマンを共有できる相手か、配偶者というよりまるでパパやママのような完璧な現実面のサポーターになれる人かのどちらかになるだろう。

女性は特に恋に夢を描くので、現実の生活を考えても妥協はできない傾向が。それならば、独身を通すか、不倫でも好きな相手と結ばれていたほうがよいとも考える。

男性も何度かの恋愛を経た後での結婚で落ち着くが、妻が子育てに夢中だったりしてまるでロマンスを忘れたような生活になると、別の恋に走ることも多い。また、男女とも、生活面をしっかり支えてくれる家族やパートナー的な友人などの存在がいると結婚の縁からは遠ざかる。

お金のこと

人とは少し違う感受性を持ち現実に縛られない夢を見る虚宿は、お金にはあまり興味がない。だから自分の好きなことができれば経済的な苦労もあまり苦にしないし、逆にその夢が何かにハマれば、いきなり大金や財産を得ることもある。清貧から人を驚かすようなアイデアで大金をつかむような逆転劇も虚宿なら珍しくない。そこまでドラマティックなことはなくても、若い頃にお金で苦労した虚宿も、中年以降はそれなりに安定した経済状態に落ち着くだろう。

でも、お金に無頓着なので、大きく儲けたら、大きく失うようなこともあり、経済面での浮き沈みは激しい。すごく稼いでも家族のために使ってしまったり、会社に投資したり、何かの基金にしてしまったり。最終的に個人資産はほとんど残さないかも。でも、金銭感覚も常識に縛られないのが虚宿。苦しいときも、裕福なときも、既成の価値観の贅沢より、自分なりの〝豊かさ〟を求めるようにするほうが物心両面で満たされた生活になるだろう。

カラダと健康

虚宿が人体で司るのは、下腹部、あるいは臀部《でんぶ》（お尻）。インド名のダニシュターは、最も富んでいることを意味する。それなのに漢訳はなぜか「貪財宿《どんざいしゅく》」。これは、蓄財の極みで財が別の形になることを表す。人体でいえば、これは排泄。虚宿の古いインド名はシュラビシュタといって、吸収の極みを意味している。栄養分を吸収したら、排泄しなければ次の栄養分は取り込めない。こんな虚宿の人は、デトックス的なワークアウトはどんどん試したい。身体だけでなく心の新陳代謝を大切にしてフレキシブルに過ごすことが、体調と共に運気のアップに欠かせない。

こんな虚宿が気をつけるべきは、神経や精神など、部位が特定できない病。感染症や腰痛にも注意。臓器としては肺と大腸、泌尿器。排泄の順調さが健康の証だ。

また体と心の働きがミスマッチになったときに起こりがちなアクシデントにも気をつけたい。生涯、夢を見ることが生きる力になる虚宿には、それを押しつぶすリアルな現実がストレス。限界に達すると、すべてを投げ出し、暴走しやすい。ストレスに対して危険なまでに極端な毒出し、デトックスをしないですむよう、日々、少しずつの毒出しを。それには心の〝排泄行為〟として、心の中を文章にしたり、持ち物を捨てるのもいい。身体には断食による毒出しが効く。肥満は大敵。新たな夢を見るためにも虚宿は常に心身に〝ゆとり〟が必要だ。

休息方法

虚宿は体格がよくても自分が思うほど頑健な体質ではなく、何事も気力で支えていくタイプ。それだけに精神的な充実がないときや集中力が散漫になったときに疲れが出やすい。だからこそ休息はまず心の安らぎを求めることが大事になる。

そのとき重要なキーになるのは〝音〟。感受性が鋭い虚宿は、心地よい音によって心癒される。リラックスしたいときは、好きな音楽に包まれるような時間を作るといいかも。逆に快い音楽に包まれているときは、どこでもリラックスができるはず。コンサートやライブ、CDなど人の作り出す音楽だけでなく、鳥や虫の声、せせらぎや風の音など自然の奏でる音も極上の休息をくれるはず。また〝静寂〟も集中とデトックスに役立つので、静かな空間と時間を求めて図書館に行ったりするのもお勧め。

現実的な世界にいながら、その枠を簡単に超えられる感性を持つ虚宿は、日々〝心の旅〟をしているようなものなので、本物の旅をするなら、自分で衣食住のことをすべてまかなう、何もない場所へのサバイバル旅行、ワイルドな旅で意外にも安息する。

有名人

戦国武将では最強の騎馬軍団を作り上げた武田信玄。また維新の英雄であり、明治の元勲、大久保利通が虚宿の人。歴代総理では憲政の神様と呼ばれ、五・一五事件で散った犬養毅。スポーツでは曙太郎、清原和博、石川遼。脚本家の宮藤官九郎、芸能界では長谷川一夫、横山やすし、松山千春、森進一、仲村トオル、江口洋介、つんく♂、浅野忠信、坂口憲二、松井須磨子、美空ひばり、賀来千香子、樋口可南子、浅野ゆう子、菊池凛子。海外ではジョージ・クルーニー、ブラッド・ピットと大物揃い。謎の死を遂げたオーストリアのルドルフ皇太子も。

危宿《きしゅく》

Śatabhiṣaj

遊ぶ人

宿曜経

此宿生人。法合嗜酒耽婬。
耐辛苦心胆硬。与人結交必不久長無終始。
又能処分事務解薬性多瞋。
（上巻）

危宿。宜合薬取薬服薬置薬並大吉。
又宜厳峻破悪之事。
穿河池等及種麻豆等。
発遣商人納財置吏取医。
置蔵造舟船醞酒漿等。
及沽売商販吉。不宜出財。
（下巻）

この宿に生まれた人は、酒が好きで好色。忍耐力はあるが、頑固である。人とのつきあいも尻切れトンボで長く続かない。事務処理能力は高く、薬のことをよく理解し、詳しいが、些細なことですぐ怒る性格である。

危宿の日は、薬の調合、取り扱い、服用などすべて大吉。また悪い人や悪い事を厳しく正すのもよい。河や池を掘り、麻や豆類を植え、商人が出立し、財を納め、役人を置き、医者にかかるのもいい。蔵を建て、船を造り、酒を醸造し、それで商売をすることも吉。ただし出費をするのはよくない。

基本性格

「危宿」の危は、この宿の人が傍から見たら危ないこともやってのける大胆さの持ち主であることを表す。インドの星の名は、百の恐怖、脅威を意味し、別名「百毒宿《ひゃくどくしゅく》」。これも危宿の意外性のある行動力を示す。

こんな危宿の人生は、文字通り危うさもはらんでいる。それは自分の感情にあまりにも素直だから。スイッチが入ると、ブレーキがきかずに突進。普通ならそこまでやらない、踏み止まるはずという危険なラインをあっさり越えてしまうのだ。

といっても普段の危宿は、強引さや挑戦的な雰囲気はいっさいない。むしろ周囲を和ませる明るさを振りまく穏やかなタイプ。人柄のよさそうな危宿の、突然の大胆すぎる行動、まさかの決断に人は目を見張る。

瞬発力は素晴らしく、ピンと来たことに対する反応の速さやスピーディな行動力は誰にも負けない。ただ、持続力はイマイチ。新たなものに興味が向くと気持ちはパッとそちらにシフトして、何もかも中途半端、やりっぱなしで次へいくことも多い。原典に「久長ならず終始無し」とあるようにいろいろやり散らかしていく。

一見思慮深く見えるし、本人もよく考えているつもりでも、結局はそのときの感情や気分が最優先で、長い間ひとつのことを考えるのは苦手。あっさり結論を出し、後のことはそのときになって考えるような、行き当たりバッタリなところもある。

こんな危宿の人生の助けとなるのが、幅広い社交性。柔和で正直な危宿は、人に警戒心やプレッシャーを与えない。またサービス精神も旺盛で好感度は高い。人と巧みに交際しながら人生を切り開いていく。

また、危宿は27宿中で最も遊び好きな宿といわれる。楽しいことが大好きで、自分が楽しいと思うことのためなら抜群の発想力や集中力を発揮する。一方で、そうでないことではまったく役に立たず、好きなことしかやりたがらない。でもセンスもカンもいいので、仕事も人間関係も、すべて遊びの中から見つけて、楽しく暮らす。ある意味〝人生をまるごと遊ぶ〟生き方をする。

好きなことさえできれば、出世や名誉、お金にもあまり執着しない。そのサッパリした無欲なところも危宿の魅力だ。

ただし、人生は楽しくなくてもやらなければならないことも多い。それを排除してしまえば、ただのいい加減な人。人のよさが仇になり、人に引きずられて危ない事に足を踏み入れる心配も。感情の暴走を止められず、キレることで、人を傷つけ自分も傷つき、損をする。それでも自分を偽れないのが危宿。自分に正直であるためなら、百の毒さえ飲む危うさと同時に、その毒も消すほどの屈託のない純粋さを持つ。毒になるか薬になるかは本人次第の人生だ。

天職と使命

センスがよくてアイデア豊富、人づきあいも上手な危宿の天職は、必ず自分が好きで興味のあること、趣味や遊びなどの延長にある。それ以外の分野では頑張りもきかず、ほとんど使えない人だったりする。

具体的にはマスコミ、音楽、芸能、アート、料理や飲食。接客・サービス業、スポーツ関係もいいが、自分なりの創意工夫を加えられる職場がいい。人との交流がうまく、多くの人と接する職業ではほかの人よりも高い人気、成果、成績を得られる。

持続力はないので、長期間コツコツ積み重ねる仕事は苦手。短期集中で一回一回結果が出るようなことなら、長く続けられる。実力主義の環境にも強く、また文字通り追い詰められた緊張感やギリギリの状況で不思議なパワーを発揮する。フットワークもよく、〝最前線〟にいるのが好きだ。

感情に流されやすくムラ気なところもあるので、小さなミスも許されないような職場は不向き。ただ、原典に「薬を解し」とあり、〝薬〟に縁がある生まれ。人の気持ちに共感、共鳴する優しさは医療や恵まれない人のために生かせるかも。

危宿の使命は、あくまで人を楽しませ喜ばせるところにある。何かで〝癒す〟パワーを秘めている人でもある。それを信じて、仕事もひとつのエンターテインメントとしてとらえ、いい緊張感を持って取り組むことで、人にはない才能を発揮できる。

恋愛&結婚

遊ぶのは好きだが、遊びの恋はしないのが危宿。好きになったらいつでも真剣。ロマンティストでせっかちなので、つきあい始めたらすぐ結婚を考えるような情熱的な恋をする。恋愛では、ウエットなタイプ。

一度好きになった相手のことは、傷ついて別れても心のどこかでずっと思い続けたり、相手がダメな人間と思っても冷たく断ち切れずに引きずられてしまう情の深さがある。ただし、ときめきが最優先なので、恋人がいても結婚していても、心が動いたらブレーキは利かない。結果的に、自分を強く求めてくれる相手のほうに無理を承知でついていくので、人生の中で何度か恋愛がらみの波乱があるだろう。

特に女性は、若いうちの結婚では、よほど好きな相手でないと、後でもっと好きな人ができて苦しんだりしやすい。自分から恋を追いかけるが、実は頼ってくる男性、自分を必要としてくれる男性に弱く、強く迫られると、案外、受け入れてしまう。また遊んで楽しい男性を好きになるので、結婚に向かない相手に恋をすることも。しかも相手に経済力がないと、次第に本人も心に余裕をなくし、それなのに別れられず、破滅的な状況にまで陥ったりもする。なので、ある程度恋愛を経験したあとの遅めの結婚がベター。再婚でも幸せになれる。そして豊かでなくても、遊ぶ余裕のある程度ある、経済的に安定している男性を選ぶといい。

男性も、スタイリッシュで社交的なので遊び人だが、愛にはちゃんと応えるので、結婚後は子供も大事にするマイホームパパに。ただ、他の女性に愛されるとそちらも同時に大事にする無責任なところも。妻や子供が一緒になって趣味や遊びを楽しめる関係なら、その心配も抑えられる。

お金のこと

楽しいことが大好きな危宿は、食費を削ってでも趣味やオシャレにお金を使う。欲しいものは我慢しないので一見、派手でも懐の中はきゅうきゅうなんてことも。

困っても、なんとなく誰かが助けてくれる運があるが、資産家に生まれると家の財産を食いつぶすとされる。その場合は、公私のケジメをつける教育や、お金の管理をするしっかり者が身近に必要になってくる。

逆に庶民として育てば、好きなことを仕事に結びつけ、一石二鳥で一生懸命働き、さまざまな工夫でお金を稼ぐ。

洗練されたセンスと巧みな交際術が危宿の経済力の支え。無駄遣いもかなり多いが、どこかで自分の許容範囲はわかっていて破綻しないよう使うしたたかな一面もある。

ただ、親しい人、好きな人、愛する人のためと、感情がからむと見境がなくなる傾向も。無料で何でも引き受けたり、どこまでも散財したり。ギャンブルや異性がらみでお金の苦労をすることも。でも、逆にセンチメンタルで熱くなりやすい危宿は、お金の問題を、現実を忘れず理性を取り戻すための防波堤にすべきだろう。

カラダと健康

人体で、危宿が司るのは胯《また》。インド名の

シャタビシャジュは、百の脅威と同時に百人の医者、癒す力を示し、「百毒宿」とも漢訳される。癒す力が毒とは意外だが、薬は服用方法を間違えば毒にもなる。薬か毒か、紙一重のものも飲んでしまう軽さ、進んで病人に近寄る医者のように危険な所にも踏み込む大胆さが危宿の特徴だ。人体の深部を司る危宿が、大胆というのは興味深い。

こんな危宿の人は意外に健康オタクで、耳にした健康法はすぐに試す。でも中途半端で続かないと、薬が毒になることもあるので、キチンと指導を受けることが必要だ。気をつけたいのは腎臓と大腸。むくみやすく、それが出たときはすぐ対処を。婦人科系、生殖器の病気も警戒。手足の骨折が多いのでスリルを楽しむ遊びは避けたほうがよく、特に〝水難※〟には注意。

持続力はないが、好きなことへの集中力と執着心は危ういほど強い。それこそ常識の限度を超えるので、何でもやりすぎ、思い入れすぎで心身に毒を溜め込むことに。

危宿にお勧めのデトックス法は、心と身体のモードを時々入れ替えること。身体に溜まっているストレスは読書や映画など心を遊ばせる時間を持つことで発散。逆に心の執着はスポーツやエクササイズで身体を動かし、汗をかくと毒出しができる。心と身体をバランスよく使うことが危宿には常に大事な課題なのだ。ただし危宿は単調なジムトレーニングは苦手。ダンスやゲーム性、ファッションなどが楽しめる運動を探すとハマって長続きする。

休息方法

好奇心いっぱいな危宿は、時間があると目いっぱい予定を入れて動き回る。誘いは断らず、どこか忙しさに充実感を感じる一面もある。そのため自分で立てたスケジュールに追われ、遊びも義務のようになって、休日も終わってみたら休息どころか疲れ果てていることがしばしば。

こんな危宿の本当の休息とは、予定や期限、約束、義務に追われない状況に身を置くこと。何をやってもいいし何もやらなくてもいい、まったく束縛のない日が本当の休日だ。普段はできない家事に没頭しても、一日中テレビを見ても無駄にしても許される自由な時間こそが最高の休息になる。

日常を断ち切れる旅もよい休息になるが、欲張って過密なスケジュールを組まないことが大事。また、旅先で仕事をしたり、用事を引きずってバタバタしやすいのは悪い癖。スッパリと割り切り別世界を楽しもう。

有名人

「忠臣蔵」の刃傷事件で有名な浅野内匠頭は危宿。幕末に誰よりも孝明天皇（斗宿）に信頼され、貧乏くじの役職だった京都守護職を引き受け、朝敵となった会津藩主・松平容保《かたもり》も危宿。ほかに、天然痘やコレラに立ち向かった江戸末期の医師・緒方洪庵。歴代総理では、松方正義、幣原喜重郎、そして野田佳彦がいる。浩宮皇太子も危宿。スポーツ界では落合博満、高橋尚子、武豊、錦織圭。作家の新田次郎、山崎豊子。映画監督の大島渚、伊丹十三。芸能界では阪東妻三郎、高倉健、沢田研二、TOKIOの長瀬智也、速水もこみち、岡田将生、高島礼子、大塚寧々。海外ではジョン・レノン、マリリン・モンロー。また、ダイアナ元皇太子妃も。

※『日蔵分・星宿品』

室宿《しつしゅく》

Pūrvabhādrapadā

大胆な人

宿曜経

此宿生人。法合決猛悪。
性嗜瞋愛劫奪。能夜行不怕。
処性軽躁毒害無慈悲。
（上巻）

室宿。宜作端厳事。
勘逐罪非除滅兇逆。
誑詭敵人諸事並不宜作。
（下巻）

この宿に生まれた人は、猛々しく、非道徳的で、怒りっぽく、人のものを横取りすることが好きである。怖いもの知らずで、夜も平気で行動する。性格は軽く陽気で、毒気があり、無慈悲なところもある。

室宿の日は、威厳をもって物事を正すとよい日。罪人や非道を駆逐し、逆賊を倒して滅ぼすといい。ただ、敵でも人をだまし、欺いたりすることはよくない。

基本性格

「室宿」の室は、家の一番奥にある部屋のこと。インドの星の名は、聖なる炎を維持することを示し、そのためのたゆみない献身を表す。

そんな室宿は大きな仕事をするために豊かなエネルギーを与えられて生まれてくる。同じ瓶宮（水瓶座）に属する危宿がどこまでも精神的な満足を追求するなら、室宿は物質的な満足を求め、周囲を巻き込んで、現実をダイナミックに動かす力を持つ。文献[※1]にも「剛猛にして他を顧みざる癖あり」とあり、自信家で自己中心的。信じた道をブルドーザーのような勢いで突き進む。少し魚宮（魚座）にも属しているため、室宿が好き勝手にやっているようなことが、結果的にその分野や誰かへの献身、貢献になっていくようなことが少なくない。

エネルギー過多気味で生まれてくる室宿

※1『二十八宿秘密奥儀伝』

は、子供の頃から活発で存在感がある。自己顕示欲が強く、壮大ないたずらなどもするし、人に合わせないのでけんかも多いはず。もともと「瞋《いか》りを嗜《この》む」性格であり、怒りっぽくて、人にキツイ面もある。

そのため室宿にとって子供時代の教育は重要だ。といっても抑えつけられれば反発するだけ。むしろ勉強だけでなく、他にやりたいことがあれば、スポーツでも習いごとでも思いきりやらせるといい。それで過剰なエネルギーを燃焼させることで、荒っぽい言動や目的のためなら手段を選ばないようなところが次第に制御できるようになるだろう。

室宿は学校の勉強より実践的な経験から学ぶタイプで、経験する場が多いほど、人に見えないところで人のやらない努力をして知恵をつけ、学歴とは違った頭のよさを発揮し、若いときから頭角を現す。割合に心は柔軟で、放り込まれた環境に順応し、そこから知恵や情報、社会のルールや人への接し方なども体験を通して学んでいく。原典※2に「心に常に悪を作し父母を畏れず」とある通り傍若無人な強さを秘めているからこそ、親以外で礼儀など人間の生き方や精神的・哲学的な部分をたたき込んでくれる師匠と呼べる人に出会えるかどうかで、室宿の人生は大きく左右される。

生まれたままの欲望を素直に出し、好きなことにはとことん情熱的。そのうえ楽天的で度胸があるので、大事なときにその力を十二分に発揮できる勝負強さも室宿の特徴。そうやって中年期までには実力者にのし上がり、一代で財を築いたり、名声を獲得することも多い宿だ。

室宿の成功運は、ただパワーがあるだけではなく、荒っぽく見えて意外に細かい目配りができ、周囲に協調できる面も大きい。正直で律儀で無邪気なところがあるので、やっていることは強引でアクの強い性格でも、案外、人には憎まれない。

ただし、自意識過剰になったり、自分の欲望に執着しすぎると流れを読みちがえて、晩年に運気が急降下するのでご用心。

基本的に自分以外にあまり興味がなく、いつも人に囲まれていて友人は多いようでも深くつきあう相手は少ない。せっかちでドライなところもあり、人間関係の見切りが早く、ちょっとしたことで大事な人間関係を断ち切ったりもしがちだ。

こんな室宿が失速せずに人生を最後まで豊かな気持ちで過ごすには、立場や肩書を離れたときに語りあえる利害関係のない友人を作ること、目上の人や周囲への恩義と敬意を忘れないことが大事になる。

天職と使命

ほんわかしているように見えても、強いパワーを秘めた大物タイプ。大胆にして緻密。実践的な智恵とやる気に満ち、多くの人を巻き込んでいくことができる人気運と存在感が持ち味なので、天職を探すとしたら、小さな環境、世界に最初からあまり閉じこもらず、広い世界や大衆を相手にできるような職種や仕事のやり方を目指したほうが、室宿の資質を活かせるだろう。

学歴など関係なく、実力で評価される分野のほうが室宿は動きやすいはず。そして室宿は、自分の立身出世、金儲け以上に、その仕事や会社、業界に愛と誇りを抱いて、盛り上げようとする気持ちを持てば、何か

※2『日蔵分・星宿品』

を大きく広げその世界を変えていくこともできるし、それが室宿の使命になるだろう。具体的にはIT関連、マスコミ、エンターテインメント、建築や土木、不動産。貿易業など外国に関わる業界もよく、海や水などの液体に関わる仕事にも縁がある。

動物好きが多く、それを仕事につなげるかどうかは別にして、何か動物に関わる活動をするのもひとつの使命かも。動物を救うことで救われるようなこともある。

恋愛＆結婚

男女とも結婚は早めにしたほうが安定した家庭生活になるタイプ。男性の場合は、仕事がうまくいくほどモテるけれど、そうなると結婚に打算が入り込み、なかなか相手を決められなくなったり、結婚後も女性問題を起こしたりしがちだ。〝英雄、色を好む〟的に派手に女性と遊ぶタイプか、女性にも仕事の話しかしないような恋愛音痴タイプが多い室宿の男性だが、どちらも本当に女性に求めるのは癒し。家庭が一番くつろげて、そこをがっちり守ってくれる女性を早めに妻にすれば、よき家庭人になる。愛人を持てば、そちらも面倒を見る。背負うものが多いほどまだ頑張るのが室宿。

女性はしっかり者で本質的には尽くし型だが、若いときは大人しい女性に見えても、次第に何かで力をつけていくので、仕事に夢中になりすぎると、〝格差婚〟に納得する相手と結ばれるか、釣り合う相手がいなくて独身を通すようなことに。結婚するならまったくの同業者は避けたほうがよく、少し違う分野で、それなりに力のある男性を選ぶといい。年の差婚の場合、最初はかわいい妻でも、次第に男性を圧倒してしまい、その態度が露骨になると別離を招く。でも子供への愛情は深いので、〝子はかすがい〟となって続く夫婦も多い。

お金のこと

大きなパワーとエネルギッシュな行動力を秘めた室宿の経済力は、狭い環境にとどまっていてはなかなか発揮されないことが多い。故郷を離れたり、世界のあちこちを飛び回ったり、ネットなどで広い世間を相手に商売をしたりと、ダイナミックに動いて大きな舞台を求めたほうが成功しやすい。

ただ、本当にお金を生み出すには、スケールの大きな活動と同時に細やかな技や配慮、何かを継続する忍耐力も必要。また稼ぎ方は荒っぽいようでも、お金の使い方は繊細。周囲とのバランスに配慮したり、感謝や謝罪などをお金や物で表したりできる。

文献[※3]に「このみて賊魁《ぞくかい》（盗賊の頭）と作《な》り」ともあり、その気になれば人のものでも奪える。強い力のある宿だからこそ、お金を扱うときには、緻密さや配慮を忘れずに。大金を扱う機会も多く、透明性や公平さを忘れるとつまずくのでご用心。怒りや短気は金運にマイナス。そして、ささやかでも寄付やボランティアにお金を使うことが室宿の金運アップの秘訣だ。

カラダと健康

室宿が人体で司る部位は右の腿《もも》。インド名のプールヴァ・バードラパダーは輝くほうへ向かって踏み出すことをも表し、パダーは足の意味も持つ。プールヴァとは先、

※3『舎頭諌太子二十八宿経』

前という意味のサンスクリット語。「前賢宿」とも漢訳されるのは、室宿の人は智恵があり、それでさまざまなものを明らかにしていく人だから。「室」の字は、矢がピタリと奥まで届く姿を象徴し、室宿の目的達成能力の高さを示す。腿を上げて歩けば歩幅は大きい。室宿が動くときはダイナミックで力強く、動き出したら簡単に止まらない。こんな室宿の人には、やはり歩くことが一番の健康法。足の衰えは体力・気力の衰えになると思って、年齢を超えて脚力を鍛えるよう心がけたい。

警戒が必要なのは脳溢血や心臓発作など突然の疾患。普段から血圧はチェックを。肌と喉にも注意。お酒の飲みすぎにも気をつけて。本来がアクティブなので、運動不足は他の人より健康に悪い。身体を動かすこと自体が室宿には心身の浄化になるのだ。

パワフルな室宿の一番のストレスの元は、思うように動いてくれない周囲の人々。努力家でもある室宿が少し頑張れば、人並みはずれた力と勢いを発揮する。そこで他の人にも自分と同じようなテンションを期待すると、必ず裏切られる。また自分勝手に動いているようでも、実は室宿は個人行動が嫌い。ひとりの寂しさもストレスになる。だから室宿は何事もまず自分が率先して動くべき。そうすれば、それについてくる仲間や人間関係ができる。そんな行動を通して親密になった人々との交流も、ストレス解消に役立つだろう。

休息方法

エネルギッシュでスケールの大きな行動力を持つ室宿が、本当にリラックスできるのは、広く視野が開けた大きな景色を見渡せる場所。地平線が見渡せ、地球の大きさを実感できるような雄大な景色の中。もちろん大自然の中に身をおければベストだが、都会の中なら街を見おろせるような高い建物や大勢の人が集まるスタジアムなどにときおり身を置くといい。イライラしたり落ち込んだりしたときは、そういう場所にさっさと出かけて、ちょっと大声を出したり、開放感を味わえば心身が浄化される。

もともとアクティブなので動かないより動いたほうが元気になる。中途半端に体力を温存するより全力投球で体力を使いきったほうが熟睡して復活できる体質なのだ。

旅も行くなら海外、または登山やセーリングなど地球と交流するようなものが吉。1〜2泊の旅では室宿には満足できない。

有名人

土佐の漁師で、漂流してアメリカに渡り、幕末の日本で欧米の現実を知る通訳として活躍したジョン万次郎が室宿。日本陸軍の基礎を築いた元老・山縣有朋は、明治維新では伊藤博文（房宿）と並んで低い身分から立身出世を果たした人物。ほかの歴代総理は近衛文麿、田中角栄。芸術家では岡本太郎、藤沢周平。スポーツ界では長嶋茂雄、星野仙一、松井秀喜、斎藤佑樹。芸能界ではタモリ、忌野清志郎、SMAPの木村拓哉、草彅剛、KinKi Kidsの堂本光一、嵐の櫻井翔、黒柳徹子、野際陽子、中島みゆき、竹内まりや、篠原涼子、仲間由紀恵。海外ではヴィヴィアン・リー、ソフィア・ローレン、ジョージ・ルーカス、マイケル・ジャクソン。困難を乗り越えたヘレン・ケラー。

壁宿《へきしゅく》

Uttarabhādrapadā

支える人

宿曜経

此宿生人。法合承君王恩寵。
為性慎密慳渋有男女愛。
供養天仏亦好布施不多。愛習典教。
(上巻)

壁宿。宜作求長寿増益法。
不宜南行。宜造城邑。
取衣取財嫁娶婚姻等喜善事皆吉。
(下巻)

この宿に生まれた人は、身分のある人に可愛がられる。性格は緻密で慎重、地味で無愛想だが、子供を可愛いがる。信仰心もあり、人を喜ばすことは好きだが、あまり大きなことはできない。物事を習い学ぶことには熱心である。

壁宿の日は、長寿延命や増益蓄財を願う法を行うのによい日。南は凶方なので行かないこと。城壁を造り、衣服を着、蓄財をし、嫁取り婚姻などの慶事はすべて吉の日。

基本性格

「壁宿」の壁は、壁のように動じない強い信念の持ち主であることを示す。インドの星の名は、聖なる炎を維持しようとする献身を表す。その名に共通する部分を持つ前の室宿の献身が、現実的な見返りを求めるのに対し、魚宮（魚座）にすっぽりと包まれている壁宿は、あまり見返りなどに頓着《とんちゃく》せず、誰かや何かに自分の身を捧げるような生き方そのものを好む。そして、そんなふうに一歩引いたところから自分の運気を開いていくのが壁宿の運気の特徴だ。

壁宿は、普段は控えめで、あまり自分から目立とうとはしない。縁の下の力持ち的な立場も嫌がらず、人の意見などもすぐに受け入れ、譲ることもできる。それは気弱だからではなく、そうしていたほうがかえって目立ち、人が自分を引っ張り出してくれたりして、自分の信念を貫きやすいと知っているからだ。穏やかで静かな印象なので、人には甘く見られることもあるけれど、文献[※1]には「雄猛多力なり」とあり、嵐のなかでもびくともしない芯の強さと、ダイナミックな決断力を備えている。

何かに取り組むときは、表からではなく裏から人やものを動かそうとする独特なやり方をするので、その活動や真意は人にわかりにくいが、時間をかけて目的は果たす。一言でいえば、権謀術数《けんぼうじゅっすう》に長《た》けた策士で、いざとなると修羅場にも強い。常に物事の裏と表を考えて本質を見抜く個性的な視点と分析能力がその生き方を支える。

子供の頃の壁宿は、おとなしくて扱いやすい。他の人とは少し感性と物事に取り組む方法が違うので、何かの枠にはめられるとその個性や才能が開花できず、ただの変わった人になってしまうかも。常に名より実をとるリアリスト。温厚で庶民的な性格だが、自分自身をオープンにするのは得意ではなく、交友関係は広そうで狭い。でも、一度絆を結んだ相手とは、長く交友が続く、信義のある人でもある。

壁宿が本領を発揮するのは、自分が本気で支えたい相手を得たり、困難を抱いた人への視線を持ったときから。人をフォロー、ケアしようと思ったときから壁宿は個性的で魅力的な人になる。ただ、根が寂しがり屋なので、自分が支えているはずの相手やものにいつのまにか依存しやすく、それで苦しむことも。でも年齢を重ねるうちに、献身の対象を広く大きな世界に向ければ、壁宿の資質は、さらに開花する。

また、一見真面目な堅物《かたぶつ》に見られることも多いが、意外に遊び好き。原典[※2]にも「衆芸を種種皆よく学び、歌舞、伎倡もまた悉《ことごと》く解す」とあり、芸事が好きで、技能にも恵まれる生まれだ。そして人とはちょっと違ったものに没頭しやすい。それでつい、隠れて密かに遊んだりしがちだが、その状況は壁宿にはマイナス。壁宿が秘密を持つとやりたい放題できるため、運気はおおいに乱れるからだ。

天職と使命

〝壁〟のように動じない信念と捨て身の献身で何かを支える使命を秘めている壁宿は、その時々で、自分は今、何を守るべきか、サポートしたいかを自分に問うことで、天職と居場所を見出していくことになる。

トップに立つより、アドバイザー、コンサルタント、秘書など、参謀、No.2的立場を好むが、緻密な計算、駆け引きができてビジネスセンスもあるので、壁宿が片腕につくとその人の会社は伸びることが多い。一家の主婦でも、大企業の頭脳でも、支えたいと思う相手の傍やその場所にいることが壁宿の幸せなのだ。そして一歩引いたところにいるほうが、かえって引き立てられていいポジションを得られる。自分が自分が……と前に出ようとすると、意外なところから叩かれたり、しつこい敵やライバルが現れる運も壁宿は秘めている。

比較的、体力もあり、サービス精神が強いので、スポーツ、レジャー業界などがよく、美容や医療、介護、動物関連の分野にも縁がある。人とは違うものの見方ができるので、あまり目立たない分野に光を当てる使命も持つ。人がやりたがらないが誰かがやらねばならない仕事、「そんなことがお金になる？」と驚くような場所にビジネス

※1『三昧神足品』、※2『日蔵分・星宿品』

チャンスを見つけて稼ぐこともうまい。

恋愛&結婚

恋愛は真面目で純情。ひとりの人とじっくりつきあう愛情深いタイプだが、密かにモテるし、押されると弱いので、清潔そうなイメージだが恋の数は意外に多め。

本人は、相手のルックスなどをかなり気にする美形好みだが、そのこだわりが周囲から見ると微妙だったり、一定の好みがないように見えるのは、自分がなんとか支えてあげたいと思える相手、世話のしがいのある相手を好むせいかも。選ぶパートナーは、周囲からは釣り合いが取れないと思われるような異性で、苦労しそうと心配もされるが、本人はまったく気にしない。

壁宿の女性は、比較的、同年代より年齢差のある男性を選ぶことが多い。同級生や同年代の男性は友達で十分。年上でも年下でも、自分が確実にその人のために役に立てることがあると自覚すると、そのときに恋愛感情が芽生える。

壁宿の男性は、女性への理想が高い。それは、頑張っている女性を支える立場を好むから。家庭ではリラックスしすぎず、常に自分の役割を意識して、少し緊張感があったほうが実は安泰で、恐妻家になる。亭主関白になると、陰で遊んでしまう壁宿の一面が出て浮気も多くなるだろう。

また男女とも実家との縁はいいわけではないが深いので、若いうちに親や兄弟姉妹の面倒を見る形になると、婚期を逸しがち。もうひとつ壁宿特有の恋愛・結婚運の特徴は、アクシデントやトラブルなどがきっかけで結ばれるケースが多いこと。普通ではない状況で見せる相手の飾らない〝素〟の姿に惹かれたり、そんな出来事を二人の共通の秘密や絆と感じたりするからだ。

お金のこと

実は、壁宿ほど経済状況が謎の人はいないかも。おっとりしてバリバリと働く感じに見えないが、意外にお金儲けは上手で、ガッチリ貯めていることも。ネットでサイドビジネスをしていたり、人にはわからないところからお金を捻出するのがうまい。

堅実なので経済的に破綻する壁宿は少ないが、裏で密かな遊びにハマるとすっからかんになることも。また子供や家族、愛するもののためと思うと歯止めがきかず、高い教育費をはたいたり、友人に頼まれるとついお金を貸したり、義理で儲け話に乗って散財したりするのでご用心。

実は、自分が表舞台に出ていくよりもコーディネーター、コンサルタントなど、裏方にいるほうがお金は入ってきやすい。また、地味なことでも、ひとつのことを長く続けることが確実な金運を育てる。ボランティアや奉仕活動に熱心に取り組んで自分のものではないお金を扱うときは、より冴えた金銭感覚を見せたりもする。

ただし、壁宿は表に出ない、よくわからないお金の流れに触れやすい運気を持つ。そこで変な私欲を出すと危うい世界に巻き込まれ、運気が乱れるので深入りは禁物だ。

カラダと健康

壁宿が人体で司る部位は左の腿《もも》。インド名・ウッタラ・バードラパダーは輝くほうへ向かって踏み出すことを表し、パダーは足、ウッタラとは後ろ、左の意味。前の室宿と一対で「北賢宿」とも漢訳される。さまざまな作法でも歩き出しは普通右足からで、左足は一歩遅れる。また、何かの力を押し止めるとき、突っ張り棒のように力を入れるのが左足だとすれば、守りに強い壁宿の本質がそこに象徴されている。

こんな壁宿は、ほかの人ならストレスを感じるようなことを何なくできる人。休みや自由のない過酷なスケジュール、変化のない単純作業、難しい人間関係も、とりあえず一度は受け入れられるのが壁宿だ。

それができる壁宿は、ハートだけでなく、足腰も比較的強い。なのでランニングやウォーキングなど足を使う健康法は壁宿にピッタリ。足腰の強さが壁宿の体力と運気の源に。一方で壁宿は習慣を簡単に変えられないので、身体に負荷をかける飲酒、喫煙、ジャンクフードなどは極力避けたい。弱いのは胃腸、胆のうなどの消化器系。我慢強いため、気がつくと手遅れということも多いので定期検診は大事。ケガや体調不良が運気に突然の変化を呼び込む傾向もあり、交通事故や運動中の怪我には注意を。

こんな壁宿が最もストレスを感じるのは、自分が支えていたはずのものを失ったとき。子離れやペットロスなどには極端に弱かったりする。愛が執着になり、運気を乱すのだ。こんなときはボランティア的活動などで、もっと広く大きなものにその力を向けると心と運気が浄化されるだろう。

休息方法

壁宿は、使命を感じている仕事、人の面倒を見たり、ボランティア活動をしていれば、身体は大変でも、不思議と持続力を発揮。休息がなくても頑張れる。逆に自分の利益や楽しみだけのために動くと、何をやっても精彩を欠き、疲れも感じやすい。

こんな壁宿が本当に休息をとるなら、物言わぬ動物や昆虫、植物などとの時間がおすすめ。ペットと触れ合うだけでなく、動物園、水族館、牧場、競馬場で生き物と交流する時間も壁宿にはパワーチャージになる。また〝壁〟となって動かないイメージの壁宿の人だが、実は旅は息抜きの意味でも、人生を活性化する点でも必要。実際に旅をしたり、どこかに出かけることで人生が動いたり、旅先で目的や使命を見出すことも多い。でも、息抜きの旅も度重なると嫌なことから逃げる手段になり、壁宿の遊び好きな面を助長する危険もあるかも。

有名人

平安時代、院政を始めた白河法皇とその曾孫で源平の争乱の中、長年、院から権力をふるった後白河法皇が共に壁宿。崩れゆく徳川幕府と武士の時代を支えようとした新撰組の局長・近藤勇が壁宿。文学では樋口一葉、結婚後はもっぱら妻・与謝野晶子（井宿）を支えた与謝野鉄幹、吉川英治、宮部みゆきも壁宿。スポーツ界は有森裕子、中田英寿、荒川静香。芸能界は市川雷蔵、三國連太郎、草刈正雄、柴田恭兵、三浦友和、薬丸裕英、七代目市川染五郎、妻夫木聡、塚本高史、吉永小百合、八代亜紀。海外では、エルヴィス・プレスリー、オードリー・ヘップバーン、ウディ・アレン、ヴィクトリア・ベッカム、キム・ヨナ。

奎《けいしゅく》宿

Revatī

細やかな人

宿曜経

此宿生人。法合有祖父産業。
及有経営得銭財。総合用尽後更得之。
事無終始為性好布施。亦細渋業。
合遊蕩足法用。慕善人作貴勝律儀之事。
無終始賞男女。愛教学典教。
（上巻）

奎宿。取珍宝宜造倉庫及牛羊坊。
挍算畜生造酒融酥。
及作堤堰研眼薬。
著新衣服飾荘厳遠行進路。
作和善事急速事並吉。
（下巻）

この宿に生まれた人は、先祖からの家業などがあり、それを受け継いだり自分でも仕事をして財を作り、それを総合してさらに財を増やす。性格は人を喜ばすことが好きで、器用で細やかなことが得意だが、遊び好きである。よい人、美しい人、才能ある人を慕って交流し戒律を守る。子供などをかわいがる。物事を熱心に教え学ぶ人である。

奎宿の日は、珍しい宝を得たり、蔵や畜舎を造り、家畜の数を数え、酒を造り、乳製品を作り、堤防を造り、眼薬を作るとよい。新しい服を着て、厳かなことを行うこと、遠い所への旅立ちや旅行によい。人と和やかに交流し、急いでやるべきことをするのも吉である。

基本性格

「奎宿」の奎は、人の股《また》と同時に文章の神様を示す文字。インドの星の名は、大水《おおみず》を表し、実際の星はアンドロメダ座に属する二等星で、その形は小艇《しょうてい》(ちいさな舟)、あるいは女性の黒子《ほくろ》のごとくと伝えられている。これらはみな、奎宿が深く秘めたものを持ち、そこに自在に行き来する性質と力を持つことを表している。

奎宿は一見、クセのあまりない上品で素直な人柄で、規則や礼儀を大切にしながら穏やかに調和していくタイプ。原典に「善人を慕い、貴勝律儀の事を作《な》し」とあり、高い理想と向上心を持って身近な人をリスペクトしながら真面目に生きることが示されている。子供の頃から知的好奇心が旺盛で、素直なよい子として育ち、いくつになっても清潔感が漂うのが特徴だ。

それは奎宿の人がいつまでも精神的なも

のを重視して、ピュアな感性を失わないから。正義感が強く、自分なりに清く正しく生きようとする理想主義者で、どんなときでも正論を言うので、やや度量が狭く世間知らずにもなりやすい。

こんな奎宿は、自分だけの力を頼み独立独歩でいくよりも、誰かと親密に力を合わせ協力を得るほうが、大きな仕事もできるし、面白いものも生み出せる。人と協力することの大切さを知って成熟した奎宿は、根回しや交渉事に強く、相手をいつの間にか自分のペースに巻き込む知略家だ。

奎宿が27宿中で最も結婚運がいいとされるのは、身近な人、特に異性に何かと助けられる運を持っているため。助けてくれるのは必ずしも愛情で結ばれた異性とは限らず、仕事などの異性の同僚と手を組むことで大きな力を得て、より幅広く活動することになる。ただし、夫婦間の営みが外からはよく見えないように、奎宿をめぐる協力関係は、不思議に表に出ない。それがもうひとつの奎宿の運の特徴。律儀さと緻密さゆえか、奎宿は秘めた世界を持つようだ。

一見慎重そうな感じに見える奎宿だが、実は思いついたことは即、行動に移さずにはいられない行動力もある。クールに見えて大変な熱中体質。興味を持ったことにはとことん没頭。感性は細やかで、他の人にはできないような綿密な作業もハイレベルでやってのける。知的好奇心の幅は広く、そのため自然にいくつかの仕事や遊びの世界を同時進行で抱えやすい。いろいろなことが自由にできる仕事に就いてでもいない限り、サイドビジネス、密かな趣味、浮気などで、それぞれの世界でまったく違う顔を持つことにもなりがち。そうして点在する世界を密かに自由に行き来して、知的刺激を受けることでバランスをとり、多彩に人生を楽しむ。ただし、当然だが、その密かな趣味やサイドビジネスなども、後ろ暗いものであっては運気は濁る。実はこんな特技がある、ペンネームで何か書いている、匿名でボランティアをしているなど、打ち明ければ称賛されるようなことを秘めるのが奎宿の最上の生き方になる。

天職と使命

人と和合し、そこから生まれてくるものを扱うのが奎宿の秘めたる使命。選ぶなら、人と触れ合い交流する、共同作業的仕事がよく、その中で自分を出していく。人の力や才能を引き出すことも得意だが、人から能力を引き出してもらえる運もある。誰かとコラボして運をつかんだり、会社の共同経営も運気的には向いている。ただ、もちろん相手との相性も大事だ。なにしろ純粋で個性も強いので、誰とでもうまくやれるわけではない。だからこそ、この人！と思えるパートナーや仲間を得ることができた分野に天職はある。

親や配偶者の家の仕事などを継ぐ運もあり、先代も含め家族とは、財産や経験、思いなどいろいろなものを共有し、深い絆を持ちやすい。奎宿が家業を継げば、一度何かで落ち込みを経験するが、結果的には大きく発展させるとされている。

本来、庶民的なものよりハイソサエティなもの、マニアックなものが好きなので、大衆を相手に大きな商売をするときはグループやチームで動かないと、広がりが生まれないかも。ただし、あまり大人数ではなく、ファミリーの絆を維持できる規模が、奎宿には適正な人数だろう。原典※に「多く船師と為る」とあるが、同じ船に乗り込むくらいの人数、それほどの絆と考えるとわかりやすいかもしれない。水や船舶に関係する仕事にも縁がある。

趣味が高じて、それを密かなサイドビジネスにして成功することもある。経営するなら、カジュアルな雰囲気の店より、知る人ぞ知るような高級なお店を目指して。自分が目立つよりプロデューサー、フィクサーのような立場のほうが成功しやすい。

恋愛＆結婚

奎宿は、結婚することで、ステータスアップできる、玉の輿運がある生まれ。

27宿中、もっとも結婚運がいいとされる宿で、独身時代になにがあっても問題にならず、条件のいい相手と結婚できるはず。基本的には夫婦仲もよく、互いに協力しあい、双方の家族からも有形無形の助力を得られる。もちろん相手によっては生別も死別もあるが、独身を通すよりは、一度は結婚をしてみると運気は底上げされる。

とはいえ、どこか気品があるせいか、異性が気軽に声をかけられない雰囲気を漂わせている奎宿も多い。本人も本気になれる異性以外とはつきあわないので、軽い遊びの交際はあまりしない。遊ぶタイプの奎宿もいるが、本命と遊び相手とは完全に差をつけて交際する。早婚が多いが、なかなか結婚が決まらなければ、お見合いでも良縁が。

また仕事や趣味などでコンビを組んでいい結果が出た相手と愛が芽生えやすい。でも仕事などで相性がよくても、家庭内での相性がよくないこともある。対外的にイメージのいい結婚をすると家庭内別居で婚姻を続けがちだが、奎宿は再婚でもいい縁を得られるので、ダメと思ったら早めに別れるほうがベター。特に、自分が上になる格差婚は避けたほうがよく、あまり実りのある結果をもたらさない。

浮気をすると、本気になり、長く続き、二重生活になることも。独身で不倫をすると、そこからなかなか抜けられなくなる。いずれにしても異性からの影響が強い生まれだけに、結婚相手は情に流されすぎずに自分にプラスになる相手を選ぶべきだ。

お金のこと

奎宿の金運は配偶者やその家族、自分の身内などに助けられることが多い。生家の職業か結婚相手の家の商売などを継いで財を得たり、遺産などで潤うことも。親戚や一族との共同経営なども奎宿向き。会社や伝統の後継者のような立場になる運も持つので、何か受け継ぎたいと思うものがある分野や職業に関わるのもいいかも。お金以上の宝を継承できる可能性が。

起業も、ひとりでするより人と共同でしたほうがよく、自分は表に出るよりも裏方に徹したほうがお金になる。サイドビジネスもそれを生業にしないほうが儲かる。

お金を得ても生活自体は意外に華美にはならない。本来が上品なタイプなので質のよさなどにこだわり、成金的なお金の使い方はしないし、そういう使い方をすると運気が歪みやすい。貯蓄は、〝へそくり〟としてこっそり貯めておくと、何かのときおおいに役立つだろう。

※『舎頭諫太子二十八宿経』

カラダと健康

奎宿が司る人体の部分は膝《ひざ》。インド名のレヴァティーは大水、川を意味し、「流灌《るかん》宿《しゅく》」とも漢訳される。「奎」は、股《また》を表す文字。股と膝ではずいぶん違うようだが、膝を開けば股も開き、膝は股を隠すような部位である。奎宿の人は、興味の幅が広く、いろいろなことを密かに同時進行させ、神出鬼没で、ヒラリヒラリとあちこちに飛ぶ。そんな〝跳躍〟をする奎宿には、膝は何より大事な部位でもある。

身体で気をつけたいのは腎臓と心臓、泌尿器。女性は婦人科系。また骨密度など骨の健康にも注意。膝を中心に関節のケアは大事。アルコールの摂りすぎや水分の摂取の過不足には気をつけて。自分で思うより神経は細やかで過敏。ストレスがあると、身体に悪いことを敢えてしたくなる傾向があるのでご用心。特に何かで一色のルーティンな毎日が続くと、その逃げ道として走るのが、職場や家族には秘密の遊びやサイドビジネスや浮気。二重生活の秘密が持つスリルなどが奎宿のストレス解消には役立つが、もし秘密を持つこと以外でストレスを解消するなら、クリエイティブな作業、アートな行為がおすすめ。絵画や文章、音楽などで心の奥に秘めたものを抽出すると奎宿の毒は消える。奎宿は文章の神でもあり、文才はある。匿名でのネットの書き込みが奎宿にはピッタリのデトックスになる。

休息方法

誰かから受け取ったものを自分のものとしていく、すぐれた〝受動〟能力の持ち主である奎宿は、他のどの宿の人より、人から施してもらうヒーリングで癒され、パワーチャージできる体質。エステ、マッサージ、整体、鍼灸など、プロに与えてもらうリラックスで深い休息と心身の浄化を獲得できる。逆にいうと、人の影響を受けやすいので、自分に合うエステティシャンやヒーラーは経験的・理性的に選ぼう。また、広い場所、にぎやかな場所、明るい場所に長くいると消耗が激しい傾向が。時には隠れ家的な温泉やスパで休息を。自分の部屋は間接照明にし、夜景のきれいな店、映画館やプラネタリウムなど少し暗めな場所のほうがリラックスできて、解放されるはずだ。

旅は、ただの観光より、少し変わった自分なりのテーマを持って行くと有意義に。旅先では本来の目的以外のこと、異性関係などが動くような収穫がある場合も多い。

有名人

徳川3代将軍・家光が奎宿。乳母の春日局の献身を得て、大奥を整備してそこに君臨した最初の将軍。幕末、幕臣として江戸城無血開城に尽力した勝海舟。総理大臣では三菱の岩崎弥太郎（参宿）の娘婿でもあった加藤高明。今上（明仁）天皇と美智子皇后はお二人とも奎宿。文学者では坪内逍遥、岡本かの子、谷川俊太郎、林真理子も。スポーツ界では尾崎将司、元二子山親方（初代貴ノ花）。芸能界では小林旭、板東英二、奥田瑛二、野田秀樹、所ジョージ、尾崎豊、関ジャニ∞の錦戸亮、大竹しのぶ、小林聡美、江角マキコ、松たか子、倉木麻衣、北川景子。海外ではココ・シャネル、ホイットニー・ヒューストン。

27宿
相性編

27宿それぞれとの相性全378の組み合わせを
729通りの項目で紹介。
これで恋人、友人、職場の人、家族、すべての関係が占える！

オリエンタル占星術では、どんな相性が占える？

人間の性格の本質的なところを指摘するこの「オリエンタル占星術」は、人と人との相性、組み合わせが生み出す不思議な縁とパワーを解き明かす優れた機能を持つ占いでもある。「オリエンタル占星術」の相性占いは、運勢と同じ名称を使い、「安壊」、「栄親」、「友衰」、「危成」、「業・胎」、そして「命」という６つの組み合わせで示される。それぞれの相性では、自分から見て「安」になる場合は相手から見れば必ず「壊」になる、というようにコインの裏と表、合わせ鏡のような仕組みになって、それぞれの関係性は決まっている（ただし「命」は自分と同じ本命宿の相手なので、どちらから見ても「命」の関係）。

また「三九の法」で「栄」「衰」「安」「危」「成」「壊」「友」「親」は、それぞれ３回巡るが、「安壊」、「栄親」、「友衰」、「危成」の相性は、自分の本命宿から相手の本命宿までの距離の違いで、たとえば「遠距離の安壊」、「中距離の安壊」、「近距離の安壊」というように、それぞれ遠・中・近の３種類の距離関係がある（業と胎は距離関係なし）。相性のよし悪しにかかわらず、基本的に宿の距離が近いほど出会う機会は多く、密着して過ごすが、その関係性が短い期間に完結する。一方で、距離が遠いほど出会いにくいが、関係性は長く、完結までに時間がかかる。

相手→　　近距離　中距離　遠距離

自分↓

	婁	胃	昴	畢	觜	参	井	鬼	柳	星	張	翼	軫	角	亢	氐	房	心	尾	箕	斗	女	虚	危	室	壁	奎
婁	命	栄	衰	安	危	成	壊	友	親	業	栄	衰	安	危	成	壊	友	親	胎	栄	衰	安	危	成	壊	友	親
胃	親	命	栄	衰	安	危	成	壊	友	親	業	栄	衰	安	危	成	壊	友	親	胎	栄	衰	安	危	成	壊	友
昴	友	親	命	栄	衰	安	危	成	壊	友	親	業	栄	衰	安	危	成	壊	友	親	胎	栄	衰	安	危	成	壊
畢	壊	友	親	命	栄	衰	安	危	成	壊	友	親	業	栄	衰	安	危	成	壊	友	親	胎	栄	衰	安	危	成
觜	成	壊	友	親	命	栄	衰	安	危	成	壊	友	親	業	栄	衰	安	危	成	壊	友	親	胎	栄	衰	安	危
参	危	成	壊	友	親	命	栄	衰	安	危	成	壊	友	親	業	栄	衰	安	危	成	壊	友	親	胎	栄	衰	安
井	安	危	成	壊	友	親	命	栄	衰	安	危	成	壊	友	親	業	栄	衰	安	危	成	壊	友	親	胎	栄	衰
鬼	衰	安	危	成	壊	友	親	命	栄	衰	安	危	成	壊	友	親	業	栄	衰	安	危	成	壊	友	親	胎	栄
柳	栄	衰	安	危	成	壊	友	親	命	栄	衰	安	危	成	壊	友	親	業	栄	衰	安	危	成	壊	友	親	胎
星	胎	栄	衰	安	危	成	壊	友	親	命	栄	衰	安	危	成	壊	友	親	業	栄	衰	安	危	成	壊	友	親
張	親	胎	栄	衰	安	危	成	壊	友	親	命	栄	衰	安	危	成	壊	友	親	業	栄	衰	安	危	成	壊	友
翼	友	親	胎	栄	衰	安	危	成	壊	友	親	命	栄	衰	安	危	成	壊	友	親	業	栄	衰	安	危	成	壊
軫	壊	友	親	胎	栄	衰	安	危	成	壊	友	親	命	栄	衰	安	危	成	壊	友	親	業	栄	衰	安	危	成
角	成	壊	友	親	胎	栄	衰	安	危	成	壊	友	親	命	栄	衰	安	危	成	壊	友	親	業	栄	衰	安	危
亢	危	成	壊	友	親	胎	栄	衰	安	危	成	壊	友	親	命	栄	衰	安	危	成	壊	友	親	業	栄	衰	安
氐	安	危	成	壊	友	親	胎	栄	衰	安	危	成	壊	友	親	命	栄	衰	安	危	成	壊	友	親	業	栄	衰
房	衰	安	危	成	壊	友	親	胎	栄	衰	安	危	成	壊	友	親	命	栄	衰	安	危	成	壊	友	親	業	栄
心	栄	衰	安	危	成	壊	友	親	胎	栄	衰	安	危	成	壊	友	親	命	栄	衰	安	危	成	壊	友	親	業
尾	業	栄	衰	安	危	成	壊	友	親	胎	栄	衰	安	危	成	壊	友	親	命	栄	衰	安	危	成	壊	友	親
箕	親	業	栄	衰	安	危	成	壊	友	親	胎	栄	衰	安	危	成	壊	友	親	命	栄	衰	安	危	成	壊	友
斗	友	親	業	栄	衰	安	危	成	壊	友	親	胎	栄	衰	安	危	成	壊	友	親	命	栄	衰	安	危	成	壊
女	壊	友	親	業	栄	衰	安	危	成	壊	友	親	胎	栄	衰	安	危	成	壊	友	親	命	栄	衰	安	危	成
虚	成	壊	友	親	業	栄	衰	安	危	成	壊	友	親	胎	栄	衰	安	危	成	壊	友	親	命	栄	衰	安	危
危	危	成	壊	友	親	業	栄	衰	安	危	成	壊	友	親	胎	栄	衰	安	危	成	壊	友	親	命	栄	衰	安
室	安	危	成	壊	友	親	業	栄	衰	安	危	成	壊	友	親	胎	栄	衰	安	危	成	壊	友	親	命	栄	衰
壁	衰	安	危	成	壊	友	親	業	栄	衰	安	危	成	壊	友	親	胎	栄	衰	安	危	成	壊	友	親	命	栄
奎	栄	衰	安	危	成	壊	友	親	業	栄	衰	安	危	成	壊	友	親	胎	栄	衰	安	危	成	壊	友	親	命

「カモ」と「天敵」でも一体感は抜群

安壊の関係

磁石のように引きあう関係。激しい相性で傷つけあうこともあるが、二人が生み出す独特の一体感には現実を動かすパワーが宿る。

アンバランスだからこそ惹かれてしまう

自分から見て「安」になる人は、相手から自分を見ると必ず「壊」になり、逆に自分にとって「壊」になる人は、相手にとって「安」になるのがこの相性。つまり片方が「安心してつきあえる相手」であり、もう一方は「破壊される相手」になる。まさに片方に有利で片方に不利な、アンバランスな利害関係が生まれる相性だ。

それならば近寄らなければいいようなものだが、磁石が引きあうように、なぜか惹かれあい、関わらずにはいられない魔力的な魅力と引力が生まれる濃密な相性。特にこの相性の二人が出会うと、心だけでなく現実が確実に動くので、恋をすればどんな困難があっても、それを乗り越えて結婚に進みやすく、子供も生まれやすい。恋愛以外でも物事が大きく進むようなときには、「安壊」の人との出会いがあったりすることが多い。「宿曜経」で示される相性の中でも、最もやっかいだが、最も特徴的な相性ともいえる強烈な縁だ。

どちらかというと、「壊」の側の人のほうが二人の関係を続けるために無理をしたり、それまでの生活を捨てたり、冷静に考えれば、損になるような状況に飛び込むことが多い。しかしそれも苦にならず、むしろ嬉々として身を投げ出すのがこの相性の〝魔法〟のようなところ。当然、「安」の人にとっては、無条件で自分を受け入れてくれるような居心地のいい関係で、そのまま、まるで片側が地面についたシーソーのような形で安定してしまうことも多い。

でも、あるとき〝魔法〟が解けると、自分たちが「カモ」と「天敵」の間柄だと気づく。その結果、愛が憎しみに変わるような激しい葛藤が生まれることも多い。伝統的には、この「安壊」は、添い遂げられない、裏切ったり裏切られたりする不幸な別離や終わり方をする最悪の相性とされている。それでも「近距離の安壊」の相性では、〝魔法〟が解けるのに時間がかからないので、深く傷つけあうこともなく、何かあって一度離れても、また関わることもある。もしくは、ケンカ友達風に長続きすることも。逆に「遠距離の安壊」では魔法が解けるのにかなり時間がかかるので、その理不尽さに気づくと、二度と元に戻らない場合も多いが、アンバランスな関係で現実の生活が形作られてしまい、そのまま一生続くことも少なくない。離れたくても、いろいろな事情で離れられなかったり、NとSがかみ合うような関係を楽しんで、安定したりすることは意外に多い。そのため、仲の良かった関係が中途半端な時期に壊れる「中距離の安壊」が、最も怖い相性になりやすい。男女の間では、一番離婚が多いともいわれている。

怖い相性のようだが「安壊」の相性が作り出す一体感や不思議なパワーは、ほかの相性にはない独特のもの。二人以上のグループでは、その中に「安壊」の関係がひと組もないと、強い連帯感や絆が生まれない傾向もある。「安」と「壊」が争えば、「壊」になる側が不利で理不尽に感じる不利益をこうむることも多い。でも、その乗り越えられない壁のようなライバルをしのごうとする努力や工夫が大きな成果や進歩をもたらす。常に勝つ「安」の側も、それで慢心すればやがては負けることになる。「安壊」が離れれば楽になるが、なぜか双方ともに輝きをなくし、傷つくようなこともある。「安壊」は一緒にいると過酷なことも多いが、いい距離感を見つければ、意外に実りある、安定して長続きする仲にもなれる相性なのだ。

夫婦・恋人の相性

英国のチャールズ皇太子（畢宿）とカミラ夫人（井宿）は「近距離の安壊」の関係。皇太子にとっては「安」の女性であるカミラ夫人はとても居心地がよく、手放したくない相手だったはず。けれど当初のカミラ夫人は人妻。妃にできず、若いダイアナ妃（危宿）と結婚したものの、彼女とは「中距離の友衰」の関係。縁の強さでは「安壊」にはかなわず、ダイアナ妃の悲劇が起きた。「安壊」の強い引力は重い現実を乗り越える。制約のあるスター同士が結婚をする場合、「安壊」の関係であることが多く、木村拓哉（室宿）と工藤静香（星宿）、松嶋菜々子（参宿）と反町隆史（心宿）、唐沢寿明（亢宿）と山口智子（昴宿）はみな「遠距離の安壊」。理想の夫婦として語られる随筆家・白洲正子（尾宿）と官僚で実業家の白洲次郎（井宿）も「遠距離の安壊」の相性だった。

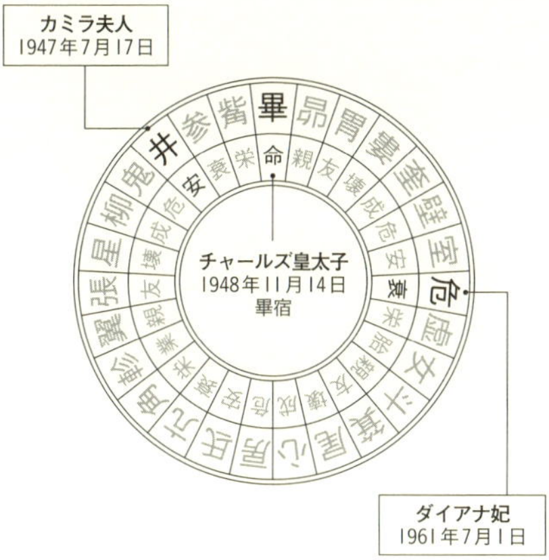

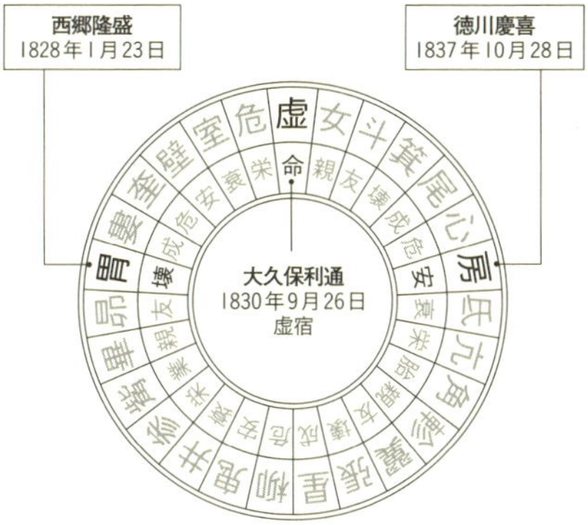

友人・ライバルの相性

明治維新の三傑のうちの二人である西郷隆盛（胃宿）と大久保利通（虚宿）は幼なじみ。その関係は「中距離の安壊」で西郷のほうが「壊」だった。協力して倒幕を果たした後、西南の役で大久保は西郷を討つが、「壊」の作用か、その数ヵ月後に大久保も暗殺された。一方、大久保は15代将軍の徳川慶喜（房宿）とも「中距離の安壊」だが、こちらは慶喜が「安」になる。倒幕が有利に進んだのはこの「安」の力もあったのかも。スポーツ界では浅田真央（箕宿）とキム・ヨナ（壁宿）など切磋琢磨する宿命のライバル同士にも「安壊」が多い。だが芸能界ではピンク・レディーの未唯（氐宿）と増田恵子（女宿）や、ナインティナイン（鬼・箕）、オリエンタルラジオ（虚・胃）、オードリー（畢・星）など、ライバルというより人気コンビに「安壊」関係がとても多い。

グループの相性

ビートルズの4人は、ポール・マッカートニーとリンゴ・スターが同じ「星宿」。この二人と「危宿」のジョン・レノンは「遠距離の危成」の相性で性質が違い、関係性は薄かった。だがジョンと「中距離の安壊」の関係になる「心宿」のジョージ・ハリスンがグループ全体に一体感を与えていた。ジョージとポール＆リンゴは「中距離の栄親」で利益を与えあうよい相性。でもジョンの前に同じ「壊」でも近距離の「斗宿」のオノ・ヨーコが現れ、4人のバランスは崩れた。キャンディーズでも「奎宿」の田中好子にとって伊藤蘭（亢宿）は「遠距離の壊」の人。だからセンターの交替劇もあったが、二人の関係を、それぞれと「友衰」「栄親」になる藤村美樹（室宿）が調整していた。「安壊」と同時にその関係を和らげる存在がいると、グループは成功しやすくなる。

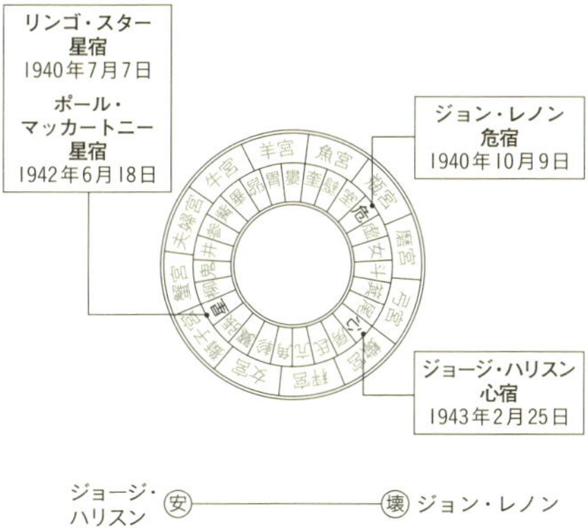

バランスのとれた「協力者」と「理解者」

栄親の関係

出会いのインパクトや強い引力はないけれど、穏やかに着実に築かれる節度をわきまえた信頼関係。男女なら恋愛・結婚向き。

互いの能力を無理なく引き出す最高のパートナー

「栄」と「親」は、どちらから見ても、プラスを与えあう、発展的で調和のとれた相性だ。「宿曜経」では、関わって損のない吉縁とされている。でも穏やかな縁なので、出会いのインパクトは強くなく、関係の進み方もゆっくり。「安壊」のように、会ったとたんに強烈に惹かれあう、一目惚れのような引力が双方に生まれることは稀《まれ》。一緒にいるうちに自然に信頼が芽生え、互いをよき「協力者」と「理解者」として認めあえるようになる。一度仲良くなれば、楽しい関係は長く続き、力関係や利益などもバランスがとれ、足並みを揃えて進んでいける関係だ。

男女なら、恋愛より結婚向きの相性。一緒にいるうちに次第に居心地のよさを感じ、やがてそれが深い愛情や絆になって自然に結婚という形になっていくことが多いだろう。結婚すれば、安定感のある、末永く続く仲のいいカップルになれる。

仕事でタッグを組めば、互いの能力を無理なく引き出しあい、どちらにとっても評価と利益をもたらす最高の相手になるだろう。もし、仕事相手にこの相性の人がいたら、いい感じで仕事が進み、有形無形の利益を得られると思っていい。

このように「栄」と「親」が素晴らしい関係なのは、節度をわきまえた関係を作れるからだ。どんな場合も、どこか理性的に相手との関係を見つめることができるため、二人の間で無理なことはしないし、常に相手を尊重し、配慮することができる。

ただし、時には、それが泣きどころになる場合もある。相手の気持ちを理解し、生活を尊重するあまり、思い切って無理な要求や強制もせず、相手の現実や世界に踏み込まないこともしばしば。とても長く一緒にいるのに、相手のプライベートは知らず、その関係が心の交流だけに止まることも多い。つまり現実を動かす力が不足してしまうのだ。男女間だと、そんなふうに穏やかに交流している間に、「安壊」などもっと刺激的で強い引力のある相性の相手が出現すると、そちらに引きずられてしまい、気がつけば自然に別々の道を選んでいることもある。だから、「栄親」の関係でも、もちろん別離や決裂もあり得る。ただ、そんな際も泥仕合にならず、その後もよい関係を維持できるのがこの相性のよさでもあるのだ。

中でも「近距離の栄親」は宿が並んでいるので密着度が高く、縁も深い。一緒にいると楽しくて、常に行動を共にする仲に。前の宿（親）が後ろの宿（栄）をリードする形で現実が動くことも多い。ただ、密着しすぎてしまい、世界を狭くすることもありそう。また男女だと、すぐに空気のような存在になって、トキメキや興味を失いやすい傾向もある。大きな幸運をもたらす、最高の相性とされるのが「中距離の栄親」の関係。相手の気持ちを汲み、大事にして、ほどよい距離を保つので、仕事では最高のパートナー、結婚すれば、トラブルや離婚が極端に少ないカップルになる。「遠距離の栄親」だと、よい相性であることは変わらないが、分かりあうのに時間が必要だったり、心は強く結ばれていても現実を強引には動かせず、二人の関係が停滞することもしばしば。男女では、仕事の事情などで長い春となったり、第三者の存在がきっかけで別離する場合も。でも、結婚しなかったり、別れたとしても、「栄親」の関係の本当の素晴らしさや効果は長い時間を経て得られることを忘れず、大切につきあいたい。

夫婦・恋人の相性

ジョン・F・ケネディ（翼宿）とジャクリーン（胃宿）は「遠距離の栄親」の関係の夫婦。遠距離なので、大統領の浮気など夫婦間にはいろいろあったかもしれないが、夫には最高のファーストレディだったはず。夫の死後、ジャクリーンはギリシャの海運王・オナシス（氐宿）と再婚するが、この結婚は互いの利害が一致した契約結婚だったといわれ、相性も「遠距離の危成」とそれを裏付けている。オナシスは歌手のマリア・カラス（亢宿）と長年、愛人関係で、ジャクリーンとの結婚後も交際は続いたが、結婚はしなかった。この二人の相性は「近距離の栄親」。「栄親」は、すぐに結婚しないときっかけを失うことも。結婚すれば江口洋介（虚宿）と森高千里（危宿）、田辺誠一（氐宿）と大塚寧々（危宿）などのように、円満で安定した家庭を築けることが多い。

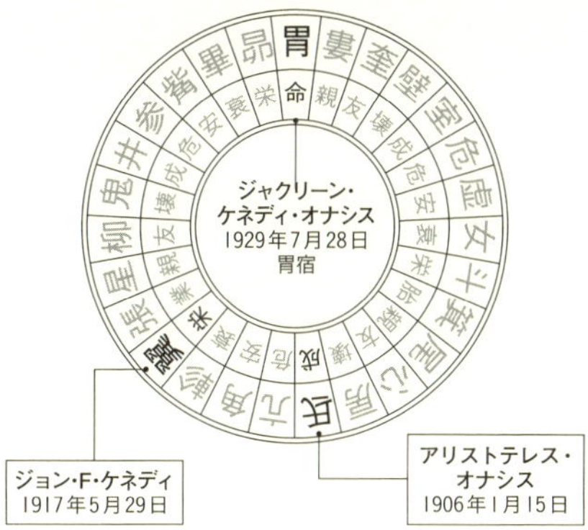

友人・ライバルの相性

「栄親」の相性では、ライバルのような立場でも、不思議にそういう関係にはならないことが多い。V9時代の巨人軍だけでなく日本のプロ野球界をもり立てたＯＮ《オーエヌ》砲こと長嶋茂雄（室宿）と王貞治（房宿）が「中距離の栄親」の間柄。キャラやタイプの違いを互いに意識していたのか、監督になってからもライバル的な対決などは極端に少なく、大物として並び立つ存在であり続けている。KinKi Kidsも堂本光一（室宿）と堂本剛（亢宿）は「遠距離の栄親」の関係。ベタベタした感じは見せないが、仕事相手としてよい相性なのは、長年の人気が証明している。お笑いのコンビにもダウンタウン（畢・斗）、くりぃむしちゅー（觜・参）バナナマン（女・觜）などかなり多い組み合わせ。「安壊」コンビに比べてその関係性に毒がないのが特徴だ。

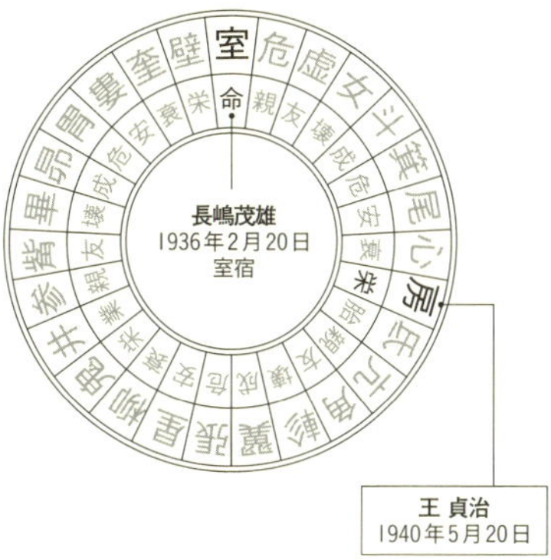

グループの相性

グループやチームの場合、その中にプラスの影響を与えあう「栄親」の関係があると、仲の良い温かい雰囲気と交流が生まれる。よい距離感が作れて、利益などのバランスもとれ、長い間続く関係が作れる。SMAPは最年少の香取慎吾（鬼宿）から見ると、木村拓哉と草彅剛（共に室宿）とは「遠距離の栄親」、稲垣吾郎（井宿）とは「近距離の栄親」で、子供の頃から身を置くには居心地のよい仲間だったはず。また木村・草彅から見ても、稲垣とは「業・胎」、香取とは「栄親」の相性になる。ただしリーダーの中居正広（箕宿）にとっては木村・草彅も稲垣もビジネスライクな「危成」の関係。香取は「遠距離の壊」の相手だ。この中居・香取の「安壊」関係がSMAP全体の求心力。中居には対等でどこか踏み込めない「栄親」の相性よりやりやすい一面も。

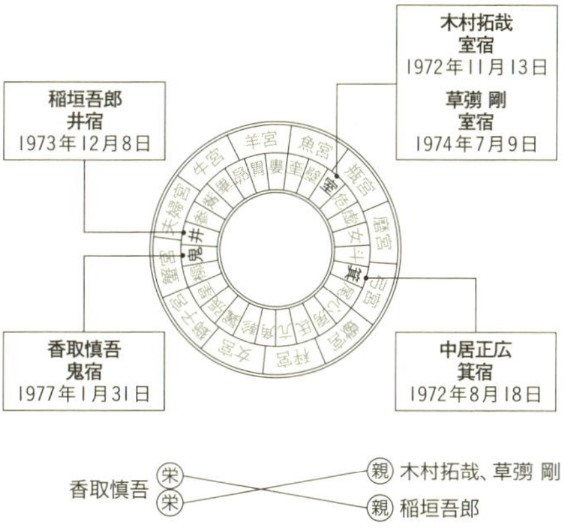

放っておけない「友達」と「癒し人」

友衰の関係

現実の厳しさを忘れさせる甘い関係。けれども逆に、現実に向き合うとギクシャクしてしまうことも。つかず離れずの友人向き。

優しい相性で結ばれた、親身になって相談しあえる相手

自分から見て「友」の相性の人は、何でも話せて励ましあえる素敵な「友達」になれる相手。逆の側の「衰」の相性の人は、こちらが癒し、ケアし、かばわねばならないような相手になりがち。でも、そうすることで自分も癒される「癒し人」のような存在だ。

このように「友衰」の相性は、損得や利益を度外視した優しい感情が生まれる関係なので、同性ならもちろんよい友人・仲間になれるし、慰め、慰められる相手にピッタリな存在。異性なら情愛に満ちた深い恋も生まれる。理性的な「栄親」の相性や、簡単には止められない情熱を伴うが危険な束縛もある「安壊」などより、一緒にいるとほっとできる「友衰」の相性に安らぎと喜びを感じて、強く惹かれあうことも多いはずだ。

けれど、友情が損得抜きの心と心で結ばれる関係であるように、二人の間に現実的なお金や立場などの問題がからむと、とたんにギクシャクするのが、この「友衰」の相性の特徴だ。仲のいい友人だったのに、一緒に仕事を始めたとたんに、お金のことで揉めたり、ケンカになる恐れがある。逆に仕事で知りあった相手でもプライベートな友人になれるが、そうなると仕事では甘さが出たり、私情をはさんで混乱し前進力が生まれない恐れも。もし「友衰」の人と仕事をするなら、他の相性の人もプラスするほうが、「友衰」のいい面を生かせるだろう。

恋愛でも打算抜きのピュアな愛が育つが、現実に翻弄されやすく、好きなのになぜかトラブルが起きて、結婚まで至らずに破局することも少なくない。恋愛中は最高だったのに、結婚や出産で溝が生じやすいのは、現実とかけ離れたところでの好意や憧れがきっかけで始まることが多いから。「友衰」の相性で結婚したら、恋愛時代とは違う絆が早急に必要になる。現実に縛られない不倫関係が生まれやすい相性。打算も計算もなく、世間体も無視して結ばれるので、傍《はた》から見ると、意外な組み合わせだったり、どちらかが再婚のほうがうまくいく。

「近距離の友衰」の相性は、星が近いので、友人ならいつも一緒の親友になるが、恋愛や結婚だと、悲しい食い違いの作用が早めに出て、激しくも短い恋で終わりやすい。勢いで結婚すると「こんなはずでは……」となることも。「中距離の友衰」では、心情的、精神的な結びつきが強いが、愛情や憧れの強さが理性を失わせるので、お互いの相手への理解が正しいとはいえないこともしばしば。心と心の結びつき以上を求めると、その食い違いが明らかになって離れやすい傾向がある。結婚までに障害があったり、子供などを作らず二人だけで過ごすような夫婦関係のほうが安定するが、互いの家族関係などで複雑な問題を抱えることも少なくない。「遠距離の友衰」は、求めあう気持ちは強くても、育った環境、今、身を置く状況が違いすぎて、まずはそれを埋めあわせる努力と時間が必要になる。でも意外に結婚運がない者同士が、適齢期を過ぎて結ばれるのはこの相性が多い。どの距離の「友衰」の関係でも、二人だと、なぜか「衰」の人のほうに何か問題が起きやすく、「友」の人が相手の世話をしたり、かばうような状況になることが多いかも。「安壊」が傷つけあいながら、よくも悪くも、建設的、生産的なのに対し、「友衰」は優しさが物事を複雑化して決着がつかずに、密かにいつまでも気持ちや問題を引きずり、前向きになれない場面が多いのがこの相性の切ない一面だ。

夫婦・恋人の相性

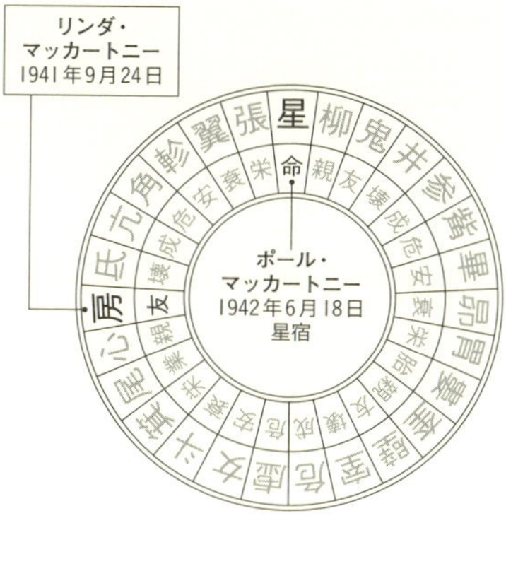

ポール・マッカートニー（星宿）と、最初の妻で最愛の女性だった写真家のリンダ・マッカートニー（房宿）は「中距離の友衰」の関係。「友衰」の相性の結婚らしく、リンダは子連れの再婚。結婚後、ポールは音楽の彼女を新たなグループ、ウィングスに参加させた。アーティストとしての感性より、愛情と依存が勝るこの活動は「友衰」のなせる業だが、約10年でウィングスは二人の大麻所持などが原因で活動を休止した。市川猿之助（尾宿）は「中距離の衰」の相手だった年上の初恋の人・藤間紫（翼宿）と熟年再婚。肉体や現実を超えて、心で結びつきを求める「友衰」の相性ならでは。長男・香川照之（鬼宿）を産んだ元妻の浜木綿子（女宿）とは「近距離の安壊」の関係だった。恩讐を超え、歌舞伎界を目指す香川と猿之助の相性は「遠距離の友衰」。

友人・ライバルの相性

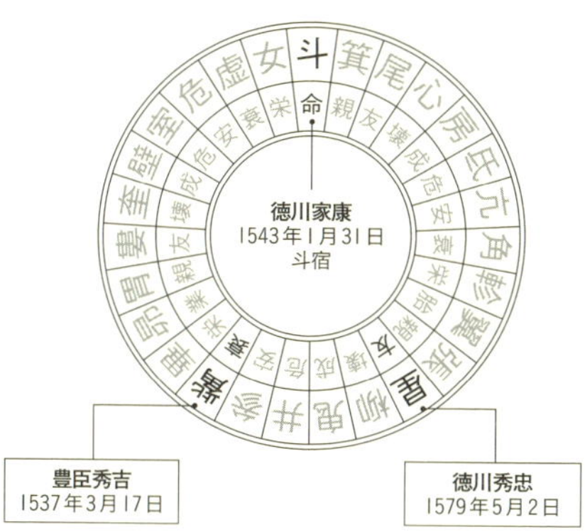

豊臣秀吉（觜宿）と徳川家康（斗宿）は「遠距離の友衰」の関係。「友衰」関係は、ドロドロした思いはあっても、直接戦わないことが多い。だが秀吉の跡を継いだ豊臣秀頼（氐宿）と家康の関係は「中距離の危成」であり、豊臣の滅亡に決定的だったのは二代将軍の秀忠（星宿）と秀頼が「中距離の安壊」の関係だったことだろう。そして家康と秀忠の親子は「遠距離の友衰」の相性だ。「友衰」は仕事仲間には向かないが、何かの継承には、そこにリスペクトがあるのでスムーズ。「安壊」での継承が政権交代的な変化をもたらすのと対照的。ちなみに 石原裕次郎（亢宿）と、彼に心酔してその会社を引き継いだ渡哲也（畢宿）も「遠距離の友衰」。お笑いコンビには少なく、とんねるず（婁・昴）、南海キャンディーズ（室・觜）など。実質的にはソロ活動が多いコンビに。

グループの相性

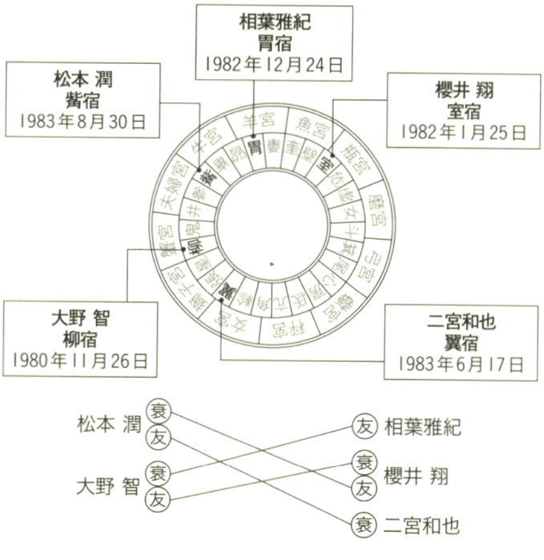

温かく優しい交流が生まれる「友衰」の相性の人がいると、そのグループは安らげる温かい雰囲気が生まれる。たとえ仕事仲間でも利害を超えたプライベートな友人となることが多い。仲がいいことで有名な嵐の5人だが、大野智（柳宿）と二宮和也（翼宿）、相葉雅紀（胃宿）と松本潤（觜宿）がそれぞれ求心力にもなるが、厳しい一面もある「近距離の安壊」の関係だ。ただひとり櫻井翔（室宿）は誰とも「安壊」にならず、松本とは中距離の、大野とは遠距離の「友衰」の関係になる。グループの中では、そんな櫻井がみんなをホッとさせる癒しの存在なのかも。ほかにも二宮は松本と中距離の、相葉は大野と遠距離の「友衰」の関係になる。仕事の厳しさは「安壊」の相性で担う一方で、嵐は確かに互いを思いやる友人の相性の色合いも強いのである。

異質な結びつきの「異邦人」と「顔見知り」

危成の関係

ともすれば、出会ったところで他人で終わる、タイプの違う二人。しかし、そこに共通の目的を持てば、深い絆が生まれる。

相手の世界を尊重する気持ちが、異質な二人の絆を深める

「危成」の相性は、基本的に性質の違う者同士の結びつき。自分から見て「危」になる人は、物の見方、感じ方、行動パターンなどが違うので、予想外の言動で驚かされることも多い、危ない「異邦人」と思ったほうがよい相手だ。一方の「成」の人の場合は、自分と異質だからこそ刺激され、足りないものを補完しあったりもできる相手である。

でも、縁は他の相性に比べて強くなく、「顔見知り」程度の関係性で終わっても不思議ではない間柄。長く交流しても関係が深まらず、いつまでも相手のことがよくわからない「異邦人」のように感じることも。一緒にいても緊張感が消えず、ある一定以上に打ち解けられない部分をずっと持ち続ける傾向もある相性だ。

そんな異質の「危成」の二人がつながるには、両者に共通する何かが必要だ。同じ仕事、同じ目標など一緒に頑張れるものを持てばそれが絆になる。一緒に頑張れるもの、目指せるものがあれば、バックグラウンドや感性の違いもプラスに働き、互いの世界や可能性を広げる相手として、常に新鮮な刺激を与えあえる、いい仕事仲間、いい友人、いいパートナーになれる。

恋愛でも、出会ってすぐにいきなり燃え上がるような相手ではなく、一緒にできること、条件などが折りあい利害が一致したうえで、交際、結婚と進むことが多い、どこか冷静な判断力が働く相性だ。心のどこかでさまざまな計算や思惑が働くこともあるだろう。それだけに、特に男女関係では甘い雰囲気はすぐに失われやすい。でも一緒に経験したこと、作り上げたものを絆にしていくことはできる。また「危成」は、二人だけでは関係性が薄いので、長くつきあうには、両者をつなぐような形でどちらかに濃い関係の人が必要だったりする。また、あまり近くにいすぎると、互いに張りあう気持ちや衝突も生まれる。友人でも恋人・夫婦でも、互いの違いを認めあい、適度な距離を持ち、干渉しあわないほうがうまくいくドライな相性なのだ。

「近距離の危成」の相性では、知りあう機会も多く、仕事仲間としてはシビアなことも言いあうが、意外に刺激的でつきあいやすい相手。友人なら役割や立場は違うほうがうまくいく。男女は仕事などで知りあうことが多いけれど、結婚後は妻が家庭に入って子育てに専念したり、それぞれが違う世界を持ったほうが安定する。外での二人の関係を家庭に持ち込むのは失敗の元に。「中距離の危成」も縁は強くないが、その冷静につきあえる感覚が「安壊」など濃い相性で疲れたときには新鮮で、ありがたく感じたりする。でも結果的には互いの違いが際立って何かで張りあったりしがち。共通する時間や目標を意識的に持たないと、一緒にいる意味を見失いそう。「遠距離の危成」は宿が最も離れている同士なので、知りあうには間に第三者が必要なことも多いが、異質すぎてむしろ憧れや尊敬が生まれることも。宿が離れているだけに長いつきあいになり、補完しあって仕事の幅やスケールを広げる相手にもなれる。その意味で仕事仲間や友人としては面白い相手になるが、結婚では子供を〝かすがい〟として過ごしたあと、仮面夫婦、熟年離婚となる恐れもある。こんな「危成」の相性の場合、どの距離関係でも大事なのはコミュニケーション。縁の力には頼れないので、それぞれ別の世界を持ちつつ理性的な会話を重ねてしっかり向きあえば、意志の力で強い縁を築くこともできる。

夫婦・恋人の相性

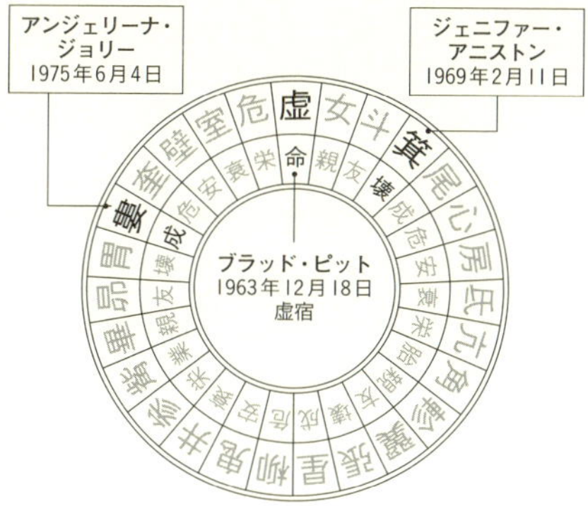

子だくさんカップルのアンジェリーナ・ジョリー（婁宿）とブラッド・ピット（虚宿）は「中距離の危成」の相性。映画共演で知りあったとき、アンジーはすでに養子を育てており、ブラピはつきあうと同時に父親に。性質が違う「危成」のカップルは役割分担がはっきりしていたほうがよく、子育てという事業を一緒に頑張る同志としての絆に。共演者から理想の夫婦になった三浦友和（壁宿）と山口百恵（畢宿）も「中距離の危成」。こちらは妻が専業主婦となって役割を分担して成功した。晩年、妻の介護生活を公開した長門裕之（心宿）と南田洋子（觜宿）は「遠距離の危成」。彼らは最後まで人生の〝共演者〟だった。政略結婚でも円満だったと伝わる皇女和宮（亢宿）と徳川家茂（胃宿）も、互いの立場を理解し、理性的に愛を育んだ二人だったのだろう。

友人・ライバルの相性

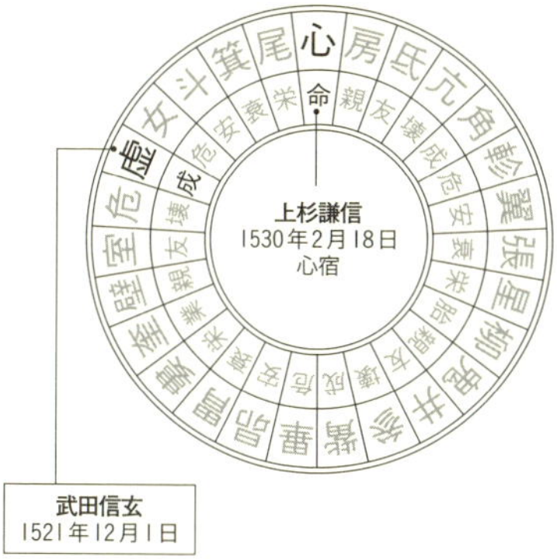

幾度も川中島で合戦を繰り返し、結局、決着がつかず、おまけに困っている敵に塩を送ったというエピソードまで残る上杉謙信（心宿）と武田信玄（虚宿）が「中距離の危成」の間柄。これが「安壊」の相性だったら、あっという間に勝敗は決まり、「栄親」であればすぐに和睦、「友衰」ならば政略結婚などで長くは戦わなかったはずだ。映画『ハリー・ポッター』シリーズのハリー役のダニエル・ラドクリフ（婁宿）とロン役のルパート・グリント（虚宿）も「中距離の危成」の関係。ハーマイオニー役のエマ・ワトソン（斗宿）とはどちらも「友衰」の相性であり、10年間、仕事仲間として同じ映画を撮り続けるには、つかず離れず一定の距離感を保てる3人だったのだろう。お笑いコンビには少なめだが、爆笑問題（氐・昴）、タカアンドトシ（觜・婁）などが。

グループの相性

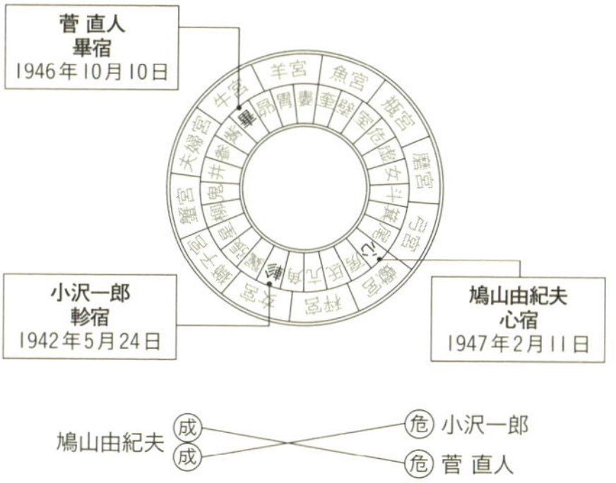

政権交代を果たしたときの民主党の主要メンバー、鳩山由紀夫（心宿）と菅直人（畢宿）は最も遠い宿同士である「遠距離の危成」の相性。鳩山と小沢一郎（軫宿）も「中距離の危成」だが、菅と小沢は「業・胎」の関係で濃い相性であり、この小沢の存在が、鳩山と菅をつないだともいえる。ビジネスライクな「危成」の相性の鳩山は小沢と距離をとってもあまり問題はないが、「業・胎」の菅が小沢と距離をとろうとすると、党全体を揺るがすことになる。そもそも鳩山と菅は1996年の（旧）民主党で共に代表になったが、このときの党結成の呼びかけ人も鳩山由紀夫には「中距離の安壊」の実弟の鳩山邦夫（危宿）、菅直人には「近距離の安壊」の横路孝弘（婁宿）とそれぞれに縁の深い相手がいた。鳩山と菅は一見長年の盟友だが、その関係性は実は薄いのかも。

「命」は互いの「分身」、「業・胎」は「ソウルメイト」

命・業・胎の関係

まるで鏡を見ているような「命」の相手、前世と来世につながる因縁の関係の「業・胎」。何かと縁が深い「運命共同体」。

距離感が大切な「命」と、ともに果たす使命を持つ「業・胎」

「命」の関係で巡りあった相手とは、前世から関わりがあった相手とされ、お互いに今回の人生で、それぞれに果たしあう役割と使命があるとされている相性。一方の「業・胎」の相性は、前世でも来世でも会うといわれる因縁深い相手。自分から見て「業」になる人は、前世の貸しを返してくれるかのように尽くしてくれる相手、逆に「胎」になる相手には来世への貸しを作るかのように、なぜか尽くしてしまうとされている。

まず自分と同じ宿の「命」の相手とは、同じようなものに興味があり、考え方も似ていて、それが縁で出会うことが多い。同じ匂いがする相手だけに、最初は親近感を持ってつきあえる。特に同性の「命」には無意識に相手に自分を投影して、真似たり、憧れたり、なぜか意識してしまうが、近づきすぎると、自分の嫌な面を相手の中に見て、近親憎悪的な感情を持ってしまう。しかし、監督と選手のように立場が違えば、言葉で言わなくても自分の意を汲んでくれる「分身」として、強い信頼関係が生まれやすい。一方で、立場が同等で関係が近いと、キャラがかぶって、それぞれ自分の居場所が作りにくく、最初は親密でも次第に距離を置くことに。男女関係では、最初から役割が違うので強く惹かれあうが、近くにいすぎる場合の消耗度、嫌悪の度合いは「安壊」の相性よりも激しい。そのせいか、ある一定の期間、濃密に過ごし、あっさり別れてしまうことも多いが、忘れたころに、どこかでひょっこりと縁がつながったりする。特に「命」の相性で結婚するとベッタリ一緒になりやすいので、お互い代替不能なくらい明確な役割分担か、片方が片方に同化するような覚悟がないとつらくなる。

そして「業・胎」は同性でも異性でも、車の両輪のように一緒に何かを成し遂げる運命を背負っていることが多く、ソウルメイト的な名コンビになれる相手。男女なら、最初は恋愛でも、次第に愛情を超えたところで運命共同体的な存在として、互いを必要としあう関係になることが多いはず。同性なら、一緒にひとつの仕事をしたり、力を合わせると、「安壊」以上の一体感を発揮し、まるで家族、身内のような感覚で長くつきあえる相手になる。「業」の人が「胎」の人に、母が子供に尽くすような無償の献身をする傾向が強いが、そこに「安壊」のようなアンバランス感や愛憎が生まれることは少なく、ごく自然なのが特徴だ。けれど逆に「業・胎」では、一緒に果たすべき役割や使命、互いを必要とする共同作業的なものがなくなったり、そこでの役割に〝光と影〟的な差が出てきてしまうと、一緒にいる意味をなくしたり、バランスが崩れて離れることも多くなる。「業・胎」の相性での結婚では、ただ好きという以上に、もっと深く必要としあえる共通のものが必要になってくる。

「命」と「業・胎」の相性は、ほんの一瞬の関わりや、実際には会わず遠くから知るだけの関係でも、エポックメーキングな強い影響を受ける。相性というと、実際に話したり触れたりできる身近な人間のことばかり考えるが、現代ではさまざまなメディアを通じて多くの人のメッセージ、ときには既にこの世にいない人の存在をも感受できる。身近な人よりも強く意識したり、何かのきっかけをくれたり、豊かに人生を彩ったりしてくれる、遠いはずの存在の人の宿を調べると、自分と「命」「業・胎」、加えて「安壊」の相性の人であることは少なくないはず。

夫婦・恋人の相性

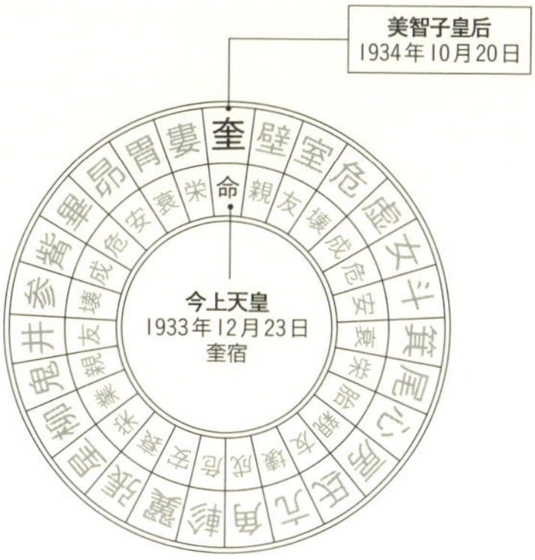

今上天皇（奎宿）と美智子皇后（奎宿）は同じ宿生まれの「命」のご夫婦。一般的には「命」のカップルは役割分担が難しいので、よほど密着した生活をしないと円満を保てないことが多いが、両陛下は一心同体で公務に向きあわれることで、相乗効果で大きなパワーを発揮なさっているようだ。また秋篠宮文仁親王（婁宿）と紀子妃（星宿）は「業・胎」のカップル。恋愛結婚で民間から皇室へと入られるということは、前世から結ばれていたかのような宿命的な出会いであり、個人的な家庭の幸福という枠を超えた使命を担っておられるお二人なのかも。ほかにも「業・胎」には桑田佳祐（翼宿）と原由子（昴宿）、山下達郎（氐宿）と竹内まりあ（室宿）、「命」には布袋寅泰と今井美樹（ともに女宿）などアーティスト同士のカップルが多い。

友人・ライバルの相性

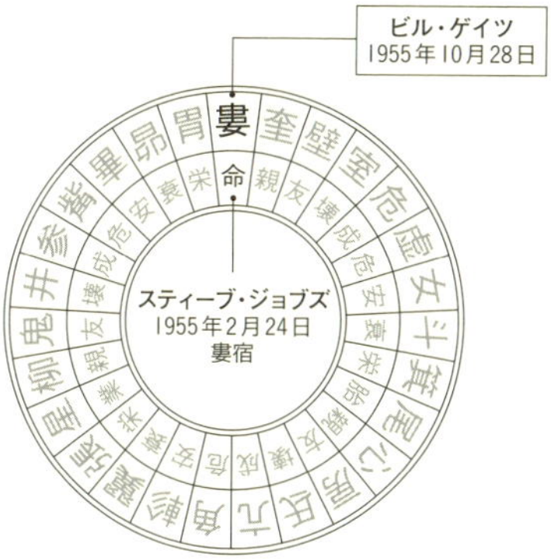

「業・胎」関係のユニットだったのが漫画家の〝藤子不二雄〞。同級生として出会い、共同作業で漫画家に。やがて純朴な畢宿らしく少年を描き続ける藤子・F・不二雄（藤本弘）と女宿っぽくブラックな作風も出てきた藤子不二雄Ⓐ（我孫子素雄）はコンビを解消するが、その判断も家族にも似た強い絆があったからこそできたのだろう。日本の漫画・アニメ界の基礎を築いた巨匠・手塚治虫と対照的作風の大御所・水木しげるは同じ柳宿。パソコンで世界を変えたスティーブ・ジョブズとビル・ゲイツもともに婁宿。「命」の相性で並び立つライバル的カリスマが現れたとき、その分野は大発展する。映画監督の黒澤明と俳優の三船敏郎（ともに翼宿）のように何かを体現、具体化するときに「命」の相手は以心伝心の〝分身〞のような最高のパートナーに。

グループの相性

ザ・ドリフターズはいかりや長介（星宿）と志村けん（婁宿）、それ以前は高木ブー（翼宿）と荒井注（斗宿）が「業・胎」の相性。それ以外はほぼ「友衰」関係で、実は仕事のグループというより擬似家族のような仲間だったのかも。同じグループに「命」の相性になる人間が多いと、役割分担がしにくいのか、自然に離れる。SMAPに森且行（室宿）がいたときは、木村・草彅も室宿で6人中3人が室宿。森がオートレーサーの夢を選んだのは、そんな「命」の相性の宿命があったのかも。チームという意味で、中心のカップル役が『のだめカンタービレ』の玉木宏（箕宿）と上野樹里（箕宿）、『花より男子』の松本潤（觜宿）と井上真央（觜宿）などのように「命」の相性だと、同じ空気感でひとつの世界を作り上げられるのか、映画やドラマで大ヒット作が生まれやすい。

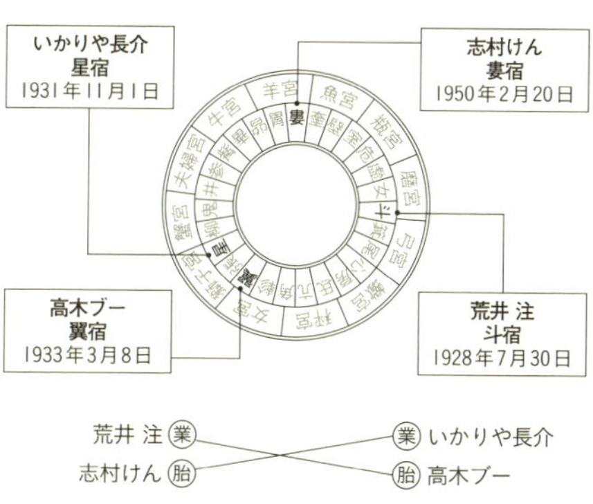

婁《ろう》宿《しゅく》の相性

Aśvinī

婁宿の「安壊」

人との適切な距離感をうまく保とうとする婁宿だが、それがうまく保てなくなるのが「安壊」の宿の人。ペースを狂わされることも多いが、やや表面的で狭くなりがちな婁宿の人間関係に、刺激を与えてくれる人たちでもある。

回 軫宿（安・遠距離）
婁宿に気をつかって合わせてくれるので、軫宿を軽んじるようなことをしなければ無難につきあえる。ただし、互いに社交的なようで、二人きりだとなぜか暗くなる。

回 女宿（安・中距離）
互いの緻密さは一緒にいて心地いいが、どちらも自分が管理し仕切りたいタイプなので、主導権争いが起きやすい。婁宿の理屈っぽい欠点を引き出す相手にもなる。

回 畢宿（安・近距離）
何でも言いあえる親しい仲に。婁宿が目上なら、頑張り屋でミスの少ない畢宿は使える人に。逆に婁宿が目下だと畢宿が鈍く見えて、ついついいろいろ批判してしまう。

回 氐宿（壊・遠距離）
太っ腹な氐宿と管理能力に優れた婁宿は互いに補いあい、惹かれやすいが、同じ目標は目指せない。婁宿が大きな野望を抱くと、それを思わぬことでくじくのは氐宿かも。

回 井宿（壊・中距離）
互いに理論的に物事を見るタイプなので、表面的なつきあいでは話も合うし、細かい説明もいらずに楽。ただ、批判しあうとひどく傷つけあい、議論になれば婁宿が負ける。

回 室宿（壊・近距離）
自信家でダイナミックな行動力のある室宿には、婁宿の緻密な計算は通じない。振り回され、自分勝手な人だと感じたりもするが、その大胆さに学ぶべきところもある。

婁宿の「栄親」

一般的に幸運な関係とされる「栄親」の関係になる宿。婁宿にとっては特別に強い魅力を感じなくても、淡々とした安定感のあるつきあいができる。たとえ気まずくなっても、損をしたり傷ついたりはしない。

回 張宿（栄・遠距離）
張宿にとって婁宿はお気に入りの相手。張宿が上にいたほうが関係はスムーズ。婁宿も安心して細かなことをまかせられる。

回 箕宿（栄・中距離）
勇気があって声の大きい箕宿は頼もしく、婁宿をフォローする形でよい関係。目立つところは箕宿にまかせて良好。

回 胃宿（栄・近距離）
認めあいながらもほどよい距離を保つことに。よい意味でのライバル。婁宿が傍らにいると胃宿の毒気が抜けることも。

回 心宿（親・遠距離）
いやな思いは決してしない。ただ本音を探りあうと驚かされるのは婁宿のほう。一緒にいると気持ちが明るくなる。

回 柳宿（親・中距離）
柳宿に惹かれて楽しくつきあえる。柳宿が婁宿をとても頼りにしているが、なぜかいつのまにか離れることもある。

回 奎宿（親・近距離）
普通に接する分には楽しい間柄。ただ、何かを一緒にやると互いの緻密な面がぶつかりそうで適当に距離を取りがち。

相手が味方であっても、婁宿の持つ緻密さは隠したほうがいい場合も。「栄親」よりも「友衰」「業・胎」のほうが気楽につきあえる。共通点の少ない「危成」の相手ほどつながりたくなる自分を自覚して。

婁宿の「友衰」

利害関係に敏感な婁宿は、利害をあまり考えずに仲良くなれる「友衰」の人のほうが、「栄親」の人より気楽につきあえることも多い。それだけに利害が生じたときに関係が変化することもあるので気をつけて。

回 房宿（友・遠距離）
年齢差がある場合を除いて、房宿はお気楽に生きている感じがして好きになれない。

回 鬼宿（友・中距離）
鬼宿の夢を婁宿がサポートする。派手なけんかもするが、ケロリと元に戻る。

回 壁宿（友・近距離）
交際のきっかけが摑みにくい相手。冷静な婁宿は壁宿が没頭する姿に引くことも。

回 翼宿（衰・遠距離）
あまり本音を見せない婁宿が自然に素直になれる相手。でも前進力はいまひとつ。

回 斗宿（衰・中距離）
知恵袋的存在。精神的に支えてもらえる代わりに現実面では斗宿をサポートする。

回 昴宿（衰・近距離）
互いにやることを面白がれるし、やりたいことを尊重しあえて仲良くできる。

婁宿の「危成」

観察力のある婁宿は自分と共通点が少ない相手ほど気になってしまうので、「危成」の人にひっかかりやすい。でもつきあってみるとイメージ通りにはいかず、つきあい方にひと工夫が必要になる。

回 角宿（危・遠距離）
婁宿が仕切りたくてもコントロールできない相手。足をすくわれないように。

回 虚宿（危・中距離）
あまりにも感性が違うため、かえって惹かれあうが、二人だけでは間が持たない。

回 觜宿（危・近距離）
似ているようで違うので気になる存在。でも一定の距離以上は近づかない。

回 亢宿（成・遠距離）
接点がないことが多いが、亢宿にイニシアティブを渡せば安定した間柄に。

回 参宿（成・中距離）
実は人見知りの婁宿だが参宿にだけは違う。パワフルな参宿の後方支援の立場。

回 危宿（成・近距離）
婁宿の巧みな処世術を狂わせるが、危宿は婁宿の気持ちや行動に割と無頓着。

婁宿と「命・業・胎」

人とのつながりを重視する婁宿にとって、「業・胎」の関係のような、感情を超えて目標に向かうユニットは望むところ。同じ婁宿とは互いに批評しあわないように。

回 婁宿（命）
表面的にはとてもフレンドリー。認める部分も多いが、かえって厳しくなる面も。

回 星宿（業）
目的意識の強い星宿を婁宿が支えれば逆に婁宿が楽。持続力ある星宿とは息があう。

回 尾宿（胎）
地道で着実な点が似ていて仲良くできる。婁宿が密かに尾宿の力になることが多い。

胃《い》宿《しゅく》の相性

Bharaṇī

胃宿の「安壊」

基本的に自己中心的に自分の力で選んで生きる胃宿は、うまくコントロールできない「壊」の人とも、完璧に思いどおり動かせる「安」の人とも自然に関わりが深くなる。何かあったとき、とことん追い詰めあわないように注意。

角宿（安・遠距離）
人に好かれる角宿のよさを胃宿がうまく使うことができる。角宿のいい加減な一面を抑えられるので、短期間なら、胃宿は角宿にとって救いの神にもなる。

虚宿（安・中距離）
現実的な強さがある胃宿が、虚宿のプライドの高さと臆病さを暴いてしまう組み合わせ。でもそのことによって、虚宿は乗り越えるべき課題を学ぶことになる。

觜宿（安・近距離）
両者とも欲が深いので、目的が一致すればうまく協力しあえる関係。でも性格にあくの強さがある胃宿が、最後は自分が得するように動いてしまうかも。

房宿（壊・遠距離）
美形好みの胃宿は、他の宿より美男美女の房宿に甘くなる。互いにつきあうのにふさわしい相手と思える。ただ深入りしすぎると房宿の冷たさに胃宿が傷つき、けんかに。

鬼宿（壊・中距離）
行動のスケールが大きく、ひとつのことに集中してエネルギーを注ぐところは似ているので意外にうまがあう。でも鬼宿のほうが見極めが早いので、胃宿は取り残されがち。

壁宿（壊・近距離）
ともに心に秘めたところがあるので魅力的で惹かれあう。でも心を探りあって疲れ、結局は信用しきれない。ぶつかれば胃宿は表面的な競争には勝つが、代わりに失うものも。

胃宿の「栄親」

大きなパワーのある胃宿に対し、「栄親」となる相手は形は違っても同程度の力があるので、お互いの役割を認め合えれば大仕事をやりとげられる。ただし、どんなときも相手を尊重することを肝に銘じて。

翼宿（栄・遠距離）
翼宿は胃宿の強さを、胃宿は翼宿の軽やかさを愛し、楽しくつきあえるが、何かあったときは翼宿は頑固でついてこない。

斗宿（栄・中距離）
どちらも自分なりのスタイルをもち、それを尊重しあえるので心地よい。知恵を出しあえば何でも乗り越えられる。

昴宿（栄・近距離）
優等生的な昴宿と貪欲な胃宿は積極的には近づかないが、タッグを組めば成果を出せる。肝の据わった胃宿が昴宿には頼もしい。

尾宿（親・遠距離）
やるとなったら徹底的な胃宿と、忍耐強く物事をやり抜く尾宿はよいコンビ。何でも胃宿が先にやるほうが良好。

星宿（親・中距離）
既成のものに対して媚びずわが道を行くので尊重しあいながら一緒に歩める。長くつきあうほど良さが出てくる関係。

婁宿（親・近距離）
婁宿の緻密さ、冷静さは胃宿の力になる。婁宿に説得されるとなぜか納得。胃宿が立場的に強いほうが安泰。

胃宿の持つ情の深さと欲望の深さは、相手によって出し方を変えたほうがいい。濃い人間関係の「安壊」の相手とはどうしても密接な関わり方に。欲を満たすなら「危成」「業・胎」、心を許せるのは「友衰」の宿の人だ。

胃宿の「友衰」

欲しいもののためには強引になる胃宿は、一匹狼として動くことも多い。そこで、本心を打ち明けられる第三者的立場の人を、「友衰」の関係で持つと、人柄的におおらかさが出て、いい結果につながるかもしれない。

回 心宿（友・遠距離）
どちらも秘密主義で、最初はそれが魅力だが、次第に腹の探りあいになる。

回 柳宿（友・中距離）
柳宿に頼られると気持ちがよく、どちらも忙しいことが好きなのでテンポが合う。

回 奎宿（友・近距離）
仲良くつきあえるが、互いに秘密を持ちやすく、あっと驚かされることも。

回 軫宿（衰・遠距離）
軫宿は胃宿のことを頼りにする。許容範囲が広い人だが誠実につきあって。

回 女宿（衰・中距離）
普段はあまり惹かれない相手だけれど、何かあったときの相談相手には最適。

回 畢宿（衰・近距離）
頑張り屋なので話すにはいいが、一緒に何かをやるのには方法論が違いすぎる。

胃宿の「危成」

現実を動かす関係としては、「友衰」よりもずっと効果的な「危成」の相手。胃宿が強引さを抑えれば力を合わせられ、胃宿の欲も満たされる。でも甘く見ると痛い目にあう。

回 亢宿（危・遠距離）
不器用に見える亢宿を軽く扱うと、痛い目にあう。ぶつかると大変。妥協点を探そう。

回 危宿（危・中距離）
噛みあわないので正面衝突もしない。軽く見える危宿だが、その発想力には勝てない。

回 参宿（危・近距離）
パワフルなことでは負けない二人。干渉しなければバランスを保てる。

回 氐宿（成・遠距離）
手強いライバル。争うと徹底的にやりあうので、必要以上に刺激しないように。

回 井宿（成・中距離）
熱い胃宿と冷静な井宿だが、ともに知恵があり足りないものを補いあう。

回 室宿（成・近距離）
どちらもパワフルで一目置きあう。ただ、ケンカになれば執念深い胃宿が勝つ。

胃宿と「命・業・胎」

自分のスタイルを大事にする胃宿にとって、「業・胎」の宿には似た匂いを感じるので味方にしておきたい。ただし、胃宿同士は欲がぶつかるので距離をおいて。

回 胃宿（命）
互いになかなか本音を見せないし、望むものがぶつかるのを嫌がるので敬遠しがち。

回 張宿（業）
近くにいると張宿の人間関係が胃宿にプラス。胃宿のあくの強さも消してくれる。

回 箕宿（胎）
負けず嫌いの箕宿とはよき戦友。胃宿が折れることもあるが補強しあえる仲。

昴《ぼう》宿《しゅく》の相性

Kṛttikā

昴宿の「安壊」

実は建て前と本音を巧みに使い分けている昴宿が、本音をポロッともらしてしまうのが「安」の人、なぜか身構えてしまうことが多いのが「壊」の人。普段はあまり目立たない昴宿の頑なさと脆さが出てしまうのがこの関係だ。

回 亢宿（安・遠距離）
互いに理想に生きるタイプなので、近づきすぎなければよい関係。同じものを目指せる気がするが、それは錯覚。必要以上に関わると、昴宿の人生の安定も失われる。

回 危宿（安・中距離）
危宿がさりげなく気をつかってくれるのでつきあいやすい。遊び仲間としては最高の関係。それ以上の仲になると、昴宿は危宿の底の浅さに気づき、興味を失うことに。

回 参宿（安・近距離）
本質的に保守的な昴宿には、恐れを知らない参宿は魅力的。友人としての関係はいいが、それ以上になると、のめり込んでくる参宿を、昴宿は無邪気に傷つける。

回 心宿（壊・遠距離）
人心を摑むことがうまい心宿に昴宿はイチコロ。でも心宿は本音を見せないので、昴宿が勝手に心宿のイメージを作り上げていることが多く、心宿を束縛してしまう。

回 柳宿（壊・中距離）
頼りがいがありそうに見えて、実は頼るのが上手なのが柳宿。気がつけば昴宿は一生懸命、柳宿を持ち上げている立場。そして柳宿の自分勝手さに苛立ちを覚える結果に。

回 奎宿（壊・近距離）
ともに律儀で上品なのに、奎宿が警戒心を持ちやすく、うちとけられない。奎宿に隠しごとをされることも多い。身近にいるとストレスの原因になりやすい。

昴宿の「栄親」

互いに発展を約束される「栄親」の関係だが、昴宿の場合、自分が主導権をとりやすい「親」となる箕宿、張宿、胃宿のほうが、「栄」の関係の宿より波長が合って親しめる相手となる。

回 軫宿（栄・遠距離）
それぞれが互いの魅力とパワーを引き出せる。軫宿は昴宿を大切にするので居心地はいいが、甘えすぎると逃げられる。

回 女宿（栄・中距離）
それほど面白みは感じないが、抜かりなく物事をやり通すにはよい相手。共通の趣味があると盛り上がることも。

回 畢宿（栄・近距離）
時々疲れてしまう昴宿の理想に現実的なパワーを与える畢宿。普段は昴宿がリードするが、いざというときには畢宿が支える。

回 箕宿（親・遠距離）
人に与える印象は正反対なのに息はピッタリの二人。しっかりして裏表がない箕宿と昴宿は気が合い、現実面でも助けあえる。

回 張宿（親・中距離）
繊細で小さいことを気にしやすい張宿は、昴宿の穏やかさ、安定感に救われる。一緒にいるととても目立つ二人に。

回 胃宿（親・近距離）
どちらも物事を深いところまで考えるので、互いに信頼できる関係になる。一緒にいるといろいろな知恵が湧く。

生来の品の良さが、かえって人との距離を遠くさせる。そんな中で「安壊」「親」「友衰」「業・胎」の関係になる人は親しみやすく、昴宿の本音を伝えられる相手。

昴宿の「友衰」

精神性が強く志の高い昴宿は、「栄親」の現実的な部分の密な人間関係よりも、「友衰」の優しい関係のほうに安らぎをおぼえることが多い。本来の自分を出せる相手かもしれない。

回 尾宿（友・遠距離）
尾宿のキッパリとした態度に好感を抱く。昴宿の迷いを断ち切ってくれる相手。

回 星宿（友・中距離）
努力家の星宿には助けられることが多い。星宿には、いざというときに頼れる。

回 婁宿（友・近距離）
婁宿は昴宿の賢さをとても尊重するし、どちらも潔癖で一緒にいて心地よい。

回 角宿（衰・遠距離）
昴宿の隠れた一面、遊び好きな一面を引き出す。遊び仲間としては最高。

回 虚宿（衰・中距離）
互いに精神性が強いので話は合うし楽しいが、現実面で発展しない。

回 觜宿（衰・近距離）
昴宿を何かと立ててくれるのでつきあいやすく、気を許して話ができる。

昴宿の「危成」

どこか人間関係に淡白で、興味のないことにはあまり接点を持とうとしない昴宿にとって、もともと出会う機会の少ない「危成」の人は、理解できないままに過ぎることも多いかも。

回 氐宿（危・遠距離）
精神性が強い昴宿と現実的な氐宿。違いすぎて惹かれあうが、理解しあえない。

回 室宿（危・中距離）
自分にないものを持っていることがわかる相手なので、意外に助けあえる。

回 井宿（危・近距離）
表面的なつきあいはいいが、本質的なところではぶつかり、結局昴宿が折れる。

回 房宿（成・遠距離）
憧れを持ちやすい相手。でも接点がないし、自分からもなかなか踏み出せない。

回 鬼宿（成・中距離）
刺激的でつきあいやすいが、優位な立場のつもりでいると一発逆転される。

回 壁宿（成・近距離）
昴宿がよほど本音の部分を見せないと、壁宿はあまり昴宿に興味を持たない。

昴宿と「命・業・胎」

上品な雰囲気の昴宿は誰とでも仲良くできる。「業・胎」の宿もそれは変わらないが、他の関係よりも昴宿がなぜか尽くしてしまうのは「胎」の関係の斗宿。

回 昴宿（命）
どちらも優柔不断になるので曖昧な関係。衝突はしないが近づかない。

回 翼宿（業）
必要とする何かを持ちあうことが多い。翼宿はあちこち飛びまわっても昴宿に戻る。

回 斗宿（胎）
決断力がある斗宿に昴宿がついていく形だが、昴宿は斗宿をいろいろな面で支える。

畢《ひっ》宿《しゅく》の相性

Rohiṇī

畢宿の「安壊」

大変な負けず嫌いなために、周囲と気楽な人間関係を作ることがうまいとはいえない畢宿。けれど自分でも気づかないうちに、どこか一目置いてしまう「壊」の人や、畢宿から見れば隙だらけの「安」の人は、割と関わりやすい相手になる。

回 氐宿（安・遠距離）
パワフルに自分の道を行く氐宿。でも畢宿はそのペースに巻き込まれないので、氐宿には目の上のこぶ的存在となる。氐宿のつまずきの原因を畢宿が作ることもありそう。

回 室宿（安・中距離）
室宿はいつも気になる相手。大きな存在感を持つ室宿も、畢宿には一目置くが、お互い必要以上に近づかないほうが無難。争えば、周囲も巻き込んでの大騒ぎに。

回 井宿（安・近距離）
理路整然と持論を通す井宿には、さすがの畢宿も口ではかなわない。でもその実行力と粘りで井宿の理屈に対抗。ひとつ何かを乗り越えれば、緊張感が心地よい関係に。

回 尾宿（壊・遠距離）
頑張り屋同士、意気投合しやすい関係だが、主導権をとれない尾宿は次第にふて腐れていい加減になったり、背を向けたり。畢宿はそんな相手からストレスと損害をこうむる。

回 星宿（壊・中距離）
エネルギッシュな働き者同士だが、お互い自分のペースでしか動かないので力を合わせられない。星宿が畢宿に苛立ちがち。そのときはショックでも別々に歩んで正解。

回 婁宿（壊・近距離）
自分にないアカ抜けた柔軟さ、軽やかな知性を持つ婁宿に畢宿が惹かれる。畢宿が相手に合わせる努力をすれば良い関係も築けるが、頑固さを出せば嫌われる。

畢宿の「栄親」

正直すぎる畢宿は、他の人も自分と同じだと思っているので、だまされたり、割を食うことも多いのだが、「栄親」の人は基本的に善良な人なので、畢宿がつきあって安心できる相性になる。

回 角宿（栄・遠距離）
角宿の楽しさと物事の処理能力に魅力を感じるが、期待しすぎると行き違いも。長くつきあえば互いに成長できる。

回 虚宿（栄・中距離）
考え方も生き方も違うので、かえって興味をかきたてられる相手。関わると二人の行動範囲、人としてのスケールが広がる。

回 觜宿（栄・近距離）
尊敬しあい大事にしあえる相手なので一緒に協力しあえるものを持つといい。そうしないとお互いに深く踏み込まなくなる。

回 斗宿（親・遠距離）
よき理解者同士になれるが、張りあう部分もあるので、ともに相手がいることによって成長できる。会わなくても意識する相手。

回 翼宿（親・中距離）
畢宿が暴走してもやんわり受けとめてくれる相手。翼宿の行動力には一目置く。タッグを組むと大きなことができるかも。

回 昴宿（親・近距離）
畢宿の一途なバイタリティは神経の繊細な昴宿には魅力で、好意的に受けとめる。そんな昴宿は畢宿がのびのびできる相手。

「安壊」の人とは、気になって近づいた結果のけんかに注意。つきあって気楽な人間関係を結べるのは「親」「友衰」の相手。「業・胎」の人に対しては、相手の気持ちに敏感になるといい結果に。

畢宿の「友衰」

「友衰」は現実を動かしにくい関係だが、ひとりで物事を進めることの多い畢宿には、「友衰」の人とは気持ちも行動も合いやすく、同じ方向を向いて何かを成しとげられる間柄だ。

回 箕宿（友・遠距離）
どちらも物事をシンプルに考えようとするし、働き者で立場が違えば良い仲に。

回 張宿（友・中距離）
張宿は細かい点に、畢宿は大きい点に執念を燃やす。筋の通った関係。

回 胃宿（友・近距離）
気が強い者同士の組み合わせ。ともに長期的にものごとを考えるので気は合う。

回 亢宿（衰・遠距離）
負けず嫌いの畢宿がかなわないと感じる唯一の相手。味方にすれば心強い。

回 危宿（衰・中距離）
行動力と発想力がある危宿との交際は楽しく、畢宿の心と生活を明るくする。

回 参宿（衰・近距離）
ともにパワフルなので足並みをそろえて行動できる。少しくらいやりあっても大丈夫。

畢宿の「危成」

自分の世界にこもりがちな畢宿にとって、「危成」の関係になる人は、まったく違う世界と感性を持ち込むので新鮮に見える。ただし、興味を持って近づいても、行き違いは避けられない。

回 房宿（危・遠距離）
畢宿が押せばなんとか動かせる相手。でも畢宿の一途さを房宿は重く感じる。

回 壁宿（危・中距離）
予想外のリアクションが面白い。互いに根気があるので違いがわかっても長く続く。

回 鬼宿（危・近距離）
畢宿が思うより鬼宿は繊細。話せば話すほど、合わないことがわかる関係。

回 心宿（成・遠距離）
理解できないから憧れる相手だが、近づいても望むものが違うことがわかるだけ。

回 柳宿（成・中距離）
一時的に密につきあい、やがて興味をなくすことが多い。利用される傾向も。

回 奎宿（成・近距離）
物事へのアプローチの違いが面白いが、奎宿には密かにライバル心がある。

畢宿と「命・業・胎」

あまり他人に関心を寄せず、地道に我が道を突き進む畢宿だが、「業・胎」の宿だけは関わろうとする。そのことが畢宿にとって自然なので自分でも理由はわからない。

回 畢宿（命）
どちらもマイペースなので深く関わらないが、目的が同じならば手を組むこともある。

回 軫宿（業）
軫宿が畢宿を慕う。互いに力になりあうが現実的な畢宿が珍しく情に流される面も。

回 女宿（胎）
一方的に畢宿が女宿に力を貸したり、評価をする。その偏りに畢宿は気がつかない。

觜《し》宿《しゅく》の相性

Mṛgaśīrṣa

觜宿の「安壊」

自己抑制ができる觜宿の制御装置を、意外な方向からはずしてしまうのがこの相性。普段は穏やかで争いを好まない觜宿がけんかをしたり、抑えている物欲が活性化してしまったりするきっかけを作る相手になるので、関わり方は慎重に。

回 房宿（安・遠距離）
ともに金運、物質運がいいので、現実的な利害で結ばれることが多い。そのため精神的な結びつきは薄い。觜宿が房宿に一方的に貢いだり、尽くす関係になることも。

回 壁宿（安・中距離）
どちらも本音を簡単には出さないので、裏の裏を読みあい、心が休まらない相手。金銭感覚も、似ているようで全く違うので、手を組むとケンカになりやすい。

回 鬼宿（安・近距離）
おっとりして優しくピュアな鬼宿に觜宿の心はなごみ、仲良くできる。でも利害がからむと、夢見がちな鬼宿と超現実的な觜宿のテンポは、決定的に合わない。

回 箕宿（壊・遠距離）
觜宿にないものを補ってくれる相手で頼もしく思うけれど、それが落とし穴。箕宿のペースにはまって身動きがとれなくなる。束縛しあって関わり続けることになるかも。

回 張宿（壊・中距離）
さわやかでかっこよく見える張宿ほど、心の中は不安定で觜宿を頼る。この関係は安定することもあるが、觜宿の神経質な面が出ると関係は崩れるし、争えば長い間柄だ。

回 胃宿（壊・近距離）
ある程度、節度を保った関係ならば胃宿は頼りがいのある相手。でも近づきすぎると、觜宿の欲深くて見栄っぱりな面を刺激され、隠したかった部分が引き出されてしまう。

觜宿の「栄親」

基本的に節度ある関係を結べる「栄親」の相手は、慎重に行動することが得意な觜宿には望ましい相性だ。仕事や結婚相手にふさわしい人も「栄親」の関係の人が相手のことが多い。

回 亢宿（栄・遠距離）
自分に厳しいところがお互い似ていて、認めあえる。一緒に戦うことになれば、誰よりも力強い味方で裏切らない。

回 危宿（栄・中距離）
楽しいことが大好きな危宿の人は気軽に話せるし、一緒にいると生活が明るくなる相手。互いのよい面を引き出しあえる存在に。

回 参宿（栄・近距離）
觜宿は参宿の発想を実現化する実行力を持つ。粘り強い觜宿とアイデア豊富な参宿が手を組めば人生はともにスケールアップできる。

回 女宿（親・遠距離）
言葉以外のことでわかりあえる部分もあり、無理なく自然に一緒にいられる相手。真面目で堅実な生活を築いていける。

回 軫宿（親・中距離）
軫宿は争いを好まないので、とてもフレンドリーな関係。いつも新しい運気をもたらしてくれて、一緒にいるとリフレッシュできる。

回 畢宿（親・近距離）
畢宿は理解もしてくれて頼りがいがあるが、少し自分勝手な振る舞いもある。コミュニケーション強化でよりよい関係に。

觜宿の慎み深いリアリストの安定感が、時に人間関係に嵐を呼ぶ。仕事と結婚相手には「栄親」の関係がおすすめ。ビジネス人脈には「危成」の関係がピッタリ。

觜宿の「友衰」

觜宿にとって「友衰」の人とはかなり良好な関係が結べる相手になる。お互いを思いやれて、しかも、会話に魅力のある觜宿と一緒にいることは相手にとっても心地よい点で自信が持てる。

回 斗宿（友・遠距離）
表面的には良好な関係を作れるが、ともに闘争心を秘めた隠れたライバル。

回 翼宿（友・中距離）
よいアドバイスをくれる相手。特に觜宿が辛いときは翼宿の優しさが身にしみる。

回 昴宿（友・近距離）
学問や学ぶことが好きな点で気が合う。精神的によい影響を与えてくれる。

回 氐宿（衰・遠距離）
どちらも現実的な判断力に長けているので、うまく衝突を避けるとよい関係。

回 室宿（衰・中距離）
室宿の大らかさが、觜宿が煮つまったときには救いになる。一緒にいて楽な間柄。

回 井宿（衰・近距離）
互いによい理解者だが、この関係は言葉のやりとりが吉凶ポイントに。

觜宿の「危成」

ビジネスなどでの割り切った関わりにピッタリなのが「危成」の関係。觜宿にとってはキーパーソンにもなるので、もともと持っている打算的な部分をあまり出さないような注意が必要になる。

回 心宿（危・遠距離）
自分にない軽やかさに憧れるが、結局相手のことがわからず翻弄される。

回 奎宿（危・中距離）
どちらも隙がないので警戒心が働く。心を開くきっかけが掴みにくい。

回 柳宿（危・近距離）
仕事やオフィシャル限定でつきあうには吉。プライベートでは失望しそう。

回 尾宿（成・遠距離）
尾宿は目的意識がはっきりしているので、接点が見つけられなければずっと遠い人。

回 星宿（成・中距離）
觜宿にとって認めるところが多い相手。星宿にはいろいろ教えてもらえる。

回 婁宿（成・近距離）
どちらも利害関係には敏感なのでライバルになりやすい。お金の問題はクリアにして。

觜宿と「命・業・胎」

礼儀正しく争いを好まない觜宿なので、「業・胎」の関係とも一緒にいて楽しく過ごせる。ただし2宿ともかなりの遊び好きなので、普段以上に羽目をはずしそう。

回 觜宿（命）
一緒だと性格の長所も短所も増幅する。よい時はよいが、悪い時は深く落ち込む。

回 角宿（業）
觜宿の心を明るく楽しくしてくれる相手。でも関わり方はすべて角宿のペースに。

回 虚宿（胎）
あまり接点がなくても、お互いに意識したり、何かあると思い出したように関わる。

参《しん》宿《しゅく》の相性

Ārdrā

参宿の「安壊」

人の言うことを聞かない参宿の人にとって、「安壊」の人はキーパーソン。他の人に言われることには反発しても、この人たちが相手なら受け入れられる。衝突したり悔しい思いをさせられても、そこから大きなものを得ることが。

心宿（安・遠距離）
内面に迷いや複雑さを抱えている心宿にとって、明るく強い参宿は魅力的。関係のよさは参宿のパワーを増進させるが、何かのバランスが崩れると関係は悪化する。

奎宿（安・中距離）
ともに身近な人を大切にする点で奎宿と参宿は馬が合うが、運命的に二人を阻むことが起こりやすく、そうなると深すぎる愛が、その深さ故に傷つけあう刃になる。

柳宿（安・近距離）
人気者の柳宿と行動力のある参宿は引きつけあうが、柳宿のいい加減さに参宿は失望。一度こじれると、互いの性格の激しさが衝突を助長し、厳しいライバルになる。

斗宿（壊・遠距離）
参宿は、斗宿の知的で温和な面に惹かれるが、何かのきっかけで斗宿の隠れた強い闘争心に火がつくと、斗宿は参宿と対立し、攻撃する側の旗頭になる。

翼宿（壊・中距離）
物怖じをしないという意味では、参宿と翼宿は双璧なので気は合う。穏やかに見えて、参宿の毒のある言葉に一番負けないのが翼宿。信念の強さでも参宿は勝てない。

昴宿（壊・近距離）
強気の参宿がなぜか頼りたくなるのが昴宿だが、お気楽な昴宿に腹を立ててしまうこともしばしば。でも適当な距離を保てば、昴宿は参宿の毒気を抜いてくれる。

参宿の「栄親」

中距離の「栄親」の関係にもなる室宿と角宿とは、とてもいい相性で縁もある。ただし、相性がよすぎて、本来、参宿が持っている改革運よりも遊び好きの面が出やすいのが難しいところ。

氐宿（栄・遠距離）
どちらも自分の欲望に忠実なので気楽で楽しい相手。だが、一緒にいるとともに荒っぽくなることもあり、落ち着かない。

室宿（栄・中距離）
ともにちょっとやそっとのことでは動じずにダイナミックに生きるので、よき理解者、よきパートナーになれる相性。

井宿（栄・近距離）
井宿の冷静さが参宿に必要なことも多いが、水をさされることも。論戦では、参宿は井宿に勝てないが、話しあいは実りある。

虚宿（親・遠距離）
ガードの堅い虚宿も参宿には心を許し、とても自然な感じで一緒にいられるが、現実を共有するのは難しい側面もある。

角宿（親・中距離）
角宿は外交的なので楽しい交際になる。二人でいるとどんどん人間関係が広がるが、二人きりの関係だとハメを外しやすい。

觜宿（親・近距離）
タッグを組むと二人のクリエイティブな面が強化される。穏やかで慎重な觜宿が参宿のよきブレーキ役になることも。

参宿のそのエネルギーの強さが、相手によって炎にも輝く光にもなる。相性がいいのは「栄」の室宿と「親」の各宿と「危」の星宿。楽しく盛り上がって過ごす中でも、態度が荒っぽくならないように。

参宿の「友衰」

女宿、壁宿、鬼宿とは、いかにも「友衰」の優しく楽しい関わりを結べる。ただし、どの宿に対しても、乱暴な応対や毒舌には気をつけないと、いつか離れていくことになってしまう。丁寧すぎるくらいが丁度いい。

回 女宿（友・遠距離）
同じ組織やグループにいると、どちらももり立てようとするので仲良し。

回 軫宿（友・中距離）
よい相談相手、遊び仲間。しかし関係が深くなると軫宿の影が薄くなる。

回 畢宿（友・近距離）
互いに頑張り屋と認めあっても、別々の世界、テリトリーを持つほうが安泰。

回 房宿（衰・遠距離）
参宿は房宿の魅力に弱く、なぜか従順。調子に乗って強引さが出ると敬遠される。

回 壁宿（衰・中距離）
壁宿は参宿がどんな球を投げても受けとめ、思いがけない発想で参宿を楽しませる。

回 鬼宿（衰・近距離）
他の人にはわかりにくい鬼宿の個性を参宿は理解し、鬼宿も参宿には心を開く。

参宿の「危成」

星宿とは「危成」の関係ながら近距離なので身近な存在に。目指すものは違ってもパワーと気持ちが同じなので大切にしたい相手だ。「成」の相性になる箕宿、張宿、胃宿の３宿は自分の態度に注意して接すれば大丈夫。

回 尾宿（危・遠距離）
気になる存在でも物事の取り組み方が違うので、二人だとぎくしゃくする。

回 婁宿（危・中距離）
婁宿を計算高いと感じることがあり、一定の範囲以外ではあまりつきあわないかも。

回 星宿（危・近距離）
よきライバルとして競いあって伸びる。いざというときには一番頼りになる。

回 箕宿（成・遠距離）
度胸があり働き者の箕宿は手強い。衝突すると周囲も巻き込むので慎重に。

回 張宿（成・中距離）
参宿のペースに巻き込める相手。細やかな気配りでいろいろ助けてくれることも。

回 胃宿（成・近距離）
怖いもの知らず同士、魅力を感じる。勝負となると胃宿は用意周到なので注意。

参宿と「命・業・胎」

エネルギー過多気味の参宿だが、同じ参宿同士ではそれがプラスに働く。でも「胎」の危宿と一緒になると、その場の勢いを誰もとめられない状態になるので要注意。

回 参宿（命）
性格の強い者同士だが、サッパリとしているので仲がいい。お互いに相手を面白がれる。

回 亢宿（業）
どちらも頭領運があるので取り巻きが多くグループ交際風。でも亢宿は参宿にとても親切。

回 危宿（胎）
参宿が危宿にいろいろ手を貸す。一緒になると物事が急速に進むが、雑になりがち。

井《せい》宿《しゅく》の相性

Punarvasu

井宿の「安壊」

「安」の人はもちろん「壊」が相手でも、理屈で争ったら怖いものなしの井宿。だが、「壊」の人でも、たとえば畢宿には理屈が通用しないし、論理で勝っても現実で負ける相手が多い。井宿の「安壊」は弱点を意識させられる相性となる。

回 尾宿（安・遠距離）
尾宿のいちずな行動は井宿の現実を大きく動かす。表面的には尾宿がいばっているようでも、単純で裏切り行為などに無縁な尾宿は、井宿にとって主導権を握れる相手。

回 婁宿（安・中距離）
どちらも理論家なので馬が合う感じがするが、実際に議論すれば婁宿は井宿にかなわない。ただ、一度でもぶつかると婁宿のほうが井宿を徹底的に避ける傾向も。

回 星宿（安・近距離）
大きな夢を少しずつ実現していこうとする星宿にとって、何ごとも理論で攻めてくる井宿は苦手な相手。目的意識がはっきりしている星宿ほど近づかなくなる。

回 女宿（壊・遠距離）
女宿が誠実で向上心があれば、井宿の繊細さを理解して良い関係が築ける。でも女宿が形式や立場にこだわるとうまくいかない。すべては女宿次第の関係。

回 軫宿（壊・中距離）
社交的な軫宿は井宿ともうまくつきあうし、物心両面で影響しあう。でも軫宿は井宿がついていけない速さで気持ちが変わり行動するので、注意しないと取り残される。

回 畢宿（壊・近距離）
現実的な面で誰にも負けない強さを発揮する畢宿には、精神性の強い井宿の言葉は通じないことも多い。でもそれが、頭でっかちな井宿を行動的にすることも。

井宿の「栄親」

井宿にとって「栄親」の人は自分の能力を大きく広げてくれる相手。井宿は自分の理性的で弁が立つ側面よりも、明るい楽観的な部分を「栄親」の人に対して安心して出すことができる。

回 房宿（栄・遠距離）
真面目な井宿は、見かけより神経質な房宿にとって、気持ちよくつきあえる相手となる。井宿の視野を広げてくれることも。

回 壁宿（栄・中距離）
壁宿は井宿と違う知恵の持ち主。井宿の愉快な一面を引き出し、困ったときに頼れる相手だ。トラブルから守ってくれることも。

回 鬼宿（栄・近距離）
鬼宿の優しさが一見クールな井宿の心を温め、ホットな一面を引き出す。また、鬼宿の行動力が井宿の人生の幅を広げてくれる。

回 危宿（親・遠距離）
井宿にとって重要な人間関係を広げるきっかけを作ってくれるのが危宿。二人きりの関係でないほうがより楽しくなる。

回 亢宿（親・中距離）
リーダーとしてついていく相手にするなら最適。亢宿も井宿に頼られるとやる気倍増。一緒にいると井宿の能力も生かせる。

回 参宿（親・近距離）
参宿のパッションが井宿には必要。頭のよさに頼りがちな井宿にとって参宿の直球勝負の姿勢はさまざまなフォローになる。

穏やかながら鋭い舌鋒を時には抑えて、繊細さを見せることも重要。「栄親」の人にはその明るさをさらけ出してもOK。「危成」の人には知的な面を前面に出すなど、つきあい方に変化を。

井宿の「友衰」

「友衰」になる人は文字どおり、友人として最適。ただ、近距離の関係である觜宿と柳宿とは深い関わりになりやすく、その場合、他の人とは違うつきあい方を考えたほうがよさそうだ。

虚宿（友・遠距離）
表現の方法は違うが気持ちは通じあう。お互いの良さと真の力を引き出せる。

角宿（友・中距離）
一緒にいて楽しい相手。理屈をこねたり、難しいことを考えたりしないでいられる。

觜宿（友・近距離）
話しあいやおしゃべりが楽しい相手。つい本音を出してしまうことも多い。

心宿（衰・遠距離）
井宿は心宿の予測しきれない言動に惹かれ、心宿は井宿の冷静さに心なごむ。

奎宿（衰・中距離）
どちらも心根は善良なので気持ち良くつきあえるし、よい結果を出せる。

柳宿（衰・近距離）
柳宿は弁が立つので表面的な交際は楽しい。深い関わりになればつきあい方を変えて。

井宿の「危成」

「危」の関係のうち、目的達成能力の高い胃宿と張宿には要注意。井宿が参謀的立場になれば、力を合わせ大きいことができることが多いのに、この２宿とはそうなれないのが相性の不思議。

箕宿（危・遠距離）
箕宿を立てることで井宿は楽にやりたいことができ、よい協力態勢が作れる。

胃宿（危・中距離）
自分にないものを持っているようで警戒心が働く。腹を探りあって本音は語らず。

張宿（危・近距離）
表面的なつきあいになりがち。近すぎると心理的な戦争が始まることも。

斗宿（成・遠距離）
役割分担をはっきりさせれば良好。井宿が余裕をもって引く形でうまくいく。

翼宿（成・中距離）
必要以上に近づかないが穏やかな関係。何かあったら理性的に話しあえる。

昴宿（成・近距離）
どちらも知的なので認めあうけれど、時折、感情面で衝突することがある。

井宿と「命・業・胎」

井宿をめぐる「命・業・胎」の関係はルールどおり。「命」の井宿とは役割分担をすればよく、「業」の氐宿には助けられ、「胎」の室宿は井宿が助ける役割。

井宿（命）
上下関係があったほうが関係は良好になる。対等な立場だと冷たく火花が散ることも。

氐宿（業）
いろいろ手を貸してくれる。井宿は無意識に氐宿の現実性に刺激を受け成長する。

室宿（胎）
井宿が強く室宿を意識する。井宿は室宿を精神的な面で支えたり、助けたりする。

鬼《き》宿《しゅく》の相性

Puṣya

鬼宿の「安壊」

鬼宿は茫洋《ぼうよう》としているようで、妙に勘が働くところがあり、自分をだましたりマイナスの要素を運ぶ人を避けるので、「安壊」の人とは意外と縁がないかも。でも觜宿と箕宿は、関わってみるとよい変化を与えてくれる。

箕宿（安・遠距離）
気の強い箕宿は人のいい鬼宿にきつく当たる。必死に受けとめる鬼宿の健気《けなげ》さが、周囲にその性格のよさ、魅力、能力をアピールすることとなり、結果的には鬼宿が得をする。

胃宿（安・中距離）
情の深さにひかれあうが、どちらも自分のペースでしか動けないので、結局は足なみがそろわない。鬼宿のほうが胃宿のもとから離れていくことになりがち。

張宿（安・近距離）
几帳面な張宿と感覚派の鬼宿、建て前で振る舞える張宿と嘘のつけない鬼宿。正反対な性格を認めあえば良いコンビだが、張宿があまりに神経質だと鬼宿は逃げ出す。

虚宿（壊・遠距離）
どちらも夢とロマンに生きるので、虚宿は鬼宿に、この人なら自分をわかってくれると期待しがち。それが重くて裏切ると、鬼宿は虚宿に恨まれるので注意。

角宿（壊・中距離）
角宿はしっかり者に見えて、人に自分の面倒を見させるのが上手。鬼宿は一方的に尽くす側になる。また、なんでも器用な角宿とくらべられ、嫌な思いをするのは鬼宿。

觜宿（壊・近距離）
ともに穏やかなので好意を感じあう間柄だが、真面目で堅実な觜宿には、鬼宿の普通の人とは違う感覚が理解できない。觜宿のきつい一言に鬼宿が傷つくことも。

鬼宿の「栄親」

この世からあの世まで知ろうとする、スケールの大きな好奇心と独特な感性の持ち主である鬼宿を、理解し支えてくれるのが「親」の人で、共感してくれるのが「栄」の人になる。

心宿（栄・遠距離）
考えすぎてしまいがちな心宿も、鬼宿に対しては何故か自然体で率直になれる。鬼宿のおおらかさは心宿の癒しに。

奎宿（栄・中距離）
奎宿の心のきれいさに好感を持つが、その緻密《ちみつ》さが次第に息苦しくなるかも。でも一緒にいると鬼宿の無駄な動きは減少。

柳宿（栄・近距離）
大事にしたいものが似ているし、どちらも活動的で一緒に行動できる。二人でいると優しい気持ちに。

室宿（親・遠距離）
ともに明るいので楽しくいられる相手。互いを認めあい、良さを引き出す。長時間一緒に過ごすとなくてはならない存在に。

氐宿（親・中距離）
現実離れしたところがある鬼宿の現実的な部分を支えてくれるのが氐宿。現実的な氐宿が無防備な鬼宿を守ってくれることも。

井宿（親・近距離）
感覚的な鬼宿と論理的な井宿は正反対の性格に見えて、必要としあう関係。鬼宿は井宿の言葉をよく聞くと得をする。

本来持っている人のよさは変えられないから、同じように人がよい相手を探してみて。理解し支えてくれるのが「親」の人、受け入れてくれるのが「友」の人。「危成」の相手から変わった人と思われる。

鬼宿の「友衰」

鬼宿の場合、「友衰」の関係のなかでも、「友」になる人と「衰」になる人では少々違いが見られる。「友」の人は鬼宿を優しく受け入れるが、星宿以外の「衰」の人は鬼宿の優柔不断さを理解できないかもしれない。

回 危宿（友・遠距離）
見かけより傷つきやすい鬼宿を決して傷つけない。一緒にいると楽しく、頼りになる。

回 亢宿（友・中距離）
亢宿の心の強さが鬼宿には頼もしく、亢宿は鬼宿のスケールの大きさに惹かれる。

回 参宿（友・近距離）
どちらも自分を偽らないので、つきあいが始まれば本音を見せあう親しい関係に。

回 尾宿（衰・遠距離）
尾宿は鬼宿のスケール感も心のつぼも理解できない。鬼宿が合わせるしかない。

回 婁宿（衰・中距離）
しっかり者の婁宿からすると鬼宿は危なっかしく見え、深入りはしない。

回 星宿（衰・近距離）
星宿は鬼宿の優しさ、純粋さを真摯《しんし》に受けとめて、まっすぐに応えてくれる。

鬼宿の「危成」

自分では普通だと思っていても、特に「危成」の相手は鬼宿を変わり者だと感じやすい。宿によって鬼宿の個性を面白がってくれる人と理解できない人がいることを覚えておいて。

回 斗宿（危・遠距離）
争いの嫌いな鬼宿は斗宿の負けず嫌いなところが苦手。あまり近づかない。

回 昴宿（危・中距離）
一緒になっても現実は動かせないが、高い理想を持ちあうので友人としては吉。

回 翼宿（危・近距離）
二人のこだわりがまったく違う。距離があるほうが互いに面白がれる。

回 女宿（成・遠距離）
暢気《のんき》でマイペースな鬼宿と社会的で用意周到な女宿は水と油。敬遠しあう。

回 軫宿（成・中距離）
ひとつひとつの人間関係に入れ込む鬼宿には、八方美人な軫宿は物足りない。

回 畢宿（成・近距離）
鬼宿の考えを簡単に否定し、勝手にやりたい放題。悔しいが太刀打ちできない。

鬼宿と「命・業・胎」

根っからの人のよさがある鬼宿には、「命・業・胎」の宿とも心から安心してつきあえる宿がそろっている。ただし、それで人生が開けたりすることはなく、鬼宿にとってよいことかは疑問。

回 鬼宿（命）
どちらもデリケートなので、いいときは良いけれど、なにかあるとすごく遠ざかる。

回 房宿（業）
房宿はなぜか鬼宿をかまいたくてしかたないが、鬼宿はそれを窮屈に感じることも。

回 壁宿（胎）
現実的な面で欲がない鬼宿が、壁宿にはさらにお人よしになり有形無形のケアをする。

柳《りゅう》宿《しゅく》の相性

Āśleṣā

柳宿の「安壊」

周囲に人を集めるのが上手な柳宿にとって、「安壊」の人は仲良くなれるタイプが多い。急速に親しくなって一時はとても親密になるが、「安」の人は柳宿から自然に離れ、「壊」の人は相手のほうから切られるような形で疎遠になることが多い。

回 斗宿（安・遠距離）
どちらも人の引き立て、助けで運を伸ばす星なので、利害関係がぶつかりがち。集中力があり悪運にも強い柳宿が、斗宿のテリトリーをのっとることになるかも。

回 昴宿（安・中距離）
柳宿は昴宿の良い資質を無意識に利用する。昴宿は柳宿の見かけとは違うもろさに魅力を感じるが、関わると昴宿の生活は大揺れ。特に恋愛関係はこじれる。

回 翼宿（安・近距離）
最初は翼宿が柳宿に憧れ、柳宿がリードして仲が深まる。偏った関係が続くことも多いが、そんな翼宿を柳宿が見下す態度をとると、互いに毛嫌いする関係になることも。

回 危宿（壊・遠距離）
ユニークな個性を発揮しながら人に好かれる危宿に柳宿が惹かれる。でも柳宿の本音と建て前の違いを鋭く見破るのも危宿。危宿の前ではいつもの調子が出ないことも。

回 亢宿（壊・中距離）
他の人がみな魅力を感じる柳宿の資質に興味を示さないのは亢宿。振り向かせたくて柳宿のほうから近づくこともあるが、亢宿の世界を崩すことはできない。

回 参宿（壊・近距離）
参宿は柳宿に好意的なので、近づきすぎなければいいコンビ。でも互いにはっきりした性格なので、ぶつかりあうとひどく憎まれる。参宿は怒らせると手強い敵になる。

柳宿の「栄親」

個性が強く逞しく見える柳宿には、実は細かくフォローしてくれて自分を支えてくれる相手が必要。そういう意味で「栄親」の６宿はもともとの相性のよさに加え、宿の性格も揃っている。

回 尾宿（栄・遠距離）
協力しあえば誰にも負けないパワーを発揮。柳宿が上の立場のほうがいい。柳宿の欠点などをはっきり指摘するので大切な人。

回 婁宿（栄・中距離）
きめ細かくフォローしてくれるので、柳宿が感謝の気持ちを忘れなければ吉。柳宿から離れそうな縁も婁宿がつないでくれる。

回 星宿（栄・近距離）
柳宿のよい資質を認め支えてくれるので、星宿が一緒にいると柳宿は伸びる。星宿が一歩引いた形だと安定しやすい。

回 壁宿（親・遠距離）
人から見ると柳宿の困ったところも壁宿は平気。最後まで支えてくれるはず。二人だけのとても親密な関係を築く傾向。

回 房宿（親・中距離）
息はピッタリ。柳宿がリーダーシップを発揮し、房宿の細やかさが柳宿を癒す。公私にわたってなくてはならない間柄に。

回 鬼宿（親・近距離）
柳宿に励まされると鬼宿は勇気が出て感謝する。柳宿も楽観的な鬼宿の明るさに助けられる。互いにとってよい関係。

自らの摑み上手を自覚して、ときにはそれをあえて見せない努力が必要かも。「友衰」は本質を認めてくれる相手でも離れてしまうことが。フォローしてくれるのは「栄親」の関係になる人。

柳宿の「友衰」

柳宿と「友衰」の関係になる６宿は底力のある宿が揃っているうえに、柳宿の熱狂性を認めてくれる宿ばかり。だからといって激しい気性をむき出しにすると、あっさり離れていく。

回 室宿（友・遠距離）
表面的には柳宿が強そうでも、室宿が結局は受けとめて、面倒を見ている関係。

回 氐宿（友・中距離）
どちらも気性が激しいので、認めあっても衝突しても周囲を巻き込む。

回 井宿（友・近距離）
意外にカッとしやすい柳宿にとって、いつも冷静な井宿は大切なオブザーバー。

回 箕宿（衰・遠距離）
どちらもカリスマ性があり頭を下げない。衝突したら柳宿が一歩引いて安泰。

回 胃宿（衰・中距離）
度胸のいい者同士、気は合う。胃宿がなにかと柳宿を引き立ててくれる関係。

回 張宿（衰・近距離）
柳宿には張宿の神経質な部分が影をひそめる。プラスを与えあういいコンビ。

柳宿の「危成」

接する機会が少ないうえに異質な性格の「危成」の人は、柳宿の「摑み上手」で一時は仲良くなっても、本心をさらけ出せば寄りつかなくなりがち。大切な人なら注意して接して。

回 女宿（危・遠距離）
柳宿の秘めた小心さが刺激される。少し距離をおくほうが無難。

回 畢宿（危・中距離）
一度なにかで機嫌を損ねたり心がすれ違うと、決して許してもらえなくなる。

回 軫宿（危・近距離）
気楽につきあえるが、どちらもすぐに新しい交友関係を作るので長続きしない。

回 虚宿（成・遠距離）
虚宿が柳宿の明るさや強さに憧れる形で始まるが、ぶつかると虚宿が強い。

回 角宿（成・中距離）
どちらも移り気なので、一時的にとても仲良くなるが、自然に離れることが多い。

回 觜宿（成・近距離）
柳宿の魅力に惹かれて助けてくれるが、何かあると二度と近づかなくなる。

柳宿と「命・業・胎」

甘え甘えられ上手な柳宿だけれど、同じ宿だとその役割が分散してしまうので、あまり一緒にいられない。「業・胎」の宿は、柳宿の摑み上手ぶりが思いのまま。

回 柳宿（命）
近くにいると目上の引き立て、目下の信頼が分散してしまうのであまり近づかない。

回 心宿（業）
心宿に頼られるとなんでもしてあげたくなるうえに、いろいろあっても切れにくい。

回 奎宿（胎）
奎宿は最初、柳宿の面倒をよく見る。次第に重荷になるけれど、離れるのも難しい。

星《せい》宿《しゅく》の相性

Maghā

星宿の「安壊」

大人しそうでもユニークな個性の星宿の人も、「壊」にあたる相性の人には一目置かざるをえないが、一歩引いてつきあうことができれば意外に安泰だ。「安」の相性になる人には最終的には星宿が勝てるが、関わるとかなり消耗することになる。

女宿（安・遠距離）
互いに自分の世界、テリトリーを守るのでまったく相いれない関係。現実的な争いでは星宿が勝つが、女宿とはその後も長く陰湿な戦いが続く関係になることもある。

畢宿（安・中距離）
どちらも超頑固なので衝突しやすく、一歩も引かない持久戦になる。ただ、どちらも攻撃的ではないので、嫌な思いはしても実害は少ない。案外一目置きあう仲に。

軫宿（安・近距離）
なにをやるのもすばやく調子のいい軫宿に頭にくることもあるが、軫宿は星宿に一目置くので、結果として星宿が軫宿の社交性や行動力を利用し、動くことができる。

室宿（壊・遠距離）
派手な室宿と地味な星宿は正反対だが、スケールの大きな生き方が似ていて結びつきやすい。ただ星宿が室宿をコントロールしようとすると、室宿は嫌って関係が壊れる。

氐宿（壊・中距離）
反骨精神あふれるところにシンパシーを感じるが、目指すものはまったく違うので、氐宿の現実的な欲の深さに星宿のほうが利用されやすい。でも星宿は許したりする。

井宿（壊・近距離）
精神的な結びつきなら悪くない関係。現実的なことになると、井宿は星宿の頑張りについていけなくなる。なのになぜか井宿に攻撃されると、星宿はかなわない。

星宿の「栄親」

「栄」になる人とは似た者同士で尊重しあってうまくいくが、「親」になる人とは短期間なら問題はなくても、星宿を中心としたグループには入らず、客観的に見つめあう関係になる。

箕宿（栄・遠距離）
どちらも働き者。目的や分野が違えば尊重しあって仲良くするが、近くにいすぎると反発も。箕宿にあおられないように。

胃宿（栄・中距離）
胃宿のほうが目立つけれど、ともに強いので張り合わないほうがよいと直感。バランスのよい関係になる。

張宿（栄・近距離）
プライドが高く、用心深い似た者同士。星宿が張宿を引っ張ってあげると安定。粘り強さが必要な仕事では最高のパートナー。

奎宿（親・遠距離）
律儀な奎宿はフォローもしてくれるが、細かい面ですりあわせる努力も必要。互いにゆとりを持つようにすると関係が好転。

心宿（親・中距離）
一緒にいて楽しい相手。互いの良いところを引き出しあって共存共栄。一緒に成長して、スケールアップできる。

柳宿（親・近距離）
短期間ならとてもいい相性。長くなると、いいところを柳宿に持っていかれるけれど、ついいろいろ助けてしまうことに。

星宿が持つマイワールドを、わからない人もいることを理解して。「栄」の人と鬼宿は似た者同士で尊重しあえる。角宿と参宿は自分の世界を広げるきっかけになるので関わって○。

星宿の「友衰」

「友衰」の関係の中では、鬼宿との関わりは楽しく、夢も大きく広がっていく。でもやはりそこは「友衰」なので、夢ばかりで現実はいまひとつともなわず、物足りなく感じることもある。

回 壁宿（友・遠距離）
なにごとも一生懸命な星宿を壁宿が支えるが、若いうちは関係が進みにくい。

回 房宿（友・中距離）
星宿に引っ張られて房宿も頑張るが、同じペースでやれば房宿は息切れする。

回 鬼宿（友・近距離）
互いに視野が広く一緒にいて面白い。傷つきやすい鬼宿も星宿には心を開く。

回 斗宿（衰・遠距離）
利害がからまなければ仲良し。近づきすぎると、ともに負けず嫌いで激しい競争に。

回 昴宿（衰・中距離）
昴宿の高い理想と知性に対して星宿は敬意を持つ。精神的な支えになる相手。

回 翼宿（衰・近距離）
どちらも完璧主義で妥協点を探すのが難しい。好きでもそりは合わない。

星宿の「危成」

遠距離の「危成」になる虚宿と危宿とは、理解も接する機会も少ない。近距離の角宿と参宿とは、接点を持つ機会はあるので、内向的な星宿の幅を広げるきっかけとなる人として関わりを持つといい。

回 虚宿（危・遠距離）
頑張り屋の星宿にとって、やる気を表に出さない虚宿はわからない相手。

回 觜宿（危・中距離）
思慮深いのでよい相性。でもなにかあると星宿は戦闘態勢に入り、觜宿は守りに。

回 角宿（危・近距離）
物事の考え方が違う。でも角宿の人気運、アピール力は利用できる。

回 危宿（成・遠距離）
同じことをしてもアプローチ方法が全然違う。認めあうが必要以上には踏み込まない。

回 亢宿（成・中距離）
ともに自分のテリトリーから出ないので接点が持ちにくい。争えば持久戦。

回 参宿（成・近距離）
参宿は派手、星宿は地味でも、頑張り屋同士のいいコンビ。でもぶつかると大荒れ。

星宿と「命・業・胎」

自分の世界観を持つ星宿にとって、その世界を理解してくれる宿とそうではない宿がある。「命・業・胎」の宿はわかりあえないけれど協力は惜しまない間柄。

回 星宿（命）
目的意識が強いので共有するものがあると協力しあうが、基本はあっさりしている。

回 尾宿（業）
尾宿が星宿に憧れ、尽くすことが多いが、時として一方的でチグハグになりやすい。

回 婁宿（胎）
くらべられながらも協力しあう。結果的に星宿が婁宿を引き立ててしまうことに。

張《ちょう》宿《しゅく》の相性

Pūrvaphālgunī

張宿の「安壊」

人間関係が下手ではない張宿にとって、「安壊」の相性でも、それほど悪運を運んでくる相手にはならない。ただ「壊」の人は他の人よりもうまくコントロールできず、「安」の人は深入りするとつまらない関係になる。

回 虚宿（安・遠距離）
虚宿の心には誰にも踏み込ませない部分があるが、張宿はそれがわからず、しつこく突いて嫌われる。ともにもろさを抱えているので、二人だけで手を組むのは危険。

回 觜宿（安・中距離）
どちらも真面目に地道な努力をするので、よき協力者になれる。でも張宿が地位やお金を得たとき、壊れる恐れのある関係。特に張宿が男性の場合はその傾向が強い。

回 角宿（安・近距離）
どちらも会話上手なので、表面的な関係ならうまくいく。でも一緒に何かすると、細かいことにうるさい張宿の性格が、さっぱりした性格の角宿には耐えきれなくなる。

回 壁宿（壊・遠距離）
壁宿は目立つタイプではないので、張宿が表面的なことだけを見て軽んじた態度をとると、裏から足をすくわれる危険が。一歩踏み込んで個性を認めあえれば新鮮。

回 房宿（壊・中距離）
張宿が欲しいものをみんな持っているように見えて強く惹かれる。表面的にはうまくやれても、張宿の本当に欲しいものを房宿は与えてくれず、苦しむことになるかも。

回 鬼宿（壊・近距離）
鬼宿のユニークさ、こだわりのなさが、張宿にないものを補って運を上げるので大事にしたい相手。ただ鬼宿は束縛を嫌うので、寂しい思いをさせられることは覚悟して。

張宿の「栄親」

「栄親」の関係となる宿の中でも何かと引き立ててくれるのが昴宿、婁宿。翼宿とも、張宿が自分らしく動ける関係。「武人の星」にふさわしく相手と自分の立場をわきまえれば、他の宿ともいい関係になる。

回 斗宿（栄・遠距離）
スタイリッシュな者同士惹かれあうが、かっこつけすぎると近づけない。斗宿の負けず嫌いな一面はうまくかわせそう。

回 昴宿（栄・中距離）
スタイリッシュで物事をまっすぐに見つめる昴宿の前では張宿も本音を言えてリラックスできる。ふたりだけの世界を築ける。

回 翼宿（栄・近距離）
度胸があってやることが丁寧な翼宿とは、安心して信頼関係を築けるよい相性。張宿の細かなこだわりも理解してくれる。

回 婁宿（親・遠距離）
優しく気を使いあえる仲。でも気になる部分が微妙に違うのは忘れないこと。張宿のほうが威張って強く出たりしないように。

回 尾宿（親・中距離）
どちらも自分の「分」を守るので、それぞれに立場があるつきあいなら良好。何かでともに戦うことになれば最高の戦友。

回 星宿（親・近距離）
頑張り屋の星宿にはいろいろまかせてしまっても大丈夫。目的意識のはっきりしている星宿のおかげで張宿も力をもらえる。

引き立てられる星の生まれだからこそ、人との関係に鈍感にならないように。「栄親」の相手に対しては自分らしく振る舞って吉。「友」の人は数少ない心許せる相手なので大事にしよう。

張宿の「友衰」

外見ではわかりにくいが神経質な面がある張宿にとって、「友」になる人は数少ない心許せる相手。「衰」の人とも優しい関係を築けるが、「友」の人よりはもう少し気を使ったほうがいい。

回 奎宿（友・遠距離）
きちんとして清潔感のある奎宿とは、じっくりつきあえば好ましい関係に。

回 心宿（友・中距離）
本当は人見知りする張宿は、相手に合わせてくれる心宿には気を許す。

回 柳宿（友・近距離）
柳宿の大らかさに張宿は安心し、一緒にいると元気になって仲良くつきあえる。

回 女宿（衰・遠距離）
知恵がある女宿には助けられることも多いが、遊びなどでは盛り上がらない。

回 畢宿（衰・中距離）
味方になってくれれば心強い相手だが、気の強さと頑固さには手を焼きそう。

回 軫宿（衰・近距離）
ソフトな軫宿とは気楽につきあえるが、甘く見ると意外なことで裏をかかれる。

張宿の「危成」

組織のなかで力を発揮する張宿にとって、「危成」は要注意人物ぞろい。手強いが味方にすれば確実に発展する相手なので、ここは人をまとめるのがうまい張宿の腕の見せどころ。

回 危宿（危・遠距離）
細かいところをチクチクつくと明るい危宿の個性を損ねがち。危宿のラフさは我慢。

回 参宿（危・中距離）
つきあうのには勇気が必要。考えすぎず本音で飛び込めばうまくいく。

回 亢宿（危・近距離）
手強いので正面からぶつからないほうが得策。いばると亢宿に叩かれる。

回 室宿（成・遠距離）
室宿は実力のある宿。張宿が対抗するには粘り強さと細やかな気配りが必要。

回 氐宿（成・中距離）
現実に強い氐宿に一目置くが警戒もする。氐宿が目下であっても、軽く扱うと怖い。

回 井宿（成・近距離）
張宿も弁舌巧みだが井宿にはかなわない。痛いところを突かれてしまうことも。

張宿と「命・業・胎」

堂々としていながら繊細な張宿は、同じ宿だとそのことがよくわかるので、つかず離れずの関係になる。「業・胎」の関係になる宿の人は、かっこいい張宿に近づきたいと思うように。

回 張宿（命）
張宿は神経が細やかなので傷つけあわずにうまくつきあうが、発展性はない。

回 箕宿（業）
張宿のためならなんでもしてくれる箕宿だけれど、ときには行きすぎて重荷になる。

回 胃宿（胎）
胃宿からは決して頼ってこないが、張宿のきめ細やかなケアを胃宿は生かせる。

翼《よく》宿《しゅく》の相性

Uttraphālgunī

翼宿の「安壊」

マイペースで物怖じせず、めったに落ち込まない翼宿には、「安壊」の相手も怖い存在ではない。相手のほうが翼宿にいろいろ思うところはあっても、翼宿本人はよくも悪くもいい刺激をくれた相手として片付けてしまう。

危宿（安・遠距離）
感情過多なところがある危宿は、安定感のある翼宿に魅力を感じる。でもやがて、翼宿がただのきれいごとの世界に生きているように思えて、危宿は離れていく。

参宿（安・中距離）
参宿の情の深い面に惹かれて深く関わりやすい。参宿は翼宿の能力と同時に毒舌な面を引き出すが、なぜかよく面倒を見てくれるので、翼宿が甘えすぎる傾向も。

亢宿（安・近距離）
亢宿の個性的な生き方に翼宿は惹かれるが、お互いに自分の信念を曲げないので結局は衝突。でも翼宿の独善的なところを亢宿は気づかせてくれる存在。

奎宿（壊・遠距離）
どちらも善良な性質なので、対立したり気まずくなることはないが、奎宿の魅力につかまって翼宿の活動スケールが小さくなるかも。奎宿に隠しごとをされる恐れも。

心宿（壊・中距離）
天性の役者である心宿にとって、純真な翼宿のコントロールなど簡単。でも心宿は翼宿があまりに一途なので、裏切ったりだましたりということはできなくなる。

柳宿（壊・近距離）
羨望を集めることが巧みな柳宿に、人のいい翼宿は尽くしたり持ち上げたり。利用されても気づかない。でも一緒になにかをはじめるとアプローチ方法が違って、離れる。

翼宿の「栄親」

「栄親」の関係の中でも、翼宿が自分の理想を実現するのに力となってくれるのが箕宿と張宿。畢宿と軫宿と胃宿は逆に、翼宿によってその良さが引き出される相性になる。

女宿（栄・遠距離）
女宿は翼宿の明るさに救われ、翼宿は女宿の筋を通す生き方を支える。翼宿といると女宿の行動範囲と世界がグンと広がる。

畢宿（栄・中距離）
畢宿の重たくて性格がきついのを翼宿は難なく受けとめる。そうすることで互いにパワーアップし、ひとまわり大きくなる。

軫宿（栄・近距離）
よいパートナー。二人とも行動が軽やかで、一緒に動き回って発展する。常に一緒にいなくても信頼は揺るがない。

胃宿（親・遠距離）
胃宿の情の深さを感受するので、気のおけない楽しい関係をつくることができる。胃宿のハートの強さにホッとすることも。

箕宿（親・中距離）
気の強い箕宿に従っているようで、実は翼宿のほうが自由に動きまわる関係。箕宿からいろいろ教えられることも多い。

張宿（親・近距離）
的確に手早く物事を処理するので息が合う。張宿のサポートで翼宿は伸びる。細かいことをやらせたら鉄壁のコンビに。

つらく当たられても気づかない素直さが、相手によって吉と出るか凶と出るか。「親」の箕宿と張宿は翼宿の力になるキーパーソン。「安壊」の相手、「危成」の相手とは距離を考えて関わることができる。

翼宿の「友衰」

もともと素直な性格の翼宿にとって、「友衰」の人はその持ち味をなんの抵抗もなく出せる相手。末永くいい関係を保つことができるが、現実を動かすための組み合わせとしては弱い面も。

回 婁宿（友・遠距離）
どちらもやることが丁寧なので心地よく、あまり気をつかわずほっとできる仲。

回 尾宿（友・中距離）
自分のこだわりに生きるタイプ。信頼関係が結べれば長く信じあえる盟友に。

回 星宿（友・近距離）
どちらも大きな夢を見る性格。いつも一緒にいなくても心でつながる相性。

回 虚宿（衰・遠距離）
ロマンチストなのでその点では気が合うが、二人で現実離れする恐れも。

回 觜宿（衰・中距離）
静かに努力をする觜宿を翼宿は大事にするので、觜宿はのびのびしてよい関係。

回 角宿（衰・近距離）
自分にないものを感じて強く惹かれあう。大きな影響を受け翼宿がついていく。

翼宿の「危成」

高い理想と物事を見通す視点を持っている翼宿は、異質な性格の「危成」の人の本性もすぐに見抜ける。もともと冷静な関係だけに距離感を考えてつきあうことができる相手。

回 室宿（危・遠距離）
室宿の実力は認めるし憧れもするが、自分とは違う道を行く人と割り切れる。

回 井宿（危・中距離）
井宿の理屈や説得は頭ではわかっていても、気持ちは反発を感じることがある。

回 氐宿（危・近距離）
理想と使命に生きる翼宿と現実的でドライな氐宿は深層では接点が見出せない。

回 壁宿（成・遠距離）
壁宿は翼宿にはわかりにくい相手。時間をかけることができれば理解しあえる。

回 房宿（成・中距離）
表面的にはうまくやれるけれど、房宿の勝手さやわがままに翼宿はかなり敏感。

回 鬼宿（成・近距離）
掴みどころのない鬼宿の心をうまく掴む。こだわりすぎなければ仲良しに。

翼宿と「命・業・胎」

「業・胎」の人は知恵の人。いつも一緒にいたいのが「胎」の昴宿。意外にいつも一緒にいるのが大変なのが「業」の斗宿。両宿とも翼宿に方向性を与えてくれる。

回 翼宿（命）
本来が善良なので尊重し助けあうが、二人きりでつきあうことはあまりない。

回 斗宿（業）
お人好しな面のある翼宿も、斗宿によって闘争心が生まれるが、いつも一緒はつらい。

回 昴宿（胎）
昴宿の良さを誰よりも認めるのが翼宿。それに応じて昴宿も翼宿の力になり二人三脚。

軫《しん》宿《しゅく》の相性

Hasta

軫宿の「安壊」

人あたりがよく、決して強く出ない軫宿は、「安壊」の相性の人とも、それなりにうまくやっていくことはできる。自分が多少損をすることになっても、かまったりかまわれたりすることで、どこか満足してしまうような傾向がある。

回 室宿(安・遠距離)
良くも悪くも目立つ存在の室宿と、人づきあいが巧みな軫宿は結びつきやすいが、圧迫感も大きい。短期間なら楽しいが、結局は軫宿のほうから離れることに。

回 井宿(安・中距離)
軫宿も議論好きだが理屈では井宿に勝てない。ただし現実面では軫宿の動きが速すぎて井宿はついてこられない。人間関係の巧みさで井宿の隙を突けるので怖くはない間柄。

回 氐宿(安・近距離)
つい頼りにしてしまう自己中心的な氐宿には軫宿の気配りも空回り。一方的に利用されてしまう。でも負けるが勝ちで軫宿に同情が集まり、結局、軫宿のほうが得をする。

回 婁宿(壊・遠距離)
どちらも人間関係から幸運を得るタイプで細かいところに目がいき、相手の手のうちがわかってやりにくい。婁宿は軫宿を必要以上に批判したり、遠ざけたりするかも。

回 尾宿(壊・中距離)
人を立てることで自分をアピールする軫宿のやり方が尾宿には通じず、尾宿の勝手なところを増長させるだけ。尾宿のペースに巻き込まれて、悪者にさせられることも。

回 星宿(壊・近距離)
なんでも手早い軫宿が働き者の星宿には好ましく思える。でもガッチリと組むと、星宿のパワーとやり方に軫宿がついていけずに、疲れきってつぶれる危険がある。

軫宿の「栄親」

人間関係からチャンスをつかむ軫宿ならなおさら、「栄親」になる人、なかでも軫宿の才能を引き出してくれる觜宿と翼宿は身近におきたい相手。角宿に軫宿が力を貸すと楽しいことが起きるかも。

回 虚宿(栄・遠距離)
軫宿は虚宿のナイーブな部分にさわらないので、近づきやすい優しい関係。精神的な部分で響きあい、癒しあえる。

回 觜宿(栄・中距離)
思慮深く真面目な觜宿と社交上手の軫宿は、鉄壁のパートナーシップで大発展。落ち着きのない軫宿も觜宿となら落ちつける。

回 角宿(栄・近距離)
楽しい遊び相手。二人が一緒にいればたくさん人が集まり、いつもにぎやか。一時的にとても親密になり、離れてしまうことも。

回 昴宿(親・遠距離)
軫宿は昴宿のユニークな部分を引き出し、ある特定の分野で深く関わる関係に。そこからさまざまないい出会いも広がる。

回 斗宿(親・中距離)
実は権力志向も闘争心も強い斗宿は細かいところに気がついて人あたりのよい軫宿に助けられる。どちらにも利益がある。

回 翼宿(親・近距離)
一緒に行動すると楽しく、しかも軫宿の魅力や個性を引き出してくれる相手。二人でいるときは、翼宿の後についていい感じに。

軫宿にとっては、人間関係こそが命。孤独は死活問題にもつながる。ことに觜宿と翼宿は一緒に行動したい相手だ。「危成」の関係になる人とは、さすがの軫宿にも思いもよらない展開になりそう。

軫宿の「友衰」

社交性No.1の軫宿にとって「友衰」になる人は、いい関係を楽に持つことができる相性。ただし、力を合わせて困難に立ち向かう関係ではなく、気持ちのいい居場所を持とうとすることに終始する。

回 胃宿（友・遠距離）
親分肌の胃宿に憧れるが、軫宿が願うほどスペシャルな関係にはなりきれない。

回 箕宿（友・中距離）
平凡な生活を送るには頼れる相手。でも、軫宿が志を持つと心が離れることも。

回 張宿（友・近距離）
要領もよく交際上手な軫宿は張宿のお気に入り。嫌なことはひとつもないはず。

回 危宿（衰・遠距離）
どちらも社交性はピカイチで楽しい。でも大変なときは頼りにならない。

回 参宿（衰・中距離）
新しいものが好きな者同士、参宿は軫宿にいろいろなことを教えてくれる。

回 亢宿（衰・近距離）
軫宿が亢宿の強いリーダーシップに従う形。どちらもそれで満足して理解も生まれる。

軫宿の「危成」

いつもたくさんの人に囲まれ、たいていの人間関係はクリアできる軫宿。でも「危成」の関係となる人は、軫宿が思ってもみなかったアプローチをしてくることがあるので、刺激的だけど注意も必要となる。

回 壁宿（危・遠距離）
軫宿は壁宿のユニークさを面白がれるが、壁宿はなかなか本音を見せず、遠い存在。

回 鬼宿（危・中距離）
軫宿が誠実につきあえばよい関係が。下心や二股《ふたまた》交際などはすぐにバレる。

回 房宿（危・近距離）
いい関係を作れるが、房宿には他にも強く心惹かれる相手がいる可能性も。

回 奎宿（成・遠距離）
気持ちがきれいで好感度は高い奎宿だが、なんでもきちんとしていてちょっと大変。

回 心宿（成・中距離）
楽しくつきあえる相手だけど、信用していると意外に裏をかかれたりする。

回 柳宿（成・近距離）
頼りになる友人。話すと気持ちが落ち着く。ただ、頼まれごとで使われっぱなし。

軫宿と「命・業・胎」

常に人とつながっていたい軫宿同士の「命」の関係だと人の輪は大きく広がるが、当人同士はあっさりしている。「胎」の畢宿とはペースが違っても楽しい。

回 軫宿（命）
一緒にいるとより交友関係が広がって楽しいが、二人だけでの関わりは案外薄い。

回 女宿（業）
女宿とふれあうと軫宿に向上心や方向性が生まれるが、女宿が干渉過多になる傾向も。

回 畢宿（胎）
手早い軫宿と何事も粘る畢宿。テンポは合わない分、補いあうが次第に重くなりそう。

角《かく》宿《しゅく》の相性

Citrā

角宿の「安壊」

人から好かれる角宿だけれど、「安壊」の相手は、何故か意識的に気を遣わなくてはならなかったり、気を遣ったほうがいい人たち。自分勝手な接し方をしてしまうと、後で嫌な思いをさせられる相手になりやすい。

回 壁宿（安・遠距離）
二人が結びつくと、ともに隠し持っている遊び好きな面が出る。楽しい仲だが浮気相手などに選べば家庭も人生も大揺れに。壁宿のほうがより実害をこうむる。

回 鬼宿（安・中距離）
器用な角宿は一見不器用な鬼宿を軽んじる傾向がある。また鬼宿のユニークな行動が理解できず、何かと管理したり、束縛しようとするので鬼宿が逃げ出す。

回 房宿（安・近距離）
角宿を親切で優しい人と思って房宿は受け入れるが、角宿が感謝の気持ちを持って接しなければ、房宿は次第に角宿を疎んじるようになり、やがて破綻がくる。

回 胃宿（壊・遠距離）
いつでもどこでも堂々としている胃宿に角宿は憧れる。でも他では好感を持たれる角宿の魅力が胃宿には通じず、逆に楽観的すぎていい加減な部分を突かれ、意気消沈。

回 箕宿（壊・中距離）
箕宿はいろいろ角宿を助けるが、角宿は感謝する心が薄いので箕宿がキレることも。ズバズバ本音をいう箕宿に、打たれ弱い角宿は心に蜂の巣状態の多くの傷を負うことも。

回 張宿（壊・近距離）
かっこいい張宿に、初めは角宿のほうが夢中になるが、神経質でしつこい張宿の一面に悩まされる。遊び仲間として結びつくと、お互いに生活が大きく乱れることに。

角宿の「栄親」

きちんとしていそうでいい加減なところもある角宿が、何かを成しとげるために必要なのが、「栄親」の人。相手は角宿のおかげで明るくなり、角宿も現実を動かす行動を起こすことができる。

回 危宿（栄・遠距離）
何でも二人で楽しめるよい相性。だが、ともに遊び好きなので、面倒な現実から逃げると二人で周囲から浮いてしまう。

回 参宿（栄・中距離）
ダイナミックな行動力が出る組み合わせ。お互いの人生がレベルアップする。面白いアイデアや計画も次々と生まれる。

回 亢宿（栄・近距離）
二人で手を組むとよい協力態勢が築け、お互いにやりたいことができる。しかし油断していると亢宿は意外なところでシビア。

回 畢宿（親・遠距離）
肩に力の入った生き方をしがちな畢宿も、角宿が相手だとリラックスできる。いい塩《あん》梅《ばい》に二人のバランス感覚が整う。

回 女宿（親・中距離）
意外な分野でとても気が合う二人。女宿がそばにいると角宿は影響を受けてきちんとするし、女宿も明るくなる。

回 軫宿（親・近距離）
角宿がリードする形で、二人でいるとどんどん人間関係の輪を広げられる。恋愛、友情だけでなく仕事や商売にもぴったり。

人から好かれる角宿。でも、遊ぶことに生活の比重を置くため、その魅力が通じない人もいる。「友」の斗宿と翼宿は最もいい相性なので大事にしたい。「危成」の人は「安壊」以上に手強いこともある。

角宿の「友衰」

角宿にとって「友」の人である斗宿と翼宿とは、場合によっては「栄親」の人以上によい関係かも。角宿は相手を素直に認め、お互いのいいところをそのまま生かしあうことができる。

回 昴宿（友・遠距離）
本音を出すと仲良くなれる。ただ、若いときや短い時間では理解しきれない。

回 斗宿（友・中距離）
学問好きな斗宿からは学べることが多く、逆に斗宿も角宿の人気運にあやかれる。

回 翼宿（友・近距離）
角宿は翼宿を認めるし、大事にする。翼宿は角宿に頭が上がらないが、悪くない相性。

回 室宿（衰・遠距離）
どちらもアバウトで勝手に動いているようだが、困ったときには助けあう。

回 井宿（衰・中距離）
角宿は井宿の理論的なところに惹かれるが、井宿は角宿のいい加減さを突く。

回 氐宿（衰・近距離）
氐宿は現実的な部分で、角宿は精神的な部分で自由奔放。どこか噛みあわない。

角宿の「危成」

角宿にとって「危成」になる人は、一見どこか似ているようでまったく違うことを考えている宿が多い。面倒なことを避ける傾向にある角宿にとって、「安壊」の人以上に手強いことも。

回 奎宿（危・遠距離）
筋を通す奎宿には角宿が無責任に見えることが多く、ぶつかるか無視される。

回 柳宿（危・中距離）
どちらも人気があるけれど、柳宿においしいところを持っていかれやすい。

回 心宿（危・近距離）
あたりがソフトなので油断すると横やりを入れられたり、横取りされたりする。

回 婁宿（成・遠距離）
お互いにすっきり生きているように見えるが根本的に異質。深層まで見せないこと。

回 尾宿（成・中距離）
敵にまわしたら手強い相手。気を抜いてつきあうといつの間にか負けている。

回 星宿（成・近距離）
似ているようで、一緒に何かを始めると違いがはっきりわかる。

角宿と「命・業・胎」

優等生に見えてもいい加減なところもある角宿だけに、自分のことを知る角宿同士はあまり深い関係にならない。「業・胎」の宿とは、どこかわかりあって本音を出す。

回 角宿（命）
遊び仲間にはOK。でも見えにくい角宿のいい加減さがわかっているので信用しない。

回 虚宿（業）
人見知りな虚宿は角宿には心を開くが、角宿は本当に深い部分は虚宿に見せないかも。

回 觜宿（胎）
自分本位な傾向の角宿も觜宿には尽くす。でも尽くしがいがなくなると関係も終了。

亢《こう》宿《しゅく》の相性

Svāti

亢宿の「安壊」

自分の信念をつらぬく亢宿に対して、「安壊」の人はさまざまな方向から揺さぶってくる。ただし亢宿は強い星なので屈するということはなく、むしろそれは人間性や人生経験の幅を広げるために必要な揺さぶりになることも。

回 奎宿（安・遠距離）
一度結びつくと魅入られたかのように無条件に亢宿に尽くす奎宿。自分を貫くあまり、時に変人扱いされる亢宿にとって、つきあい上手な奎宿はありがたい味方。

回 柳宿（安・中距離）
強い信念があるようで、状況や現実に合わせて柔軟に自分を変える柳宿に、亢宿は苛立つこともある。短期決戦では亢宿が勝つが、長期戦ではなかなか勝負がつかない。

回 心宿（安・近距離）
他の人なら惑わされる心宿の魅力も、確固たる理想に生きる亢宿には通じない。亢宿は心宿の優柔不断、心変わりを絶対に許さないので、長く関係を維持するのは無理。

回 昴宿（壊・遠距離）
バランスのとれた人柄の昴宿は、極端に走りがちな亢宿にとって魅力的。ただ亢宿の思うようには動いてくれず、フラストレーションがたまる。片思いで終わることも。

回 斗宿（壊・中距離）
よい師を得ることで開運する亢宿。自分がかなわないものを持つ斗宿を師とすれば吉。ただし、友人、恋愛関係の場合は亢宿が反発し、けんかばかりすることになる。

回 翼宿（壊・近距離）
二人とも正義感が強く正直なので、嫌悪な関係にならない。互いの独善的な面がぶつかることで相手の心に気づく。ただ、行動範囲の広い翼宿に亢宿は取り残されがち。

亢宿の「栄親」

信念の強い亢宿は、ともすると偏った考えや行動に走りやすいが、「栄親」の人はそんな亢宿の視野を広げてくれる。特に室宿や氐宿など太っ腹なタイプとの交際はプラスになる。

回 室宿（栄・遠距離）
室宿の明るさとダイナミックさ、亢宿の信念の強さがよい影響を与えあう。長くつきあうほどに支えあえる部分が増える。

回 井宿（栄・中距離）
ともに理屈で納得して動くタイプで仲良くできるが、論戦になれば井宿が勝つ。二人一緒にいると面白い個性が生まれる。

回 氐宿（栄・近距離）
氐宿は強い宿だが不思議と亢宿には従う。氐宿の器の大きさが亢宿を逞しくする。ちゃんと話せばなんでもわかりあえる間柄。

回 觜宿（親・遠距離）
信念を曲げない亢宿とコツコツ実力をつける觜宿は、時間をかけてよい関係に。考えが偏りやすい亢宿をやんわり調整する。

回 虚宿（親・中距離）
亢宿は虚宿の不安定な部分を支え、虚宿はアイデアや知恵で亢宿を助ける。亢宿がリーダーシップをとると安定する。

回 角宿（親・近距離）
角宿と手を組むと亢宿の視野が広がり、行動も骨太になり運気も大きく開ける。ただ、つきあい自体は、集中的で期間限定かも。

自分を自身では変えられない亢宿は、人との関わりで運勢を変える。「栄」の室宿と氐宿、「友」の軫宿、「衰」の房宿、「胎」の参宿は、亢宿の視野を広げてくれる。

亢宿の「友衰」

「友衰」の近距離の関係になる軫宿と房宿は、ともに心優しい性格であり、狭き道を行こうとする亢宿にとって頑なな気持ちや態度をやわらげ、視野を広げてくれる得難い相手になる。

畢宿（友・遠距離）
気が強く粘り強い畢宿は、味方にしたい相手。敵にまわすと亢宿でも勝てない。

女宿（友・中距離）
どちらも目標に向かって努力するので、求めるものは違っていても認めあえる。

軫宿（友・近距離）
自分の世界を守る亢宿に新しい人間関係や情報をもたらし運気を伸ばしてくれる相手。

壁宿（衰・遠距離）
亢宿に引っ張られ壁宿は前向きになるが、壁宿の個性を亢宿は理解できない。

鬼宿（衰・中距離）
気弱なところがある鬼宿は亢宿を頼み、亢宿は鬼宿の夢見がちな部分に惹かれる。

房宿（衰・近距離）
つっぱって生きる亢宿に房宿の柔らかさはオアシス。房宿も亢宿には優しい。

亢宿の「危成」

星宿、尾宿、胃宿は、「危成」の人のなかでも特に亢宿と似ているように感じて近づきやすいが、実は違うので、全くそりが合わない。それぞれ強い宿なのでぶつからないほうが賢明。

婁宿（危・遠距離）
サッパリしているが情に薄い面もあり、亢宿に対しては歩み寄ろうとしない。

星宿（危・中距離）
地味だけれど目標に一歩ずつ近づく、手強いライバル。亢宿は星宿を動かせない。

尾宿（危・近距離）
ともに狭い自分の道を行き、譲りあわないので、無関心か大バトルのどちらか。

胃宿（成・遠距離）
同じものを目指しても正反対の考え方と行動をする胃宿。自分を客観視する鏡に。

箕宿（成・中距離）
プライドがぶつかりやすく仲良くしにくいが、心強い補佐役になることもある。

張宿（成・近距離）
張宿のやや打算的な面が出やすい。情以外の利害関係が一致すると良好な関係に。

亢宿と「命・業・胎」

亢宿にとって、「命」と「業・胎」の関わりは大きく違う。「命」の人には信念の違いで近づかないが、「業・胎」とは助けあえる大事にしたい関係が見出せる。

亢宿（命）
亢宿はリーダーの星。気持ちはわかるが、「両雄並び立たず」で、一定以上近づかない。

危宿（業）
危宿は亢宿が相当わがままをいっても受けとめる。亢宿は弱気になると危宿を頼る。

参宿（胎）
実行力がある参宿と関わると亢宿の人生に動きが出る。参宿に力を貸す場合も多い。

氐《てい》宿《しゅく》の相性

Viśākhā

氐宿の「安壊」

エネルギッシュで、いざとなると断固とした行動をとる氐宿は、人間関係も案外シビア。見えないところで厳しいバトルを繰り広げることもあるが、その相手が「安壊」の人なら、勝っても負けても消耗するので注意が必要。

回 婁宿（安・遠距離）
氐宿にとって婁宿は何かと利用できる相手。でも次第に理屈っぽさが鼻につく。婁宿も利用されたように感じると激怒。決裂するときは周囲を巻き込んで大ゲンカになる。

回 星宿（安・中距離）
両者ともパワフルな頑張り屋で反骨精神も旺盛。星宿が氐宿に尽くす形で協力しあえる。だが目的のために手段を選ばない氐宿のアクの強さに、星宿はついていけなくなる。

回 尾宿（安・近距離）
どちらも実直に努力するが、氐宿が尾宿のプライドを傷つけると争いになる。一本気で単純な尾宿は大胆な策士の氐宿にはかなわない。金銭感覚の違いで衝突することも。

回 畢宿（壊・遠距離）
畢宿とはどちらもパワフルで欲望が強いので、利害が一致しているときはいいが、一度歯車が狂うと激しいバトルに。畢宿は絶対に負けを認めず、氐宿が勝っても疲れる。

回 女宿（壊・中距離）
氐宿も女宿も自分が管理し仕切りたいタイプなので、主導権争いが起きる。氐宿が勝っても女宿がまた仕返しをしたり、しつこく陰険な争いが続きやすい。

回 軫宿（壊・近距離）
氐宿は自分がリードしているつもりでも、軫宿にうまく使われることも多い。軫宿の忙しすぎる交友関係に嫉妬したり束縛しようとしたりすると、友好関係は破綻する。

氐宿の「栄親」

氐宿にとって「栄親」の関係の中でも「親」となる人のほうが気持ちや行動がわかちあえる。「栄」となる人とは相手をよく見てつきあえば、そのことで氐宿の魅力が周囲にも伝わる。

回 壁宿（栄・遠距離）
ともにリアリストで貪欲。でも人間としてのスケールは氐宿が上。それを理解したうえで大事にすれば氐宿を支えてくれる。

回 鬼宿（栄・中距離）
ともに自由に生きるので気が合う。氐宿が鬼宿の純粋さを大切にしてあげて。鬼宿に頼られると、氐宿は新たな力が湧く。

回 房宿（栄・近距離）
どちらも現実的で金運や物質運が強く、それが結びつくきっかけに。ただし欲望に対し二人とも猛進しすぎないように。

回 参宿（親・遠距離）
氐宿にとって最も気がおけない、信頼できる相手。楽しく、何でも話せる。二人で力を合わせればダイナミックなことができる。

回 危宿（親・中距離）
自分のスタイルをもって軽やかに生きる危宿は氐宿にとって好感が持て、楽しい関係に。公私にわたって親しくなれる。

回 亢宿（親・近距離）
志が高い亢宿には氐宿も一目置き、信頼だけでなく現実的な利益も与えあう。困ったときに一番頼りになる相手。

パワフルな信念の人だけど、人の考え方は十人十色と知ることが大切。「安壊」は争いに勝っても負けても消耗するので注意が必要。「親」「命」「胎」の人とは気持ちも通じるし、力も貸してもらえる。

氐宿の「友衰」

「友衰」になる人は、氐宿にはないものを持っていることが多い。人間関係が巧みな氐宿はかえって刺激されて近づき、相手も氐宿に好意的だが、深くつきあうと食い違いが目立つ。

回 觜宿（友・遠距離）
内心怖がりな觜宿は氐宿に勇気づけられ、氐宿は思慮深い觜宿に助けられる。

回 虚宿（友・中距離）
精神性の強い虚宿と現実的な氐宿は補いあう。虚宿の自尊心を傷つけないで。

回 角宿（友・近距離）
好き嫌いが激しい者同士だが惹かれあう。ただし、友人以上になると食い違う。

回 奎宿（衰・遠距離）
一歩踏み込むと譲らないものを持っている。氐宿はその手応えが楽しくて関わる。

回 柳宿（衰・中距離）
気楽につきあえる相手だが、どちらも欲望が強く、それを出しすぎると決裂することも。

回 心宿（衰・近距離）
心宿には氐宿の器の大きさがよくわかり、ときにはそれが羨ましい。

氐宿の「危成」

人に対して苦手意識を持たない氐宿だが、人から妬みを買ったり足を引っ張られることが。その点で少し気をつけて接したほうがいいのが「危成」の中距離にある、張宿と斗宿。

回 胃宿（危・遠距離）
胃宿は強い星なので警戒する気持ちが消えない。なるべくぶつからないように。

回 張宿（危・中距離）
手落ちが少ない張宿からは学ぶことも多いが、何かあるとしつこいので要注意。

回 箕宿（危・近距離）
怖いもの知らずの箕宿を氐宿が受けとめる関係が作れれば、意外に楽しくやれる。

回 昴宿（成・遠距離）
話をするには楽しい相手でも、言葉通りのことを昴宿に期待すると肩透かし。

回 斗宿（成・中距離）
スタイリッシュな斗宿と現実重視の氐宿は相いれない。刺激しないほうがよい。

回 翼宿（成・近距離）
明るくカジュアルな氐宿に翼宿は好感を持つが、あるとき氐宿の強さに驚く。

氐宿と「命・業・胎」

氐宿をめぐる「命・業・胎」の関係はルールどおり。お互いに要領がいいので「命」の関係はうまくいく。「業」の室宿には尽くされて、「胎」の井宿には尽くす。

回 氐宿（命）
氐宿は、強さだけでなく、柔軟さも兼ね備えていて、同じ性格の相手ともうまくやる。

回 室宿（業）
室宿は氐宿が気になっていろいろ手を貸すが、やり方が自分本位では通じない。

回 井宿（胎）
氐宿が井宿に知恵も力も貸す関係。井宿の考えを実現化するきっかけを作る。

房《ぼう》宿《しゅく》の相性

Anurādha

房宿の「安壊」

好感を持たれることが多く、たいてい愛と恵みを受ける側になる房宿が、自分からアクションを起こして関わっていくのが「安壊」にあたる人。利益や結果を考えず関わっていけば、人生の大切なものを学ぶことになる。

胃宿（安・遠距離）
自分を曲げず、施すのも施されるのも嫌いな胃宿だが、房宿だけには骨抜きにされる。とことん尽くしてくれるが、房宿が感謝の気持ちを持たず利用すると胃宿の深い恨みを買う。

張宿（安・中距離）
ともに苦労知らずなので、一緒にいるとお互いに悪い面が助長される。特に同性同士の場合と、房宿が女性で張宿が男性の組み合わせが悪いが、被害は張宿のほうが大きい。

箕宿（安・近距離）
ちやほやされがちな房宿ははっきりと本音をいう箕宿に心惹かれる。一緒にいると波乱の多い箕宿の人生に巻き込まれるが、相手のために無理をするのは箕宿のほう。

觜宿（壊・遠距離）
穏やかで思慮深い觜宿に、苦労知らずの房宿はかなわない。觜宿に学ぶ態度でいれば房宿の運気も上がる。どちらも金持ち星だが金銭がからむと、してやられることも。

虚宿（壊・中距離）
虚宿は頼りになるようでならないので、房宿はがっかりするかも。精神的なものに影響される虚宿と、現実的なものが人生の中心になる房宿は、理解が生まれにくい関係。

角宿（壊・近距離）
どちらもソフトなムードを持つ宿なので、初めは互いに好印象で仲良くなる。でもやがて嫉妬しあう傾向が。房宿が角宿に期待を裏切られることが多い。

房宿の「栄親」

「栄」になる柳宿と心宿とは一緒にいて楽しく、かなり濃い関係。「親」になる室宿と氐宿とは、手を組めば大きなことができるが、お互いに深いつきあいにはなかなかなりにくい。

奎宿（栄・遠距離）
互いの繊細さを知って接近。節度あるつきあいに。仲良くできるがなるべく一緒にいるようにしないと秘密を持ちあってしまう。

柳宿（栄・中距離）
前向きな柳宿と緻密な房宿。ともに人に親切にされる運を持ったベストコンビ。他の人には持てない安心感を持てる相手。

心宿（栄・近距離）
話さなくても本心がわかる二人。細部まで理解が生まれて楽。よい協力態勢も取れるが、変なところで張りあわないように。

井宿（親・遠距離）
房宿は井宿の論理性を、井宿は房宿の洞察力を認めあう。理性的な結びつき。井宿の不器用な部分を房宿でフォローできる。

室宿（親・中距離）
豪快な室宿に惹かれる。室宿は自己中心的だが、素直なので房宿が立てる形でコントロールしてうまくいく。

氐宿（親・近距離）
どちらも現実的な知恵に長けていて、二人が協力すれば現実的利益を得る。ビジネスパートナーとしては理想的。

苦労知らずで愛される房宿だが、なぜか迷惑をかける相性もある。また、房宿が珍しくアクションを起こして関わるのが「安壊」の人。「業・胎」の人も房宿の人生に必要なことを教えてくれる。

房宿の「友衰」

房宿の許には多くの人や物が集まるが、ときにはそれがトラブルのもとになることも。特に「友衰」のような情の部分が強い相性では、お金のいざこざは人間関係を左右するので注意を。

回 参宿（友・遠距離）
参宿は房宿の魅力に弱い。参宿の行動力と房宿の思慮深さで補いあうことも。

回 危宿（友・中距離）
話がはずみ、良い友人になれるが、それ以上の関係ではややテンポが合わない。

回 亢宿（友・近距離）
表面上仲が良いが、房宿は亢宿の一途さが本当はわからない。金銭感覚も違う。

回 婁宿（衰・遠距離）
常識的なことを大事にする２人なので仲良くできるが、金銭感覚の違いには注意。

回 星宿（衰・中距離）
目標に向かって頑張る星宿を房宿は尊敬し、星宿は房宿の存在に力づけられる。

回 尾宿（衰・近距離）
生まじめな尾宿とはきちんとつきあって。気楽さを出すと攻撃の標的にされる。

房宿の「危成」

苦労知らずなところがあるので、ちょっとしたことで物事を投げ出す傾向もある房宿。「危成」の関係は基本的に異質な者同士なので、房宿にとってはそれだけでなかなか踏み込めない関係だ。

回 昴宿（危・遠距離）
知的で高い理想を持つ昴宿に憧れるが、どちらも行動を起こせず、接点が摑めない。

回 翼宿（危・中距離）
好感を持つが、房宿も翼宿も自分の世界を守るのでいまひとつ踏み込めない。

回 斗宿（危・近距離）
目立つので一方的にライバル視されるかも。適当な距離を取り、あまり刺激をしないで。

回 畢宿（成・遠距離）
畢宿の強さに憧れるが、近くにいると気を遣うので当たらず障らずが一番。

回 女宿（成・中距離）
用心深い房宿が女宿のプライドを大切にする形。気を許せないが利用しあえる。

回 軫宿（成・近距離）
誰ともうまくやる軫宿のノリの軽さが房宿は苦手。他の人より見る目が冷たい。

房宿と「命・業・胎」

傍目には恵まれている房宿の心の闇を「業・胎」の人は癒してくれる。一方、房宿にとっての房宿は、実は一番手強い存在かもしれない。

回 房宿（命）
望むライフスタイルが合っていればうまくやれるが、男女関係だと消耗しあう恐れも。

回 壁宿（業）
壁宿は陰になり日向になり房宿を支える。二人にしかわからない絆が生まれる。

回 鬼宿（胎）
鬼宿を束縛しなければいい関係を築ける。鬼宿は房宿に必要なものを教えてくれる。

心《しん》宿《しゅく》の相性

Jyeṣṭhā

心宿の「安壊」

自分の中にいくつもの心を持っていて、時に自分でも正体がわからなくなるほどの心宿が、使い分けもせず、ひとつの顔しか見せなくなるのが「壊」の相手。「安」の相手に対してはあまりにも使い分けすぎて、結局自分が困る。

回 昴宿（安・遠距離）
品行方正、真面目な昴宿が愛情や飲食がらみで意外な行動を起こすときに、心宿が関係していることが多い。良くも悪くも昴宿は心宿の人生が変わるきっかけを作る。

回 翼宿（安・中距離）
正直でストレートな翼宿は、変化球ばかりの心宿に翻弄される。確かに最初は心宿が優位にたてる関係だが、油断していると、打たれ強い翼宿に巻き返される。

回 斗宿（安・近距離）
スタイリッシュな斗宿も心宿には我を忘れて夢中になる。やがて心宿の二面性に傷つき、人生も大揺れ。可愛さあまって憎さ百倍。ずっと許さずにその後も執着する。

回 参宿（壊・遠距離）
陽気で情が深い参宿には心宿も本音を見せる。心宿の緻密さは大胆な参宿にプラスだけれど心宿の存在感は薄くなるはず。それでもいいと思うほど、心宿は参宿に弱い。

回 危宿（壊・中距離）
交際上手の危宿と外では明るい心宿は楽しくつきあえる。ただし心宿は単純な危宿を心ならずも傷つけやすい。危宿を傷つけたことがきっかけで心宿も間接的に害を受ける。

回 亢宿（壊・近距離）
確固たる自分を持つ亢宿に心宿の演技は通用せず、明るい心宿の中の暗さやしたたかな本音を見抜く。必要以上には干渉してこないが、心宿にとってはちょっと脅威。

心宿の「栄親」

誰からも愛される愛嬌があるのに、本当の心は自分でもわからない二面性に少し疲れてしまいがちな心宿。「栄親」の相手は、そんな心宿を本当の意味で安心させてくれる存在。

回 婁宿（栄・遠距離）
人の心をうまく動かす心宿だが婁宿に対してだけは通用しない。心宿が正直に献身的に生きるためのキーパーソンといえそう。

回 星宿（栄・中距離）
正直な星宿には心宿も気を使わなくていいので楽。星宿のスケールの大きさと強さが理解できないと物足りなく感じるかも。

回 尾宿（栄・近距離）
心宿は尾宿の言葉にしない部分も理解する。心宿が合わせる形になるが、決して裏切らない尾宿には比類ない信頼を置く。

回 鬼宿（親・遠距離）
純粋な鬼宿に心宿もなごむが、ともに心があちこちに移ろいやすく安定しない傾向が。心宿が鬼宿をケアする形で落ちつく。

回 壁宿（親・中距離）
壁宿は心宿に寛大でどこまでもつきあう。人には見せない部分も見せあえる仲。壁宿の傍だと無理なくフラットな自分でいられる。

回 房宿（親・近距離）
考え方、感じ方が似ているので息が合う相性。一緒にいると双方の好感度もアップする。互いに引き立てあって伸びる。

表向きの愛嬌に対して、内側の心の暗さは相手を選んで解放して。「親」の関係になる房宿と壁宿はそんな心宿を心から安心させる。「危成」の関係の人には深入りしないほうがベター。

心宿の「友衰」

「友」の相手は、心宿の心をどこまで理解しているかわからないけれど明るくしてくれる存在。「衰」の関係の人とは何かをやりとげることができる。心宿には「友衰」の関係は心地よい。

回 井宿（友・遠距離）
いつも心が揺れている心宿の人には、冷静でクレバーな井宿は心やすまる相手。

回 室宿（友・中距離）
小さなことにこだわらない室宿に心宿はやすらぐが、室宿は心宿の複雑さにも鈍感。

回 氐宿（友・近距離）
氐宿の勇気と判断力は心宿にはプラスに。でも現実面で手を組むと欲深さで衝突。

回 胃宿（衰・遠距離）
胃宿には秘密めいたところのある心宿は魅力的。胃宿が大きく影響を受ける。

回 張宿（衰・中距離）
どちらも慎重なので腹の探りあいになる。一緒に繊細な作業をするのはいい。

回 箕宿（衰・近距離）
箕宿をがさつに感じやすいが、箕宿の度胸のよさと心宿の用心深さで補いあえる。

心宿の「危成」

人に合わせるのがうまい心宿も、こと「危成」の人とは、あまり深入りせずに表面的なつきあいにしたほうがよさそう。異質すぎて振りまわされ、ストレスや骨折り損にもなる。

回 畢宿（危・遠距離）
繊細な心宿には骨太に我が道を行く畢宿は宇宙人のよう。違いが面白いが向かない。

回 軫宿（危・中距離）
人のいい軫宿と心宿はうまくやれるが、心ならずも心宿は軫宿を利用してしまう。

回 女宿（危・近距離）
女宿の立場が上なら心宿を可愛がるが、そうでないと心宿のライバルになる。

回 觜宿（成・遠距離）
觜宿は心宿に負けないくらい用心深いので、反応を深読みしあって発展しない。

回 虚宿（成・中距離）
心宿にも虚宿は謎の存在。わからないだけに惹きつけられるが理解しあえない。

回 角宿（成・近距離）
アバウトな角宿は緻密な心宿の敵ではないが、対立するとマイナスは心宿に。

心宿と「命・業・胎」

自分の心をのぞきこむ心宿なので、心宿同士はかえってぎこちない。「業」の奎宿は優しいし、「胎」の柳宿は持ち上げてくれるが、心宿の心配は、尽きないかも。

回 心宿（命）
自分の言動の裏を見透かされているようで、そばにいると落ち着かず自然に避けあう。

回 奎宿（業）
奎宿は心宿を細やかにフォローしてくれる。それだけに心宿は頭が上がらなくなる。

回 柳宿（胎）
柳宿は自然に心宿を引き立てる。ただ、よいことで結びつかないと結局心宿が損をする。

尾宿《びしゅく》の相性

Mūla

尾宿の「安壊」

負けず嫌いで地道な努力もする尾宿は、持久戦になればほとんどの相手に勝つが、「安壊」の相手とは戦いにならなかったり、決着がつかなかったりする。さらに、室宿と畢宿とはムダな戦いになるので近づかないほうがいい。

回 畢宿（安・遠距離）
粘り強さ、緻密さではどちらもいい勝負だが、集中力のある尾宿は畢宿のテンポをぬるく感じて決裂しがち。でも、どちらも最後まで負けを認めないので、泥沼の戦いになる。

回 軫宿（安・中距離）
人とつきあっても影響を受けない尾宿だが、影響されながら生きる軫宿のことは気になる。交際にお金を使わない尾宿とお金を惜しまない軫宿の金銭感覚の差はトラブルに。

回 女宿（安・近距離）
仕切りたがりの女宿にとって、絶対に自分に従わない尾宿はうっとうしい存在。どちらも性格に暗いところがあるので、関わると両者とも、より暗い雰囲気が増す。

回 井宿（壊・遠距離）
強くて一本気な尾宿は、井宿の知性にメロメロになる。一緒になると、井宿の悪い部分を尾宿が助長するが、結局それを尾宿が肩代わりするので尾宿が悪く言われやすい。

回 室宿（壊・中距離）
負けん気は強いが実はコツコツ努力型で冒険ができない尾宿には、大胆な室宿は自分勝手でいい加減に見え、コンプレックスを抱いて近づかない。接近すればケンカに。

回 氐宿（壊・近距離）
真面目で堅実に見える氐宿に尾宿は心を許すが、内省的で上下関係をきちんと意識する尾宿と、自己中心的で反省しない面のある氐宿は水と油で、結局は合わない。

尾宿の「栄親」

人間関係が器用とはいえない尾宿は、「栄親」の関係でも心がうちとけるまで時間がかかる。そんな尾宿の人との距離感に、マイペースな胃宿と張宿はピッタリ。視野を広げてくれる相手となるだろう。

回 胃宿（栄・遠距離）
胃宿から尾宿はパワーをもらう。力を合わせると大きなこともできるが、互いを尊重するので最終的に歩む道は別々になることも。

回 張宿（栄・中距離）
慎重なのでうちとけるのに時間がかかるが、関係が結ばれれば裏切りのない仲。一緒に戦うべきことがあると急接近するかも。

回 箕宿（栄・近距離）
隙だらけでも人気がある箕宿。お互い嘘のないまっすぐなつきあいができ、信頼できる相手。心強い味方だが、戦えば負ける。

回 柳宿（親・遠距離）
柳宿は尾宿の生活を明るくし、人間関係を広げてくれる。でも移り気なので尾宿のひたむきさを裏切ることも。

回 奎宿（親・中距離）
奎宿は穏やかに見えてこだわりの強さは尾宿より上。正義感の強さで結びつきやすい。二人なら相当な困難も乗り越えられる。

回 心宿（親・近距離）
迷いや悩みの多い心宿も、一本気な尾宿とは落ち着く。協力しあえばとても力強いコンビに。勝負をすれば尾宿の迫力勝ち。

堅実で実直で何も言わせない雰囲気がある尾宿。その中で「栄」の関係の胃宿と張宿は視野を広げてくれる。「友衰」の相手にも思っているよりも好意的に見てもらえるので大切にして。

尾宿の「友衰」

シビアなところのある尾宿には、「友衰」の人のほうが「栄親」の人よりもピュアな人間関係を持つことができ、しっくりくることも多いかも。自分が思っているより好意的に見てくれる相手。

回 鬼宿（友・遠距離）
心の広い鬼宿は尾宿のひたむきさを大きく見守り、何かあったとき助けてくれる。

回 壁宿（友・中距離）
ステイタスが大好きな尾宿と、名より実をとる壁宿は合わないようで補いあえる。

回 房宿（友・近距離）
房宿は生真面目な尾宿を柔軟に受けとめてくれる。目指すものが似ていて、いい関係。

回 昴宿（衰・遠距離）
尾宿が憧れるものを持つことが多いが目指すところが違う。相談相手には最適。

回 翼宿（衰・中距離）
翼宿は気楽に話せる友人。尾宿よりも視野が広いのでいろいろ教えてもらえる。

回 斗宿（衰・近距離）
斗宿は尾宿よりも志が高いところがあるので学ぶことが多い。敵にはしないで。

尾宿の「危成」

駆け引きのできない尾宿は、「危成」の人にも一本調子でぶつかって疲れてしまうことに。でも「危成」の人との関係をばっさり切ってしまうと人脈を狭くする恐れがあるので要注意。

回 觜宿（危・遠距離）
觜宿は立場を重んじるので礼儀正しく接して。長く戦うライバルになりがち。

回 角宿（危・中距離）
つきあいやすい相手だが、尾宿が望む誠実さはないかも。信用しすぎないほうが。

回 虚宿（危・近距離）
何を考えているのか尾宿には理解できない。虚宿のプライドを傷つけないで。

回 参宿（成・遠距離）
参宿は尾宿の一途さが好きだが、革新的な参宿と粘り強い尾宿は合わない。

回 危宿（成・中距離）
尾宿は危宿に刺激を受けるが、軽やかな危宿は我を通す尾宿にイライラしがち。

回 亢宿（成・近距離）
主導権争いで関わりがち。自分なりの正義感をふりかざす亢宿に結局は反発。

尾宿と「命・業・胎」

しっかり者の尾宿と同じくらい自分をしっかり確立している「業・胎」の人は頼りになるし、頼られる。ただし尾宿同士は相いれないので近づかない。

回 尾宿（命）
負けず嫌いな尾宿は同じ尾宿に対して強い競争意識を持つので、いつも険悪な感じ。

回 婁宿（業）
しっかり者の婁宿が尾宿をいろいろな面でフォロー。尾宿がいばりすぎると破綻。

回 星宿（胎）
マイペースの星宿がなぜか尾宿の面倒はよく見るが、実は頼っているのは星宿のほう。

箕《き》宿《しゅく》の相性

Pūrvāṣādhā

箕宿の「安壊」

親分肌な箕宿は、面倒を見たり見られたりという関係だと、案外長続きする。その点で「安壊」の人とは一定の距離を保てばいい間柄になれることも。ただし一対一で深入りしすぎるとお互いの人生が揺れそう。

觜宿（安・遠距離）
控えめだけれど、ずばり本質をついてくる觜宿に、腹芸のできない箕宿は一目置き、親しくなる。でも結局、箕宿は觜宿の生活のペースを乱すだけで終わることも。

角宿（安・中距離）
角宿は箕宿と一緒だと自分のペースが保てなくなる。やさしく穏やかに見えて実は好き嫌いが激しく遊び好きな面など、角宿の裏の性格を引き出してしまうのが箕宿。

虚宿（安・近距離）
この組み合わせでは、どうしても箕宿がリーダーシップをとって動くことになる。頭領運もある虚宿はそれが不満だし、運気的に両方によくない状態を招きやすい。

鬼宿（壊・遠距離）
夢見がちでユニークな鬼宿は、箕宿を脅かす存在にならず憎めない。放っておけず、ついかまってしまうが、鬼宿のほうはそれがプレッシャー、ストレスになることも。

壁宿（壊・中距離）
面と向かって逆らわないので不気味なときもあるけれど、壁宿は箕宿を立ててくれる。ただ、一緒にいるとよからぬことを企てたり秘密の遊びをしたりで、運気が乱れそう。

房宿（壊・近距離）
愛されることに慣れている房宿もなぜか箕宿に惹かれ、箕宿も房宿の力になる。ただし房宿は、波乱含みの箕宿の運気にさらに嵐を導く存在。特に異性の組み合わせは注意。

箕宿の「栄親」

大ざっぱな性格のうえになまじ行動力があって軽率なトラブルを起こしがちな箕宿にとって、それを防ぐブレーンや相談相手に「栄親」の関係になる人はおすすめ。特に斗宿は味方につけておきたい。

昴宿（栄・遠距離）
性格の違いが奏功。昴宿の知性で箕宿は洗練され、昴宿も箕宿から行動力をもらう。どちらもワンランク上にいける組み合わせ。

翼宿（栄・中距離）
どちらも度胸があって働き者同士。手を組むと広い世界で大きな活躍ができるが、どこまで一緒にいけるかは翼宿の舵取り次第。

斗宿（栄・近距離）
立ててくれるので箕宿にはつきあいやすい。ただし実質的には箕宿が斗宿をサポートし、いいところは斗宿が持っていく感じ。

星宿（親・遠距離）
星宿はついていきたい相手。箕宿とつきあうと星宿にはアピール力がつく。ただなかなか出会いにくい相性。接点を探せないかも。

婁宿（親・中距離）
聡明で冷静な婁宿に箕宿が心惹かれ補いあうよい相性。箕宿の意外に細やかな一面が引き出される。利害がぶつかると婁宿が勝つ。

尾宿（親・近距離）
両者が手を組むとお互いのパワーが倍増する強力タッグに。目立つのは箕宿でも主導権は尾宿にあるという関係に。

耳の痛いことをずばずばいうが、本人は意外に気がついていない。軽率なトラブルを招かないためのブレーンには「栄」の関係になる斗宿が◎。「危成」の人とは通じあえるが縁が薄いので、関わる努力を。

箕宿の「友衰」

嘘をつかずさっぱりしているので友達は多い箕宿。中でも「友衰」になる心宿と女宿は、そんな箕宿の明るさに惹かれ、頼りにする。箕宿も意気に感じて誠意を持ってつきあうと、よい関係に。

回 柳宿（友・遠距離）
柳宿の情熱は魅力だが次第に圧迫を感じる。箕宿のほうが反発したり、逃げだしたりする。

回 奎宿（友・中距離）
アバウトな箕宿にとって几帳面な奎宿は、味方ならありがたく重宝し、敵なら完敗する。

回 心宿（友・近距離）
活動的な箕宿と用心深い心宿はよいコンビ。でも心宿を傷つけると恨みは深い。

回 畢宿（衰・遠距離）
畢宿は箕宿とは違う意味で強い。敵にまわすと嫌になるほどしつこいので注意。

回 軫宿（衰・中距離）
軫宿は箕宿を頼りにする。でも箕宿は手早い軫宿をうまく使うだけになりがち。

回 女宿（衰・近距離）
勉強家の女宿はブレーンにピッタリ。一方、箕宿は女宿の心を明るくできる。

箕宿の「危成」

「危成」の関係にある6宿は箕宿とどこか通じあうものがあり仲良くなれる。特に参宿、亢宿、室宿には関心を持っていると得るものがありそう。ただ、この相性は他の関係よりやや縁が薄い。

回 参宿（危・遠距離）
口の悪さでは負けないが、腹に何もない者同士。丁寧につきあえばいい関係。

回 亢宿（危・中距離）
お互いにトップになろうとするので衝突しやすい。遠くから見るなら学ぶことも多い。

回 危宿（危・近距離）
危宿の明るさと軽さは魅力的。つい甘く見がちだが、意外なときに意外な反撃が。

回 井宿（成・遠距離）
理性的な井宿は箕宿のブレーキ的存在。ついやりすぎてしまう箕宿には必要な友人。

回 室宿（成・中距離）
知恵も力もある室宿と関わるのはプラス。サッパリしているので意外に仲良しに。

回 氐宿（成・近距離）
氐宿の立場が上なら箕宿の元気と度胸を生かす人。立場が逆だと敵視される。

箕宿の「命・業・胎」

縁のある「命・業・胎」の関係は、箕宿の大らかさをよく理解してくれるのでありがたい。箕宿もそれに応えていい関係を結べる。「胎」の張宿だけは少し注意。

回 箕宿（命）
ざっくばらんで度量も大きいので、自分と同じ宿の人間が相手でも平気で面白がれる。

回 胃宿（業）
胃宿は箕宿をなにかとフォローしてくれる。でもそれで胃宿が得をすることも多い。

回 張宿（胎）
箕宿は自然に張宿の面倒を見る。それで張宿は大らかになるが、つけあがることも。

斗《とう》宿《しゅく》の相性

Uttrāṣādhā

斗宿の「安壊」

穏やかそうに見えて、相手が強く出れば自分も強く出る、隠れ負けず嫌いの斗宿。ただ「安壊」の相手とは勝っても負けても両者とも傷つくので、なるべく争いは避け、相手の協力を得たい。特に亢宿は要注意人物。

参宿（安・遠距離）
両者とも人の下にはつけない性格なので激しい主導権争いが起きる。斗宿が有利だが、ある程度参宿を立てないと、どちらも傷つく泥沼の争いになる。

亢宿（安・中距離）
永遠のライバルになりやすい関係。お互い無視できずに近づくが、いつも争ってしまう。斗宿が目上になる場合のみ、ぶつかりあいながらも関係は長く続きそう。

危宿（安・近距離）
どちらもセンスがよいので、手を組むと面白いことができる。特に斗宿が目上だと安定する。危宿が目上だと、その大胆さに斗宿は不安を抱く。恋愛では短く激しく燃える。

柳宿（壊・遠距離）
どちらも周囲の引き立てで運気を伸ばすので、同じフィールドにいれば必ず利害がぶつかる。戦えば勝つが斗宿も泥をかぶる。特に柳宿が目下にいるときは脅威を感じる。

奎宿（壊・中距離）
奎宿は斗宿に強く惹かれるが、二人で落ち着きたい奎宿と、外に興味が向いている斗宿は歩調が合わない。奎宿の慢性的不満が斗宿をスポイルしがち。

心宿（壊・近距離）
ともに交際上手なので最初は好感を抱くが、後で敵対しやすい。恋愛関係になりやすいけれど、結ばれても心穏やかな日は少ないかも。なのに別れられない因縁深い関係。

斗宿の「栄親」

斗宿のカリスマ性は「栄親」相手に本領を発揮。この関係になる6宿とも頑固なところのある宿だが、斗宿の穏やかさと賢さに一目置いて助けてくれる。大切にしたい人間関係だ。

畢宿（栄・遠距離）
あたりはソフトだが負けず嫌いの双璧。協力すれば能力を引き出しあうが、ライバルになりやすい相性。争えばドロー。

軫宿（栄・中距離）
軫宿は斗宿のカリスマ性の虜《とりこ》。斗宿は恩恵を受けるが軫宿は主体性をなくす。斗宿が別の目的を見つけると距離ができる。

女宿（栄・近距離）
斗宿が主導権をとり女宿を引っ張る形が理想。女宿は公私にわたって力になってくれる。お互いのセンスのよさが引き出されそう。

張宿（親・遠距離）
斗宿には張宿のきめ細やかな優しさがうれしい。張宿は斗宿と一緒だと大胆になれる。ただし、同じ目的は持ちにくいかも。

胃宿（親・中距離）
どちらも独立独歩でやっていく強い星だが、認めあって協調することは可能。ただし恋愛には、少し時間がかかりそう。

箕宿（親・近距離）
箕宿も斗宿には一目置く。斗宿に頼られると箕宿ははりきり、ともに発展する。斗宿の頑張りを誰よりも認めてくれる。

人間関係に運があるが「安壊」の関係の人だけは難しい相手。「栄親」「命」「業」の関係になる人は助けてくれるので、注目したい。「危成」の人とは争っても損をするだけ。

斗宿の「友衰」

「友衰」の人とはお互いに惹かれてもなぜか深いつきあいにはならない。人の影響を受けて伸びる斗宿には、情でつながりまったりしやすいこの関係はかえって物足りないよう。

回 星宿（友・遠距離）
努力家でオリジナリティのある星宿には親しみを感じるが、実は隠れたライバル。

回 婁宿（友・中距離）
婁宿は斗宿の志の高さに強く惹かれる。斗宿は婁宿の細かさに助けられる。

回 尾宿（友・近距離）
尾宿は斗宿をカッコいいと感じる。斗宿はときどき尾宿の頑固さが気になる。

回 觜宿（衰・遠距離）
きっかけがないと近づきにくいが、斗宿にとって觜宿は認めたり憧れたりする存在。

回 角宿（衰・中距離）
人の心をつかむのがうまい角宿に斗宿も負けそう。学ぶべきところも多い相手。

回 虚宿（衰・近距離）
虚宿と斗宿は趣味嗜好《しこう》が合うのでよきパートナー。ただ、他の人に目移りすると大波乱。

斗宿の「危成」

「危成」の人とは面と向かって対立しないものの、斗宿にとって本音の見えにくい相手。いざとなると負けない斗宿だが、争えばお互いにかなりの傷を負うことになるので、深入りしないほうが無難。

回 井宿（危・遠距離）
理屈では理論派の井宿にかなわない。熱い関係ではないだけに井宿に無理強いは禁物。

回 氐宿（危・中距離）
面と向かい対立することは少ないが、氐宿から間接的な否定やプレッシャーを感じる。

回 室宿（危・近距離）
無邪気なまでに大胆な室宿は、斗宿には手強い相手だ。刺激しないほうが得策かも。

回 鬼宿（成・遠距離）
感覚派の鬼宿に斗宿は自分にないものを感じて、憧れたり認めたりする。

回 壁宿（成・中距離）
斗宿からは壁宿の考えや本音が見えにくい。壁宿も斗宿には身構えて接しがちだ。

回 房宿（成・近距離）
斗宿が房宿をいい感じの相手だと思っていると、意外なことを考えていそう。

斗宿と「命・業・胎」

見た目穏やかでも闘争心のある斗宿の「業・胎」の人は、見た目も本質も穏やかな昴宿と翼宿。斗宿はこの２宿から学ぶことがある。斗宿同士でも研鑽《けんさん》しあう。

回 斗宿（命）
競争心が強いので、共通の敵がいれば手を組んで高めあうが、戦うことになると最悪。

回 昴宿（業）
斗宿は昴宿の影響を受ける。身近な昴宿だけでなくいろいろな昴宿の生き方に注目を。

回 翼宿（胎）
翼宿は平和主義者。翼宿の夢やこだわりを実現するために斗宿が戦うことが多い。

女《じょ》宿《しゅく》の相性

Śravaṇa

女宿の「安壊」

リアリストな女宿は、得はしなくても損はしたくない。警戒心も強いので、「壊」の人には勘が働いて必要以上に近づかない。「安」の人は慎重に女宿と接してくれる面もあるので、比較的つきあいやすい相手になる。

井宿（安・遠距離）
理論派の井宿と実務に強い女宿はよいコンビに。ささやかな優しさも理解しあえる。でも両者の名誉欲の強さが出ると争う。勝負では井宿が勝つが女宿が実利を得る。

氐宿（安・中距離）
自由を求める氐宿に対し、なんでも自分で管理したがる女宿。パワーは氐宿のほうが上なので女宿は制御不能だが、女宿が被害を受けることは案外少ない。

室宿（安・近距離）
陽気でエネルギッシュだけれどおおざっぱな室宿と、陰性で緻密な女宿は正反対。自分にないものに惹かれるが、室宿の無神経さに女宿がキレて無視する結果になる。

星宿（壊・遠距離）
女宿はあくまで本流の人。星宿は傍流でも独創的に生きる人。星宿が女宿の上に立っているうちはよい状態だが、逆の場合はいずれ女宿が駆逐《くちく》されるような状態に。

婁宿（壊・中距離）
お互いの能力は認めあえるのだが、ともにどこか大らかさに欠けているので些細なことで険悪になりがち。女宿が一歩控える気持ちがないと関係は続かない。

尾宿（壊・近距離）
節度を重んじる同士ある程度我慢するが、プライドがぶつかると壮絶なバトルに。ともに陰性の星なので陰湿な争いになりやすい。女宿が負けるので早めに切り上げて。

女宿の「栄親」

女宿から見て「親」になる人のなかでも、遠距離と中距離の関係である翼宿と昴宿には学ぶところが多い。近距離の斗宿は女宿の賢さと優れた処理能力で助けてあげて悔いのない相手。

觜宿（栄・遠距離）
上昇志向が強い努力家でよい相性。双方とも賢いのでいい距離感を保てる。手を組めばいい仕事をするが立場は対等。

角宿（栄・中距離）
真面目に見えて遊び人の角宿と、遊び人に見えて真面目な女宿はなぜか気が合う。仲良く楽しくずっと一緒にいられる相手。

虚宿（栄・近距離）
安定感があって賢い女宿は虚宿のユニークな感性を理解し、その夢や理想の実現に力を貸してくれる。互いになくてはならない存在に。

翼宿（親・遠距離）
翼宿の大きな夢の現実的な部分を支えられるのが女宿。どちらも我慢強いのでゆっくりと穏やかで優しい関係を築いていく。

昴宿（親・中距離）
清潔感がある昴宿に女宿は惹かれる。理想の高い昴宿の傍にいるだけで幸せ。互いの向上心が刺激されてよい方向に進める。

斗宿（親・近距離）
やるとなったら徹底的にやるところが似ている同士。女宿が斗宿に力を貸す形のつきあいに。互いに高い目標を掲げて目指す。

堅実な働き者でも、見え隠れする野心が人をスポイルするので注意を。勉強家の女宿にとって「親」の翼宿と昴宿には学ぶところがある。「命」の女宿同士は、他宿とは結べない理解が生まれる相性となる。

女宿の「友衰」

「友」の相手と「衰」の相手とではやや相性に違いが。「友」の３宿は女宿と性格が違っても女宿の力になってくれるが、「衰」の人は女宿の仕切りから逃れようとする傾向。でもそこが気になる相手。

回 張宿（友・遠距離）
繊細なところのある張宿は女宿にとって信頼できる人。一緒になると仲間が増える。

回 胃宿（友・中距離）
胃宿は底力のある宿なので、女宿が押さえつけすぎなければよい関係だろう。

回 箕宿（友・近距離）
怖いもの知らずで大胆な箕宿を、女宿が補佐しているようでコントロールもする。

回 参宿（衰・遠距離）
行動力があって新しいもの好きの参宿は刺激的な相手。会話は楽しいが仕切れない。

回 亢宿（衰・中距離）
女宿の仕切りを無視して我が道を行く亢宿に、かえって女宿は興味を持つことに。

回 危宿（衰・近距離）
そのときの楽しさを優先する危宿と深謀遠慮の女宿。補いあえるが長くは無理。

女宿の「危成」

「危成」の関係では宿の距離で相性に違いが出やすい。近距離の人は異質でも理解が生まれるが、それ以外の人とは、距離が遠いこともあって的外れな接し方をしてしまいがち。

回 鬼宿（危・遠距離）
自由でいたい鬼宿は、女宿の引力にとらわれないようにあまり近づいてこない。

回 房宿（危・中距離）
女宿の仕切りたがりな面に対し、房宿は内心はともかく従順でいてくれるので楽。

回 壁宿（危・近距離）
女宿が困ったときには手を貸してくれるが、それ以外はあまり接点がない。

回 柳宿（成・遠距離）
意識しがち。乗り越えたり認めさせたい気持ちにさせられる。苦い良薬をくれる人。

回 奎宿（成・中距離）
身内意識の強さが似ていて惹かれあうが、考え方や生き方の違いが次第に明らかになる。

回 心宿（成・近距離）
心宿は優しい乗せ上手。その気になり舞い上がるが現実面の協力は期待できない。

女宿と「命・業・胎」

「命」の関係は女宿にとって、他の26宿とのどの関係よりも大事に思える。芸能関係など女宿同士のユニットはなぜか成功することが多い。互いにプラスになる。

回 女宿（命）
自尊心が強く殻に閉じこもるので、他の宿より女宿を分身のように感じ、深く関わる。

回 畢宿（業）
頑張り屋の畢宿は女宿に手を貸したくてしかたない。自然に補佐したり引き立てたり。

回 軫宿（胎）
特に親しくしていなくても、女宿が軫宿の決断や変化にきっかけを与えることが多い。

虚宿《きょしゅく》の相性

Dhaniṣṭa

虚宿の「安壊」

見かけよりも複雑な心を持ち、やや気難しい面もある虚宿にとって、「安壊」にあたる人は、他の人には強力に働く心のバリアも何故かかいくぐってくる相手。関わりも深くなるが、注意すればよい関係を築くこともできる。

鬼宿（安・遠距離）
ともに精神性が強く、鬼宿の純粋さに他の宿には感じない安らぎを覚える。でもあまり親しくなると、虚宿のほうがなぜか重荷に感じ逃げ出したりする。

房宿（安・中距離）
自分の美学に生きる虚宿は、房宿には魅力的。でもドライで現実的な房宿には虚宿の心がなかなか理解できず、珍しく房宿が虚宿を追いかけて苦しむことになる。

壁宿（安・近距離）
面倒見がよく聞き上手で、人とはひと味違う見識を持つ壁宿を虚宿は頼りにする。ただし、虚宿が壁宿を本当に理解することはなく、一方通行の偏った仲になる。

張宿（壊・遠距離）
外見は立派なのに心の中に脆さと迷いを秘めている点では、虚宿と似ている張宿。相手に期待したぶん、互いに失望しがち。モメると虚宿は張宿にいじめられやすい。

胃宿（壊・中距離）
どんなときも堂々としている胃宿に虚宿は強く惹かれる。胃宿は愛情深い性格だが現実的なので、虚宿の心の複雑さが理解できず、いたずらに虚宿の心を踏み荒らすかも。

箕宿（壊・近距離）
箕宿の率直さは虚宿に好ましく無意識に頼りがち。そうすると箕宿の波乱運に巻き込まれる。箕宿は虚宿の運気が荒れるきっかけになりやすいので、言いなりにならないで。

虚宿の「栄親」

「栄親」の関係になる人は、感受性の強い虚宿をそのまま受け止めてくれる人。気持ちのうえでお姫さま・王子さまタイプの虚宿のプライドを傷つけず、上手に立ててくれるうれしい相性でもある。

参宿（栄・遠距離）
参宿のピュアな部分が伝わるので、そのエネルギッシュなペースに乗っても吉。一緒ならスケールの大きな活躍ができる。

亢宿（栄・中距離）
正直でまっすぐな亢宿は虚宿を裏切らない。そばで安心して自由でいられる。虚宿を支えて強くしてくれる存在だ。

危宿（栄・近距離）
どちらも感覚派なので通じあう。人見知りする虚宿も危宿には心を開く。お互いのユニークな部分を伸ばせるハッピーな関係。

軫宿（親・遠距離）
軫宿の優しさに虚宿もやすらぐが、素早い軫宿とは一緒に動けなさそう。でも軫宿が仲介者としていい出会いを運んでくれる。

畢宿（親・中距離）
畢宿の強靭《きょうじん》さは虚宿には魅力的。反発されたり意のままにならなくても納得。畢宿も虚宿のユニークさに刺激を受ける。

女宿（親・近距離）
虚宿に対する理解力があり、それを表現してくれるしっかり者の女宿を虚宿は信頼する。一方で、虚宿は女宿に夢を与える。

虚宿の持つ複雑な心はなかなか理解されがたく、虚宿に惹かれる相手にとっても厳しいものに。特に「安」の房宿は珍しく自分から追いかけて苦しむことに。「業」の觜宿、「胎」の角宿はそばにいるだけで安心感のある相性。

虚宿の「友衰」

「友衰」の人とも虚宿は楽しい関係を結ぶ。ただし、仕事や結婚という現実的な問題が出てくると、それまでの関わり方ががらりと変わることがあるので、傷つきやすい虚宿は注意が必要。

回 翼宿（友・遠距離）
善良で夢を抱く翼宿は虚宿の憧れ。ただ、近づくには二人の間に入る人が多すぎる。

回 昴宿（友・中距離）
聡明な昴宿は虚宿を理解するので安心できる相手。ただし現実面は動かせない。

回 斗宿（友・近距離）
どちらも精神性が強いので会話が楽しい。ただ、斗宿は虚宿に合わせてくれない。

回 井宿（衰・遠距離）
冷静で理論的な井宿を虚宿は遠い人に感じるが、よく話せば井宿は虚宿の理解者に。

回 氐宿（衰・中距離）
虚宿は氐宿を恐れるが、現実的な氐宿と接するのは虚宿によい影響を与える。

回 室宿（衰・近距離）
友情、恋愛は楽しいが、それ以上は、アバウトな室宿に虚宿はついていけない。

虚宿の「危成」

虚宿は基本的に他の人から見るとわかりにくいところがあるうえ、「危成」の人とはもともと異質な者同士でお互いに相いれないことも多いので、無理に関わらなくてもいいかも。

回 柳宿（危・遠距離）
一瞬濃い関係を結ぶが、その後はそれぞれの世界を淡々と守る関係になる。

回 心宿（危・中距離）
心宿は会話上手なので気を許すが、現実的で自己中心的な心宿とは合わない。

回 奎宿（危・近距離）
奎宿はなんでも整理して進むので、虚宿の曖昧《あいまい》さや不安定さに不安や不満を抱く。

回 星宿（成・遠距離）
星宿の個性的な生き方に憧れるが、近づけば近づくほどわかりあえない関係だ。

回 婁宿（成・中距離）
手落ちなく進める婁宿は、危なっかしい虚宿に批判的。反面、刺激も与える。

回 尾宿（成・近距離）
自分のやり方にこだわる尾宿にはユニークな虚宿は謎。近づかないほうが無難。

虚宿と「命・業・胎」

虚宿同士は仲良くなれない。「業・胎」の関係では、その宿の人がいるだけで虚宿の心は軽くなる。現世のことは何事もどこか信用しきれない虚宿にとって大切な存在。

回 虚宿（命）
虚宿はある年齢まで自分を好きになれないことが多いので、同じ宿も好きになれない。

回 觜宿（業）
虚宿特有の精神的な苦悩を、何をするわけでもないのに觜宿の存在が和らげることが。

回 角宿（胎）
虚宿は角宿に有形無形に尽くすが、角宿も虚宿にさまざまなヒントをくれる。

危《き》宿《しゅく》の相性

Śatabhiṣaj

危宿の「安壊」

本来、人づきあいが巧み。あっけらかんとした個性で誰とでも楽しくやれるのが危宿。危宿にとって「安壊」にあたる相手は、うまくいかないことがあっても、人生を方向づけするときの重要なキーパーソン的存在になる。

回 柳宿（安・遠距離）
人づきあいに気をつかう危宿に柳宿の鷹揚《おうよう》さはオアシス。でも柳宿の内面は危宿が思っているのとは違うので、親しくなるほど軽んじられる。危宿から切る形で終わる。

回 心宿（安・中距離）
危宿は心宿の演技を見抜くが、人づきあいでの波風を嫌うので表面は楽しい関係。でも内心互いに嫉妬や競争心を持ちあわせていて、心の底からうまくはいかない。

回 奎宿（安・近距離）
人にうまく合わせる危宿に対し奎宿は自分勝手なイメージを持つ。危宿は次第に、奎宿の緻密さと余裕のなさに息苦しさを感じ、危宿が荒っぽさを出すと壊れる。

回 翼宿（壊・遠距離）
穏やかだが芯の強い翼宿に危宿は惹かれるが、翼宿は常に我が道を行くので、危宿が翼宿についていくしかない。その事実に気づいた危宿が疲れ、傷つくことが多い。

回 昴宿（壊・中距離）
上品で学識豊かな昴宿は、危宿にとって素直にかなわないと認める相手。意外に遊びの面で気が合う。危宿が上に立とうとしないかぎり、緊張感はぬぐえないがいい関係に。

回 斗宿（壊・近距離）
どちらも交際上手でセンスがいいので協力すれば互いに発展する。危宿は斗宿からいろいろ学べる。斗宿への尊敬をなくすと関係は壊れるが、結局は斗宿にかなわない。

危宿の「栄親」

「栄」になる人は、直感とひらめきで生きる危宿の人生に意義を与えてくれる存在。「親」にあたる人は危宿のセンスのよさと波長が合うが、現実を動かす力に欠けているところがある。

回 井宿（栄・遠距離）
きちんとしている井宿に危宿はほっとする。井宿も危宿の発想に刺激される。長くつきあうほうがいい味が出る関係。

回 氐宿（栄・中距離）
人の気持ちがわかり懐が深い氐宿は危宿に安心感を与え、危宿のよさを引き出す。公私にわたっていいコンビになれるが、節度は大切。

回 室宿（栄・近距離）
パワフルな室宿は頼れる存在、室宿も危宿を面白がる。ともに相手に振り回され、自分が我慢していると感じるが、仲良し。

回 角宿（親・遠距離）
遊び好き同士よい相性。ただ、二人とも楽しいことが優先で、いいとこどりをして現実的になれず、夢心地の関係で終わることも。

回 觜宿（親・中距離）
真面目な觜宿はやや面白みに欠けるが、一緒にいると生活も心も安定する。危宿にとって一番必要なものをくれる相手かも。

回 虚宿（親・近距離）
危宿も虚宿も感情過多で不安定なところがあり、虚宿とは優しいが曖昧な関係。どちらかが強い意志を見せると変わる。

たいていの人と仲良くできるからこそ、わかりにくさもある。「栄」の関係の人は危宿の人生に意義を与えてくれる。「友衰」「危成」の人は、大切にしたいならまめに接点を持って。

危宿の「友衰」

「友衰」にあたる人とは互いを思いやった優しい関係が結べる。ただ、ムラ気を起こして突然音信不通になると、相手はもとより自分も傷つくので、いつもよりきめ細かいつきあいを心がけて。

回 軫宿（友・遠距離）
交際上手な宿同士で穏やかな関係だが、危宿が忙しい軫宿に合わせて受けとめる。

回 畢宿（友・中距離）
畢宿は危宿に合わせず、きつく感じるときもあるが、それで危宿は鍛えられる。

回 女宿（友・近距離）
女宿は最初は危宿の行動を面白がるが、衝動的でケジメのない行動がストレスになる。

回 鬼宿（衰・遠距離）
一緒にいると楽しい。ただ、危宿は鬼宿が不器用に見えて助けてあげたくなる。

回 房宿（衰・中距離）
穏やかな房宿には癒され好感を持つが、房宿は危宿が望むような関係にはなりたくない。

回 壁宿（衰・近距離）
趣味で気が合う。奔放な危宿を恨みつつも、最後まで見捨てないのも壁宿。

危宿の「危成」

危宿の熱しやすく冷めやすいところが、「危成」の人にはめまぐるしくてついていけないかも。相手から見れば、危宿が自分と関係ないところで忙しくしているだけに思える。

回 星宿（危・遠距離）
オリジナリティのある生き方の星宿には、歩む道は別でも学ぶところは多い。

回 尾宿（危・中距離）
尾宿のひたむきさを危宿は頑固と感じ、尾宿は危宿を掴みきれない人に感じる。

回 婁宿（危・近距離）
表面的にはつきあいやすいが、危宿が多くを望むと婁宿には危宿の調子のよさが気になる。

回 張宿（成・遠距離）
スタイリッシュな張宿に憧れるが、張宿は危宿には厳しく、危宿は緊張気味。

回 胃宿（成・中距離）
波乱も多い胃宿の人生に危宿は平気でつきあうが、途中でついていけないこともある。

回 箕宿（成・近距離）
表面的には合わせるが心のツボは違う。箕宿の正直な一言に危宿は傷つくことも。

危宿と「命・業・胎」

わだかまりを持ちにくい危宿が、どうも気に入らないのが「命」の危宿。つい距離をとることになる。「業・胎」の宿とは逆にいつでも近づきたいと思う。

回 危宿（命）
遊び仲間としては楽しいが、人間関係が重くなると距離をとる。ライバル心も強い。

回 参宿（業）
新しいもの好きで頼れる参宿は危宿には大切。ただ、二人だと生き方が荒っぽくなる。

回 亢宿（胎）
亢宿は危宿に言いたい放題だが、困ったときは頼る。危宿もどんな状況でも助ける。

室宿《しつしゅく》の相性

Pūrvabhādrapadā

室宿の「安壊」

性格が強い室宿は、たとえ「壊」の相手でもプレッシャーを与えるが、「安」の人と同様に、勝負では室宿が勝っても結果的にダメージを受けがち。「安壊」の人とはなるべく濃くつきあわず、争わないようにしたほうがいい。

星宿（安・遠距離）
どちらも目標に向かって見えないところで努力をするタイプ。認めあえるし、力を合わせると大きなパワーを発揮するが、ともにトップでいたいので同じ立場になると争いが。

尾宿（安・中距離）
今ある枠のなかで勝ち組を目指す尾宿にとって、枠を壊して違う勝ちを求める室宿の奔放さは我慢ならない。室宿が知らないうちに、尾宿の仮想ライバルになっているかも。

婁宿（安・近距離）
綿密でミスの少ない婁宿は室宿をフォローしてくれるが、内心、婁宿は室宿を軽んじる傾向にある。争えば室宿が勝つが、運気に打撃を受けるのは室宿のほう。

軫宿（壊・遠距離）
軫宿の巧みな社交性は室宿には必要なもの。ただ軫宿が室宿を助ける裏には恐れにも似た感情があるので追いつめないこと。さもないと窮鼠《きゅうそ》に噛まれる猫になる。

畢宿（壊・中距離）
畢宿は室宿のパワーとスケール感に負けない唯一の宿。室宿が結果を早く求めるのに対し、畢宿はじっくりと攻めてくるので気がつくとやられていることもある。

女宿（壊・近距離）
室宿は女宿の暗さが苦手。外向的でラフな室宿と、内向的だが緻密な女宿はよいコンビにもなるが、いつのまにか女宿に実権をのっとられる恐れがある。

室宿の「栄親」

「栄親」になる６宿は大らかな性格の人が集まっている。特に壁宿とはなんでも話しあえるベストな仲。房宿と参宿も室宿の強引さを気にせず、手を組むと大きなことができる。

鬼宿（栄・遠距離）
室宿は自由な鬼宿を受け入れて支え、鬼宿は豪快ではっきりしている室宿に励まされる。優しい思い遣りを持ちあえる二人に。

房宿（栄・中距離）
房宿は室宿を立てるので平和な相性。房宿は目立つ室宿の陰で実力を発揮。我の強い室宿もいい気持ちで房宿に転がされる。

壁宿（栄・近距離）
働き者で黙々と室宿を支えてくれるだけでなく、予想外の楽しみも共有できる。ボランティアなど意外なことで協力しあうことも。

亢宿（親・遠距離）
長くつきあうほど理解が生まれる。亢宿のこだわりを大らかな室宿がフォロー。また亢宿は何があっても室宿を見捨てない。

参宿（親・中距離）
ケンカしながらも仲が良く、手を組むと大きなことができる発展的な間柄。何かが変わる、変えたいときに参宿と出会うことも。

危宿（親・近距離）
利益や喜びを分かちあえる仲。危宿はとてもオープンで室宿は引っ張られる感じもするが、大事なことを決断するのは室宿。

室宿が甘えられるのは、大らかに接してくれる「栄親」「業」の関係になる人。室宿が「安壊」の人と争うと自分も傷つくことになる。「危成」の人とは、室宿が強引さを抑えれば大きなことができる。

室宿の「友衰」

「友衰」の人とは、室宿の無邪気さがポイントになってつながる関係なので比較的楽な相性。ただし「衰」の近距離である奎宿は、その緻密さで室宿の大ざっぱなところを突いてくるので注意。

角宿（友・遠距離）
室宿が最初考えていたのとは意外に違う関係になるが、どちらも大らかなので安定。

觜宿（友・中距離）
他の人より丁寧に接すれば、内にこもりやすい觜宿を広い世界に引っ張り出せる。

虚宿（友・近距離）
現実的な室宿は虚宿の悩みや迷いには無頓着だが、それが互いに楽に感じられる相性。

柳宿（衰・遠距離）
互いに自己中心的なので何事も自分によいように解釈してつきあい、意外に平和。

心宿（衰・中距離）
室宿の気がつかないところに目がいくのが心宿。利用しあうような関係になる。

奎宿（衰・近距離）
奎宿の緻密さは室宿を補いもするが室宿の足をすくうことも。その正論も鼻につく。

室宿の「危成」

「危」の人は室宿が強引なことをすると、たちまちぶつかり別れることになるが、「成」の人は室宿が何もしなくてもプレッシャーに感じる。大事にしたいなら、きめ細かくケアを。

張宿（危・遠距離）
張宿は細かいことを気にし、室宿は物事を大きくとらえるので嚙みあわないかも。

箕宿（危・中距離）
どちらも大胆不敵なので息が合う面もあるが、立場を分けないと主導権を争う。

胃宿（危・近距離）
どちらも力のある宿なので利害が対立しがち。持久戦になると室宿が負ける。

翼宿（成・遠距離）
翼宿を圧倒しがち。こだわりの強い翼宿だが、室宿の前ではそれを出せない。

昴宿（成・中距離）
昴宿の知性は室宿の幅を広げるが、潔癖な昴宿のプライドを傷つけないように。

斗宿（成・近距離）
実力があり目立つ室宿は斗宿の目の上のこぶ。相手にしないと斗宿がさらに反発。

室宿と「命・業・胎」

自分のことばかり考える室宿だが、人のこともよく観察するので、縁の深い「命・業・胎」の宿は気になる存在。恋愛にはならないが、かなり影響を受ける。

室宿（命）
ケンカはしないが、互いに相手を乗り越えようとして切磋琢磨《せっさたくま》する強力なライバルに。

井宿（業）
冷静で知恵ある井宿は室宿の片腕。室宿のわがままが出なければ心許せる車の両輪に。

氐宿（胎）
室宿は氐宿に惚れ込んで引き立てるが、関わりはワンポイントで、長くはならない。

壁《へき》宿《しゅく》の相性

Uttarabhādrapadā

壁宿の「安壊」

もともと人を支えることが好きな壁宿にとって、「安壊」は無条件に尽くしたくなる魔力のようなものを持っていたり、内心は嫌なのに深い関係におちいりやすい相手。深入りすると人生が波乱に巻き込まれる恐れも大きい。

張宿（安・遠距離）
お互い神経が細やかなので表面的にはよいが、華やかな張宿が地味な壁宿を内心軽んじると険悪になる。壁宿も苦しむが、運気のダメージは張宿も大きい。

箕宿（安・中距離）
目立ちたがりの箕宿とひかえめな壁宿は、距離を保てばよいライバル関係。緻密な壁宿は大胆な箕宿の隙をつくので争えば勝つが、それで箕宿のやる気を引き出す。

胃宿（安・近距離）
ミステリアスなものが好きな胃宿は壁宿の秘密めいたところに惹かれ、壁宿は胃宿を支える。でも二人が力を合わせると裏工作的な動きが激しくなり、それで身を滅ぼす。

角宿（壊・遠距離）
角宿のわがままを壁宿が聞く関係だが、どちらも自分の能力以上のことには手を出さないので、手堅いが発展もない間柄。でも遊び仲間になると歯止めがきかない。

觜宿（壊・中距離）
どちらも用心深いので口数は多くても本心は見せないが、思慮深さでは觜宿が上。壁宿の権謀術数も觜宿には通じない。経済的手腕でもかなわない。

虚宿（壊・近距離）
虚宿の一見大らかな魅力に惹かれて近づくと、虚宿がもたらす運気の荒波に巻き込まれる。結局、壁宿は自分を捨て、虚宿を精神的、現実的に支えることになる。

壁宿の「栄親」

目立つことを嫌う壁宿は人から影響を受けにくく、ぶつかる宿もない代わりに力を合わせられる宿も少ないが、「栄親」の柳宿、氐宿、室宿とは、壁宿が支えることで能力を引き出しあえる。

柳宿（栄・遠距離）
行動が派手な柳宿と目立たないほうが楽な壁宿は、柳宿が表、壁宿が裏方というバランス。壁宿の安定感が柳宿に安らぎを与える。

心宿（栄・中距離）
人には見せない部分のある心宿のことを、本当に受けとめられるのは壁宿。遊び仲間としても気が合い、一緒に人生を楽しめる相性。

奎宿（栄・近距離）
ともに律儀なので仕事では協調できるが、互いに本音をあかさない。節度ある大人の関係で安定する。

氐宿（親・遠距離）
自分を飾らない氐宿には壁宿も気を許し、親しみを感じる。同じ目標に向けて協調できるが、どこまで一緒にいけるかは氐宿次第。

井宿（親・中距離）
独特な洞察力を持つ壁宿を井宿は認める、珍しいもの、変わったことへの興味が絆になる。二人きりだと盛り上がらないことも。

室宿（親・近距離）
互いになごめて能力を引き出しあうが、壁宿のほうが室宿に、より思い入れる。一緒にいると壁宿に奉仕の精神が芽生えそう。

人間関係の基本を知る裏工作の達人だが、やりすぎてはいけない。「友」の人、「命・業・胎」の人とは馬が合って楽しい。壁宿は人との関わりを狭くしがちなので「危成」の人とのつきあいも必要。

壁宿の「友衰」

人に好かれても、壁宿自身はあまり人に心を許さないので、「友」の３宿のような我が道を行くタイプを相手にしたり、「友衰」らしいゆるい距離感は、壁宿にはかえって気楽かもしれない。

回 亢宿（友・遠距離）
どちらも自分の世界を守るので認めあうが、ある分野での限定的なつきあいに。

回 参宿（友・中距離）
ボス的な参宿の参謀に壁宿はピッタリ。参宿の知恵袋的な存在になれるはず。

回 危宿（友・近距離）
危宿は壁宿に気をつかわず自由に振る舞うが、壁宿はそんな危宿が気になる。

回 星宿（衰・遠距離）
どちらも個性的な生き方をするので気が合うが、壁宿のほうが星宿より気まま。

回 尾宿（衰・中距離）
一本気で不器用な尾宿を支えたい気持ちで近づきすぎると、壁宿のほうが圧倒される。

回 婁宿（衰・近距離）
互いに生活や生き方に隙がないので、長い間一緒にいると息苦しさを感じることもある。

壁宿の「危成」

限られた人間関係の中で生きていがちな壁宿は、世間が狭くなり、その実力が発揮されないこともある。「危成」の人のように普段接点のない人とのつきあいは短期間でも壁宿にとって大切。

回 翼宿（危・遠距離）
壁宿はオープンではないので、共有するものがないと翼宿とは親しくなりにくい。

回 斗宿（危・中距離）
正論やきれいごとで押し通そうとする斗宿は、世間を知る壁宿から教えられる。

回 昴宿（危・近距離）
普段は違うライフスタイルの二人だが、意外なところで接点を持ちそう。

回 軫宿（成・遠距離）
人を選んでつきあう壁宿は、広く浅くふれあう軫宿からいろいろ学べることもある。

回 畢宿（成・中距離）
一生懸命な畢宿を壁宿は支えたくなるが、強い畢宿は壁宿を必要としない。

回 女宿（成・近距離）
個性を大切に孤高に生きる壁宿は、世間体を気にする仕切り屋の女宿と合わない。

壁宿と「命・業・胎」

マイワールドを持っている壁宿にとって、「命・業・胎」の宿とも自分の世界を大事にしている点で気が合う。大事にしているプライベートを共有できる。

回 壁宿（命）
凝っているものの対象は違っても、マニアックさで通じあうので気の合う相手。

回 鬼宿（業）
個性的なことが大好きな鬼宿は、壁宿のこだわりに強く惹かれ、言われるがまま。

回 房宿（胎）
つかず離れずだが長く続きやすい関係。繊細な房宿を壁宿が全力で守る関係に。

奎宿《けいしゅく》の相性

Revatī

奎宿の「安壊」

穏やかそうで過激、律儀だけれど依頼心が強い、優しいがドライ、金銭に細かいようで大胆。こんな奎宿の秘めた一面が「安壊」の人と関わると表面化、現象化しやすい。秘密や、表に出さないアナザーワールドを共有する関係になることも。

翼宿（安・遠距離）
信念に生きる翼宿を奎宿が細やかに支えたり、奎宿のまめな行動を翼宿が大きく包み込む形で支えあう。どちらかになまけ心が生まれると関係が続かなくなる。

斗宿（安・中距離）
ともに学問が好きで律儀。現実面では奎宿がリードするが、斗宿といると奎宿の考え方の偏狭さ、義理堅い人づきあいの裏にある合理性がきわだってしまう恐れがある。

昴宿（安・近距離）
どちらも誠実で学識豊かなので、近づきすぎなければ良好な関係。でも争いになれば、昴宿が情にもろいぶんだけ弱い。奎宿の結婚運のよさは相手が昴宿だと発揮されない。

亢宿（壊・遠距離）
自分の理想と正義に生きる熱い亢宿と、クールで冷静に同じものを求める奎宿。互いを補いあっていい関係が築けるが、亢宿が奎宿を抑えすぎると関係が壊れる。

参宿（壊・中距離）
用意周到に事を進める奎宿と体当たりで前進する参宿は補いあえるが目指すものが違う。ともに愛情深く惹かれあうのだが、愛情表現の仕方が違うのですれ違うことも。

危宿（壊・近距離）
人間関係を大切にする奎宿は社交的で明るい危宿には気を許す。隠しごとを打ち明けたり共有することも。ただ危宿は思ったよりもラフなので、特に金銭感覚の違いには注意。

奎宿の「栄親」

奎宿にとって「栄」にあたる人は、緻密な奎宿の頭脳を生かして、珍しく奎宿が引っ張る関係。「親」にあたる人は清潔で気品ある奎宿に夢中になり、互いに相手を認めあう関係になる。

星宿（栄・遠距離）
目の前のことに夢中になる奎宿は、遠い夢を語る星宿に触発される。奎宿に憧れる星宿は決して裏切らず、大事なときに力になる。

尾宿（栄・中距離）
思い込んだときのパワーは両方ともいい勝負だが、頭脳プレーでは奎宿が優位。尾宿が味方なら持久力が大幅にアップ。

婁宿（栄・近距離）
清潔な婁宿には清潔で上品な奎宿は好ましい存在。奎宿が婁宿をリードする形に。ともに何かを守ることがあれば最強。

房宿（親・遠距離）
房宿のほうが奎宿の品のよさに弱いが、現実的な生活は房宿が支える。どちらも自分の身近な人間を大切にする点で気が合う。

鬼宿（親・中距離）
枠にはまらない鬼宿の生き方に奎宿は憧れる。現実面を奎宿が助けながら二人三脚で楽しく夢を追いかける。

壁宿（親・近距離）
奎宿がいろいろな方向に興味を広げるときも、秘密を持つときも、壁宿は黙ってフォローしてくれる。奎宿に明るさをくれる人。

奎宿は、困ると必ず誰かが助けてくれる運の持ち主。でも「安壊」の間柄の相手とはどこかずれてしまう。婁宿や尾宿などの「栄」の人や「胎」にあたる心宿は、珍しく奎宿がリードする関係になる。

奎宿の「友衰」

好きなことに打ち込んで伸びる奎宿にとって、「友衰」の人は、その知恵と力をつかず離れずの距離から与えてくれる存在。その感じが、つい突きつめて考えがちな奎宿には心地よいことも。

回 氐宿（友・遠距離）
文化的な興味が強い奎宿は、現実的なことの扱いがうまい氐宿から多くを学ぶ。

回 井宿（友・中距離）
知的な奎宿も井宿の考察の深さに脱帽。奎宿の危険な熱狂を冷ましてくれる。

回 室宿（友・近距離）
あれもこれも手を出したい奎宿には、室宿のスケールの大きな実行力は魅力。

回 張宿（衰・遠距離）
張宿は失敗を怖がりやすいが、配慮がありきめ細かな奎宿がそばにいれば安心。

回 箕宿（衰・中距離）
奎宿から見ると自分のできないことを軽々とやってしまうので、心憎く感じる側面も。

回 胃宿（衰・近距離）
秘密をパワーにする点が似ていて惹かれるが、豪快な胃宿は緻密な奎宿が苦手。

奎宿の「危成」

「危成」の人とは縁も薄く相いれないところもある相性なので、奎宿の品のよさ、プライドの高さと緻密さは、融通の利かなさと受けとめられる恐れも。表面的なつきあいに終始することもひとつの選択肢だ。

回 軫宿（危・遠距離）
律儀に生きる奎宿には、常に人間関係に助けられる軫宿がお調子者に見える。

回 女宿（危・中距離）
ともに礼儀正しく義理も欠かさないが、心がない形式的な交際に陥りがち。

回 畢宿（危・近距離）
奎宿のこだわりも畢宿の執着心には負ける。優等生的な奎宿の弱点が出る相性。

回 角宿（成・遠距離）
独善的な面がある奎宿には奔放な角宿は理解不能。角宿に的外れな評価を下す。

回 觜宿（成・中距離）
どちらも情では動かないのでクールでわりきった関係だが、むしろそれが無難。

回 虚宿（成・近距離）
感覚派の虚宿の言動は理論派の奎宿にはわからないし、プライドもぶつかる。

奎宿と「命・業・胎」

「命・業」は気になる存在でも、あまりものごとを共有しない。「胎」の心宿との関係では、きちんとことを進める奎宿が、なぜか気持ち優先で動いてしまう。

回 奎宿（命）
気持ちが伝わりやすく目標も一致するが、距離をつめると欠点も見えてつらくなる。

回 柳宿（業）
どちらも自分のやりたいことが最優先なので一緒にいにくいが、興味はつきない。

回 心宿（胎）
何事も筋を通す奎宿だけど、心宿がからむと理性より本能で動いてしまう。

カレンダー編

基本的な「オリエンタル・カレンダー」の読み方から
「魔のウィーク」「六害宿」などの乗り越え方まで。
なんと、カレンダーの作り方も初公開！

オリエンタルカレンダーの構成

雑誌『FRaU』の付録として年2回発行するほか、公式サイトでも閲覧可能な、オリエンタル占星術のカレンダーの構成を一挙公開。

1.毎日の運気は27日で3巡する

月の運行から生まれた「宿曜経」。日々、姿と位置を変える月のメッセージである二十七宿は日運を読み解くのに優れた力を発揮する。月は1日にひとつずつ宿を進み、毎日、違う運気をその人に与えていく。二十七宿の進み方には一定の順序がある。

まず、日運の読み取り方を説明しよう。p.193のカレンダーをよく見てみると、毎日の運勢を表す漢字の並びには、ある法則性があることがわかる。この並びは基本的には一定だが、新月のときのみにイレギュラーな変更がある場合がある（その理由はp.197で後述する）。

まず、自分の生まれた日の宿と同じ位置に、その時、実際に運行する月が巡ってくる日があなたの「命」の日となる。そこから次のような並びで運気は続いていく。

「命」⇒「栄」⇒「衰」⇒「安」⇒「危」⇒「成」⇒「壊」⇒「友」⇒「親」

この9日間が「一九の法」で、次の10番目に「業」の日がくるが「業」から続く8日間の運気の並びは「命」からと同じに。

「業」⇒「栄」⇒「衰」⇒「安」⇒「危」⇒「成」⇒「壊」⇒「友」⇒「親」

この9日間が「二九の法」であり後述する「魔のウィーク」はここにあたる。そして「命」から19番目が「胎」の日になる。

「胎」⇒「栄」⇒「衰」⇒「安」⇒「危」⇒「成」⇒「壊」⇒「友」⇒「親」

この9日間が、「三九の法」である。

つまり月の周期である27日の間には、「命」「業」「胎」は1回、それ以外の運気は3回巡ることになる。それぞれの運気の特徴は後述するが、3回巡る運気も、「一九」「二九」「三九」では少しずつ違う運気の傾向を持っている。

2.日運の読み解き方

それではそれぞれどんな日になるのか？各宿の運気は次のようなものである。

「命」 janma

自分の生まれた宿の日。この日は自分の本質的性格がいつも以上に露呈しやすく、運気は不安定なので、積極的に動かないほうがよい日とされる。日運の流れでは前後が吉日なので、重要なことはそこで済ませ、静かに過ごすべき。〝生まれ直す〟ようなことが起こりやすく、この日の決断や行動が大きな意味を持つので軽々しく行わないほうがいい。事故や病気などが大事に至りやすいので、健康、肉体に関わることは避け、ヘアカットなどもできれば別の日に。

「業《ごう》」 karma

「karma《カルマ》」とはサンスクリット語で〝行為〟

〝行動〞を表し、大いに行動してよい日とされるが、積極的に何かを始めるというより、自分がそのときにやらなければならないことをつきつけられる日というニュアンスが強い。そこでの状況を受け止めて動くべき日。「業」は前世でのその人の「本命宿」とも言われ、前世の〝業〞が出て、その人の運命が最も鮮明に出る日ともされる。

「胎」 garbhadhanka

サンスクリット語では〝懐胎〞を意味し、その人が母体に宿った日とも、来世で生まれる「本命宿」にあたる日ともいわれる。

受け身の運気が能動的な運気に変わるタイミングの日であり、新たな運気が芽生える日でもある。そのために、それまでに積み重ねてきたもののさまざまな運気の修正作用も起こり、意外な変化も多い日。まだ運気は生まれたての胎児のように弱く不安定なので、積極的な行動には向かない。

「栄」 sampatkara

〝繁栄〞を意味する日。新たなことを始めたり、大事な予定を入れるのによく、あらゆることで積極的に動き、前進すれば、順調に物事を進められる日とされる。ただ、前日が「命」「業」「胎」という運気の変わり目の日なので、前日の影響も受けやすい。前日、悪い方向に進んでしまうと、増幅してしまう一面も。逆に、それまでに何かあっても、「栄」の日が来たら気持ちを新たに前向きに持っていくといい（ただし「二九の法」の「栄」の日は、「魔のウィーク」にあたり吉日ではない）。

「衰」 vipatkara

物事を衰えさせる運気。必ず「栄」の翌日に来て、「栄」の跳ね上がった運気を少し制御し、バランスをとる日となる。吉日ではないが、ことさら恐れる日でもなく、行きすぎた行為や無駄を調整するのによい日。疲れやすいが、無理をせずに静かに過ごすことで悪運を避けられるし、諸悪を除く作用は強いので、それを生かす日に。

「安」 ksema

〝安定〞を意味する日。予想外のラッキーはないが、予定したことや計画は順調に進み、ほぼ思い通りの結果を得られる日。気の重いこともここで取り組めば、満点ではなくても及第点でクリアできる。休息したり、静かに座って作業をするのもいいが、何かに守られているような日なので、旅立ちや、人を迎え入れたり、修理などにも吉。不安定なものを安定させられる運気の日。

「危」 pratyari

サンスクリット語では〝敵〞〝対等〞という意味を持つこの日は、何かとぶつかりやすい運気を持つ。ケンカや意見の食い違いなどにも出会いやすい。だが、敵対は破壊ではなく、身近な人から大衆まで、自分が向き合っているものの存在を意識することで運気が活性化する日でもある。それだけに、誰かと特に仲良くはなれないが、人の集まるような場所で人とふれあうのは吉。婚姻や会食には悪くない日。ただし勝負事は引き分けにするか、決着を持ち越して吉。

「成」 sadhaka

〝成就〞〝成立〞を意味するこの日は、それまで積み重ねてきたことの結果が出るとされる日。何かにひと区切りをつけるのに選ぶべき日とされる。また、この日に始めたことは、やがて成就するともされる日でもある。それだけに、一朝一夕には成就しないであろう学問や芸事、健康によい習慣などを始めるのによい日とされる。

「壊」 vainasika

〝破壊〟を意味する日で、「成」の日の翌日にやってくる。一度、成立したものは次に進むためには壊されるのが運命。つまり「壊」は古いものを壊し、新しいものに脱皮させる日。ただ、その破壊作用は本人の望まない形でやってくることが多いので、凶運の日とされる。体調も人間関係も乱れ、あえて悪いものを退治、駆逐すること以外は積極的には動かないほうがよい日。

「友」 mitra

〝友人〟〝仲間〟を意味する日。よい人間関係がもたらされ、そこから幸運が生まれるので、恋愛、人づきあいには特に吉日。「友」の翌日は必ず「親」の日が続くので、「友」の日は、深いものを求めるよりも浅くても広く物事を拡大するイメージで臨むほうがより幸運を導ける。婚姻、会食のほか売買など金銭面に関することを行うのもよい。

「親」 atimitra

〝親友〟を意味する日で、「友」の吉運をさらに強く、深められるような日。恋愛や人間関係、経済活動に積極的に使うべき吉日。婚姻、会食、売買、契約事などにもいいが、どちらかというと狭く深く、絆を作っていく日として意識するといい。ただし「二九の法」の「友」と「親」(「魔のウィーク」直後の2日間)は、他の「友」「親」より運気が弱く、吉日とはいえない。

3.毎月やってくる「魔のウィーク」

こうして「命」「業」「胎」が1回、それ以外の運気の「宿」が3回ずつで、27日周期で日運が巡るのが基本。それぞれ「宿」の運気は上記のとおりだが、カレンダーの中で、例外的に扱うのが「二九の法」の期間だ。この「業」から始まる9日間は、自分の本命宿の「命」から一番遠い、対向する位置を月が運行する時期だ。そのため、本人の自分の意思や力が届かない、コントロールしきれない出来事が起こりやすく、パワーも落ち、体調なども乱れやすい。中でも、凶作用がきつい「業」から次の「壊」までの7日間が「魔のウィーク」だ。

月の運行の影響か、女性はこの期間に生理を迎えることが多い。生理は女性にとってうれしい時期ではないが、それは体にとっては必要なデトックスの時期。同じように約1ヵ月に1週間巡ってくる「魔のウィーク」は、うまくいかず、大変なことがあっても、運気のデトックス、過去を清算する毒出しの期間と考えれば、恐れるだけではなく対処法も少し見えてくるはずだ。

ただ、1週間は意外に長いので、その期間の過ごし方のコツをお伝えしよう。

「業」の日→「魔のウィーク」の初日だが、行動するのにはよい日なので、やるべきことを先延ばしにせず、テキパキと片づけるべき。そうすることで、この「魔のウィーク」の凶作用を少しは軽くできる。

「二九の栄」と「二九の衰」の日→積極的に動いてもやることが裏目に出ることが多い。受け身に徹して過ごしたほうがよい。大変な出来事、仕事などが押し寄せるが、それを背負って進まねばならないとき。
「二九の安」と「二九の危」の日→「魔のウィーク」の7日間の中でも比較的、運気がよく、急いでどうしてもやらねばならないことはこの2日間を選んでやっておくとよい。
「二九の成」と「二九の壊」の日→「魔のウィーク」の中でも最も過酷な運気が巡る最後の2日間。自分の力ではどうにもならないことに翻弄され、重い責任を求められがち。ときには咎めを受けることもあるので、問題を起こさないよう、やるべきことはやり、周囲に合わせて慎重に過ごすべき日。
「二九の友」と「二九の親」の日→「魔のウィーク」終了後のこの2日間は、その余韻で運気はまだ浮上せず、吉日とはいえない。受け身の姿勢を崩さずに「魔のウィーク」で荒れた生活や心情を整え、落ちついて少し先の準備をするとよい2日間になる。

4. 月齢と運気の関係
新月と満月で知る運気の絶頂とどん底

「オリエンタル占星術」のカレンダーには、その日の月齢を添えてある。
「宿」で表す運気は、その人の「本命宿」の位置に対する月の位置で決まるが、季節や時期によって地球の位置が変わるため、その「宿」がどんな月齢で巡ってくるかは、ときによって違ってくる。
月齢の中でも影響が大きい新月と満月と、運勢を表す「宿」との関係をまとめてみた。

日付(曜日)	運	月齢	アドバイス
27 (月)	衰		☆悩み事は先輩に相談を
28 (火)	安		☆
29 (水)	危		!人を見下した態度に注意
30 (木)	成		☆☆
7/1 (金)	壊	○	!去る者は追わずの精神で
2 (土)	友		☆☆
3 (日)	親		☆☆☆モテモテ日。出かけて
4 (月)	命		☆
5 (火)	栄		☆☆出会い運あり。心を開いて
6 (水)	衰		
7 (木)	意		☆
8 (金)	危		後輩への言動がキツすぎかも
9 (土)	成		☆
10 (日)	壊		!
11 (月)	友		☆☆☆
12 (火)	親		☆☆☆☆友達を増やすチャンス
13 (水)	事		!トップの座は他の人に譲って
14 (木)	栄		!
15 (金)	衰		!過剰な演出は人気を下げる
16 (土)	克	●	!
17 (日)	危		!
18 (月)	成		!過去に囚われすぎてピリピリ
19 (火)	聚		
20 (水)	友		
21 (木)	親		
22 (金)	胎		
23 (土)	栄		☆☆気さくなイメージでアプローチ
24 (日)	衰		
25 (月)	安		☆
26 (火)	危		会話はキャッチボールが基本
27 (水)	成		☆
28 (木)	壊		
29 (金)	友		☆☆☆
30 (土)	親		☆☆☆☆心強い味方と出会えそう
31 (日)	命	○	☆心のデトックスを
8/1 (月)	栄		☆☆☆
2 (火)	衰		一人でできると思わないで
3 (水)	安		☆
4 (木)	危		
5 (金)	成		☆アイデアを信頼できる人に話して

甘露日（27日）
金剛峯日（30日）
羅刹日（2日）
七曜陵逼（7日〜8/2）
一九の法（4日〜12日）
二九の法（13日〜21日）
魔のウィーク（13日〜19日）
三九の法（22日〜30日）

吉 ← → 凶
命・胎の運気の変わりどきを示します。

【新月の各宿の日の過ごし方】
「命」の新月→深いインスピレーションを得る日。瞑想などによい日。
「栄」の新月→のんびりと好きなことをするとパワーが蘇る。新たな意欲に従って吉。
「衰」の新月→リラックスすると心身が浄化。エステなどを。何かを許すのも吉。
「安」の新月→予定していた物事をスタートさせるのに最適の日。順調に進みだす。
「危」の新月→新たな問題が起こりがちだが、問題解決に手をつけるのにもよい日。
「成」の新月→リセットに最高のタイミング。いい形で区切りがつく。

「壊」の新月→不安感の強い日。ナーバスになりやすく、思わぬ混乱・失敗も。
「友・親」の新月→新たな計画などに挑戦してみるのに最適。心の中にあることを人に話す、相談などをするのによい日。
「魔のウィーク」の中での新月→とても消耗する日。自重と休息を。受け身に徹して人にゆだねるものはゆだね、静かに過ごす。
「魔のウィーク」の後の「友・親」の新月→何事も焦らず、急がず、心を建て直す日。
「胎」の新月→ささやかなことでも何かを切り替える。物を見る視点を変えてみる。

【満月の各宿の日の過ごし方】
「命」の満月→一番、自分らしく過ごす一日に。ただしここがピークになるものもある。アクシデント運もあるので、急いだり、無理したりはしない。
「栄」の満月→自分を褒めてあげてごほうびを。目立ちやすい日。イベントなどは吉。
「衰」の満月→控えめでいるほうが目立つし、受け身が得策になる。体調は優れないので無理をせず、好きなことをして吉。
「安」の満月→なんとかなりそうなことは、もうひと頑張り。安心感に満たされる日。
「危」の満月→ライバルの存在や課題を強く感じる。華やかな場に縁がある日。でも何事もブレーキが利きにくい。
「成」の満月→ここで一度、結果を出すべきことがある。ダメなら断念すべきことも。学問と健康に関することは吉。
「壊」の満月→ミスも失敗の結果も大きくなりがち。問題点がはっきり形となって表れる。吉縁が切れ、悪縁がつく。ただ悪事の撃退や反撃の開始などには悪くない。
「友・親」の満月→自分の魅力と能力を信じて何事も積極的に。出会いがあり、人との交わりを求めて吉。
「魔のウィーク前半」(業・栄・衰・安・危)の満月→周囲の流れに従って力を発揮。追い詰められた感じで、限界までやる必要も。
「魔のウィーク後半」(成・壊)の満月→気づかないうちに限界を越えやすい。アクシデントに注意が必要。
「魔のウィーク」の後の「友・親」の満月→自己中心的にならないように。
「胎」の満月→一息ついて気分転換。清算、調整の足りなかった部分は明白になる。

このように月齢をからめた運勢では、新月と「魔のウィーク」と重なる時期が、少し長期的に見て運気的には「底」となる。
新月はとてもエポックメーキング的な出来事もあるときだが、パワーは小さい。それが他力運の時期である「魔のウィーク」の時期に巡ってきたら、ここは自己主張を抑え、人や物事を受け入れる過ごし方に徹するほうがよい時期になる。ジタバタすれば、泥沼にはまるかもしれないが、逆に徹底的に流れに身を任せてしまえば、落ち込んだ部分を誰かが補ってくれたりもするだろう。たとえば何かを手放したり、病気などでその治療を人にゆだねたりするなら、この時期は悪くない。むしろ、落ち込んだ状況でデトックスはいつもより進み、そこから浮上するために何かが目覚める、そんな時期になる。
逆に、満月と「命」が重なる日、あるいは、ピタリと重ならなくても満月が「命」の前後にくる時期は、ひとつの運気の流れのピーク、絶頂となる。満月の明るい光があなた自身を照らし出し、いろいろな物事が明らかになるが、翌日から月は欠けるように、そこから衰運の兆しが始まり、次に生まれ直すような変化も必要になってくる。
月が満ちれば欠け、欠ければ満ちるように、すべてのものはこの消長を繰り返す。そのため衰運のどん底は復活の起点になることも、このオリエンタルカレンダーは教えてくれている。

5. 曜日が織りなす吉凶の運 甘露日・金剛峯日・羅刹日

「宿曜経」は、西方から伝わり、今の曜日に通じる「七曜」という新たな概念を日本にもたらした。「七曜」とは、日（太陽）と月と五星（火星＝熒惑、水星＝辰星、木星＝歳星、金星＝太白星、土星＝鎮星）のこと。現在では、記号的にしか思われていないが、曜日は、その日を支配している惑星を表す概念として伝えられた。

そこで、ある曜日とある二十七宿が重なったときに吉凶が出現する。それが**「甘露《かんろ》日《び》」「金剛《こんごう》峯《ぶ》日《び》」「羅刹《らせつ》日《び》」**である。

☆**「甘露日」**は何をするのもよい大吉の日で、特に学問や宗教的なことに吉。
日曜の軫宿／月曜の畢宿／火曜の尾宿／水曜の柳宿／木曜の鬼宿／金曜の房宿／土曜の星宿、がその組み合わせとなる。

☆**「金剛峯日」**は「甘露日」に次ぐ吉日で、学門・宗教的なことのほか、反撃に転じる、これまでの手法・発想を変えるのによい日。
日曜の尾宿／月曜の女宿／火曜の壁宿／水曜の昴宿／木曜の井宿／金曜の張宿／土曜の亢宿　がその組み合わせとなる。

☆**「羅刹日」**は何をしても災厄を招く大凶日で、事を起こさないほうがよい日。〝羅刹〟とは人を惑わし、人を食う悪鬼のこと。
日曜の胃宿／月曜の鬼宿／火曜の翼宿／水曜の参宿／木曜の氐宿／金曜の奎宿／土曜の柳宿　がその組み合わせとなる。

（詳しくはp.197からの「カレンダーの作り方」を参照）

6. 運気を狂わせる七曜陵逼 不定期にやってくるハザードタイム

もうひとつ曜日と二十七宿との組み合わせがすべての人の運気に波乱を呼び込みやすい危険な時期を作り出すことがある。それが「七曜陵逼《しちようりょうひつ》」（「七曜陵犯《しちようりょうぼん》」ともいう）と呼ばれる期間だ。これは、この後で説明する「六害宿」という最悪の凶運日が二十七宿の誰かのところには必ず巡ってきている期間であり、通常の「宿」の吉と凶が逆転するような出来事が多く起こるとされている。実際、この時期に、普段ならあまりしないような極端な行動をとってしまう人は少なくない。

「七曜陵逼」は、定期的に巡ってくるものではない。1年で何度も、長期間、巡ってくることもあれば、たった数日しか来ない年も、まったく巡ってこない年もある。

「七曜陵逼」の時期は「火曜の角宿」が起点になって始まることが多く、そのままでいけば、「日曜の軫宿」で終わるが、その途中で新月があって、「宿」の並びがイレギュラーに変わることで、途切れたり、さらに続くこともある。また当然、「火曜の角宿」以外の日からも始まることもある。

私の所見では「七曜陵逼」の期間は、月蝕・日蝕の前後に巡ってくることが多く、月の位置を表す二十七宿と惑星の支配を示す曜日との重なりは、西洋占星術での「ノード」（ある惑星の軌道と黄道〈地球から見た太陽の軌道〉との交差点）と関連しているのではないかと考えている。

7. 最高レベルの凶運日・六害宿

「七曜陵逼」の期間には、ある特定の宿が次のような大凶の**「六害宿」**に変化する。(詳しくはp.197からの「カレンダーの作り方」を参照)

「六害宿」は、凶作用の強い順に次のようなものがあるとされる。

☆**「命宿」**→本来の「命」の日。

この日に動くと財産を失い、必ず災厄に見舞われる。最も重要な財産である命や肉体に危険が及ぶ場合もある。

☆**「事宿」**→本来の「業」の日。

この日に活動を始めると、災難にあい、非難を受けることになる。

☆**「意宿」**→本来の「一九の安」の日。

この日に何かを実行すると、苦労をするうえに深い悲哀を味わうことになる。

☆**「聚宿」**→本来の「二九の壊」の日。

この日に事を起こすと、財産を失い、罪を得ることになる。

☆**「同宿」**→本来の「三九の栄」の日。

不安に陥り、一族相争って、財産を衰耗することになる。

☆**「克宿」**→本来の「二九の安」の日。

この日に新しいことを始めると、財産と職を失い、勢力失墜して、地位を失う。

いずれも宿曜経に関する文献では恐ろしい文言が並ぶが、「命宿」の日以外は、実際に「六害宿」のその日に悪いこと、怖いことがダイレクトに起きたりすることは少ないかもしれない。

文献の文言はいずれ行動を起こすことを強く戒めているように、「六害宿」は、後々の不幸や不調の種まきをしてしまうような、不運のきっかけ作りの時期になりやすいようである。少なくとも自分が普段しないような言動は、決してしないほうがよいときだが、なぜか、それをふと思いついてしまい、してみたくなるのが「六害宿」という日の恐ろしさだ。

どんなに素晴らしい話でも、それが舞い込んだのが「六害宿」の日であれば、飛びつかずに細心の注意を払って対処することが必要だ。見かけはよさそうなことでも、出会ったのが「六害宿」の日なら、その後、それが本当にあなたにとって幸運を運ぶことは少ないかも。できれば、「七曜陵逼」の期間が過ぎてから仕切り直して話を進めるべき。「七曜陵逼」の期間内では相手が「六害宿」の日の可能性があるからだ。

特に「六害宿」の日は、月齢にも注意を払おう。満月や新月と「六害宿」が重なれば、運気のブレ方は激しくなり、凶運の被害はさらに大きくなる恐れがある。後で考えれば自分でも「どうかしていた」と思うような、極端な行動に出てしまうことがあるだろう。「七曜陵逼」のときにまかれた不運の種の被害は大きく、長く続くものになりやすい。悩みの種になりながらもなかなか手を切れない重荷になることもあるだろう。

「六害宿」の「同宿」や「意宿」などは、本来は「栄」や「安」の吉日であるためか、「七曜陵逼」の期間は吉凶逆転するとも伝えられるが、では実際に「七曜陵逼」の期間の「壊」や「衰」の日によいことが起こるかといえば、そんな事例は少ない。「七曜陵逼」は「六害宿」という〝地雷〟を踏まないように気をつけながら過ごす、全体的に運気低調な、波乱の期間となるようだ。

～カレンダーの作り方～

ここまでの仕組みが理解できていれば、雑誌『FRaU』で年２回付録としている「オリエンタルカレンダー」を作ることができる。例を見ながら、自分の出したい日の運気も出してみよう。

1. まずは、p.224からの本命宿表で調べたい日の星宿を調べる。例えば、2012年10月1日の本命宿は「胃宿」になる。
2. 次にその星宿が、自分の本命宿にとって何の運気にあたる日か、p.199の「毎日の運勢算出表」で調べてみよう。必ず縦軸の「自分」の欄に本命宿を探し、横軸の「その日の宿」と交わる欄を見ること。ここを逆にすると、間違うので注意して。

   例）胃宿の日は、婁宿の人にとっては「一九の栄」の日。
   　　　　　　角宿の人にとっては「二九の壊」の日（「魔のウィーク」の壊の日）。
   　　　　　　畢宿の人にとっては「三九の友」の日。
3. 調べたい日から次の新月までは、横軸の流れにそって、運気は順番に流れていく。
   その間に運気が不規則に変わることはない。
4. 新月の日（旧暦の1日＝朔日）に「月宿傍通暦」（旧暦カレンダー）との宿のズレを調整するため、ここで「本命宿」の並びがイレギュラーになる場合がある。
   カレンダーを製作する場合、新月の日の宿を確認してみることが必要になる。
   本命宿の並びが、新月でイレギュラーになる並びは、以下の４つのケースがある。

①旧暦の1日（朔日）の本命宿が1日先に巡っている場合
→同じ本命宿が２日続く　→運勢も同じ日が連続する

月＼日	1	2	3	4	5	6	7	8	9	10	11	12	13	14	15	16	17	18	19	20	21	22	23	24	25	26	27	28	29	30	31
2月	参	井	鬼	柳	星	張	翼	軫	角	亢	氐	房	心	尾	箕	斗	女	虚	危	室	壁	奎	奎	婁	胃	昴	畢	觜			

同じ日が連続（22・23）

②旧暦の1日（朔日）の本命宿が1日後に巡ってくる場合
→本命宿が1宿省かれて1日は本来の宿になる　→運勢もその日のものが省かれる

月＼日	1	2	3	4	5	6	7	8	9	10	11	12	13	14	15	16	17	18	19	20	21	22	23	24	25	26	27	28	29	30	31
1月	觜	参	井	鬼	柳	星	張	翼	軫	角	亢	氐	房	心	尾	斗	女	虚	危	室	壁	奎	婁	胃	昴	畢	觜	参	井	鬼	柳

「箕」が省かれる（15・16）

③旧暦の1日（朔日）の本命宿が２日先に巡ってくる場合
→本命宿が２日分戻って繰り返し1日は本来の宿になる→運勢も２日分戻って繰り返す

月＼日	1	2	3	4	5	6	7	8	9	10	11	12	13	14	15	16	17	18	19	20	21	22	23	24	25	26	27	28	29	30	31
1月	張	翼	軫	角	亢	氐	房	心	尾	箕	斗	女	虚	危	室	壁	奎	婁	胃	昴	畢	觜	畢	觜	参	井	鬼	柳	星	張	翼

２日分繰り返す（21～24）

④旧暦の1日（朔日）の本命宿が３日先に巡ってくる場合
→本命宿が３日分戻って繰り返し1日は本来の宿になる→運勢も３日分戻って繰り返す

月＼日	1	2	3	4	5	6	7	8	9	10	11	12	13	14	15	16	17	18	19	20	21	22	23	24	25	26	27	28	29	30	31
1月	角	亢	氐	房	心	尾	箕	斗	女	虚	危	室	壁	奎	婁	胃	昴	畢	觜	参	井	鬼	参	井	鬼	柳	星	張	翼	軫	

３日分繰り返す（20～25）

5. 次は曜日との関連で、スペシャルな運気になる日を探してみよう。

①「七曜陵逼」の期間をさがす。「七曜陵逼」は次のようにして探せる。

★角宿の日が火曜日になる日を探す。そこから次の「軫宿」まで、または次の新月までが「七曜陵逼」になる（新月で本命宿の並びが変わると、「七曜陵逼」が27日以上続く場合もある）。

★新月の日の本命宿がp.199の「特異日算出表」の**命宿の曜日**であると、そこから次の「軫宿」までは「七曜陵逼」の期間となる。

「七曜陵逼」の期間は、各人の次の運勢の日が「六害宿」という凶運日に変わる。

「命」の日　→「命宿」

「一九の安」の日　→「意宿」

「業」の日　→「事宿」

「二九の安」の日　→「克宿」

「二九の壊」の日　→「聚宿」

「三九の栄」の日　→「同宿」

②「甘露日」「金剛峯日」「羅刹日」となる日を探す。

それぞれのある曜日とある宿が重なったときに、その日が「甘露日」「金剛峯日」「羅刹日」となる。ここで注意することは、**「六害宿」は、その日、その宿の人にとってのみ作用するパーソナルな運勢であるが、「甘露日」「金剛峯日」「羅刹日」は、その日全体の運気として、すべての人に影響を与える**ということ。それぞれその日の運勢が「甘露日」「金剛峯日」「羅刹日」の作用で、少しよい方向、悪い方向に引っ張られやすいことを加味して考えるようにする。

このように「オリエンタルカレンダー」は、面倒な部分もあるが、それほど難解でも、複雑なものではない。すごく先のある日の運勢がどうしても調べたいときには、この方法で自分の運勢を探してみるのもいいだろう。

何よりこの「オリエンタルカレンダー」によって、「月」という、私たちにとって最も身近な天体の動きを日常的に意識して、その寄り添うような温かいパワーを生活の中に取り入れて、毎日を少しでも心地よく過ごしていただければ、幸いである。

月宿傍通暦

（月・日は旧暦）

月＼日	1	2	3	4	5	6	7	8	9	10	11	12	13	14	15	16	17	18	19	20	21	22	23	24	25	26	27	28	29	30
正　月	室	壁	奎	婁	胃	昴	畢	觜	参	井	鬼	柳	星	張	翼	軫	角	亢	氐	房	心	尾	箕	斗	女	虚	危	室	壁	奎
二　月	奎	婁	胃	昴	畢	觜	参	井	鬼	柳	星	張	翼	軫	角	亢	氐	房	心	尾	箕	斗	女	虚	危	室	壁	奎	婁	胃
三　月	胃	昴	畢	觜	参	井	鬼	柳	星	張	翼	軫	角	亢	氐	房	心	尾	箕	斗	女	虚	危	室	壁	奎	婁	胃	昴	畢
四　月	畢	觜	参	井	鬼	柳	星	張	翼	軫	角	亢	氐	房	心	尾	箕	斗	女	虚	危	室	壁	奎	婁	胃	昴	畢	觜	参
五　月	参	井	鬼	柳	星	張	翼	軫	角	亢	氐	房	心	尾	箕	斗	女	虚	危	室	壁	奎	婁	胃	昴	畢	觜	参	井	鬼
六　月	鬼	柳	星	張	翼	軫	角	亢	氐	房	心	尾	箕	斗	女	虚	危	室	壁	奎	婁	胃	昴	畢	觜	参	井	鬼	柳	星
七　月	張	翼	軫	角	亢	氐	房	心	尾	箕	斗	女	虚	危	室	壁	奎	婁	胃	昴	畢	觜	参	井	鬼	柳	星	張	翼	軫
八　月	角	亢	氐	房	心	尾	箕	斗	女	虚	危	室	壁	奎	婁	胃	昴	畢	觜	参	井	鬼	柳	星	張	翼	軫	角	亢	氐
九　月	氐	房	心	尾	箕	斗	女	虚	危	室	壁	奎	婁	胃	昴	畢	觜	参	井	鬼	柳	星	張	翼	軫	角	亢	氐	房	心
十　月	心	尾	箕	斗	女	虚	危	室	壁	奎	婁	胃	昴	畢	觜	参	井	鬼	柳	星	張	翼	軫	角	亢	氐	房	心	尾	箕
十一月	斗	女	虚	危	室	壁	奎	婁	胃	昴	畢	觜	参	井	鬼	柳	星	張	翼	軫	角	亢	氐	房	心	尾	箕	斗	女	虚
十二月	虚	危	室	壁	奎	婁	胃	昴	畢	觜	参	井	鬼	柳	星	張	翼	軫	角	亢	氐	房	心	尾	箕	斗	女	虚	危	室
月／日	1	2	3	4	5	6	7	8	9	10	11	12	13	14	15	16	17	18	19	20	21	22	23	24	25	26	27	28	29	30

毎日の運勢算出表

その日の宿―――→　　　　一九　二九　三九

自分の本命宿―――↓

	婁	胃	昴	畢	觜	参	井	鬼	柳	星	張	翼	軫	角	亢	氐	房	心	尾	箕	斗	女	虚	危	室	壁	奎
婁	命	栄	衰	安	危	成	壊	友	親	業	栄	衰	安	危	成	壊	友	親	胎	栄	衰	安	危	成	壊	友	親
胃	親	命	栄	衰	安	危	成	壊	友	親	業	栄	衰	安	危	成	壊	友	親	胎	栄	衰	安	危	成	壊	友
昴	友	親	命	栄	衰	安	危	成	壊	友	親	業	栄	衰	安	危	成	壊	友	親	胎	栄	衰	安	危	成	壊
畢	壊	友	親	命	栄	衰	安	危	成	壊	友	親	業	栄	衰	安	危	成	壊	友	親	胎	栄	衰	安	危	成
觜	成	壊	友	親	命	栄	衰	安	危	成	壊	友	親	業	栄	衰	安	危	成	壊	友	親	胎	栄	衰	安	危
参	危	成	壊	友	親	命	栄	衰	安	危	成	壊	友	親	業	栄	衰	安	危	成	壊	友	親	胎	栄	衰	安
井	安	危	成	壊	友	親	命	栄	衰	安	危	成	壊	友	親	業	栄	衰	安	危	成	壊	友	親	胎	栄	衰
鬼	衰	安	危	成	壊	友	親	命	栄	衰	安	危	成	壊	友	親	業	栄	衰	安	危	成	壊	友	親	胎	栄
柳	栄	衰	安	危	成	壊	友	親	命	栄	衰	安	危	成	壊	友	親	業	栄	衰	安	危	成	壊	友	親	胎
星	胎	栄	衰	安	危	成	壊	友	親	命	栄	衰	安	危	成	壊	友	親	業	栄	衰	安	危	成	壊	友	親
張	親	胎	栄	衰	安	危	成	壊	友	親	命	栄	衰	安	危	成	壊	友	親	業	栄	衰	安	危	成	壊	友
翼	友	親	胎	栄	衰	安	危	成	壊	友	親	命	栄	衰	安	危	成	壊	友	親	業	栄	衰	安	危	成	壊
軫	壊	友	親	胎	栄	衰	安	危	成	壊	友	親	命	栄	衰	安	危	成	壊	友	親	業	栄	衰	安	危	成
角	成	壊	友	親	胎	栄	衰	安	危	成	壊	友	親	命	栄	衰	安	危	成	壊	友	親	業	栄	衰	安	危
亢	危	成	壊	友	親	胎	栄	衰	安	危	成	壊	友	親	命	栄	衰	安	危	成	壊	友	親	業	栄	衰	安
氐	安	危	成	壊	友	親	胎	栄	衰	安	危	成	壊	友	親	命	栄	衰	安	危	成	壊	友	親	業	栄	衰
房	衰	安	危	成	壊	友	親	胎	栄	衰	安	危	成	壊	友	親	命	栄	衰	安	危	成	壊	友	親	業	栄
心	栄	衰	安	危	成	壊	友	親	胎	栄	衰	安	危	成	壊	友	親	命	栄	衰	安	危	成	壊	友	親	業
尾	業	栄	衰	安	危	成	壊	友	親	胎	栄	衰	安	危	成	壊	友	親	命	栄	衰	安	危	成	壊	友	親
箕	親	業	栄	衰	安	危	成	壊	友	親	胎	栄	衰	安	危	成	壊	友	親	命	栄	衰	安	危	成	壊	友
斗	友	親	業	栄	衰	安	危	成	壊	友	親	胎	栄	衰	安	危	成	壊	友	親	命	栄	衰	安	危	成	壊
女	壊	友	親	業	栄	衰	安	危	成	壊	友	親	胎	栄	衰	安	危	成	壊	友	親	命	栄	衰	安	危	成
虚	成	壊	友	親	業	栄	衰	安	危	成	壊	友	親	胎	栄	衰	安	危	成	壊	友	親	命	栄	衰	安	危
危	危	成	壊	友	親	業	栄	衰	安	危	成	壊	友	親	胎	栄	衰	安	危	成	壊	友	親	命	栄	衰	安
室	安	危	成	壊	友	親	業	栄	衰	安	危	成	壊	友	親	胎	栄	衰	安	危	成	壊	友	親	命	栄	衰
壁	衰	安	危	成	壊	友	親	業	栄	衰	安	危	成	壊	友	親	胎	栄	衰	安	危	成	壊	友	親	命	栄
奎	栄	衰	安	危	成	壊	友	親	業	栄	衰	安	危	成	壊	友	親	胎	栄	衰	安	危	成	壊	友	親	命

特異日算出表

	命宿	意宿	事宿	克宿	聚宿	同宿	甘露日	金剛峯日	羅刹日
婁	婁(火)	畢(金)	星(木)	軫(日)	氐(木)	箕(月)			
胃	胃(水)	觜(土)	張(金)	角(火)	房(金)	斗(火)			日
昴	昴(木)	参(日)	翼(土)	亢(水)	心(土)	女(水)		水	
畢	畢(金)	井(月)	軫(日)	氐(木)	尾(日)	虚(木)	月		
觜	觜(土)	鬼(火)	角(火)	房(金)	箕(月)	危(金)			
参	参(日)	柳(水)	亢(水)	心(土)	斗(火)	室(土)			水
井	井(月)	星(木)	氐(木)	尾(日)	女(水)	壁(日)		木	
鬼	鬼(火)	張(金)	房(金)	箕(月)	虚(木)	奎(月)	木		月
柳	柳(水)	翼(土)	心(土)	斗(火)	危(金)	婁(火)	水		土
星	星(木)	軫(日)	尾(日)	女(水)	室(土)	胃(水)	土		
張	張(金)	角(火)	箕(月)	虚(木)	壁(日)	昴(木)		金	
翼	翼(土)	亢(水)	斗(火)	危(金)	奎(月)	畢(金)			火
軫	軫(日)	氐(木)	女(水)	室(土)	婁(火)	觜(土)	日		
角	角(火)	房(金)	虚(木)	壁(日)	胃(水)	参(日)			
亢	亢(水)	心(土)	危(金)	奎(月)	昴(木)	井(月)		土	
氐	氐(木)	尾(日)	室(土)	婁(火)	畢(金)	鬼(火)			木
房	房(金)	箕(月)	壁(日)	胃(水)	觜(土)	柳(水)	金		
心	心(土)	斗(火)	奎(月)	昴(木)	参(日)	星(木)			
尾	尾(日)	女(水)	婁(火)	畢(金)	井(月)	張(金)	火	日	
箕	箕(月)	虚(木)	胃(水)	觜(土)	鬼(火)	翼(土)			
斗	斗(火)	危(金)	昴(木)	参(日)	柳(水)	軫(日)			
女	女(水)	室(土)	畢(金)	井(月)	星(木)	角(火)		月	
虚	虚(木)	壁(日)	觜(土)	鬼(火)	張(金)	亢(水)			
危	危(金)	奎(月)	参(日)	柳(水)	翼(土)	氐(木)			
室	室(土)	婁(火)	井(月)	星(木)	軫(日)	房(金)			
壁	壁(日)	胃(水)	鬼(火)	張(金)	角(火)	心(土)		火	
奎	奎(月)	昴(木)	柳(水)	翼(土)	亢(水)	尾(日)			金

27宿別 六害宿の過ごし方

宿別に生じるトラブルが異なる六害宿。
そこで27宿別に六害宿の上手な対応策を紹介する。

前章では、最後にカレンダーの読み方、作り方を紹介した。気づいた人もいるかもしれないが、実は六害宿は、27宿のそれぞれで、少し訪れ方に特徴がある。例えば張宿では、六害宿の「命宿」の日は、金剛峯日とセットでいつもやってくるし、婁宿の場合「聚宿」は必ず羅刹日とともに巡ってくる。つまり、ひとくちに六害宿といっても、宿によって、その効果、対応策は全く異なるのだ。そこで、各宿の六害宿で起こりやすいトラブル、その予防策、対応を細かく紹介する。オリエンタルカレンダーの中で最も凶運の日とされる六害宿。この「六害宿の過ごし方」を読んで、六害宿を上手に乗り越え、味方にしてしまおう。

婁宿

婁宿の人は、六害宿の中でも必ず羅刹日とともにやってくる「聚宿」の日が、最も注意が必要な日だ。「聚宿」は、この日に行動を起こすと大切な財産を失うといわれる強い凶運日。婁宿の場合、「聚宿」が巡るのは「魔のウィーク」の最終日で、気持ちが落ち込んでいたり、追い詰められたりしていて、我慢しきれずに行動を起こしてしまいがち。「聚宿」で起死回生と思える手を打って失敗するのが、婁宿の六害宿の失敗パターンだ。普段は綿密で如才なく、手ぬかりの少ない婁宿が、「聚宿」で物事を始めると、不思議に次の「同宿」「命宿」と六害宿ごとに大事なことを決断してしまい、どんどん運気を落としてしまう。「聚宿」の日は決断せず、何かの返事も、翌日の甘露日の「友」の日にすること。この一日の我慢が、その後の運気の吉凶を分ける。

胃宿

胃宿の六害宿は、「魔のウィーク」とともにやってくる「事宿」と「聚宿」が、それぞれ金剛峯日と甘露日になる。でも、だからといって六害宿の凶作用が軽くなるわけではない。むしろ強引に押しすぎたり、表面的には調子よく進んでいることに、凶運のきっかけが潜んでいることを示している。特に他の六害宿の日も含めて、この日に、ちょっとした悪いこと、ルール違反、裏切りなどをしてしまうと、忘れたころに問題になることが多い。特に、周囲には秘密にして、うまくやれたと思うことほど危ない。人を無理やり力でねじ伏せてしまうようなやり方も、禍根を残す元になるので気をつけて！　もともと人よりも欲深いところのある胃宿のあなた。欲を出すと良からぬ人が近づいてきたり、災難に関わってしまうのでご用心。

昴宿

気品があり、清潔感が持ち味の昴宿が、見かけからは想像もできない恋愛問題でつまずいたり、驚くような趣味や遊びを持っているという一面が嫌な形で露呈するのは、この六害宿で関わったことが発端になって起きることが多い。積極的にアプローチされたり、急に親しくなったのが六害宿の日だったら、どんなに素晴らしい相手と思っても、深入りする前にブレーキをかけて様子を見るべきだ。というのも六害宿の日は、普段あなたを守っている運気のバリアが外れた状態になる日なので、本来なら近づけないような相手や運気が寄ってきたり、ねじ曲げられた噂が発生する恐れがあるから。また昴宿は、六害宿の日に過剰に楽しみすぎることはタブー。うまくいきすぎて、より危ない深みにはまる危険が潜んでいる。

畢宿

畢宿の場合、六害宿の中でも「魔のウィーク」の中間でやってくる「克宿」が必ず羅刹日と重なるため、その凶作用が強まる。本来、慎重で軽はずみなことはしない畢宿が、焦って、準備不足で動きやすいのが「克宿」。おいしい話が来て、普段は見せないようにしている欲望や野心が丸出しになり、周囲を引かせたりするのもこんなとき。「克宿」に事を起こすと、財産や地位や勢力を失うとされているのは、その言動が周囲の反感を招きやすいからだ。また、自分が頑張り屋なので、周囲にも同じような頑張りを求め、かえって人との間に溝を作ることも多い。言いたいこと、やりたいことは、少なくとも「克宿」をもたらす「魔のウィーク」が終わってからに。さもなくば、その言動が長く禍根を残すことになるだろう。

觜宿

觜宿の場合、六害宿の中の「克宿」はいつも甘露日とともにやってくる。「魔のウィーク」の真っ最中の六害宿で、焦る気持ちに付け入られるように、人に動かされたり、乗せられたりして失敗しやすいのが「克宿」。その作用が甘露日で少し軽減されているのは、觜宿の人が、手ぬかりや失敗が少ないことがひとつの要因かもしれない。危ないところでブレーキをかけたり、引き返す冷静さと判断力は觜宿の持ち味。けれど、六害宿の日々には、思いとどまったり、考え直すきっかけを摑みにくかったり、良かれと思ってした軌道修正が勘違いの方向だったりすることも多くなる。そんな失敗を犯さないためにも、「克宿」を中心に六害宿の日には、軽い気持ちで物事を変更したり、無理にねじ曲げたりしないようにするのがいいだろう。

参宿

大胆不敵でエネルギッシュな参宿は、その日が六害宿と知っても、やりたいこと、予定していることを中止できない。それだけに六害宿中の言動は、あなたを間違った方向に突っ走らせてしまう恐れが多い。元々、古いものを壊して新しいものを作り出そうとするあなただけに、六害宿そのものは、ちょっと上滑り気味だけど、何でも勢いでねじ伏せてしまう日々になりがち。でも、その凶作用は遅れてやってくる。六害宿に始めたり、関わったことは、どこかで裏目に出たり、思うように進まなかったり、結果的にはあなたの勢いを止めることにもなるので、この日だけは自分を押し通さないこと。まずいと思ったら、別の日にすぐ仕切り直しを。ただし、人を傷つけると、そう簡単にやり直しはできないので気をつけて。

井宿

井宿にとって、六害宿の中でも怖いのは「魔のウィーク」の初日に訪れる「事宿」。この運気は常に羅刹日と重なってやってくるからだ。そして「事宿」の日だけでなく、そこから続く「魔のウィーク」全体が、井宿にとって鬼門的な危険ゾーンになる。物静かな井宿が、この時期は突然、ちょっとしたことに反応して感情的になったり、パニックになったりして、周囲を驚かせる行動に出てしまう。それも、普通の「魔のウィーク」での出来事なら、それが終わった後に、すぐ失敗の修復もできるけれど、六害宿に感情が波立つようなことがあると、その波紋と動揺は長くあなたを悩ませることになる。また六害宿の日は、言葉で人を責めないで。理屈で相手を抑え込んでも、それは、やがて自分に向けられた刃になって戻ってくる。

鬼宿

鬼宿の六害宿は、いつも「事宿」は甘露日、「意宿」は金剛峯日に守られる形で巡ってくる。生まれもった天然さで、危険なところにも突っ込んでいく鬼宿に天が与えたプロテクト作用だ。なので、この日も含めて六害宿の日に、イヤな予感のしていること、人から止められたこと、少しでも迷いがあることは見切り発車で進めないことで、かなりの凶運を避けられる。この日にやってきた話は、美味しい話ほど注意が必要。六害宿では、鬼宿の正直さで気づかないうちに人を傷つけたり、恨みを買ったりすることも起きる。それが後々、ブーメランのようにあなたに戻ってくるのも、また六害宿ではありがちな出来事だ。六害宿の日は、特に普段どおりの日、何もしない日でも、アクシデントへの備えは忘れずに。

柳宿

柳宿は、なぜか会ったばかりの人のハートをグッと摑める不思議な人気運の持ち主。ところが六害宿の日は、その柳宿の神通力が発揮できないどころか、それまでの好印象がひっくり返り失われてしまうようなことがある。普段は決して見せない厳しさや、少しいい加減でわがままな部分などが人に伝わってしまう出来事が起きやすいのだ。なので六害宿の日は、その場しのぎで人を安心させたり、喜ばせたりしすぎないほうがいい。また予想以上に頼りにされて困ったり、後でそのフォローを忘れてしまい、親切や優しい気持ちが裏目に出て評判を落とすようなことも起きるだろう。悪気はなくても、自分の欲望や都合を優先させると心がすれ違い、最悪の場合、修復不能になってしまったり……。くれぐれも気をつけて！

星宿

人並み以上の頑張り屋の星宿。でも、その努力の方向が間違ってしまうのが星宿の六害宿の怖さだ。元来、星宿は物事へのアプローチ方法がユニーク。それが個性を作るのだけれど、六害宿の日では、それが周囲に理解されずに、トラブルや孤立の原因を作ってしまいがち。真面目に努力すればするほど「自分勝手」「常識がない」などと思われて、浮く恐れがある。同じようなことをしても、普段なら、しばらくして「そうだったのか」という理解や和解が得られるのだが、六害宿では、そのまま決裂したり、ボタンを掛け違えたままの誤解が物事を破綻に導いたりする。こんな六害宿の日は、独善的になるのは禁物。仕事のため、みんなや正義のためでも、自分のやり方に固執せず、周囲に自分を合わせるほうが無難だ。

張宿

六害宿の中でも最も警戒すべき日といわれる「命宿」の日が常に金剛峯日という幸運日に守られている張宿は、それだけで恵まれた人生を歩みやすい運気。張宿の人は見かけよりずっと几帳面で慎重。それでうまく凶運を避けていくのだが、その理性と知恵は金剛峯日の賜物なのだ。しかし、他の六害宿では、慎重さが神経質や狭量となって人や自分を追いつめ、人間関係を壊したりしがち。妙なプライドにこだわって、もっと大事にすべきものを無駄にすることも。人と摩擦を起こしたり、思いがけない方向からネガティブな感情をぶつけられるそう。緊張して普段らしくない行動に出やすいが、それは危険。「我慢できない」ことも、六害宿に爆発させたり突っ走ったりすると、あなたに不利な展開になることを忘れないで。

翼宿

翼宿の人はその名のとおり、翼を使って物事を少し高い所から見ている傾向がある。普段は、その客観的な自己認識が巧みな自己演出になり、冷静な判断力につながるのだが、六害宿の日は、それが裏目に出やすい。つまり、その自己演出が、微妙に状況とズレてお門違いになったり、客観的すぎる一言が「まるで他人事」に聞こえたりして、周囲から浮いてしまう結果になりやすいのだ。普段ならあなたのパワーにもなる高い理想主義が、周囲との軋轢を生んだり、物事の判断を誤らせたりする。六害宿の日は、理想や野心をむき出しにはしないようにくれぐれも気をつけて。しばらくは〝翼〟をたたんで様子を見るのが得策。無理せず地道に過ごすのが一番。また海外や遠くへ行くような、〝翼〟を使う行動も自粛したほうがいい。

軫宿

27宿中NO.1の社交上手な軫宿。本来ならば得意なはずの人間関係でつまずくのが六害宿の怖さ。軫宿が六害宿の期間でしてしまう一番多い失敗は八方美人になること。六害宿で下手に動くと、利害が対立している両者の間にはさまれて、両方の信頼を失ったり、逆にあなた自身が道具のように扱われたりする。六害宿では、裏表のある態度は禁物。うまくやったつもりでも墓穴を掘る。特に軫宿の場合は、六害宿の中でも「意宿」が常に羅刹日とともにやってくる要警戒日。「意宿」に行動を起こすと深い悲哀を味わうと言われていて、この日の口約束や一言が後で悩みの種や問題になりやすい。だから「意宿」の日は、どんなに寂しくても誰かを相手に気を紛らわすのは禁物。六害宿の日に人に頼ると、そのことでずっと長く縛られることになるのだ。

角宿

あなたは不思議な人気運がある。作為的ではまったくないのだが、人に何かを期待させる雰囲気が角宿の魅力であり、長所なのだ。でも、人があなたに求めるものと、あなた自身の本当の願望や性格には、多くの場合、ギャップが存在する。六害宿に何かを決断、行動すると、いずれそのギャップがあなたを追い詰めたり、人があなたの実像と虚像の差に気づいて離れたりすることが起こりやすいだろう。真面目に見えて、実は遊びや楽しいことが大好きな角宿は、時折、勝手気ままに過ごす時間がないと、ストレスで自分を歪めやすく、感情を爆発させてしまう。それが六害宿の日に起きると、とても破壊的な作用を及ぼすので、六害宿が巡ってくる前から、自分の精神状態をよく整えておくことが大切だ。

亢宿

信念をどこまでも押し通し、より大きなものに向かっていくときほど充実感を感じ、魅力的に見えるのが亢宿。ところが、その闘争心を向ける方向が、変にズレていってしまうきっかけを作るのが六害宿だ。特に「命宿」の日は、大きなものに向けるはずの刃を自分自身に向けがち。「命宿」の日は、あまりひとりでひとつのことを思い詰めないこと。そして普段しないようなことを好奇心からやったりしないように。家族や友人など身近な人と話すといい息抜きになる。逆に「事宿」から始まる六害宿の「魔のウィーク」は、周囲の人、権力、プレッシャーなど外圧とのバトルになるが、この闘いは敗北しやすいばかりか、本当に闘うべき相手を間違えたり、泥沼のような闘いになりやすい。無闇に人と対立しないことだ。

氐宿

氐宿の場合、六害宿の中でも最も凶作用が強いといわれる「命宿」の日が常に羅刹日と重なってやってくるため、最大の要警戒日になる。氐宿が、人生で一度は大きな落ち込みを経験しやすいと言われているのは、この「命宿」に恐ろしい運気の地雷が仕掛けられているからかもしれない。でも、逆に考えれば、この厳しい「命宿」の運気は、元々強い性格と強い運気を持った氐宿に対する〝抑止力〟だといえるだろう。「命宿」の日を中心に、六害宿の日はできるだけ穏やかに、内省的に過ごすべき。そして六害宿のときには、決して欲望のままに動かないこと。なぜなら、それが誰にも咎められずにうまくやれてしまうと、その後、欲望はエスカレートして、結局は人生を破壊する恐ろしいものに育ってしまう可能性があるからだ。

房宿

房宿の場合、六害宿の中で最も凶作用が強い「命宿」が、常に甘露日に守られている。房宿が27宿で一番容姿や金運に恵まれているのは、突然の運気のつまずきが甘露日のパワーでフォローされるからかも。とはいっても、房宿は実はキメ細かな配慮ができるタイプだが、その気配りのセンサーが微妙に狂うのが六害宿。その結果、普段は見せない、あなたの性格のネガティブな一面が顔を出して、運気を下降させる。また、房宿は突然のケガや疾病の危険があるとされている。だから房宿の人にとっては、日々の体調、肉体の管理は大切なこと。だが、六害宿の「命宿」だけでなく、「命」の日に身体に手を加えることは避けなければならない。そして六害宿が巡る前後にしっかり健康チェックをしてほしい。

心宿

心宿の人は、その名のとおり人の心を読むのがうまい、人づきあいのテクニシャン。そんな心宿が〝策士、策に溺れる〟的な失敗をしやすいのが六害宿。いつもの自分の手が通じない人に出会い、相手のペースに乗せられてオロオロしたり、逆に自分の策が当たりすぎて、予想以上に人の気持ちが大きく動いて、それが負担になったり……。人間関係のバランスと平穏が崩れやすい。それによって、普段なら絶対に人には見せない本音や欲望、野心がむき出しになって、周囲が引いたり、混乱を招いたりする。六害宿での交渉事、コミュニケーションは、うまくいったものほど怖い。後で「こんなはずでは」という思惑違いが起こりやすい。浮気や秘密の交渉など人を裏切る言動は特に危険。一番大事なものを失うことになる。

尾宿

軍隊では最後尾を守らせるといいといわれる尾宿は、負けず嫌いで諦めない頑張り屋。でも、六害宿は、その努力の方向性と手段に手違いが起きやすい。普段は一発逆転をもたらすその粘りが、六害宿では、執着心が無茶な行動となって、致命傷になる危険が。少なくとも、わずかな可能性に賭けるギャンブル的な挑戦は六害宿では避け、安全策を取るべきだろう。そして六害宿の日々が終わった後で、もう一度考え直してみて。また、尾宿の人は密かに権威好きな一面がある。既存のステイタスを求め、それに頼る気持ちが強いが、そのブランド志向的な思考パターンや選択が裏目に出るのも六害宿。プライドが傷つくこともあるかもしれない。だが、普段とは違う価値観を受け入れる柔軟さを持って乗り切るべきときだ。

箕宿

強気で生意気そうでも、お腹の中には何もないので、好かれる人には好かれる箕宿。しかし六害宿では、いつもどおりに過ごしていても、なぜか人とぶつかったり、疎まれたりする。それは、六害宿では、あなた自身が漠然とした危機感や寂しさ、満たされない何かをいつもより強く感じやすく、それが人との関わり方のスタンスやペースを狂わせるから。なので、六害宿では、つい人に絡みがち。でも、頭を下げているはずが、偉そうな態度に見えてしまい、かえって反感を買うなんてことも。つらくてもひとりで過ごし、強気な励ましキャラは下手に変えないほうがいい。気をつけるべきは礼儀と節度。しつこく人に絡んだり、押しつけがましくならないで。六害宿で人を傷つけると修復が難しく、恨みも買うので、細心の注意を。

斗宿

ソフトに見える斗宿だが、その闘争心は強く、自分の信念と一度手に入れたものは、簡単には譲らない。そのためには人並みはずれた努力もするのが斗宿。でも六害宿では、その闘争心や執着心が周囲には鼻について、人間関係を壊す方向に働く可能性がある。どんなにあなたが正しくても、六害宿の日に人を強く責めたり、ダメ出しをすると、一気に人が離れることになりそう。特に後輩や目下の人間に対して冷たくしたり、上から抑えつけたり、当然のように利用したりしてしまうと、大事な関係を失う。また斗宿は、よい人脈を得てこそ運気を伸ばすのだが、六害宿のときにできた縁や、つながる相手は、結果的にはよい運気をもたらさない。おいしい誘い、素晴らしく見える相手でも、出会った日が六害宿なら気を許さないで。

女宿

女宿は、上昇志向が強い真面目な性格。人の見えないところで努力する独特のダンディズムの持ち主だ。しかしその美学は逆に、物事を裏から操作しようとしたり、本音を人にあまり見せない形でも働く。六害宿の日には、そんなふうに陰から人や物事を動かそうとすると、かえって混乱を招いたり、周囲に陰険な印象を与えてしまい、損をするだろう。でも、逆に六害宿の日に感情や野心をむき出しにするのも、運気を大きく下げる。異性問題でも、女宿は、ついシリアスになりがち。意外にも遊び下手なのだ。六害宿での別れ話はこじれやすく、恨まれたり、人生を揺るがす大問題に発展したり。六害宿の日に相手のほうが離れていくようなことがあれば、むしろ悪縁が切れるのだから幸いと考え、決して追わないように。

虚宿

現実にとらわれない、スケールの大きな心をもって生きる虚宿。でもそれだけに、六害宿での心と現実の振れ幅は他の人に比べると大きく、周囲も自分もビックリするような行動をとってしまう危険なタイプ。だから六害宿が波のように押し寄せる「七曜陵逼」の期間が来る前に、今、自分は何を中心に、支えに生きているかを、自分自身で確認する必要がありそうだ。それは仕事や夢や目標でもいいし、家庭や愛、ささやかな趣味的な生きがいでもいい。それさえ揺るがなければ、六害宿でおかしなことに手を出したり、的外れな方向に踏み出したりしても、すぐに軌道修正できるはず。虚宿の六害宿の「聚宿」が常に金剛峯日とともに巡るのは、虚宿がそんな知恵と理性で危険ゾーンを乗り切るべき、という示唆といえそうだ。

危宿

自分も楽しみ、人も楽しませながら、軽やかに生きる危宿。六害宿ではその軽やかさが、浅はかで軽率な行動に結びつきやすい。そのきっかけは人からの影響。人に煽られたり引きずられたりして、普段なら言わないようなことを言ったり、しないことをしがちなのだ。元々、人に共鳴しやすい危宿は、六害宿で、人と自分の感情を区別できなくなる。危宿の六害宿の「同宿」が常に羅刹日とともに巡るのは、そんな同情、同調の危険を教えている。だから六害宿の時は、人に愚痴や相談をしないほうがいい。「そんなもの、やめなさい」という無責任な忠告に過剰反応し、乱暴に物事を投げ出して、大切なものを壊すことにも。逆に人の相談に乗るのも危険。六害宿ではあなたが相手のネガティブパワーに飲み込まれてしまうからだ。

室宿

ダイナミックに動いて大きな仕事を成し遂げていく室宿。でも、それが可能なのは、室宿がただパワフルなだけではなく、多少強引なことをしても、なぜか憎みきれない、可愛さを兼ね備えているからだ。実は、そんな愛嬌こそが室宿のアキレス腱。というのも、六害宿では、そんな室宿を包んでいたオブラートが消えてしまい、室宿の荒っぽさや自己中心的な部分が丸出しになる。そして人の言うことも聞かず、六害宿に限って危うい ものに手を出しがち。そうなると、なまじパワーがあるため、周囲を巻き込んでの大騒動になってしまう。実は室宿は大変な寂しがり屋。六害宿におかしなことに手を出すのは、寂しさを別の何かで埋めようとしていることが多いのだ。孤独に耐えることは、室宿の六害宿での課題だ。

壁宿

物静かなタイプに見える壁宿だが、実は不言実行をよしとする質実剛健タイプ。逆に言えば、何事も行動と結果がすべてで、言葉や説明はやや下手だったり、少なかったりする。そこが魅力的に見える場合も多いのだが、六害宿では、そんな説明の足りなさが誤解を招いたり、逆に下手に言葉が先走って、大失敗をしたりする。六害宿で行動を起こすと、日頃が寡黙だからこそ波紋が大きく、そのことで自分や人を傷つけたり、消耗したりすることになるだろう。なので、六害宿はできるだけ淡々と、いつものように過ごすのが賢明。自分に注目が集まるようなこと、イベント的な華やかなことのセッティングはタブー。結局、あなた自身の少し変わった個性が目立つだけで、自分が意図した内容はうまく伝わらない日なのだ。

奎宿

奎宿は、人と触れ合いながら互いの力を引き出し合うことを好むので、無意識にあまり大きくはないチームや親密なパートナーシップを求める。奎宿の六害宿は、そんな身近な人間関係の乱れや亀裂のきっかけを作る日にもなりやすい。普段の奎宿の、絶妙な人との距離感と巧みな関係性作りの感覚が、なぜか六害宿では狂ってしまう。そのために大事な関係が意に反して冷え込んだり、決裂したり……。また相手の本質を見誤って、プラスにならない相手と深く関わったりしてしまう。秘密の共有は人間関係の接着剤だが、六害宿に秘密を作ったり誰かの秘密に触れたりすると、やがてそれがバレてトラブルや重荷になりやすい。六害宿では、浮気、サイドビジネス、秘密の趣味など裏の場面での大胆な行動は厳禁だ。

付録1

27宿と曜日の関係

前章にてオリエンタル占星術と暦の関係について
紹介したが、実は生まれた曜日によっても運命が異なる。
そんな189通りの運命を紹介する。

27宿と曜日の関係

生まれた日の曜日の探し方

表１で自分の生まれた年の欄のアルファベットを探す。表２で、そのアルファベットと自分の生まれ月に当たる欄の数字に、誕生日の数を足す。その数を表３に当てはめて、その欄の左端の曜日があなたの生まれた曜日。

例）1986年9月28日生まれの場合
表１のアルファベットはC。表２でCの欄の９月の数字は１。１に誕生日の28を足し、29を表３で見ると、日曜日。

表１

1930	C	1944	L	1958	C	1972	L	1986	C	2000	L	2014	C
1931	D	1945	G	1959	D	1973	G	1987	D	2001	G	2015	D
1932	E	1946	B	1960	E	1974	B	1988	E	2002	B	2016	E
1933	F	1947	C	1961	F	1975	C	1989	F	2003	C	2017	F
1934	G	1948	M	1962	G	1976	M	1990	G	2004	M	2018	G
1935	B	1949	J	1963	B	1977	J	1991	B	2005	J	2019	B
1936	H	1950	F	1964	H	1978	F	1992	H	2006	F	2020	H
1937	I	1951	G	1965	I	1979	G	1993	I	2007	G	2021	I
1938	J	1952	N	1966	J	1980	N	1994	J	2008	N	2022	J
1939	F	1953	D	1967	F	1981	D	1995	F	2009	D	2023	F
1940	K	1954	I	1968	K	1982	I	1996	K	2010	I	2024	K
1941	C	1955	J	1969	C	1983	J	1997	C	2011	J	2025	C
1942	D	1956	A	1970	D	1984	A	1998	D	2012	A	2026	D
1943	I	1957	B	1971	I	1985	B	1999	I	2013	B	2027	I

表2

	1月	2月	3月	4月	5月	6月	7月	8月	9月	10月	11月	12月
A	0	3	4	0	2	5	0	3	6	1	4	6
B	2	5	5	1	3	6	1	4	0	2	5	0
C	3	6	6	2	4	0	2	5	1	3	6	1
D	4	0	0	3	5	1	3	6	2	4	0	2
E	5	1	2	5	0	3	5	1	4	6	2	4
F	0	3	3	6	1	4	6	2	5	0	3	5
G	1	4	4	0	2	5	0	3	6	1	4	6
H	3	6	0	3	5	1	3	6	2	4	0	2
I	5	1	1	4	6	2	4	0	3	5	1	3
J	6	2	2	5	0	3	5	1	4	6	2	4
K	1	4	5	1	3	6	1	4	0	2	5	0
L	6	2	3	6	1	4	6	2	5	0	3	5
M	4	0	1	4	6	2	4	0	3	5	1	3
N	2	5	6	2	4	0	2	5	1	3	6	1

表3

日	1	8	15	22	29	36
月	2	9	16	23	30	37
火	3	10	17	24	31	
水	4	11	18	25	32	
木	5	12	19	26	33	
金	6	13	20	27	34	
土	7	14	21	28	35	

婁宿

日	慎重で冒険を好まない婁宿の中では、ハッタリもきいて押しも強い。また政治的手腕も秘める。ただし異性問題で転ぶと全体運が低下するので要注意。
月	多芸多才でセンスもいいが、神経が細やかなので、リーダーより参謀やサポート的立場で才能を発揮できる。仕事は正確で調整能力が高い。女性は内助の功。
火	婁宿の持つ鋭い批判力、評論家的な面が強く出る。コンプレックスや重荷がバネになるタイプ。組織向きの婁宿にしてはフリーや独立に向く。七曜陵逼生まれ。
水	せっかちで何でも先手を打って進んでいく。ソフトな印象だが、理性的でソツがなく戦略家。また、芸術の分野で才能を発揮できる人も。女性は美人が多い。
木	穏やかで親しみやすい人柄。引き立て運も強いが大きすぎる夢は不発に。何かを始めると継続できるタイプなので、そうすることで運は上昇する。
金	優しく家族思いだが、意外にドライで綿密な計算もできる。ビジネスセンスがあり世の動きにも敏感でそれを仕事につなげられる。独立しても成功しやすい。
土	堅実で冷静。物事を客観視できるので、大成功はしなくとも失敗は少なく、一定のラインまで持っていける。安定しているが、物事の決断に時間がかかる傾向が。

胃宿

日	自立心が強く野心家。知恵も統率力もあり、欲しいもののために手段を選ばない胃宿の強引さが一番強く出る。独断傾向と忍耐不足に注意。羅刹日生まれ。
月	胃宿の中では穏やかで人望もある。男性は美人好き。女性はやや生意気だが、肝が据わっていて魅力的。早熟で芸術的才能に恵まれるが、恋愛面ではお騒がせ。
火	負けず嫌いで勝負や競争に強い。反骨精神が強く人に使われることを好まない。湧き上がる怒りを個人ではなく社会不正など大きな悪に向け、仲間は大切にして。
水	好奇心旺盛でセンスもいいが、言葉に棘があり人間関係は波乱含み。飽きっぽさを克服すると成功できる。美食家で料理もうまい。七曜陵逼生まれ。
木	向上心が強い頑張り屋。真面目で自己イメージが高くいつも現状に不満。自立心が強い胃宿の中では親の恩恵を受けるが、それと戦いながら自分のスタイルを確立。
金	度胸があるが時と場合によって知恵や能力を隠すので胃宿の中では目上に可愛がられる。謙虚さを忘れず、裏の顔を隠し、ほんわか雰囲気を心がけるのが成功の鍵。
土	女性でも剛毅。一度決めたことは妥協せずに貫く。秘密主義的で他人に本心を見せず、なんでも自分でやらないと気がすまない。身内を大切にし自分の王国を作る。

昴宿

日	正直で正義感が強い。大きな仕事を成功させる力量の持ち主で、名誉と名声に恵まれる。ただ、見かけより頑固で完璧主義。正論を言いすぎると引かれることも。
月	清潔で育ちのよさを感じさせるエリートタイプ。一定のレベルを維持するとそれ以上冒険的な生き方は好まない保守的な面が。女性は男性への依存度が高い。
火	穏やかに見えて個性が強い。親や家族との縁が薄いが、自立心を持つほど成功する。ただし一度成功すると失敗を恐れて臆病に。サイドビジネスに縁あり。
水	志が高く、少し時間がかかるが学問や芸術に秀でる。人懐っこいが、プライドは高く人に無理に合わせられない。変わったタイプの異性を好きになる傾向も。
木	雰囲気はナチュラルだが、頭脳明晰で知恵ある人。志を持つとそれに向かって努力し成功を目指す。人と違う発想を持つのでそれを生かして。七曜陵逼生まれ。
金	引き立てられ運を持ち気がつくといつの間にかいいポジションをキープしている。芸術やスポーツで才能を発揮するが、恵まれすぎるとわがままが出る。
土	幼い頃や若い頃は苦労が多いが年齢を重ねながら才能や能力を磨いていく大器晩成型。社会的に成功をすることも多い。枠にはまらない面は隠さないほうがいい。

畢宿

日	好感度は高いが、協調性は実は表面的。こだわりが強く自分優先。途中で妙な妥協をすると本心と現実行動のギャップでつらくなり、挫折しやすい。自分を貫いて。
月	若いときから、よき理解者や後ろ盾に恵まれ、堅実に進む。見かけよりも慎重。出すぎないので敵が少ない反面、ひとりで頑張ると、脆さが出る。甘露日生まれ。
火	集中力と体力があり、機敏に動いて、いつのまにかいいポジションを得るタイプ。ただ、自己過信から無神経な言動で反感を買う恐れも。本当の思いやりが成功の鍵。
水	明るくおっとりとしていて人に慕われるが、意外に闘争心は強い。普段はのんびり屋なのに、欲しいものに対しては手段を選ばず、人を巻き込んで騒ぎを起こす。
木	マニアックな好奇心を持ち、とことん追求して深めていく。不器用で最初は失敗もするが、知恵があり、失敗から学んで成功する。ただ、執着心の強さには注意。
金	センスがよく、好きなことを仕事にすると成功しやすく自分も楽しい。興味のないことや人には淡白。面倒が嫌いで問題を先延ばしにしがち。七曜陵逼生まれ。
土	畢宿の中で一途さNo.1。ゆっくりと夢を現実にしていける。逆境に置かれるほど闘志を燃やすが、思い込みが強いので集団にはなじみにくい。芸術的な才あり。

觜宿

日	周囲に合わせて、引き立てられて無難な人生行路を行くので、やや優柔不断。ひとりでは決断ができない。一言で成功したり失敗したりしてしまう場面に出会いやすい。
月	頭の回転が速く決断力もあり、逆境ほど燃える気の強さもあるが、欲が深く、自分のことばかり考えると失敗。正義感や大命を得ると、力量をフルに活かせる。
火	細やかさと大胆さをバランスよく持ち、情熱的な反面、冷静な戦略家。周囲の影響を受けやすく、志の高い人々の中で伸びる。異性にモテるが決断は遅い。
水	自分のスタイル、キャラを作るのがうまく、それが成功の鍵。意外に口べたでキャラを崩さず、本音を出さないので誤解もされがち。身近な人間関係を大切に。
木	フレンドリーだが、若い頃は自分をうまく出せず、努力で会話を磨く。おしゃべりなようで本音は語らない。でも飾らない個性で人気を得るほど運は上がる。
金	難しい課題も結果を出し、自分の考えを行動で示して周囲を引っ張っていく。隙がない觜宿の中でも最も隙がなく堅実に出世するが見かけほどオープンではない。
土	ひとつの技能や知識を磨いて世に出る。心が揺れると、本業以外でボロを出す恐れ。努力した人ほど自負心が強く、生意気に思われ損することも。七曜陵逼生まれ。

参宿

日	とぼけたような愛嬌があり、憎めない人柄。好奇心旺盛で、人とは違う個性的な道に。穏やかそうでも人に攻撃されたりすると激しさが出る。七曜陵逼生まれ。
月	生意気でも無邪気で素直なので周囲から可愛がられる。組織に属していたほうが参宿の持つ改革の力を活かせて目立てる。中小のグループのリーダーとしては有能。
火	独特のセンスを持ち、流行にも敏感。うまく時流に乗って、その分野の最先端で活躍できる。二面性があり、仕事かプライベートのどちらかでアクの強さが出る。
水	クリエイティブな才能の持ち主。天真爛漫で怖いもの知らず。無茶をしているときが一番魅力的。守りに入ったり、周囲を気にすると脆さも出る。羅刹日生まれ。
木	情報通で地味な作業も好きだが、人と違うことをやりたい気持ちが強く、積み重ねたものを活かして中年以降にユニークな活動をすることも。ただし脇が甘い。
金	新しいことをやりたい気持ちと安定を求める気持ちの間で揺れる。技能を磨き伝統的な世界のほうがユニークな存在に。お調子者で目上を無視すると落とし穴に。
土	強気なようで優しく、好きなことには子供のように熱中。負けん気が強く、這い上がるために新しいことを考えて成功しやすい。恋愛、結婚は意外な相手を選ぶ。

井宿

日	クールな井宿の中では熱血ぶりを見せることも多い。人に引き立てられて、ある程度の地位はキープできるが、欲を出すと、プライベートに波乱の恐れが。
月	井宿の個性と高い能力を発揮するまでに工夫や試行錯誤も必要。ナイーブな心を隠すため演技で人に接することも多い。芸術、芸能に才あり。七曜陵逼生まれ。
火	謙虚で礼儀正しいので、好感度は高いけれど、頭の回転が速くややズルい振る舞いも。自分が上に立つよりも有能な人のサポーター・参謀として力を発揮。
水	冷静で論理的な技能の人。技術を磨くことを怠らなければ、若いときから安定して活躍できる。人間関係では不器用なので無理せずに、身近な人を大切にして。
木	論理的な井宿の中では言葉よりも行動の人。情報処理能力に優れ豊かな知識と独自の表現力で成功に導く。自分のスタイルはなかなか崩せない。金剛峯日生まれ。
金	マメで事務能力もあるが、自分のセンスを生かせる仕事でないと続かない。社交的だが付き合いは浅く、人に頼るより、時間をかけて実績を積み重ねる生き方を。
土	スタイリッシュだけど、マイペース。自分のやり方を貫くので、それで成功する場合と失敗する場合に分かれる。本人的に気取りがとれた中年以降のほうが楽に。

鬼宿

日	朴訥として見えるが、意外に弁舌は爽やかで知的。オレ様体質で、グループを作ってユニークな活動をすることも。女性は鼻っ柱が強く思い切りのよさが魅力。
月	容姿に恵まれるが、内面は個性的。独自の自己表現で世界を築く。逆に誰でもできることが不得手で、難しそうなことを簡単にやってのける。羅刹日生まれ。
火	コンプレックスをバネに、他の人にはできないことを成し遂げる。危ない所に平気で突っ込んでいくが、公共性を意識する限り、運に守られる。七曜陵逼生まれ。
水	常識的な枠を越え、スケールの大きな活躍ができる人。束縛を嫌うが、人の引き立てを受けて、その期待に応える生き方で開運。ただし、幸運も不運も突然くる。
木	ユニークな夢を抱くが、勘がよく環境に恵まれ、早くに叶う。次の目標が見つかるまでぼんやりする。お金や立場に執着すると運が落ちるタイプ。甘露日生まれ。
金	クリエイティブな才能に恵まれ、人の驚くようなことをやってのけるパフォーマー。天真爛漫なようでもナイーブで策略家。プライベートは意外に地味で真面目。
土	感情を表に出さず、鈍い印象を与えるが、感性は鋭い。不遇をかこつことも多いが、そのときにどれだけ力を蓄えるかで人生が決まる。ユニークな趣味を持つことも。

柳宿

日	明るくて親切。実力もあり、仲間作りがうまい。けれども飽きっぽかったり、ラフな部分があったりで、物事も人間関係も流動的。謝り下手で損をすることも。
月	集中力のある柳宿の中でも勘のよさと大胆さで人心を摑むものを生む。一生で何度か大幸運に恵まれるが、そこでペースが乱れるとかえって浮沈の大きな人生に。
火	ひとつの道に打ち込む職人が似合う。威風堂々として勝負強く安定感もあるが、内面は繊細。よき理解者やパートナーを得てこそ輝く。スポーツ、芸能の才あり。
水	男女ともにフェロモン系で、自ら前に出ずとも容姿や学問、芸能などの実力で自然に大事にされる。だが本当は世話を焼くほうが好き。七曜陵逼＆甘露日生まれ。
木	爽やかで優しくスペシャリストとして成功するが、自分の運気が上がると誰かの運を押さえたりネガティブなものを抱えやすい。周囲への配慮と思いやりが大事。
金	自信満々の大物。女性は実力があるが結婚すると家庭中心に。男性は年齢とともに見かけと実力のギャップを努力で埋めないと不安感から失敗しやすくなる。
土	見かけはソフトだが芯が強い。特に女性は絶対に妥協せず、我を押し通し自分の世界を築く。男性は柔和だが、気を許すと交友関係のトラブルも。羅刹日生まれ。

星宿

日	働き者で実力もあるが、本来、派手なことは合わない。男性はリーダーの資質を持つが控えめでいるほうが実力を発揮。女性も自ら前に出ると好感度が下がる。
月	星宿の中ではスタイリッシュで反骨精神も強く、それを芸術、芸能で表現しようとする。強い感受性のままにノリで人生を渡るので、人生がロック・テイストに。
火	確かな技術に裏打ちされた才能を持ち、何かを高い水準で継続できる力量を持つ。志は高く、簡単には満足できないので、一度始めると止められないタイプ。
水	男性は誠実だが、若いときは自分をうまく出せず、迷走。でもそれが一風変わった個性と魅力を培うことに。女性は力強く、平穏な家庭生活の中には収まりきらない。
木	特別な才能を秘めそれを努力で磨いて一芸に秀でる。それで自信がついてくると、元来、正直で正義感も強いため、ハッキリと物を言う人になる。七曜陵逼生まれ。
金	真面目で地味に見えて、独特の表現力とアピール力があり、いぶし銀の魅力で人の心を掴む。仕事熱心だが不器用なので、仕事が忙しい場合は婚期が遅れる傾向。
土	明るく振る舞っても内向的で思いつめやすい。一時的な幸運に執着するとその後が不安定に。気持ちを上手に切り替え、人のために動くと安定。甘露日生まれ。

張宿

日	男性はスタイリッシュ、女性は押しが強い。頭がよく、金銭感覚に優れ、頭領運もあり起業家向き。引き立てが必要なので上との衝突は避けて。年下にも配慮を。
月	張宿の中でも特殊な才能と魅力を持つ。華やかで人気運もある。普通の環境より少し変わった環境で伸びる。自己顕示欲も強いが本業以外で目立ちすぎると失敗。
火	自己演出に工夫がある。若いときはやりすぎて悪目立ちし、失敗しがち。むしろ普通にしていたほうが本来の爽やかさが引き立ち、運も摑める。内面は頑固で強引。
水	スマートな雰囲気の人だが、見かけより神経質。男性は特に几帳面。その細やかさを仕事に生かすといいが、心が揺れやすいので、しっかりした技術を身につけて。
木	フェロモン系の魅力の持ち主。普通の環境ではキツイ性格が出て失敗しがち。己を知り、自分の個性を活かす場所を求めれば、独特のポジションを得て成功する。
金	抜群の引き立て運。よきブレーンによって力を得るか、大物の側近として力を振るう。玉の輿運があり、結婚後は内助の功に徹する。七曜陵逼&金剛峯日生まれ。
土	知恵と勇気があるがプライドも高く、若いときは目上から押さえつけられ苦労しがち。自己過信で挫折も。長期的な計画性で運気は開ける。親からの相続は吉。

翼宿

日	独特の技能と魅力で広い世界に出る。言葉や声が特徴的でよく話すが人間関係は不器用。真の理解者が必要。男性はモテるが女性関係が不安定だと運は伸びない。
月	人の注目や期待を集めるが、若いときは実力とのギャップに悩み失速しがち。真面目なので下積みが必要で、実績を積み重ねて大成。勉強や習い事がプラスに。
火	翼宿の中でも最も広い行動範囲と自由を必要とする。狭く束縛のある環境に身をおくとパワーと好奇心を持て余して迷走しやすく運気が不安定に。羅刹日生まれ。
水	太っ腹に見えて神経質。妙に完璧主義なので要領はよくなく、損をすることも。真面目で律儀なので努力を積み重ねて道を開く。学ぶことを忘れると運気は低下。
木	若いうちに生家や故郷を離れる運気を持つが、適応する力が強いので、早めに広い世界に出たほうが、いい出会いに恵まれる。外見と内面に差のあるタイプも。
金	高い能力を持ち、マイペースに見えて周囲との調和を大事にする。男性は一匹狼よりも組織の中で動くほうが運気は良好。女性はどちらでも能力を活かせる。
土	細やかさと大胆さを兼ね備えマルチな才能を発揮して多彩な活動ができる。ただし、できる自分を基準に考えるので、人に対しては厳しい面も。七曜陵逼生まれ。

軫宿

日	柔和で頭もいいが欲望も強く、望んだものは手に入れないと気が済まず強引なところも。見返りを求めない奉仕の心と精神修養が必要。七曜陵逼&甘露日生まれ。
月	環境に恵まれ、庇護や援助を受けられる運気。やがて自分の受けた恩恵を、何らかの形で人や広く社会に返す気持ちを持つことで人生は安定し、本当の成功に。
火	社交性、交際術はNo.1。そこからチャンスも摑むが、馴れ合うと足を引っ張られる。決断が早く考えをすぐ行動に移すので、人を振り回すが破綻は少ない。
水	穏やかな軫宿の中では一番気が強い。感受性が鋭く、突然気持ちが変わって周囲を振り回すことも。ビジネスはよきパートナーを得るかどうか。嫉妬で身を誤る。
木	自分に素直で、物事をブレーンに見る邪気のない人。そのため逆に周囲からは浮くことも。でも常に公正に、人のためを心がけると、よき理解者を得られる。
金	気配りの人。自然に人の世話、面倒をみる立場になる。人の都合で立場が転々としやすいが、誰かのために一生懸命になっているときに一番活躍でき、輝く。
土	若い頃は人に振り回され気味。成熟するにつれていい人間関係を作れるようになり、誠実な交際から幸運を得られる。一見ひ弱な雰囲気でも、踏ん張りはきく。

角宿

日	変わったライフスタイルや独特のファッションを好む。人に好かれるが、本音を見せないので謎の部分も。成功するには独特のセンスを活かすための技能が必要。
月	知的で、趣味や好きを極めることが成功の鍵に。でも組織や集団にいると悪目立ちしたり、人間関係に苦労するので、小さな会社やフリー的な立場でいたほうが吉。
火	あまり学問に関心を示さず実践的な経験を積んで成功する。独特のセンスを持つが、つまらないことでチャンスを逃したり、信頼を失うことも。七曜陵逼生まれ。
水	社交的で人に可愛がられるが、身内や身近にいる悩みや秘密を抱えたり面倒な相手と関わりやすい。受け入れる度量を持つことで運気上昇。秘密の恋は要注意。
木	なんでも自分で工夫する技巧派。高い理想を実現するリーダーの器。でもこだわりが強すぎると独善的になるので注意。本音を語れば、真の理解者、味方を得る。
金	弁舌巧みなムードメーカーで好感度は高い。だが見かけによらず短気で性急でそれを人に向けると人生が荒れる。芸術に触れて激しさを緩和すると道が開ける。
土	優等生的な一面と楽天的で奔放な一面のギャップが最も激しいタイプ。スポーツや芸事など自分を厳しく律するものを持つか持たないかで人生の浮沈が変わる。

亢宿

日	体力、気力ともに活気に満ち、積極的でパワフル。本来は短気だが、そこを乗り越えて何かを長く継続することで大きく成功する。女性は可憐に見えても大胆。
月	負けず嫌いで努力もするのでスポーツや芸能など子供の頃の夢を実現する人も。でも次の夢を追って、得たものをあっさり捨てることも。親兄弟に支えられる運。
火	独特の感性と才能を持つが自負とこだわりが強すぎて、奇天烈で周囲の理解を得られないことも。ライバルや争う相手が明確だと力が出る一方で強い味方も必要。
水	各分野で新しい世界を開拓していく先駆者。努力もするが、才知と頭脳で多くの人を引っ張る。忙しすぎてプライベートはやや空虚。七曜陵逼生まれ。
木	実力もあるが、権力者から目をかけられて出世する。人気運もあり華やかな世界に縁が。うぬぼれを慎み、物事の締め方、終わり方を間違わないことが幸運の鍵。
金	既成の概念や物事にこだわらずに新しい世界に切り込む。その度胸と新鮮さが魅力。危うい面もあるが我欲に走らず志が高ければ成功する。私生活は意外に古風。
土	ある分野ではラディカルな開拓者でも、それ以外では極めて常識的で律儀。不寛容で敵を作りやすいので時には肩の力を抜き他人にも優しく。金剛峯日生まれ。

氐宿

日	スロースターターだが、一旦集中すると粘り強く、多少の苦労も気にしない。自己中心的で人を困らせたりもするが、無邪気で憎めない。芸能の才あり。
月	大胆で繊細。優しく親切なのにキツイ言葉で人を傷つけたり、心配性なのに怒りっぽかったりそんな心の葛藤が無から有を生む原動力に。リラックスを心がけて。
火	何かを成し遂げる度胸も勢いも十分。目標設定が高く簡単には満足できず挑戦や試行錯誤を進んでする。ただ、それがときには混乱と脱線を招きやすい点に注意。
水	氐宿のアクの強さを爽やかさや軽さのオブラートに包む賢さを持つ。そのせいか若いときは下積みもするが、我を張らず、人に望まれることを受け入れて開運する。
木	感性豊かでタフ。でも欲望が大きく何でも過剰に。年齢を重ねて自己管理ができると運が開ける。モテるがやや変則的な結婚かも。七曜陵逼＆羅刹日生まれ。
金	容姿端麗な人が多いが、内面は強情。逆境でも取り乱さず、結局は自分の信念を曲げずに貫き通す。孤立しないよう注意。芸術、芸能に縁があり、心の支えになる。
土	大きな存在感を持ち、自分のスタイルを作り、欲しいものを手に入れる。現役にこだわり、長く第一線を退かないが、何でも限度を超えてやりすぎるのは難点。

房宿

日	変わった感性の持ち主。運気が波に乗っているときにアクシデントに見舞われる。乗り越えることで新たな道を開く。海外に出たり世界を意識すると運気が上がる。
月	博愛主義者で常識家。早い段階で人生の目標を見つけられれば、安定した生活を送り信頼される。目の前の欲や栄達に転んで志や目標を変えると人生が不安定に。
火	見えないところで何かを守って必死に闘う運気。強い個人の欲望や執着心を離れ、目下や後進のことを優先的に考えると運が上向く。人の教育や育成に縁と才能が。
水	知的で、意外に戦略家。かくれた努力で、着実に目的を達成していける。緻密で周到。抜け目がないので財運も。考えすぎると動けなくなるので行動力を大切に。
木	シニカルで反骨精神に溢れる人。好き嫌いが激しく、気分屋だけれど、あまり憎まれないのは房宿の徳。何かの技能や実力があれば、尊敬されるので、修練して。
金	暢気に見えて周到に準備し隙がない。プライドも理想も高く結婚相手選びは難しい。金運ピカイチ。思いがけないアクシデントに注意。七曜陵逼＆甘露日生まれ。
土	臨機応変に振る舞える交際上手な人。目上の人や有力者の引き立てを受け着実にステップアップ。見かけによらず商才も。女性は結婚で人生が大きく変わりやすい。

心宿

日	年齢が上がっても可愛い感じだが、実は野心家。狙いを定めたときの集中力は素晴らしく緻密な計算で結果を出す。公私の落差が魅力にも欠点にもなる人。
月	おっとりした外見に似合わない激しい感情を持ち、時にそれを爆発させて驚かせる。人がやらないことで才能を発揮。モテるのに女性は忍ぶ恋にはまりがち。
火	自分の直感を何よりも大切にするアーティストタイプ。何か技能を持って、その直感を活かして。さもないと持て余し気味の感情がネガティブな方向に向く恐れ。
水	ポジティブで活動的。知略に長けた頭脳派で計画的な行動で成功する。人心を読んで振る舞うので好感度は高いが、その抜け目のなさは、身近な人を怖がらせる。
木	型にはまらず、大胆。その反面、繊細で、ほかの心宿に比べて、心の状態が行動や結果にストレートに出るタイプ。プライドを何に持つかで運勢の浮沈が決まる。
金	特に女性には美人が多い。独立心も旺盛で若いうちから起業する人も。地位と名声の両方を手にするチャンスに恵まれるが、こだわりすぎると、トラブルも招く。
土	特殊な思考をするのでそれで一芸を伸ばせば特別な存在に。中年以降は外見も個性的に。異性の影響を受けやすいのでパートナー選びは大事。七曜陵逼生まれ。

尾宿

日	質実剛健な尾宿の中では華やかさで突出。人あたりがよく誰からも好かれる人気者。ひとつのことに情熱を傾け年月を経て成功する人。七曜陵逼＆金剛峯日生まれ。
月	揺れやすい感情と尾宿の一途さが噛み合わず不器用な生き方に。鋭い感性を持つが支配欲の強さが欠点。知性を磨き視野を広げること。よきブレーンも求めて。
火	キリリとした容姿で心根も優しい頑張り屋。環境に恵まれるのに物事や人間関係が短いレンジで変わりがち。ひとりでできる技能を身につけて。甘露日生まれ。
水	優等生だが既成の概念や秩序にとらわれすぎると、苦しくなる。「やりたいことがわからない」悩みを持ちやすいが、まず小さな目標をクリアすることから始めて。
木	穏やかそうで実は負けず嫌いで好戦的。ケンカは強いし時に自らスリルを求めることも。心の中の衝動や怒りなどはスポーツなどで発散すると安定した力を発揮。
金	頭の回転が速く弁が立つので、尾宿にしてはフットワークが軽く、自分から行動範囲を広げ、チャンスを摑む。うっかりした発言と金銭、異性問題に注意。
土	迫力のある美人が多い知的な理論派。仕事ができるので周囲から頼りにされるがリーダー的な立場は実は苦手。無理せず我が道を行けばついてくる人はいるはず。

箕宿

日	配慮も力量もあるが、気性は荒く、どこでも中心になりたがる。グループが少人数になるほどワンマンに。人の注目を集める技能を持てば人間関係はスムーズに。
月	学問やアートで突出した才能を持ち、開花させようとして変化や移動の多い人生行路になる。でも多くの人との交流の中から幸運の種を拾う。七曜陵逼生まれ。
火	男性は組織や集団の中に身を置き、競い合うほうが望んだ立場やものを手に入れやすい。女性も運は強く特殊な才能を持ち、その実力で家の大黒柱にもなりうる。
水	頭がよくすぐ戦略を練る策士タイプ。言葉にこだわりがあり、説得力のある話し方や文章が"武器"。プライドが邪魔をすると何事も続かず、無責任になることも。
木	一本筋が通った生き方を好み、義理人情に厚い。特に男性は周囲に人を集め個性的な集団をまとめる。女性は我が道を行く。トゥーマッチにならないように。
金	箕宿特有の大胆な荒っぽさが魅力。カッコつけないことがカッコよく見える人。実際は見かけよりも繊細で裏表もあり、神経の休まる場や人を求めることが大切。
土	根は無邪気で大胆。意外に夢想家。わざと斜に構えることも。でも秘密めいた部分が魅力に。上下関係にこだわらず、いろいろな人に学ぶことが開運のコツ。

斗宿

日	一風変わった才能を持ち、それを解き放てば、カリスマ的な存在に。反面、常識的な私生活を送る。容姿に恵まれる人も多く、派手好きで見栄っ張りな面も。
月	人間味に溢れる独特な魅力の持ち主。でも短気で気が強く、深く話しあいをせずに物事を決めやすいので、それがビジネスや愛情面でマイナスに作用しがち。
火	活動的で営業や接客業もうまく、人を助け、まとめる力もある。でも実は好き嫌いが激しく、本当に心を許す人は少ない。学問、芸術に秀でる。七曜陵逼生まれ。
水	七転び八起きで成功を収める。親の転勤で引っ越しが多かったり、旅や遠隔地での仕事で幸運を摑む。結婚の縁を摑みにくく、ピンときたら逃さないように。
木	社交上手で計画性に優れ、技術的な面を伸ばすと成功しやすい。外で派手なら私生活は地味などバランス感覚がよい。旅や遠隔地での仕事で運気が変わる。
金	苦労の末に成功を収める人。一生に一度はシンデレラ的な幸運に恵まれることがあるが、得たものを維持するのに苦労も。粘り強く取り組むことで相応の地位に。
土	プライドが高く、正論を言いすぎて毒舌に。抑えようとすると逆に腰が低くなりすぎたりする。旅や変化が多い生活を選ぶほうが運は上向く。芸事、芸能に才あり。

女宿

日	若い頃は特に優等生的に生きようとする傾向が。男性はそのまま出世を目指すが、女性はある年齢を越えると、枠から飛び出そうとして個性を発揮する。
月	女宿にしては冒険する熱血漢。自分の欠点を自分で笑える"太さ"を持つことで開運。面倒見がよく人の世話で苦労もするが、人が幸運の元。金剛峯日生まれ。
火	常に自分を客観視できる聡明な人だが、真面目なうえに細部によく気がつくので弾けきれず些細なことに気を取られて小さくまとまりやすい。手術や怪我に注意。
水	愛想がよく頭の回転も速い。仕切り上手で、どんな場面も上手くまとめるが、人の能力を引き出す立場や、支える相手がいたほうが愛情面は安定。七曜陵逼生まれ。
木	伝統を守り、安定した印象なので、人に頼りにされる存在に。見かけほど常識人ではなく一筋縄ではいかないが、志が高く、逆境にも強い。創作的な才も秘める。
金	真面目で清潔感があり先輩に可愛がられ、後輩に頼りにされる。知的で個性的なアイデアや夢を秘めているが常識的な道から外れるのを恐れる自分と葛藤しがち。
土	先見の明があり感覚的に優れた人が多い。それを貫けば個性を認められ成功する。本質的に暗くて寂しがり屋で誰かに甘える傾向が。女性は気の強い小悪魔タイプ。

虚宿

日	大きな夢を持ち、それを実現させてしまいそうな大物感を漂わせる。理屈を言って気難しい面もあるが、気がよく、茫洋としていて憎めない。女性は良妻賢母型。
月	感性の鋭さでは虚宿の中でもNo.1。人の虚をつくような行動で注目を集める。それだけに人の影響を受けすぎると人生が揺れるので、何か技能を磨くべき。
火	直感力があり大胆。既成の枠にとらわれない活躍ができるが、それだけに目上との関係が難しいことが。部下には恵まれるので、腰を低くしていたほうが人生は安泰。
水	芸術を好み、優雅な雰囲気を漂わせるが、基本は真面目な努力の人。見かけほど夢見がちではなく経済観念もあり、やり手。物事の締め方が不得手で異性問題も心配。
木	饒舌で人の心を捉えるのが得意。夢が大きいので無鉄砲で、起伏が激しい人生行路になりがち。堅実に先につなぐ仕事ぶりが、開運の道。七曜陵逼生まれ。
金	頭のいいロマンティスト。夢の世界に生きていてしばしば現実では不思議な行動に出る。だが必要なお金についてはシビア。お金の切れ目が縁の切れ目になる。
土	おおらかに見えて繊細、温かく、優しいが強欲という複雑な性格。その多面性が魅力で優れた才能も持つが、生活が安定するのはある程度年齢を重ねてから。

危宿

日	おしゃべり好きでサービス精神が旺盛。好感度も高い。独自の発想力を持っている。その場のノリで後先考えず何でも引き受け、後で相手も自分も傷つくことが。
月	穏やかな明るさがあり、人あたりもよく、特に年上からの引き立てが。独特の発想があり頭もいい。損得よりも人との信頼関係を大切に縁を繋ぐと運が開けやすい。
火	危宿の特徴でもある大胆さと行動力を強く持つ。心にとても正直で他の意見を取り入れない傾向があるが、社会生活では人や世の中の流れに合わせることも重要。
水	親切で人に頼られる人気者だけにNOと言えない。自分では考えているつもりでも感情のままに行動して損をする。人を恨まずにいればいずれ人に助けられる。
木	楽しみを追い求める明るい性格。次々に新しい発想や夢が湧いてきて、夢見がち。進むべき道を定めて努力を継続すれば、運気は上昇。人からの信頼も得られる。
金	愛嬌があり親しみやすい。興味のあることに夢中になればリーダー的存在に。世の中の流れに敏感で能力重視の職についたほうが才能は伸びる。七曜陵逼生まれ。
土	愛想よく警戒心を与えないので、誰からも慕われ信頼も得られる。自分の気持ちの変化を隠せない正直者で、思いこんだら一途。移り気を抑えて継続する努力を。

室宿

日	楽天的な自信家で、信じた道を突き進むエネルギーに満ちている。気配りや細かな計算もできる。正直で純粋な面があるので、少々なら無茶をしても憎まれない。
月	穏やかな情熱家。目標に向かう強いエネルギーを持ち人からも慕われる。荒っぽいようで実は繊細な部分があり常に周囲へのケアを忘れない。男女ともにモテる。
火	実践的な知恵とやる気を持ち、人の心を掴みやすい。室宿の大胆で決断力がある面を強く持ち、チャンスを生かして出世する。気配りを怠らなければ運は向上。
水	経験から多くを学び、言葉が巧みで、知識も豊富で器用。人を楽しませる自信家。バイタリティーがあり、行動は強引なところもあるが内面にはしなやかさを持つ。
木	見えない努力をして知識を吸収し、運気を掴む。大胆なだけでなく緻密さもある。悩みやすいが、そこであきらめたりすると流れを読み違えることもあるので注意。
金	十分なエネルギーはあるものの、室宿にしては穏やかな気質。明るく正直なエンターテイナーで、周囲からも慕われて信頼度も高い。人のために貢献することも。
土	穏やかな外見とは裏腹に、内面に強いエネルギーを秘めている頑固な自信家。現場から知識を吸収して、運を切り開いていく。実力の世界で輝く職人気質を持つ。

壁宿

日	何事にも動じない強い信念を持ち、物事の本質を見抜く目を持つ。コツコツと目標へと向かう職人タイプ。誰かを支え、世話をすることを好む。七曜陵逼生まれ。
月	親しみやすく見えて、強いポリシーの持ち主。それを表に出さず、緻密な頭脳で裏から人を動かしていく。芸術的な才能も秘めるが家庭とは両立できないかも。
火	志したことには集中力と継続力を発揮し困難も独自の方法でクリア。堅物に見られるが実は遊び好き。好きなことに没頭しすぎて変人扱いも。金剛峯日生まれ。
水	庶民的で誰にでも公平に接する温厚な人。人のフォローにまわると力を発揮。だが一度悩み始めると突き詰めて考えすぎ、自分の殻に籠る。女性は良妻賢母タイプ。
木	普段は控えめで慎重に事を進めるが、信念のためなら、どんな相手でも強気に。見かけによらず駆け引き上手かつ緻密なので、参謀的な役割につくと能力を発揮。
金	聡明で人望も篤く、縁の下の力持ちだが、人から注目されることも多い。金銭感覚は鋭く、正しい判断力を持つ。凝り性で、趣味の世界にはまりやすい一面も。
土	穏やかで落ち着いた雰囲気を持ち、自分から表に出ることはほとんどないが、確実に目標へと近づいていく。自尊心が強く、他の人の意見に耳を貸さないことも。

奎宿

日	正義感が強く、清く正しく生きようとする。性格は明るく礼儀を大切にするので、好印象。思いついたことをすぐ行動に移すので変化に富んだ人生を送ることも。
月	精神的なものを重視し、周囲と穏やかに調和をとりつつ、静かに自分を向上させる。秘密の顔を持つ奎宿の中でも特に複数の秘密の世界を持つ。七曜陵逼生まれ。
火	潔癖な理想主義者。目の前のことに夢中になって大局を見失う恐れも。人のためのようでいて自分の価値観に囚われ、組織の中では正論を押し通し、浮きやすい。
水	自分の道を踏みはずさずクールに見えるが情熱的で好きなことには没頭し自分の世界を作り上げる。人の助けを得やすく人を意識して生活すれば人間関係も良好。
木	向上心の強い素直な優等生タイプ。面倒見がよく人の上に立つことも多いが、正論を振りかざさないように注意を。趣味が多く、サイドビジネスにはまることも。
金	何歳になっても清潔感が漂う朗らかな人。自分の世界を持ち、そのリズムで生活している。ただ、真面目に見えて移り気で、興味の対象はよく変わる。羅刹日生まれ。
土	高い理想を持っている故に他の意見を聞き入れず度量が狭くなりやすい。本業とは別のジャンルで自分の地位を確立することも。異性関係が安定すると運も向上。

付録2

ジャイプール占星術

鏡リュウジ×水晶玉子

西洋占星術と起源を同じくするオリエンタル占星術。
そんな二つの占いをかけあわせて見る
324通りの運命がここに！

本命宿早見表

牡羊座

生まれたての赤ん坊のように、生きることを情熱的に楽しむ牡羊座。が、その情熱の表れ方はそれぞれ。張宿では燃え盛り、奎宿ではヴェールをかぶり秘められる。その変化図がここに。

井《せい》宿《しゅく》×牡羊座

情熱的な牡羊座の性格に冷静な知性がプラスされた人。ニコニコ饒舌なのに知性派。とっつきやすい人柄だがふとした瞬間にクールな表情や計算高さを見せて周囲を凍らせることも。常にフレンドリーさを心がけて。

角《かく》宿《しゅく》×牡羊座

人目を気にしない牡羊座の中では珍しく、自意識過剰。むしろ人目を意識することで自己主張がスケールアップし、激しい自己アピールとして噴出。ズボラな牡羊座の中ではスタイリッシュでお洒落なのも特徴的。

斗《とう》宿《しゅく》×牡羊座

牡羊座の強い意志と、斗宿のリーダーシップが合体した、カリスマ・リーダーなタイプ。とことん現実的で、迷いのなさと決断の早さはピカイチ。そのぶん情は薄めで、〝使えない〟人をバッサリ切り捨てるのも平気。

婁《ろう》宿《しゅく》×牡羊座

牡羊座の中の牡羊座といった性格が出てくるため、アクティブな突撃キャラが多い。前人未到のジャンルを開拓していくパイオニアで、境界線を踏み越えていく怖いもの知らず。「十年早い」異端児にもなりがち。

鬼《き》宿《しゅく》×牡羊座

牡羊座のマイペースさに鬼宿の気まぐれさが加わったマイペース２乗キャラ。行動の指針は「自分が楽しめるかどうか」で熱しやすく冷めやすい。周囲からは浮きやすく、〝掴みどころのない人〟と思われがち。

亢《こう》宿《しゅく》×牡羊座

牡羊座の負けん気に、亢宿の反抗心が合体。根性の据わったゴーイング・マイウェイ人間。人と戦うことで成長する人生ゆえ、敵や壁は多くて高いほど人生は開ける。アウトローな人生を送るのもこの星の醍醐味。

女《じょ》宿《しゅく》×牡羊座

牡羊座のガッツに権力志向が合体、上を目指しヨゴレ役も厭わないド根性熱血キャラ。周囲にかみつきながら、のぼりつめるアグレッシブさを持つ。仕事上のパートナーを略奪愛して出世のきっかけを掴むことも。

胃《い》宿《しゅく》×牡羊座

牡羊座の性格がやや複雑に出るため、〝勝ち〟にこだわるよりも〝負けたくない〟きかん坊キャラ。いわばじゃじゃ馬な女王様。〝若い〟〝青い〟をよしとする美意識による過激な服装や度を越した若作りに注意。

柳《りゅう》宿《しゅく》×牡羊座

牡羊座の溢れる情熱に熱い感情がプラスされた人。好きなことに猛烈に熱中するが、激昂すると手がつけられない面も。恋にも熱く、好きな相手を守るためなら戦いも辞さない。身内には優しいが、敵には容赦ない。

氐《てい》宿《しゅく》×牡羊座

牡羊座の押しの強さに、氐宿の人扱いのうまさが加味された、明るい世渡り上手。〝つかみ〟は牡羊座らしく元気に、そして隙あらば氐宿の心理作戦でスルリと人の懐に入り込む、という高等技術はこの星の秘伝の術。

虚《きょ》宿《しゅく》×牡羊座

直球勝負な牡羊座の中では視野が広く、常識や協調性もあり、何でもこなせる。華があって器用なので、幅広く活躍できる。だが本人は世間的な成功と理想とのギャップで悩み、人気者なのに孤独を感じることも。

昴《ぼう》宿《しゅく》×牡羊座

牡羊座の突撃精神に〝キープしたい〟保守性が加わるため、元気はいいが意外と手堅い生き方ができるキャラ。男性は、バブリーな遊び人から政治家に転身したりと〝ヤンチャした後におさまる〟パターンで成功しやすい。

星《せい》宿《しゅく》×牡羊座

牡羊座の負けん気に王者の風格がプラス、頼りになる姉御キャラ。志が高く、渋い個性があるため、玄人人気は抜群。何事でも〝一番〟が好きなので、いい男を射止める率は高いが、結婚しても一家を仕切りそう。

房《ぼう》宿《しゅく》×牡羊座

牡羊座の〝自分が一番〟主義に房宿の豊かな物質運がプラス、人よりも豊かな人生を送る。サバイバル精神があり、自分や家族を守り抜く。ただし他人に分け与えるという発想がなく、冷酷と思われやすいので注意。

危《き》宿《しゅく》×牡羊座

牡羊座の享楽的な刹那主義が出やすい。取り掛かりには熱中するが、飽きやすく次の楽しみへと興味は移る。ひとつのキャリアを極める執着心は薄い。ただし〝やりっ放し〟でも本人は楽しそうなので憎まれない。

畢《ひつ》宿《しゅく》×牡羊座

トップを目指す牡羊座気質に、物欲がプラスされ、〝名実ともにトップ〟を目指すタイプ。美や財力で勝利をハッキリと見せつける生き方が理想。チャレンジャーではあるが安定志向もあり、地位は長くキープできる。

張《ちょう》宿《しゅく》×牡羊座

牡羊座の威勢のよさに、自信と華やかさがプラスされ、〝自信満々〟にまで至っているタイプ。失恋後、次の恋人ができる早さも12星座中No.1。押し出しの強さ、物怖じしない勇敢さを持つこの星生まれの人ならでは。

心《しん》宿《しゅく》×牡羊座

思いついたら即行動の牡羊座気質に、迷いやすい心宿の性癖が重なり、カメレオンのようにキャラが変化。身軽さは長所だが、忠誠心を問われて、裏切り者の汚名を着せられることも。反面信じたことは貫く深い強さも。

室《しつ》宿《しゅく》×牡羊座

牡羊座の熱血ぶりが、さらにエネルギッシュに強化されたタイプ。不眠不休で大活躍する精力的な人が多い。しかも、ものごとや社会をちょい斜めから見る視点を持つ。いくつになっても生活臭がないのも特徴。

觜《し》宿《しゅく》×牡羊座

牡羊座の熱さに、常識人としての自覚がプラスされ、気の強いしっかり者が多い。弁が立ち、〝老舗を切り盛りする女将〟の風情。ただし言葉に毒があるので、説教やボヤキには注意。口を慎めば凛とした女性に。

翼《よく》宿《しゅく》×牡羊座

ざっくばらんな牡羊座の野性味に、翼宿の理知がプラス。とっつきやすいが思慮深い。毒舌なようでフォローは周到。分析力や細心さで、牡羊座のおっちょこちょいな失敗も防げたり後で取り戻せたりするのが強み。

尾《び》宿《しゅく》×牡羊座

牡羊座の熱中癖に拡大志向が加わるため、あくなき情熱で突き進む仕事人間になりやすい。新ジャンルに抵抗なくチャレンジして〝勝ち〟に行くので、競争の激しい世界で成功する率は高め。職人タイプだが華もある。

壁《へき》宿《しゅく》×牡羊座

一見、アグレッシブな牡羊座そのものだが、私生活は意外とおしとやか。バリキャリでも、妻や母として人を支えるバイプレイヤーの顔も持つ。人生を自力で切り開き、かつ控えめで人を支えるというバランスが鍵。

参《しん》宿《しゅく》×牡羊座

牡羊座のせっかちさにクルクル変わる好奇心がプラス。何でも手早く、人より先をサッサと行くのが好きで、結果には頓着しない〝その場が面白ければいい〟人。着想が斬新で数字に強いのでプランナーの才能も。

軫《しん》宿《しゅく》×牡羊座

牡羊座の勝手気ままさに、軫宿の繊細な内気さが加わり、陰があるタイプ。寂しい目をした暴走族、はたまた孤独な渡り鳥……といったイメージ。危なっかしさと不思議なギャップでモテるが、殻にこもりやすい。

箕《き》宿《しゅく》×牡羊座

牡羊座の負けん気に、箕宿のイケイケ精神が合体した、前へ前への攻撃タイプ。失恋などの痛手をバネに、玉の輿に乗ってのし上がるなんてことも。攻め方は、サッパリした気性で、ストレート。裏工作は不得意。

奎《けい》宿《しゅく》×牡羊座

牡羊座のアマゾネスな性格に、色気や隙が加わる。外面と素顔のギャップが激しく、昼間は憎まれ口をたたくが、夜はコケティッシュな色気を見せ、意外にモテる。野生からセレブ暮らしへ、が必勝パターン。

牡牛座

手で触り、腕で抱きしめられる現実を愛する牡牛座。だが何にリアルを感じるかは、27宿によって違う。星宿では古典的な趣味性が、軫宿では手堅い生き方が強調される。さて、あなたは？

井宿《せいしゅく》×牡牛座

牡牛座の実務能力と、井宿のクールな頭脳が合体、ソツなく無駄なく仕事をこなす。何をやらせても有能で適切、情にも流されない。その代わり感動や盛り上がりには欠けるので、面白みのない人生に思われることも。

角宿《かくしゅく》×牡牛座

牡牛座の優美な感覚に角宿のチャーミングさが加わった、魅力的でモテるタイプ。楽しいことが大好きで、賑やかな社交や官能的な日々が理想。ただし、面倒な問題をスルーし続けていると他人に依存した人生に。

斗宿《とうしゅく》×牡牛座

牡牛座の物質欲と、斗宿の上昇志向があいまって、地位も財産も手にする。大きな家に住み、長者番付に名を連ねるような、分かりやすい成功が大好き。おっとり見えることが幸いして人に引き立てられる運もある。

婁宿《ろうしゅく》×牡牛座

牡牛座の揺るぎない自信に、婁宿の威勢のいい自主性が加わり、やる気にあふれるが、根拠なき自信家。平凡に見られやすいが、内に秘めたプライドは高い。もともと資質や血統、環境に恵まれている場合も多い。

鬼宿《きしゅく》×牡牛座

しっかり者の牡牛座に、鬼宿のフレンドリー気質が合体、細やかな世話焼きタイプ。常識もあり人にも好かれやすいが、いきすぎるとおせっかいに。自分の主張があり、人に伝えるのもうまく、作家や記者も多い。

亢宿《こうしゅく》×牡牛座

牡牛座の頑固さに、亢宿の反逆心が合体、優しげに見える印象とは裏腹に、内面には気合の入った理想主義や反骨精神が。スタイリッシュな人気者になりたい反面うわついた奴にはなりたくないひと癖あるタイプ。

女宿《じょしゅく》×牡牛座

牡牛座の恵まれた資質と、女宿のガッツでトップになれる星回り。絶大な信頼を得てトップの座を長くキープする人が多いのも特徴。周囲への気配りや組織への貢献のために気の抜けない人生だがやりがいが大きい。

胃宿《いしゅく》×牡牛座

牡牛座の落ち着きに、胃宿の反骨精神がブレンド、肝が据わった我が道を行く人。自分の欲望に忠実でイバラの道も厭わない。単身で渡航し自力で頑張れるガッツも。貫禄があり、周囲からも一目置かれやすい。

柳宿《りゅうしゅく》×牡牛座

牡牛座の五感の鋭さに柳宿の熱中癖がプラスされ一芸を極める専門家や芸術家向き。ただし独占欲はかなり強く、恋愛や子育てでは相手や子供を震え上がらせることも。趣味などで、欲望と情念のはけ口を作って吉。

氐宿《ていしゅく》×牡牛座

牡牛座の優美さに、氐宿の世渡りの才が加わった、カリスマ性を持つ野心家。人の心の深いところにあるツボを押すような鋭い勘を持つ。優雅に微笑みながらビシッと叱ることができる。オピニオンリーダーも多い。

虚宿《きょしゅく》×牡牛座

牡牛座のクラシックな美意識に、虚宿のロマンティックな精神性が合体、優美で華やかな存在感がある。オペラも好きだが、サンマの値段も知っているという庶民感覚を忘れないのが強みで、実社会で成功できる。

昴宿《ぼうしゅく》×牡牛座

牡牛座の現実主義に、昴宿の潔癖さが加わり、真面目な職人気質。品行方正で評判はよく、出世運も物質運もある。ただし自分と違う価値観に対する許容力がなく、他人に厳しい一面が。ストレスも溜め込みがち。

星宿《せいしゅく》×牡牛座

牡牛座の古典的センスに、星宿のオリジナリティが加わり、独特の美意識で自分の世界を作り上げる人が多い。生活にこだわりを発揮しつつも、趣味で発表会に出るなど、何かしらの"晴れ舞台"を持つと充実する。

房宿《ぼうしゅく》×牡牛座

牡牛座の物質運と、房宿の金運があいまって、豊かな人生が送れる星回り。肉体的にも丈夫で、フェロモンにも恵まれており、官能は深く甘い。おとなしく見えても欲は深いほうで、野心を秘めて高みを目指す。

危宿《きしゅく》×牡牛座

牡牛座の実用主義に、危宿の遊び心がプラスされ軽やか。肉体の丈夫さとエネルギーの両方に恵まれるタフな活動家になることも。心身のバランスをとることがテーマなので、ヨーガやピラティスには熱中できそう。

畢宿《ひつしゅく》×牡牛座

牡牛座の落ち着きに、畢宿の安定性が上乗せされた、牡牛座の中の牡牛座。肉体的に丈夫で才能も豊か。ただし徹底した現実主義者で、情緒的にはやや鈍感。知らずと相手の感情を傷つけてしまうのが玉に瑕。

張宿《ちょうしゅく》×牡牛座

牡牛座の安定感に、張宿の華が加わり、花も実も手にする人生が送れる星回り。企画・制作などでは、牡牛座の五感がとらえる日常の違和感を、張宿のセンスでショーアップすることが秘訣。脇役でも強い印象を残す。

心宿《しんしゅく》×牡牛座

牡牛座のしたたかな安定感と、心宿の人の気をそらさない勘のよさが合体、人に気に入られて成功する洞察力と戦略に優れた人。肉感的な雰囲気と人心を操る独特の魔力があり、セクシャルなアピール力も抜群。

室宿《しつしゅく》×牡牛座

牡牛座の現実感覚と、室宿のエネルギッシュな精神力が合体した、バランスのとれた知的な人が多い。自負心が高いため、上から目線になりやすいのが玉に瑕。謙虚に経験を積み、いい人脈を掴めれば成功できる。

觜宿《ししゅく》×牡牛座

牡牛座の実用主義に觜宿の口達者がプラスされ、ツッコミどころのない理論派。言うことは現実的で、無駄なく実生活を営める。その分、ダメな人の事情を察する想像力が不足。スクエアすぎて色気不足なのも課題。

翼宿《よくしゅく》×牡牛座

牡牛座の現実主義に、翼宿の視野の広さと緻密さがプラス、有能な実業家に。理想は高くとも、「本当に実現可能か？」を自問しながら進むので失敗が少ない。自説にこだわりすぎると活躍の場を狭める危険性が。

尾宿《びしゅく》×牡牛座

牡牛座のこだわりに尾宿の探究心が加わり、一芸に秀でた職人肌。磨き上げた技で名品を生み出す。万人ウケではなく自分が納得のいくやり方で一部のウケを狙うのが成功の王道。いきすぎてナルシストなのはご愛嬌。

壁宿《へきしゅく》×牡牛座

牡牛座の真面目さに、壁宿の献身さが加わって、天使のように世のため人のために働く星回り。ただしこの天使は、地に足がついているのが特徴で、理想を実現化していく意志は頑固なほど強烈だ。実務家の才能がある。

参宿《しんしゅく》×牡牛座

牡牛座の安定感に、参宿の軽さが加わり"しっかり者だけど、とっつきやすい人"である、得なタイプ。あくまでも保守の立場で成功する人なので、喋りは軽いが常識はキッチリ押さえた路線を狙うと成功しやすい。

軫宿《しんしゅく》×牡牛座

牡牛座の着実さに、軫宿の思慮深さが加わって、手堅い生き方が可能。目立たず地道に生きているようで気づくといい男も持ち家も、が必勝パターン。ほんわか優しく見える割には細かく、夫や子供には厳しい面も。

箕宿《きしゅく》×牡牛座

牡牛座の安定志向と箕宿のざっくばらんな気性がぶつかり合い、危なっかしい。酔うと噴水に飛び込むといった予測のつかない行動に周囲はたじろぐが、「放っておけない」と面倒を見てくれる奇特な人物に恵まれる。

奎宿《けいしゅく》×牡牛座

牡牛座の現実主義と、奎宿のスピリチュアリズムが混じり矛盾を抱えた人。普段は真面目な社会人でも隙を見ては妄想の世界に遊ぶ傾向が。理由もなく急に無気力になるのは、無意識の自分が夢を求めている証拠。

双子座

好奇心を指針に刺激を求めて生きる双子座。だがお気楽な軽いノリだけが持ち味ではない。翼宿では抜け目なさを見せ、心宿では魔性になる。軽さも湿度も27宿ごとに微妙に違う深みが。

井宿《せいしゅく》×双子座

計算できる双子座の頭のよさに、井宿の策略がプラスされた、鬼に金棒の知略の人。かなりの切れ者で戦略家だ。ただし、計算高さが鼻につくと人気を失うので、そこをしっかり隠し通すのが成功の条件といえる。

角宿《かくしゅく》×双子座

飽くまで刺激を求める双子座の性質に、角宿のお気楽さが加わる。発想が自由で、人づき合いのコツを摑むために水商売のバイトをしたり、退屈しのぎに芸能人とつき合ったり、人が驚くことを軽々とやってのける。

斗宿《とうしゅく》×双子座

早熟な双子座の才気が、斗宿の地道な努力で支えられた、"安定感ある天才肌"タイプ。そのため他の双子座たちが天才からただの人に堕落していく中で、ひとり天才のポジションをキープして地位と名声を得る。

婁宿《ろうしゅく》×双子座

目から鼻に抜ける双子座の機知に、婁宿のせっかちさが加わり、頭の回転が速いクレバーな人。ただし神経が過敏で発想が突飛なためエキセントリックな人と思われやすい。変わり者ぶりを生かせば成功できる。

鬼宿《きしゅく》×双子座

フットワークの軽い双子座気質に、鬼宿のスケールの大きさがプラスされた、身軽な自由人。TVを見て突然思い立ってアフリカに行くような、独特の軽やかさが持ち味。根性はなく、独特な趣味を持つ人も。

亢宿《こうしゅく》×双子座

変化を求める双子座気質と、亢宿の変革精神が合わさり、「出会いで人生が変わる」と他人からの刺激に期待が大きい。人と深くつきあえるが、対人関係で蜜も毒も体験する。経験を積むほどに人を見る目が養われる。

女宿《じょしゅく》×双子座

計算が得意な双子座の頭脳と、女宿のボス気質が合体して、切れ者の実業家タイプ。双子座の軽さを着ぐるみのように身にまとっており、「元気〜？」と業界人ノリでいろんな場所に出入りして利権に食い込む。

胃宿《いしゅく》×双子座

好奇心ある双子座気質に、胃宿の底力が加わり何事にも軽々と挑戦する度胸あるチャレンジャー。本気かシャレかわからない軽さが持ち味で、ポーカーフェイスでギャグを言い、周囲をとまどわせることも。

柳宿《りゅうしゅく》×双子座

刺激を求める双子座気質に、柳宿の情熱が加わり、「好きこそものの上手なれ」の趣味人が多い。あれこれトライするうちに、これがなきゃ死んじゃう！とまでハマれるものを見つけると充実した人生が送れるはず。

氐宿《ていしゅく》×双子座

双子座のフットワークのよさに、氐宿の欲深さが加わってやんちゃな人が多い。特に若いうちは「遊びたい」「あれもこれも欲しい」と欲望が先走って無茶し、武勇伝を重ねがち。持ち前の機転と如才なさは世渡りの武器。

虚宿《きょしゅく》×双子座

神経過敏な双子座らしさと、虚宿のプライドや不安があいまって、センシティブ。出前の注文から結婚相手まで、心に従うべきか、実利を追うべきか、気の休まらない葛藤に陥りがち。リラックスできる環境があると楽に。

昴宿《ぼうしゅく》×双子座

双子座のチャーミングさに昴宿の生真面目さがプラスされ、コケティッシュだけどしっかり者という、お嫁さんにしたいタイプ。女性は双子座の中では堅実。男性では、母性本能をくすぐるかわいい系が多い。

星宿《せいしゅく》×双子座

さわやかな双子座らしさに、星宿の個性がプラスされて、"軽いけど迫力系"な人に。表面は笑顔でソフトな物腰でも、肝が据わっていて、揺るぎない信念を持つ。ふてぶてしい態度で周囲をギョッとさせることも。

房宿《ぼうしゅく》×双子座

知的で明るい双子座の魅力に、房宿のグラマラスな美貌が加わり、男たちが放っておかない。昼は淑女で夜は娼婦かと想像させるツンデレで、星の数ほどの男たちが腕まくりして近づいてくる。焦らすのも得意。

危宿《きしゅく》×双子座

気の変わりやすい双子座気質が、気分屋な危宿で加速。摑みどころのない"浮き世離れキャラ"。とはいえ、スタイリッシュで都会的な雰囲気は格好良く、性格も気さくで愛される。どんな場にもなじむ世渡り上手。

畢宿《ひつしゅく》×双子座

とっつきやすい双子座のフレンドリーさに、畢宿の粘り強さが加わって、どんな環境でも安定した活躍ができる。仕事では幅広い分野で活躍し、息も長い。ただし、おさまりかえったり重々しく蘊蓄《うんちく》を語り出すと不評。

張宿《ちょうしゅく》×双子座

軽やかな双子座らしさと、張宿の華やかさが合体した、サッパリと気取らないキレイなお姉さんタイプ。好感度の高いモテキャラだが、生来知的で、また自分の個性を大事にするので、オリジナリティーが光る。

心宿《しんしゅく》×双子座

双子座の気まぐれに、心宿の人心を摑む才能が加わり、聡明な魔女のように魅惑的。駆け引き上手で仕事や人間関係では優位に。だが恋愛では裏を読みすぎて疲れることも。素顔でつき合える味方が安らぎの鍵。

室宿《しつしゅく》×双子座

クレバーな双子座の頭脳に、室宿のスケールの大きさが加わり、世界に通用する頭脳派。時代や国にこだわらない考え方ができ、おばあちゃんになっても世界中にネット仲間がいるなど、古びない発想で現役続投。

觜宿《ししゅく》×双子座

理性的な双子座らしさと、觜宿の慎重さがあいまった、クールな理論家。ビジネスでは有能な仕事人になれる。弱点は情のからむ人間関係で、自分のことは棚にあげる、という身勝手さがあり、周囲の共感は得にくい。

翼宿《よくしゅく》×双子座

頭の回転の速い双子座気質に、翼宿の度胸のよさが加わって、銀座のNo.1ホステスのようなやり手に。ソツなく、気配りもできて、華もある。人の気をそらさないのが強み。自分のペースに持ち込む力技も朝飯前。

尾宿《びしゅく》×双子座

普段はすがすがしい双子座だが、イザというときに尾宿の闘志を燃やす"隠れ戦闘系"。内に秘めた負けん気が強く、戦闘モードになると頭脳がフル回転、本番に強い。奥の深いセクシーさを持った人が多い。

壁宿《へきしゅく》×双子座

双子座の頭脳に、人の心が読める壁宿の勘が加わり、血の通った知性を持つ。外ではクールだが好きな人には優しく思いやり深い。だが恋愛では、甘い夢に溺れた後に現実に心が乾くなど、気分の浮き沈みで消耗する。

参宿《しんしゅく》×双子座

コミュニケーション上手な双子座の能力と、参宿の新しいモノ好きが合体した、好奇心いっぱいのお喋り。情報通でキャッチーな言葉づかいの天才なので、ブログやツイッターでブレイクするのも夢ではない。

軫宿《しんしゅく》×双子座

明るく軽い双子座気質に、軫宿のソフトな陰影が加わる。普段は道化の仮面をかぶっていても、家では脳科学の本をパラパラ。知的で、ちょっぴり神経質だが、シニカルでウイットに富んだ個性は貴重な持ち味。

箕宿《きしゅく》×双子座

放浪好きな双子座気質が、箕宿の「人生は旅だ」哲学で強化された、猫のごとく自由な人。楽観的でサッパリして見えるので、天然系に見られる。しかし実は機転が利き、冷静に長いスパンで物事の本質を見抜く知性派。

奎宿《けいしゅく》×双子座

若々しい双子座の感性に、みずみずしくピュアな奎宿の情感がプラスされて、いくつになっても老けない人が多い。もともとセンスが若いことに加えて、融通が利き、好奇心を上回る冒険心が、若さの源だ。

蟹座

包容力があり、母性的といわれることの多い蟹座。だが優しさだけが持ち味ではない。胃宿ではふてぶてしささえ見せ、房宿では妖艶にもなる。そのどれもがまぎれもない蟹座の顔なのだ。

井《せい》宿《しゅく》×蟹座

母のような蟹座フェロモンに、井宿の知性が加わって、色っぽいのに知的。相手を包み込むような独特のオーラがある。女性では家庭と仕事の両立に、身内がアキレス腱になることも。男性はマザコン傾向がある。

角《かく》宿《しゅく》×蟹座

甘えん坊な蟹座気質と、角宿の遊び好きが合体した、コケティッシュなちゃっかり者。願わくば楽して優雅に生きたい思いがあるため、愛人願望も。だが対等なパートナーを求める気持ちも強く、恋愛では揺れがち。

斗《とう》宿《しゅく》×蟹座

過敏な蟹座気質に、斗宿のプライドが合体し、気分屋の女王キャラ。愛されているときは女神のように優しいが、「必要とされていない」と疑念を感じたが最後、感情をフリーズ。人一倍“認められたい願望”が強い。

婁《ろう》宿《しゅく》×蟹座

空気を読める蟹座の敏感さに、婁宿のクールな攻撃力が加わり、時代の波に乗っかりながらも程よく切り込んでいく“ソフトなツッコミ・キャラ”に。愛嬌もありドライな人柄なのに角がないので、世渡り上手でもある。

鬼《き》宿《しゅく》×蟹座

人懐っこい蟹座オーラと、鬼宿のおおらかなムードが重なった、ほんわかした妹キャラ。家族との絆をアピールして成功するのもこの星らしい。自力で上を目指すガッツはないため、家庭人として生きる人も。

亢《こう》宿《しゅく》×蟹座

警戒心の強い蟹座気質と、亢宿の反抗心があいまって、とても防御本能が強い。普段はロマンティックで優しいが、愛する人を守るために敵には容赦ない。物真似がうまく、自分を客観視できるので役者にも向く。

女《じょ》宿《しゅく》×蟹座

ファミリー大好きな蟹座気質に、女宿の組織主義が重なり、ゴッドマザーのよう。地元を歩けば仲間が寄ってくる、ケンカした後輩には傷の手当てをして説教、親戚の子供に小遣いを与える。家庭でもドンとして君臨。

胃《い》宿《しゅく》×蟹座

愛くるしい蟹座スマイルで、胃宿のふてぶてしいまでのガッツをくるんだ、微笑み上手のやり手。油断して鼻の下を伸ばして寄ってくるダメ男などは、鼻で笑って一蹴。胃宿の反逆スピリットと野心で一番を目指す。

柳《りゅう》宿《しゅく》×蟹座

ファミリーが第一な蟹座らしさに、柳宿の情熱が合体して、身内のためなら命も懸ける人情家。地元の常連が集まる居酒屋で、熱く語る姿さえ様になる。もちろん家族にも、目に入れても痛くないほど愛を注ぐ。

氐《てい》宿《しゅく》×蟹座

なんでも自分色に染めたい蟹座の欲望と氐宿の欲張り気質が合体して、好きなモノを取り込むクッキーモンスターのよう。愛情がエスカレートしやすく、母性が強いので、恋人とも母子のような関係になりやすい。

虚《きょ》宿《しゅく》×蟹座

繊細な蟹座に虚宿のロマンティシズムがプラス、夢見がちな人。絵本や脚本などフィクションの世界で才能を発揮。恋愛ではメール一つで天国へ直行、電話が一日ないだけで地獄に急降下のジェットコースター。

昴《ぼう》宿《しゅく》×蟹座

母性豊かな蟹座気質に、昴宿の育ちのいいふくよかさが加わり、品のいいママタレントのようなキャラに。家を訪ねたらパスタでも作ってくれそうな女らしさとおっとり人懐っこい雰囲気が魅力で男性人気も高い。

星《せい》宿《しゅく》×蟹座

情感ある蟹座フェロモンに、星宿の堂々とした風格が加わって、最初は若さが取り柄のかわい子ちゃんに見えても、次第にひとクセある存在感を出してゆく。可愛さや綺麗さだけで消費されるのを拒む強さが特徴的。

房《ぼう》宿《しゅく》×蟹座

人懐っこい蟹座オーラと房宿のフェロモンで、天然のモテ体質。直感と策略で、仕事では無意識のマーケティングでヒットを飛ばし、合コンでは一番人気の男性を落とす。だが甘えん坊で嫉妬深く手を焼かせる面も。

危《き》宿《しゅく》×蟹座

引っ込み思案な蟹座気質に危宿の移ろいやすい気分が加わったガラスの心の持ち主。人の噂から心霊現象まで、あらゆる刺激をキャッチして気が休まらず、引きこもりがち。だが本来は世界に慈愛を注げる資質が。

畢《ひつ》宿《しゅく》×蟹座

居心地のよさを求める蟹座気質と、快適なことが大好きな畢宿の本能がミックス。理想はコタツの中でぬくぬく暮らし。家族を持てばマイホーム主義、ひとりなら引きこもり傾向。寂しいとパーティーピープルに。

張《ちょう》宿《しゅく》×蟹座

家庭的な蟹座気質を、張宿の華やかさが包んでいるため、一見、派手な業界人に見えるが、愛情深く献身的で、家庭願望が強い。人の哀しみを直感できるイマジネーションを持つため、どこか陰があるのが持ち味。

心《しん》宿《しゅく》×蟹座

あったかい蟹座の愛嬌と、心宿の人の心をとらえる魔力でアイドル的だが、はにかんだ笑顔の内面は意外と複雑。人や環境からいろんなものを吸収して、不安に取りつかれやすい。家庭や没頭できる趣味を持つとよい。

室《しつ》宿《しゅく》×蟹座

仲間を大事にする蟹座の資質に、室宿のスケールの大きさが加わり、「人類みな兄弟」という共感力を生まれながらに持つ。弱い者への慈愛も強く、肩の力の抜けたフレンドリーな態度で誰とでも仲良くなれる。

觜《し》宿《しゅく》×蟹座

甘えん坊な蟹座気質に、觜宿の臆病さが加わった“かまってちゃん”。素直になれず、昼間は強がり、夜はバーのカウンターで寂しい背中をさらす。ツッパリでも殻を破ってほしそうな目で甘えて、可愛いがられる。

翼《よく》宿《しゅく》×蟹座

仲間意識の強い蟹座気質と、翼宿の誠実さが合体し、仁義を守る。常識的で、社会人としても家庭人としても優秀。ただ自分と異質なものは生理的にダメで、頑固。門限に厳しかったり過度な教育ママになったり。

尾《び》宿《しゅく》×蟹座

テリトリー意識の強い蟹座と、尾宿の職人気質で、何かを極める人が多い。名誉や出世には興味がなく、自分の手の届く範囲内での満足がテーマ。趣味が高じてケーキ店を開店、常連客に愛される、などが理想。

壁《へき》宿《しゅく》×蟹座

誰にでもなじめる蟹座の才能と、壁宿の要領のよさが合体し、どこにでも溶け込める。愛嬌があり、その場をアットホームな雰囲気に。人との距離感が近く、聞き上手でカウンセリング上手。共感して涙ぐむことも。

参《しん》宿《しゅく》×蟹座

身内に優しい蟹座気質に、参宿の革新性がプラスされて、みんなのためにバリバリ働く、頼りになるムードメーカー的存在に。蟹座にしてはサッパリしているが、やはり親しい身内の中で動くと成功しやすい。

軫《しん》宿《しゅく》×蟹座

身内を大事にする蟹座気質と、軫宿の交際のうまさが合わさり、絆が大事な人。気の合う友達とツルんで、気分よくハイタッチして生きていける世渡り上手。ボーッとして見えるが思慮深く直感の鋭さは神がかり的。

箕《き》宿《しゅく》×蟹座

安心を求める蟹座の本能を、箕宿の嵐のような気性がかき乱すため、ギャップがある。平穏な生活に満足する一方で、突然家出をしたくなるような激しい衝動に耐えながら、家庭人として生きる人が多い。

奎《けい》宿《しゅく》×蟹座

気取らない蟹座の親しみやすさと、奎宿の印象のよさが合体したお母さんキャラ。ピュアで人間味のある人柄が魅力で、第一印象ですぐに好かれるのは一種の才能。人を癒したり喜ばせたりする仕事で成功できる。

獅子座

子供のように無邪気に人生を遊ぶ獅子座。だが地上の試練は王者の顔に複雑な陰影を与える。張宿では自意識過剰という色を、氐宿では不機嫌なライオンのタッチを。あなたには？

井《せい》宿《しゅく》×獅子座

出たがりの獅子座精神が、井宿の知性で少々屈折した結果、一部ウケする小劇場の人気役者のような存在に。メジャーすぎる路線はこそばゆいし、人に頭を下げる気もないため、やりがい重視でマイナーでも本物志向。

角《かく》宿《しゅく》×獅子座

お祭り好きな獅子座気質に、角宿の遊び好きがプラスされた、エンタメ大好き人間。幼いときからテレビっ子、アイドルの物マネでクラスでウケまくり、鏡の前で口角を上げる練習を怠らない。スター予備軍も多い。

斗《とう》宿《しゅく》×獅子座

勇気ある獅子座気質に、斗宿の闘争心が加わった、前代未聞の負けず嫌い。一流のものしか欲せず常に欲望に駆られているため、心の落ち着く暇もなく夢を追い続ける。スケールの大きな目標を持つと成功する。

婁《ろう》宿《しゅく》×獅子座

荒々しい獅子座のエネルギーと婁宿のドライさが合わさって子供のよう。合理性を重んじるので男社会でも有能な仕事人として活躍。だが感情面で未熟さを露呈。行間や裏を読めない性格ゆえに人間関係で苦労も。

鬼《き》宿《しゅく》×獅子座

自信に満ちた獅子座の落ち着きと、鬼宿の気まぐれがミスマッチ。本気を出せばトップにもなれる器だが、理想が高すぎるがゆえに自分に見切りをつけるのも早く、執着なく地位を捨てて気楽に生きることも。

亢《こう》宿《しゅく》×獅子座

嘘が嫌いな獅子座の実直さと亢宿の反逆精神が合わさった本音の人。普段は明るく生きていても不正な金や利権がからむ場面に直面すると怒りが。あからさまに引いた態度を見せるのも意外に精神性を重んずるゆえ。

女《じょ》宿《しゅく》×獅子座

「特別な存在でありたい」という獅子座の願望に女宿の権力志向が加わりお嬢様体質に。プライドを形にする底力があり、努力すれば成功できる。自信がないと親の地位や会社での肩書を自慢したりする屈折キャラに。

胃《い》宿《しゅく》×獅子座

情熱的な獅子座気質と、胃宿のアクの強さが手を組み、押し出しが強い。自ら内なる炎を掻き立てることでエネルギッシュに生きていく。派手好みで、恋愛は退屈な日常にドラマを創出する刺激剤として不可欠。

柳《りゅう》宿《しゅく》×獅子座

プライドの高い獅子座気質に柳宿の負けず嫌いが加わり孤独に苛まれる。好調なときはパーティーには必ず顔を出すが、意外に気が弱く、人の評価に敏感。不遇な時期が続くと引きこもる。ありのままを受け入れて。

氐《てい》宿《しゅく》×獅子座

自分を曲げない獅子座と、氐宿の大胆な知略が合体して、獲物を狙うライオンのよう。子猫のフリをする気は毛頭なく、近づく者には威嚇。だが一線を踏み越えない賢さからその不機嫌さが逆に気に入られ、愛される。

虚《きょ》宿《しゅく》×獅子座

オリジナルな生き方を熱望する獅子座気質を、虚宿のロマンを求める性質が後押しして、とことん自分流にこだわる。職業も住まいも結婚のスタイルも、すべてにおいて人と同じでは満足しない。独自の世界観の人。

昴《ぼう》宿《しゅく》×獅子座

獅子座の創造意欲と、昴宿の出世運があいまって、オンリーワンのトップに。本人に邪心はなく、「やるなら本気で！」と純粋に突き進むうちに地位を確立。最初は「何それ？」的な扱いを受けるのも開拓者の運命!?

星《せい》宿《しゅく》×獅子座

自分らしさを探す獅子座気質に、星宿のオリジナリティがプラスされた、自己プロデュース人間。ミーハーな外面とは裏腹に、生きる意味を真剣に考える真面目なところも。周囲と衝突しても微調整しながら進む。

房《ぼう》宿《しゅく》×獅子座

不敵なまでの獅子座の落ち着きに、房宿のフェロモンが加わった、黙っていても人が寄ってくる磁力キャラ。どこにいてもモテてしまって、その場が世界の中心になる主人公体質。結婚後は不倫に要注意！

危《き》宿《しゅく》×獅子座

人マネでは満足しない獅子座気質と、危宿のやりたいことを実践する身軽さが合わさり、思いもよらない経歴や人脈を持つ破格のスケールの人が多い。次々と興味の対象が移るため、持久力はないが顔は広い。

畢《ひつ》宿《しゅく》×獅子座

ステージで燃える獅子座魂に、畢宿の持久力がプラス、ロングランツアーを続けるアーティストのよう。そのつど本気で燃えて、戦い疲れた獅子のように眠る燃焼系。100%自己実現している実感が生きがい。

張《ちょう》宿《しゅく》×獅子座

目立ちたがりの獅子座魂と張宿の自己顕示欲が合体して、〝サングラス姿のお忍び芸能人〟のようなオーラ。自意識過剰なため、目立たないようにするとかえって挙動不審に。大舞台のほうが実力も発揮でき満足できる。

心《しん》宿《しゅく》×獅子座

演出好きな獅子座と、心宿の演技力が合体した、天性の役者。何をするにも芝居がかっている。説教ならまずはため息、ちょっと激昂してみせて、最後はホロリ。退屈な日常は耐え難いので自己表現の場所が必要。

室《しつ》宿《しゅく》×獅子座

獅子座の壮大なエンタメ精神と、室宿の器の大きさが合体して王侯貴族が集うサロンの主人のよう。楽しい人柄で友達が多く、もてなし上手。周囲にいつもスターや芸術家が集まり、その中で華やかな日々が送れる。

觜《し》宿《しゅく》×獅子座

ハッキリ物申す獅子座らしさに、觜宿の的確さがプラス、裏表のない率直キャラ。その人間性が伝われば愛されるが、挫折を知らないあけっぴろげな純粋さが苦労人から不評を買ったり、直球発言でケンカも。

翼《よく》宿《しゅく》×獅子座

獅子座の貫禄と、翼宿のしっかり者が合わさった大物タイプ。小細工せずに王道を貫き、不言実行で結果を出す。その誠実さが「任せて安心」と信用されるため競争心や功名心なしで黙っていても仕事の幅が広がる。

尾《び》宿《しゅく》×獅子座

人生は舞台だという獅子座哲学に尾宿の負けん気が加わり、自分の人生をスリルとドラマで演出。退屈だと生ける屍のようになり、崖っぷちに立つとアドレナリンが放出され生きていると実感。創造を仕事にして吉。

壁《へき》宿《しゅく》×獅子座

派手な獅子座にしては壁宿は控えめな性格のため庶民的な人が多い。人の役に立つのが苦にならず、渋いバイプレイヤーにも。だが内心は王者の星。自己表現願望が騒ぎ出すことが。熱中できる世界を持つと幸せに。

参《しん》宿《しゅく》×獅子座

派手好みの獅子座の出たがり精神に、参宿のイケイケの軽さが加わり、周囲が引くほどのスタイリッシュなパフォーマーに。子供の頃から自己顕示欲バリバリの星回りで、政治家や大統領や首相などになる人も。

軫《しん》宿《しゅく》×獅子座

人類の幸福を願う無邪気な獅子座に、軫宿の思慮深さが加わって、労を惜しまない〝正義の助っ人〟。困っている人の悲鳴を聞けばドラゴンや大蛇を退治して「いいってことよ」と去っていく。偉大なる楽観主義者。

箕《き》宿《しゅく》×獅子座

正直者の獅子座気質と箕宿の本質を暴く才能が合体して、静かで平和な日常に風穴を開けるトリックスターに。人と違う視点でツッコミを入れ、自分が笑われて場を和ませる。結果、みんなが救われる優しい正義の味方。

奎《けい》宿《しゅく》×獅子座

子供のような獅子座のハートに、奎宿の俗っぽいものを嫌うピュアさが加わり、心が純粋な人が多い。思いやりがあり、想像力も豊か。ただ、感受性が強すぎて、情緒不安定に注意。富や権力に複雑なコンプレックスも。

乙女座

完璧主義で分析的といわれる乙女座。だがそんな硬質な顔の下には、意外な味が隠されている。参宿ではミーハーぶりを見せ、鬼宿では小悪魔ぶりを発揮。27宿ごとの人間臭さを新発見。

井宿《せいしゅく》×乙女座

緻密な乙女座の頭脳に、井宿の計算力が加わった、無駄はできるだけ省く知力体力温存派。用意周到な慎重派で、引き算や逆算で生きていく自己プロデュースの名手。だが自己完結のあまり冷たい人と思われる。

角宿《かくしゅく》×乙女座

乙女座の節度と角宿のさわやかな社交性があいまって、人を不快にさせずに気配りができるソツのない社交家。内面は「どうすれば適切か」を常に考えている繊細な人。理屈っぽく、考えすぎて心身を病むことも。

斗宿《とうしゅく》×乙女座

勤勉な乙女座気質と、斗宿の負けん気がミックス、水面下ではもがきつつも笑顔を絶やさない、ひたむきな人。志は高く、自分には厳しく、目標に向かってたゆまぬ努力を続けていく。損得勘定もでき、長く成功する。

婁宿《ろうしゅく》×乙女座

緻密な乙女座の頭脳と婁宿の行動力がマッチし慎重な行動派に。テキパキ動いて瞬時に判断。テレビのスイッチャーのような秒単位の仕事も得意。ざっくばらんなようで進行はソツがなく、司会者等にも向く。

鬼宿《きしゅく》×乙女座

控えめな乙女座オーラに、鬼宿の気ままさがプラスされた、実はかなりやり手の小悪魔。表の顔は清楚でも、ワイン1杯で、タメ口でマイペースのワガママぶりを発揮。献身的だが気まぐれ。裏でちゃっかり得をする。

亢宿《こうしゅく》×乙女座

疑い深い乙女座気質と、亢宿の反逆精神が合体して、「世間の風潮になど乗ってたまるか」という不機嫌なインテリに。頭がいいだけに自信家で、街角ウォッチをしたら軽く1時間は毒舌を披露できる鋭い批評家。

女宿《じょしゅく》×乙女座

分析が得意という乙女座らしさと、女宿の裏方に強い運が合わさって、プランナーやアドバイザーのようなデキる裏方に。世のために役立ちたい思いが強いので、福祉や動物愛護運動家、セラピストも向いている。

胃宿《いしゅく》×乙女座

凡人がうっかり見逃してしまう細部までとらえる乙女座の観察眼に、胃宿の不敵な豪胆さが加わった、シニカルな風刺漫画家のようなタイプ。おとなしく見えてもチクリと刺す棘を持つ。意外な二面性を持つ人も。

柳宿《りゅうしゅく》×乙女座

自制心の強い乙女座気質に、柳宿の揺れる感情がプラスされ矛盾が多い。食事制限の後のドカ食い、翌朝には自己嫌悪という葛藤も。愛され尽くしたい性格なので、家族やペットなど愛を注げる対象を持つと安定。

氐宿《ていしゅく》×乙女座

困っている人を放っておけない乙女座の世直し精神に、氐宿の姉御肌がプラス。実力があり頼りになる。それも気休めではなく、金銭的にも援助し、説教して支える。逆に自分は絶対に人に甘えない自制心の持ち主。

虚宿《きょしゅく》×乙女座

控えめな乙女座らしさに、虚宿の感受性がプラスされた、デリカシーのある人。常に相手を思いやるので好感度は高い。ドロドロの恋愛やハードな人間関係は苦手で、自分の激しい内面が噴出すると持て余すことも。

昴宿《ぼうしゅく》×乙女座

役割をきちんとこなす乙女座気質に、昴宿の引き立てられ運がプラス。お茶は絶妙な加減でいれ、資料は付箋をつけてニッコリ渡す的確さ。目上の評判も抜群なトントン拍子キャラ。控えめなので妬まれることも少ない。

星宿《せいしゅく》×乙女座

奉仕好きな乙女座気質に、星宿のプライドが加わって、公爵家のメイド頭のような威厳あるキャラに。女王ぶるのには抵抗があるのだが、選ばれし環境に身を置き、「私は他の人とは違う」と優越感にひたるのは好き。

房宿《ぼうしゅく》×乙女座

乙女座の気遣いと房宿の吸引力が合わさった気配り美人。合コンでも、黙って微笑んでいるだけで後からメールが殺到。だが恋より仕事に生きる人も多く、大量でハードな作業にも集中し真正面から取り組む誠実派。

危宿《きしゅく》×乙女座

世の中を直したいという乙女座の願望と、危宿の純粋さと行動力が合わさり、改革の先導者に。ケンカを仲裁し、悩みにはアドバイス、プロジェクトの弱点は早めに手当て。あらゆる歪みを改善していく働き者。

畢宿《ひつしゅく》×乙女座

乙女座の分析力に、畢宿の地道な努力がプラスされ、好不調の波のない安定した仕事名人が多い星回り。成功しても「一生が修業です」と言える謙虚な人柄。一緒にいる人を立て、誠実な仕事ぶりで息は長い。

張宿《ちょうしゅく》×乙女座

清潔感のある乙女座オーラに、張宿の華がプラスされた、どこに出しても恥ずかしくない魅力的なタイプ。センスもよく、空気を読んだ控えめな振る舞いができるが、結婚は高望みしすぎて婚期を逃すこともある。

心宿《しんしゅく》×乙女座

自己管理がうまい乙女座の能力と、心宿のポーカーフェイスが合体して、一対一の心理戦に強い名ピッチャーのよう。緻密さ、集中力、持続力など、優れた能力を持つ。ただし私生活の心理戦は相手も自分もグッタリ。

室宿《しつしゅく》×乙女座

デリケートで潔癖な乙女座の感性に、室宿のダイナミックな成功運がプラスされて、人気者のピーター・パンのよう。人のために献身的に働くので、実績をあげる。ただし潔癖の度が過ぎると、変わり者と思われそう。

觜宿《ししゅく》×乙女座

責任感の強い乙女座気質と、觜宿の言葉の巧みさが合体した、売り込み上手な仕事人。つかみが上手でプレゼン能力が高く、期待を上回るものをキッチリ仕上げる職人ぶり。建築家やデザイナーで成功する人も多い。

翼宿《よくしゅく》×乙女座

完璧主義の乙女座気質と、翼宿の妥協を許さない激しさが合体した、こだわり人間。マスカラのダマは決して許さず、茶髪の根元は2週間で染め直す徹底ぶり。その完璧主義で、自分の非力さに悔し泣きすることも。

尾宿《びしゅく》×乙女座

禁欲的な乙女座気質に、尾宿のチャレンジ精神が加わり、冒険家のような人。目の前にご褒美があると燃えるチャレンジャー。特訓メニューはきっちりこなすのが強み。理想のためにはストイックに頑張れるタイプ。

壁宿《へきしゅく》×乙女座

観察眼の鋭い乙女座に、壁宿の策略のうまさがプラス、駆け引き上手の〝笑顔の策士〟。ユーモアがありいつも笑顔だが、それで相手を油断させながら、持ち前の洞察力で状況を判断するやり手。実は孤独を抱えていることも。

参宿《しんしゅく》×乙女座

全体をまとめる乙女座の能力に、参宿の「面白そう！」という軽い実験精神が加わった、いいとこ取りの人。オリジナリティーはないが、過去のいいものを取り入れて新しいニュアンスを注入し、ポップに仕上げる。

軫宿《しんしゅく》×乙女座

人の役に立ちたい乙女座気質と、軫宿の気配りで、究極の助っ人。東に病人がいれば看病し、西に失恋した人を見ればアロマオイルを調合。喜ばれることで自己確認をするが「役に立たねば」の思いが強迫観念にも。

箕宿《きしゅく》×乙女座

凝り性の乙女座気質に、箕宿の怖いもの知らずがプラス、「好きこそ物の上手なれ」を地で行く。それも王道ではなくちょっと外れたイバラの道を行き、自己流で挑戦するアウトサイダー気質。仕事人間が多い。

奎宿《けいしゅく》×乙女座

乙女座の清潔さと、奎宿のロマンティシズムが合わさり、いくつになっても世間知らずのお嬢様のよう。だが、視野は広く、他人を思いやる想像力は豊か。途上国の援助も、ケーキ作りも同じ愛と献身をもって実践。

天秤座

バランスがよく八方美人といわれる天秤座。だが本当の魅力は、完璧を目指しつつもやりきれない綻び具合。觜宿ではぎこちなく、亢宿ではやりすぎてしまう、愛すべき綻び27通り。

井宿《せいしゅく》×天秤座

ともすれば無駄に魅力的な振る舞いをする天秤座だが、月が井宿にある場合に限って心配は無用。魅力をしっかり結果につなげる〝計算できるヴィーナス〟になれる。様々な役を変幻自在に演じることで魅力を増す。

角宿《かくしゅく》×天秤座

天秤座の中でも、〝天性の社交家〟といえるのが、人当たりのいい角宿に月を持つこのタイプ。ベタつかず、冷たすぎず、マナーをわきまえた人柄で、「もう一度会いたい」と相手に思わせて人気者になっていく。

斗宿《とうしゅく》×天秤座

天秤座の処世術を、野心ある斗宿にある月が「人の上に立つ」という目的のために利用。ただの社交上手に終わらず高い地位を得る。やり方は巧妙で、相手を立てたり頼ったりしながら、最終的にかつぎ出される。

婁宿《ろうしゅく》×天秤座

バランス感覚は天秤座の持ち味だが、それに婁宿の多芸多才が加わった人気者。格好つけが多い天秤座の中では気取らないのが魅力で、シーンを選んで自分を落とすこともできる潔さも人気の秘訣といえそう。

鬼宿《きしゅく》×天秤座

人を刺激するのは天秤座の得意技だが、それが人を翻弄するまでにいくのが、月が気まぐれな鬼宿にあるこのタイプ。自分の魅力を熟知のうえでわがままの限度ギリギリの奔放ぶりを発揮しては身をかわす確信犯。

亢宿《こうしゅく》×天秤座

スタイリッシュに振る舞う天秤座の中でも、人目を気にする亢宿なので究極の〝自意識過剰キャラ〟に。あくびするにも角度を考えるほど自己演出が習慣化。しかし人に好かれる気はなく、むしろ人と衝突して奮起。

女宿《じょしゅく》×天秤座

着道楽で華やかな天秤座の中では、月が陰のパワーを持つ女宿にあるため、おとなしく地味な印象。だがコツコツと着実に追い上げるので、大方の天秤座が寿退社して表舞台から消えた後にジワジワと頭角を現す。

胃宿《いしゅく》×天秤座

意外にも負けん気が強い天秤座だが、その中でも並々ならぬ闘志を秘めているのが、度胸の据わった胃宿の人。普段は天秤座らしい美しい振る舞いだが、いざというときの根性は、迫力満点で、不可能を可能にする。

柳宿《りゅうしゅく》×天秤座

何事にもハマれない天秤座の中では珍しく、月が熱狂体質の柳宿にあるため、好きなことならのめり込める。熱中できる趣味を持てば、人間的な魅力がぐっと深まる。また、肉体バランスがよく、スポーツ選手も多い。

氐宿《ていしゅく》×天秤座

アイドル願望を少なからず持つ天秤座の中でも、幼少期からオモチャのマイクを手に近所の人気者になる氐宿の人。度胸と庶民性があり、自分を客観的にチェックできるのが長所だが、自己演出の度が過ぎることも。

虚宿《きょしゅく》×天秤座

日常にも美を重視する天秤座だが、さらに月がロマンをつかさどる虚宿にあることで、非日常的な美を求めてやまない星回り。美的な仕事や趣味を持つと満足できるが、平凡な毎日だと美のカンフル剤が必要に。

昴宿《ぼうしゅく》×天秤座

独特のスタイルを作るのがうまい天秤座の中でも、自分らしさを高く売るのに長けているのが、芸術的な昴宿に月があるこのタイプ。自分をどう演出したらいいかを本能レベルで熟知しているのが最大の強み。

星宿《せいしゅく》×天秤座

本気になるのが格好悪いという天秤座の苦手意識を乗り越えて、なりふり構わず道を極める。人が目をつけない路線を選び、本腰を入れて打ち込み、モノにする。自己を客観視できるクールな姿勢は、やはり天秤座。

房宿《ぼうしゅく》×天秤座

負けん気の強い天秤座の中では珍しく、房宿の人は環境に恵まれ、おっとりしていて美形が多い。人との距離を保とうとする天秤座特有の過敏さもなく、人懐っこく愛嬌ある態度で愛されやすい。子煩悩でもある。

危宿《きしゅく》×天秤座

人目を気にして、センスがいいのに無難な人生を送る天秤座が多い中、奔放に美的センスを発揮するのが、危宿。発想が突飛で、スケールも破格、全天秤座が「やってみたいけど」と迷っていることを軽々と実践。

畢宿《ひつしゅく》×天秤座

軽やかに生きたい天秤座なのに、ふとした瞬間に頑固さが出るのが、重々しい畢宿に月があるこのタイプ。畢宿の気質を、天秤座の軽薄さを和らげる安定剤として使えば大成も可能で、徹底した自己管理が成功の鍵。

張宿《ちょうしゅく》×天秤座

ハンサムな外国人男性と結婚し、子どもはバイリンガルに育て、自分も仕事を続ける……という絵に描いたようなスタイリッシュな暮らしを実践できる人。華やかなことが大好きで、勇気と実行力があるのが強み。

心宿《しんしゅく》×天秤座

ドライな天秤座の中で、最もウェットで、人心に忍び込む魔性を持つ。月が心宿にあるので、甘えたり突き放したり、持ち上げたり落としたり、相手を翻弄しつつキープ。心理戦で心が休まらないのが哀しい持病。

室宿《しつしゅく》×天秤座

見かけよりも根性があり、人が見ていると過酷な仕事でも頑張れる天秤座の中で最もエネルギッシュ。ビジネスセンスもあり、疲れ知らずで早くに成功する。社会貢献できる仕事なら天秤座の理想主義が満たされる。

觜宿《ししゅく》×天秤座

空気を和らげる名人の天秤座らしくなく、なぜか無愛想なのが、月が觜宿にある人々。慎重で真面目なだけなのだが、誤解されやすいのは難点。だが目上には評判がよく引き立てられる。大器晩成型なので心配は無用。

翼宿《よくしゅく》×天秤座

普段は負けん気を隠している天秤座だが、完璧主義の翼宿に月があることで、闘志溢れるファイターに。だが揺れやすい天秤座ゆえ、全身全霊をかけて打ち込むものを見つけるまでは長い迷いをくぐり抜ける必要が。

尾宿《びしゅく》×天秤座

評判を気にする天秤座の中でも、月が闘争心をあおる尾宿にあることで、競争人生を送る。テストで燃え、コンテストで優勝を狙い、略奪愛でやる気が湧く。モチベーションを高めるために仮想敵を持つのが成功の鍵。

壁宿《へきしゅく》×天秤座

悪目立ちすることを野暮とする天秤座に太陽が、「目立たないことが美徳」とする壁宿に月があり、どこにいてもその場の雰囲気にうまく馴染む。見かけによらず駆け引き上手で、人に助けられ幸せになるしたたか者。

参宿《しんしゅく》×天秤座

演出上手という天秤座の才能を、服や食器に生かすだけでなく、時代をとらえるというスケールでやるのが、参宿に月のある人々。新しいモノに敏感で、トレンドの匂いを嗅ぎわけるセンスがあり、時代の寵児に。

軫宿《しんしゅく》×天秤座

人脈が命の天秤座の中でも、特に人の力を借りるのがうまいのが、軫宿に月がある人。目立たず、かといって埋没せず、人と協調していく思慮深い内助の功の人。結婚が大きなテーマになりやすく、糟糠の妻も多い。

箕宿《きしゅく》×天秤座

ドライすぎて今ひとつ人望を得にくい天秤座では珍しく、箕宿に月があることで面倒見のいい姉御肌。後輩にはおごっていい格好も見せるが、縦の関係で縛らず、フェアで風通しのいい関係を作るので、人気は抜群。

奎宿《けいしゅく》×天秤座

理想を追って生きたいと思う天秤座だが、その中でも最も精神主義的なのが月が奎宿にある人。普段はドライな気質だが、好きなことには没頭する夢見る人。ピュアな感性を生かして芸術などで本領を発揮できる。

蠍座

愛するものとの深い一体感を求める蠍座。だが獲物を得る手法は様々。胃宿では悪をも利用して掴み取り、角宿ではさわやかに誘い込む。蠍座の生き方27通りをご紹介。

井宿《せいしゅく》×蠍座

嘘が大嫌いで人の心の奥を見透かしてリアリティを追求する蠍座。その洞察力に井宿のクールな分析力を併せ持つ。人の心の闇を暴く名手なので、人の心を扱う作家や精神科医、心理学者などで実力を発揮できる。

角宿《かくしゅく》×蠍座

蠍座は時として迫力を出しすぎるが、社交性のある角宿の人は心配無用。ソフトに色気を匂わせて、モテて人気者に。気まぐれと奔放さで男を翻弄し、騒動の元凶にも。本気になると手段を選ばないが、軽々とこなす。

斗宿《とうしゅく》×蠍座

蠍座の中で最もカリスマ性が高いのが、野心と人気運のある斗宿の人。ソフトな物腰の下にはトップを狙う野望を持ち、緻密な詰めを忘れない努力家。人に「何かしてあげたい」と思わせる魅力で、磐石の地位を築く。

婁宿《ろうしゅく》×蠍座

情熱的な割に火がつきにくい蠍座の中で、燃えやすい婁宿に月があることで、熱しやすく冷めにくい。コレと思ったことを追い続けるパワーは絶倫。洞察力と閃きを併せ持つので、ヒットメーカーの才能も。

鬼宿《きしゅく》×蠍座

不気味なほど冷静かと思えば、あるときは周囲が引くほど情熱的。そんな蠍座気質を素直に見せるのが、無邪気な鬼宿。時に自分の感情の激しさに自ら驚きながら、立ち直りの早さで生きていくノリのよさがある。

亢宿《こうしゅく》×蠍座

中途半端ができない蠍座の中でも、妥協できないのが亢宿の人。正義感が強く、社会に反抗してぶつかることも。しかしいい人を演じすぎると無理がかかるので、悪にも強い蠍座の持ち味を生かし、図太く生きて吉。

女宿《じょしゅく》×蠍座

直球勝負な蠍座の中でも、〝シリアスさNo.1〟なのが、勤勉な女宿の人。何に対しても大真面目で超本気。一途な性格で、自分に厳しく、どんな敵からも家族を守る強さを持つ。やりすぎて浮きがちなのは宿命かも。

胃宿《いしゅく》×蠍座

闇に隠れてパワーを行使する蠍座で、かつ闘争心ある胃宿に月がある人は、闇の帝国のトップになれる〝ダース・ベイダー〟タイプ。面倒見もいいので、身内に愛を注ぎ、頼りにされつつ、目的を完遂できる。

柳宿《りゅうしゅく》×蠍座

重いムードの蠍座の中で、最も微笑み率が高く、如才ない雰囲気なのが、世渡り上手な柳宿に月を持つ人。庶民派で、大衆の心をグッと摑めるので、海千山千のやり手がうごめく世間をスイスイ泳いで成功できる。

氐宿《ていしゅく》×蠍座

ただでさえエネルギーの強い蠍座の中でも、月が本能的な欲望に忠実な氐宿にあることで、蠍座の〝欲張り〟を最もわかりやすく体現する。人を惹きつける社交性もスタミナもあり、欲しいものは闘ってでも手に入れる。

虚宿《きょしゅく》×蠍座

ポーカーフェイスの蠍座の中でも、最も本心が見えない虚宿の人。愛が欲しいが傷つくのが怖い。気ままに生きたいが名声も欲しい。ジレンマを抱えて本気で取り組むうちに、人間という謎を解き明かす智者に。

昴宿《ぼうしゅく》×蠍座

全身全霊をかけて打ち込む蠍座、かつ損得抜きで働くのが好きな昴宿の人は、持ち場で死力を尽くす〝救護部隊のナース〟。引き立てられ運もあり、バリバリ働いて出世する。やり手な嫁や銃後を守る母もハマリ役。

星宿《せいしゅく》×蠍座

欲望が強いといわれる蠍座の中でも、軽く200以上は煩悩がありそうなのが、野望ある星宿に月を持つあなた。特に若い頃は欲が激しく、恋にも仕事にもハングリー。でも最終的には精神的安定を求める生き方にシフト。

房宿《ぼうしゅく》×蠍座

欲望をコントロールすることは蠍座に共通の課題だが、一生をかけたテーマになるのが、用心深い房宿。圧力釜のように必死に制御しつつ噴き出しそうな情念を注げる対象を探す。探し当てた時こそ本領は発揮される。

危宿《きしゅく》×蠍座

好きなことに熱中できる蠍座だが、その熱中ぶりが重くならず、軽く濃く集中できるのが、気ままな危宿の人。好きなことにはパッと飛びついて朝から晩までのめり込み、イヤなことには見向きもしない遊びの達人。

畢宿《ひつしゅく》×蠍座

〝思い込んだら命懸け〟な蠍座の中でも、芯が強い畢宿に月があることで一途なタイプ。好きなことは徹底的に極め、恋もとことん。中途半端ができない気質で、結婚を機にキッパリ退職する人も多い。

張宿《ちょうしゅく》×蠍座

やりがい重視の蠍座の中では珍しく出世欲を持つのが、プライドの高い張宿に月を持つ人。目標さえ定まれば心血を注いで頑張るワーカホリックともいえる働き者なので、頂点も夢ではなく、起業にも向く。

心宿《しんしゅく》×蠍座

相手の欲求をセンサーでピタリと当てる蠍座の特技を、最もうまく使うのが心宿の人。実力もあるが強いアピール力があり、芝居がかって見えるほど巧みに、相手を泣かせたり喜ばせたりの見せ場を作り人気を得る。

室宿《しつしゅく》×蠍座

人を惹きつける独特の磁力を持つ蠍座の中でも、存在感No.1なのが、エネルギッシュな室宿に月を持つ人。気づいたときには相手を虜にしている。クールだが人一倍思いやりがあり、欲深いが高貴。懐も深い。

觜宿《ししゅく》×蠍座

自己制御がうまい蠍座の中でも慎重で理論的な觜宿の人は、並々ならぬ落ち着きがある。静かに微笑んでいるのでおっとりして見られるが実は人一倍激情家。感情に身を任せたい自分と制御してしまう自分の葛藤が。

翼宿《よくしゅく》×蠍座

集中力抜群の蠍座の中でも、妥協を許さず、とことんやり抜く底力を持つのが、完璧主義な翼宿。流行に惑わされず、時間やお金を度外視して好きなことに没頭するため、小さな局面では損をしても、大成できる。

尾宿《びしゅく》×蠍座

本物を求めてやまない蠍座の探求心を、生涯のテーマにするのが武人の星・尾宿の人。歌うなら音との一体化を、描くなら色と溶け合い、愛するなら一心同体を目指す。およそ不可能な真実を本気で求める。

壁宿《へきしゅく》×蠍座

洞察力がある蠍座の中でも、さらに緻密で実践的で頭の回転が速い。戦略的で抜け目のない人だと思われがちだが、蠍座が持つ本当の意味での人間的な賢さや愛情がある。愛と献身の人だと見抜く相手と結ばれたい。

参宿《しんしゅく》×蠍座

何事にも情熱を注ぐ蠍座の中でも、新しいモノ好きの参宿の人は、人と少し違うことに熱中するタイプ。本人は大真面目なのだが、万人には伝わりにくい。恋愛面では周囲に反対された愛を貫き、結婚する人も。

軫宿《しんしゅく》×蠍座

相手の心に忍び込むという蠍座の魔性を犯罪ギリギリまで使っているのが、甘え上手な軫宿の人。普段は慎重で働き者だが、一瞬で場の力関係を読み、強い相手にはへりくだる抜け目なさは神業級で出世への近道。

箕宿《きしゅく》×蠍座

人との一体感がないと安心できない蠍座は、重く依存しがち。だがサバサバした箕宿の人は距離感が絶妙。いわばシリアスな女優が多い蠍座の中のコメディエンヌ。愛され頼りにされてこそ、成功が約束される。

奎宿《けいしゅく》×蠍座

蠍座は暗がりに溶け込み、目立たないように行動するが、それを最も効果的に行うのがミステリアスな奎宿に月を持つ人。微笑みで本心を隠し、フィクサーとして力を行使。空想力を精神世界に生かすと成功する。

射手座

広く遠く冒険を求めて生きる射手座。だがその旅のスタイルは様々。井宿は地図を見て最短距離を歩き、鬼宿はワザと落とし穴にも落ちてみる。だが自由を求める心は同じ、27の旅模様。

井宿《せいしゅく》×射手座

目指す方向がはっきりした射手座の中でも目的意識が明確なのが、戦略的な井宿。無駄が嫌いで最小限のエネルギーで標的を射落とすサクセス人生。だが感謝を忘れると井宿の中途挫折の運が出やすい。協調性が鍵。

角宿《かくしゅく》×射手座

醜聞も人生の勲章という射手座の中でもスキャンダルの女王なのが、奔放な角宿。型にハマるのが何より嫌いで、安定より危険を愛するため、本人がイキイキするのに比例して非難の嵐。それでも反省しない自由人。

斗宿《とうしゅく》×射手座

挑戦するときにイキイキする射手座の中でもアスリート魂を持つのが、野心ある斗宿の人。ライバルが脱落する中、最後まで高い目標に挑み、トップの座を掴む。粗削りだが真正面からぶつかる正直さが愛される。

婁宿《ろうしゅく》×射手座

ひょうきんな射手座。中でも最もハイテンションなのが多芸多才な婁宿。座持ちがよく、落ち込む友の背中をガハハと叩き、宴会芸はお手のもの。それは世の幸福を願うからこそ。涙は上を向いて乾かす健気な道化師。

鬼宿《きしゅく》×射手座

楽しいことを次々やり散らかす射手座の人。中でも飽きっぽさNo.1なのが、自由な鬼宿。結果や損得にこだわらないため、何事も長続きしない困った癖が。だが心はどこまでも自由で、退屈知らずの人生を歩む。

亢宿《こうしゅく》×射手座

理想主義で〝青い〟といわれる射手座の中でも、青さNo.1なのが、権威に反抗する亢宿。いくつになっても世直しの希望を捨てない理想主義者で、途上国の子供や不遇の芸術家を応援する、弱者の味方。永遠の少年。

女宿《じょしゅく》×射手座

無邪気であけっぴろげな射手座としては珍しく、自制心が利いているのが権力志向の女宿。だが、ときどき〝内なる子供〟が、常識人の自分を押しのけて噴出する。神経質だが豪胆な、一風変わった個性が魅力だ。

胃宿《いしゅく》×射手座

奔放で情熱的な射手座の中でも、最も恐れ知らずで独立独歩な胃宿。ヒョウのように獲物を確実にモノにするハンター気質だ。獲得意欲が強くギブよりテイク一色。エロティックで、愛想笑いひとつせずに男を虜に。

柳宿《りゅうしゅく》×射手座

臆面もなく情熱的な自分をさらけ出せるのは射手座の美徳だが、中でも熱狂体質の柳宿の人は、熱い女。野性的で、生への燃え上がるような興奮が溢れ出ている。恋人に対しては情に篤く、思いやりの深さも人一倍。

氐宿《ていしゅく》×射手座

素朴で温かい人柄の射手座。特に自然体なのが氐宿。カラッとした性格で何をしても誠実さがにじみ出るので、人気者に。だがその笑顔の陰には、人生の辛さや奥深さを知る苦労人の顔があり、魅力の隠し味に。

虚宿《きょしゅく》×射手座

空想力ある虚宿は、夢見がちな射手座の中でも、特に浮き世離れキャラ。今日の食事よりも夢に見た世界一周旅行のほうがリアリティがある。虚実のあわいを行き来する感性は稀有で、創造的な仕事に向くが妄想に注意！

昴宿《ぼうしゅく》×射手座

野性は射手座の持ち味だが、ワイルドになりすぎず、温かさやセクシーさとして効果的に使いこなせる頭脳派なのが、賢く出世運のある昴宿。仕事は何をしても優秀で、ダレた場にピリッと活気をもたらすのが得意。

星宿《せいしゅく》×射手座

退屈が何より嫌いで、平和すらも時に苦痛の種になる射手座魂を、一生をかけて貫くのが、星宿。本物志向でオリジナリティを尊ぶので、自分の人生にも他人の人生にも、独自の意味や価値を見出し尊重していける。

房宿《ぼうしゅく》×射手座

脚線美とスポーティな魅力で知られる射手座でも、特にいい女なのが美人で名高い房宿。スタイルもよく色気もあるモテ体質。何事にも激しく取り組むため、女磨きやダイエットも限界まで挑戦して目標を達成する。

危宿《きしゅく》×射手座

拡大志向の強い射手座の中でも、前人未到の高みを目指す危宿。好きなことには寝食を忘れ熱中するので、偉業を達成できる。だが日常生活は炊飯器のスイッチを入れるのも面倒といった極端なダメ人間になりがち。

畢宿《ひつしゅく》×射手座

未来を予想できるのは射手座の特技だが、幻想に終わらせずに形にできるのが、粘り強い畢宿に月を持つ人。洞察力と実用主義の両方の側面を持つため、実現化能力が抜群で、50年後に評価されるような仕事ができる。

張宿《ちょうしゅく》×射手座

情熱的な射手座の中でもまさに〝燃える女〟なのが、勇気ある張宿。生きること自体を挑戦と捉え、冒険と可能性を求め、人生を熱愛するピュアで誠実な人。テンションが高すぎてやや芝居がかって見えるのもご愛嬌。

心宿《しんしゅく》×射手座

物事の明るい面を見る射手座に、物事のダークな面に通じる心宿が加味され、万物の光と影を見る詩人。ユーモアと深みがあり、クリエイティブな仕事で本領発揮。恋では依存心と自立心の間で揺れ続ける苦悩も。

室宿《しつしゅく》×射手座

目的達成よりも、作業の途中でこそイキイキできる射手座。そんな過程の面白さを存分に謳歌するのが、エネルギッシュな室宿。興味の幅が広く、勉強好き。未知なる体験を貪欲に求め、休まず活動する創造的な人。

觜宿《ししゅく》×射手座

明るくポジティブな射手座だが、その感覚は人に伝わりにくく、ただの浮いてる人という印象に終わりがち。だが言葉巧みな觜宿は人を勇気づける〝励ましキャラ〟になれる。射手座哲学の伝道師として頼られる。

翼宿《よくしゅく》×射手座

〝ここではないどこか〟を求める射手座の中で、理想郷を実際に作り上げることができるのが、妥協を許さない翼宿。理想に全力を注ぐ情熱と、現実化していく几帳面さを併せ持つため、不可能をも可能に。

尾宿《びしゅく》×射手座

人生を宝探しの旅と考える射手座の中でも、天性の旅人なのが探求心ある尾宿の人。バックパックひとつの身軽さで、興味の対象を追いかけ、どんどん自分の可能性を広げていく。留学経験者や、バイリンガルも多い。

壁宿《へきしゅく》×射手座

薔薇色眼鏡でこの世を見る射手座の中で、思慮深い壁宿の目に映るのは、空元気に隠された人々の哀しみや、果たせない夢。おかしくてやがて哀しき人間模様を、優しく見守る。コメディエンヌのふりをした憂鬱天使。

参宿《しんしゅく》×射手座

面白そうなら何でも手をつけたがる射手座の中でも、新しいものに興味を示す早さNo.1が、発想力ある参宿。好奇心と独創性があり、異文化を抵抗なく受け入れるので、マルチな知識人に。アドリブにも強く当意即妙。

軫宿《しんしゅく》×射手座

奔放なじゃじゃ馬タイプが多い射手座の中で、一見、おとなしく見えるのがソフトな雰囲気の軫宿。が、物静かな中に知性と情熱を秘めたデキる女で、話すと遠慮なし。そのギャップが逆に男心をそそる、恋多き女。

箕宿《きしゅく》×射手座

現状に満足できない夢追い人の射手座の中でも、果敢な勇者なのが怖いもの知らずの箕宿。王座をなげうってでもドラゴン退治の冒険に出たいロマンティスト。転んでも傷は舐めて治す立ち直りの早さが強み。

奎宿《けいしゅく》×射手座

縛られそうになると逃げる射手座の中でも、最も逃げ足が速いのが、霊感の強い奎宿。自由を愛し、俗世間の約束事からスルリと身をかわし、誰のものにもならない高貴な魂を持つ人。知恵と寛大さが美徳といえる。

山羊座

努力家で大人だといわれる山羊座だが、その舞台裏は人間味いっぱい。昴宿は家ではしどけなく、壁宿は大人な自分を演じるのに精一杯。それでも高みを目指す健気な女模様27通り。

井《せい》宿《しゅく》×山羊座

落ち着いて見えて実は行動的という山羊座の特性を発揮するのが、処理能力の高い井宿。テキパキと無駄がなく、現実的。頭がよくて意志が堅く、隙のない人生を送る。意外に感情的で、行動力がアダになることも。

角《かく》宿《しゅく》×山羊座

実力はあるが、人と距離を置きすぎて出世が遅れやすい山羊座。だが人づきあいのうまい角宿は、実力と人気運の両方で着実に成功。指示出しも的確、大胆で抜け目なく、巧みに人の能力を引き出してトップに。

斗《とう》宿《しゅく》×山羊座

本物志向の山羊座の中でも、自分への要求水準が高いのが、負けず嫌いな斗宿。とにかく妥協ができない。客観的に〝使えるかどうか〟のチェックは徹底。神経が張りつめて疲れることも多いが、不朽の名作を残す。

婁《ろう》宿《しゅく》×山羊座

エネルギッシュな山羊座の中でも、人の３倍は動き回る器用で素早い婁宿。良質なものを見分ける目ざとさと粘り強さがあるので、パッと最短距離で開花するうえ、一発屋で終わらずに長く地位をキープできる。

鬼《き》宿《しゅく》×山羊座

好きなことで頂点を極めたいという山羊座らしい野望を持ちつつ、殺伐とした世の中を離れ自然の中でピュアに暮らしたいタイプ。タフで繊細、野心家で怖がり。そのバランスを理解しケアしてくれる伴侶を見つけて。

亢《こう》宿《しゅく》×山羊座

山羊座の自制心の奥に秘めた野性を最も強く持つ、独立心ある亢宿。まるで群れの中の一匹狼。協調性を持った有能な戦士で馴れ合わないリーダー気質だ。組織ではスタイリッシュな個性派のポジションが成功の鍵。

女《じょ》宿《しゅく》×山羊座

努力家の山羊座の中でも、最も努力を惜しまないのが、地道な女宿。甘い話は信用しないしっかり者。現実的なツボを心得、目的に効果的なことを着手、実利ある人とつき合い、仲間の面倒を見て着実に結果を残す。

胃《い》宿《しゅく》×山羊座

野心ある山羊座の中でも、世間をアッと言わせたい、気の強い自信家の胃宿。表面的には控えめでも、実は積極的で気力体力も抜群。物欲も出世欲も強く、チャンスを見逃さず高みを目指す抜け目ないやり手だ。

柳《りゅう》宿《しゅく》×山羊座

父親のような山羊座の厳しさと母親のような柳宿の感情の豊かさを持つ。仕事にはプロ根性で厳格に取り組み、チームを家族のように気遣い結びつける手腕で、かなりのやり手に。仕事と家庭の両立が人生のテーマ。

氐《てい》宿《しゅく》×山羊座

仕事熱心な山羊座の中でも周囲が驚くほど生真面目で一途な仕事人。とにかく真面目、「論理的に納得できないとダメ」というこだわりも強く、何事にも全力で考え、悩み、納得したら全力投球。その集中力で高みへ。

虚《きょ》宿《しゅく》×山羊座

成功を目指す山羊座の中でも高みへの渇望が最も強いのが、上昇志向が強い虚宿。稀有なのは、成功を望むだけでなく、実際に全力を尽くす点。最善の手を打ち決して満足することなく、目的を手にするまで諦めない。

昴《ぼう》宿《しゅく》×山羊座

注目を浴びてステイタスを得たい山羊座と、田舎でのんびり暮らしたい昴宿が葛藤している人。その妥協点を見つけるのが課題だが、頑張り屋で現実的なので、いつの日か安らげて満足できる居場所が見つかる。

星《せい》宿《しゅく》×山羊座

地味な山羊座だが、ショーマンシップがあるのはオリジナリティー溢れる星宿。生来、大衆の心を掴む勘があるため、説得力があり、ウケを狙うのが得意。安定して実力を発揮でき、長くカリスマ性を持ち、君臨。

房《ぼう》宿《しゅく》×山羊座

堅く見える山羊座の中で、最もモテるタイプが、美人の多い房宿。もともと山羊座は深いセクシュアルな魅力を持つが、普段は自制しがち。そのタガが外れたときに、官能に目覚め、恋に全身全霊を注ぎ、変貌する。

危《き》宿《しゅく》×山羊座

古きよきものを愛する山羊座ながら、「変わりたい、変えたい」という願望を持つ。安定も変化もともに必要なのだ。特に自分の未来を自分でクリエイトしたい思いは熱く、理想の自分になるために苦労できる強さが。

畢《ひつ》宿《しゅく》×山羊座

責任感と堅実さという、古風な山羊座ならではの美徳を色濃く持っているのが、ちょっと頑固さがある畢宿。今いる場所のルールを守り、愛する人やチームに忠誠を尽くす誠実さが信頼され、社会的な地位を築ける。

張《ちょう》宿《しゅく》×山羊座

全体の中での立ち位置を間違えない山羊座の賢さを如実に示す張宿。本来ならば主役を張っていいほどの存在感と美しさの持ち主だが、場の中で出しゃばらず、全体を調整し、プロの仕事人として裏方にも回れる。

心《しん》宿《しゅく》×山羊座

管理能力が高い山羊座は、仕切りすぎると疎まれるが、察しがいい心宿は別。その場の全員の心を読み、にこやかに状況を調整する能力を持つ。人をコントロールでき、場を回す貴重な人材として重用される。

室《しつ》宿《しゅく》×山羊座

長持ちするものが好きな山羊座の中でも、限りなく永遠に近い不変性を求めるのが、視野の広い室宿。時や状況で変化するいい加減な関係は、興味外。何をするにも最善を尽くし、完璧を目指し、全責任を負う。

觜《し》宿《しゅく》×山羊座

山羊座の中で、真面目すぎない程よさがあるのが、頭のキレる觜宿。本当は和食好きでも、友人と一緒にジャンクフードを食べながら冗談を飛ばすのも得意。お茶目なのに信用のおける人、というポジションで活躍。

翼《よく》宿《しゅく》×山羊座

天職を見つけたときにイキイキできる山羊座の中でも、完璧な仕事ぶりで周囲をうならせるのが、妥協を許さない翼宿。ワーカホリックも多く、遊ぶよりも、好きな仕事に寝食を忘れて打ち込むほうが幸せ。

尾《び》宿《しゅく》×山羊座

常識的といわれる山羊座の中で、逆に社会からちょっと外れるマイナー路線で自分らしさを出すのが、負けず嫌いな尾宿。でも、山羊座らしい常識的な感覚があるから逸脱しすぎず、スマートで有能なやり手となる。

壁《へき》宿《しゅく》×山羊座

ストイックな山羊座が心のひき出しに封じ込めているロマンを、ふとした瞬間にもらす遊び好きな壁宿。普段は己を抑制して大人を演じている。だが想像力を上手に解放すれば、努力家だけに一流の表現力が身につく。

参《しん》宿《しゅく》×山羊座

お堅い山羊座の中で軽いのが、天真爛漫な参宿の人。ひょうきんで明るいムードメーカー的な存在。だが本質はやはり真面目。辣腕の現実主義者として、気づけば組織になくてはならないポジションに位置する。

軫《しん》宿《しゅく》×山羊座

厳しい顔を持つ山羊座の中で、デリケートな優しさをたたえているのが、気配り上手な軫宿の人。その場にいる全員を常にケア。気持ちだけでなく現実的に人を手助けして、全員が適切な役割を果たせる環境を作る。

箕《き》宿《しゅく》×山羊座

精力的な山羊座の中でも、根性と野性味が溢れる、度胸のある箕宿。目的さえ見つかれば苦労を突破して着実に階段を上っていくガッツがある。バイトに明け暮れても、夢を追っていることが何よりも生きる実感に。

奎《けい》宿《しゅく》×山羊座

調和を愛する山羊座の中でも、場をわきまえた〝ふさわしさ〟を重んずる。全体に目が届くので、あざとく目立つ人や、子供っぽい自己主張、場を乱す狼藉者が許せない。まとめ役になると物事が完璧に回る。

水瓶座

「ヘンな人」とひとくくりにされる水瓶座だが、よく見ると、その「ヘン」にも理由がある。星宿は正直すぎて異端となり、軫宿は純粋すぎて世間から浮く。月が織りなす27の深い味わい。

井宿《せいしゅく》×水瓶座

一歩引いて状況を見られる水瓶座の中でも、判断力No.1なのが、処理能力の高い井宿。水瓶座は視野が広すぎてその場の空気を読めないことも多いが、井宿は小回りのきく知恵もあるのが強み。場をさばく名手。

角宿《かくしゅく》×水瓶座

友人の多い水瓶座の中でも人気No.1なのが、社交的な角宿。愛嬌があり、おおらかで、気品があるアイドル体質。敵を適度にいなし、質のいい人脈を摑んで絶妙の距離感で世間を渡り歩き、独自世界を作って成功する。

斗宿《とうしゅく》×水瓶座

時代に流されない水瓶座の中でも特に、何事にもコンスタントに自分流を貫く。時流に迎合する気がなく、人とテンポが違って見えるが、自分に正直に〝将来のための今〟を考えるので、結局自分らしく生きられる。

婁宿《ろうしゅく》×水瓶座

「人並み」に甘んじない水瓶座の中でも、勘がいい婁宿は、人より先に本物を見極め、いいとこ取りができる。世の女子が流行に惑わされている間に一流の人々と交わり、トントン拍子でオリジナルな人生を進む。

鬼宿《きしゅく》×水瓶座

変人ぶりを誇る水瓶座の中でも、ズバ抜けているのが鬼宿の人。人を驚かすような趣味を必ず持っていて、自由な発想が強み。人の趣味嗜好にも偏見がなく公平。同好の仲間とのネットワークも多彩な自由人だ。

亢宿《こうしゅく》×水瓶座

理想主義の水瓶座の中でも、自分の信念を決して曲げない。議論好きで、独自の哲学を持つクレバーなタイプ。自分の信念を人に伝えるのも得意だ。ただ、人の感情に疎く、恋人の微妙なサインを読み取れないのが玉に瑕。

女宿《じょしゅく》×水瓶座

博愛主義の水瓶座の中でもマイナーなものの味方なのが、パワーバランスに敏感な女宿。メジャーなものの浅薄さが嫌いで「凡人とは違う」と純粋さを貫く結果、弱者を愛しやすい。賛同者からの喝采を得るだろう。

胃宿《いしゅく》×水瓶座

高い理想を崩さない水瓶座だが、旺盛な好奇心を持つ胃宿に月を持つと、かなり行動的。変化をどんどん受け入れて、その中に「コレだ」という自分にとっての本物を見つけて必ず獲得。貪欲に納得のいく人生を送る。

柳宿《りゅうしゅく》×水瓶座

常識に囚われない水瓶座の中でも世間をアッと言わせるのが、情熱的な柳宿。普段は才女だが、酒席や恋愛では昼メロ体質が出現、怒濤のドラマを引き起こす。内なる地雷を自覚して。教育や地域に貢献するのも良案。

氐宿《ていしゅく》×水瓶座

クールな水瓶座気質と、欲深い氐宿気質を併せ持ち、何事にも知力と情熱の両方で取り組む。だが感情に溺れ極端なことをしでかし、翌朝素面に戻って頭でっかちな決断をするという自己矛盾の悪循環には決別を。

虚宿《きょしゅく》×水瓶座

個性派揃いの水瓶座の中でも、〝変わった自分〟を愛しているのが、上昇志向の強い虚宿。人と同じなのがガマンならない性格で、いつ何時でも個性を主張。突拍子もない思いつきで周囲を戸惑わせることも。

昴宿《ぼうしゅく》×水瓶座

個性派の水瓶座は浮きがちだが、気品ある昴宿の人は別。根はアヴァンギャルドだが、実務にも強く、視野が広く聡明なため、上品に自分らしさを主張してその場を自分ペースに変えていける〝穏やかな改革家〟だ。

星宿《せいしゅく》×水瓶座

エキセントリックな水瓶座の中でも、武勇伝だらけなのが、我が道を行く星宿。自意識が強く、平凡さを嫌悪するので、俗世間は窮屈な牢獄。「何がいけないの？」と常識を笑って自分のセンスに忠実に生きていく。

房宿《ぼうしゅく》×水瓶座

自立した関係を好む水瓶座と、依存気質の房宿が綱引き。が、中庸でいこうとすると不満が残り個性もボヤける。真面目さ、探究心、粘りといった長所を生かし、エネルギッシュに生きて吉。家族愛に生きるのも○。

危宿《きしゅく》×水瓶座

顔が広い水瓶座の中でも、多彩さが際立つのが、人気運のある危宿。仕事で、飲み屋で、年齢も職種も国籍も違う人と意気投合し、自由気ままに交流。面倒見がよく善意の人なので、福祉関係に進むのも○。

畢宿《ひつしゅく》×水瓶座

快適さに敏感な畢宿は水瓶座にしては珍しく、自然な人間らしさを大切にする。賢く手堅く、経済的にも安定し、家族も元気な何不自由ない日々の中で、心だけは空想に遊ぶのが理想。だが小さくまとまる危険も!?

張宿《ちょうしゅく》×水瓶座

細かいことにこだわらない水瓶座の中でも特にスケールが大きいのが、独創的な張宿。年齢も国籍も超えて行動するロマンティスト。「変わってるけど真似したい」と人々に思わせる、時代を先駆けるパフォーマー。

心宿《しんしゅく》×水瓶座

ドライな水瓶座には珍しく、人の心への親和力を持つ。複雑な心の持ち主なので明暗のある他人の心を理解できる。情で近づき、知性で心のヴェールをはがし、悩みへのシンプルな解答を見つけ出す知性派の癒し系。

室宿《しつしゅく》×水瓶座

天才を生むと言われる水瓶座の中でも、才能豊かな人が多いのが、エネルギッシュな室宿。とびきり聡明なうえに、叙情的な感性も持ち合わせ、思想家にも詩人にもなれる。人々への純粋な愛で社会貢献もできる。

觜宿《ししゅく》×水瓶座

友人が多い水瓶座の中でも、いつもワイワイやっている話し上手な觜宿。機転が利き、殺し文句が言えるので、どんな人ともすぐに親しくなれるのが強み。いろんな情報を吸収しながら得意分野を広げていくのが理想。

翼宿《よくしゅく》×水瓶座

フェアな水瓶座の中でも、頼れる姉御として慕われる、リーダーシップのある翼宿。頭脳明晰で、どんなトラブルにも取り乱さず、責任感も人一倍。自分には厳しく、困った人には手を差し伸べる心の温かな人気者だ。

尾宿《びしゅく》×水瓶座

アイデアはあっても形にするのが苦手な水瓶座だが、職人気質の尾宿は別。持ち前の集中力で、閃くアイデアをきちんと磨き上げ、ユニークな専門家になれる人だ。目指すべきは知的な変わり種といったポジション。

壁宿《へきしゅく》×水瓶座

一見、冷たく見える水瓶座の中の大きな優しさを、最も自然に表現できるのが、献身的な壁宿。人懐っこくオープンマインド。地球の裏側で飢餓に苦しむ子供たちを家族と同等に身近に感じ、実際に助けられる。

参宿《しんしゅく》×水瓶座

ポリシー重視の水瓶座では珍しく、こだわりなく身軽に活動するのが、好奇心の強い参宿。人間関係は広く、様々な体験ができるのが強み。だが地位や名誉を軽視するため才能を浪費して、脇役になりやすいのが損。

軫宿《しんしゅく》×水瓶座

崇高な水瓶座の中でもピュアさNo.1。純粋ゆえに頭で納得できればどんな非常識も平気でできる極端さがあり、一夜限りの恋もOKなリベラルさが奔放と映ることも。俗世に馴染めない場合はサブカルが居場所に。

箕宿《きしゅく》×水瓶座

細かいことを気にしない水瓶座の中でも、特に大胆な箕宿。あけっぴろげな性格で、ズバッと本質を突く。だが日本的な因習の中ではそのスケールの大きな鋭い知性が発揮しにくく、順風満帆な人生とはいかない。

奎宿《けいしゅく》×水瓶座

お金や地位よりも個性とセンスを大事にする水瓶座の心意気を代表するのが、感性の鋭い奎宿。ライフスタイルのあらゆる細部に自分流の個性を輝かせる。誰にも真似できない確固たる哲学とスタイルでカリスマに。

魚座

夢見がちで人に騙されやすいといわれる魚座だが、優しくお人よしなだけではない。参宿では変わり身の早さで、軫宿では弱さを逆手に取って、月が見せる意外なほどしたたかな顔がここに。

井《せい》宿《しゅく》×魚座

勘のいい魚座で知的な井宿は名探偵だ。恋人の声のトーンひとつ、タバコの吸殻ひとつで、体調も仕事の調子もピタリと当ててしまう。だが空気を読みすぎて優柔不断になることも。自分をいたわることが大切。

角《かく》宿《しゅく》×魚座

魚座の純粋さを、外面にまで表しているのが、社交的な角宿。微笑んで優雅に振る舞うだけで、人々に夢と希望を与えられる“歩く慈善事業”のような人。舞台に立つもよし、福祉に関わるのもよし。共同作業も得意。

斗《とう》宿《しゅく》×魚座

イヤと言えない魚座が多い中、上昇志向の強い斗宿は例外。控えめに見えても芯は強く、自分に利しないことにはNOを言う、抜け目ない戦略家だ。魚座らしく愛は深いが、家族や恋人だけに集中する省エネが可能。

婁《ろう》宿《しゅく》×魚座

人の心を感じ取る魚座の勘のよさを、自己表現を通して発揮できる、多芸多才な婁宿の人。空気を読んで、相手が一番喜ぶことができる一流のエンターテイナー。魚座ならではの庶民性で多くの人に愛される才が。

鬼《き》宿《しゅく》×魚座

魚座の柔軟さと鬼宿の大胆さを持ち、究極の何でもアリな人。優しさも無限大で、貧しい子を見たら養子にし、罪ある人の悩みを聞き、手負いのクマも介抱する。感情が底なしで偏見がないので、女性ならよき母に。

亢《こう》宿《しゅく》×魚座

自由な魚座でもひときわ激しい生き方をする亢宿。気まぐれで理想主義。型にはまるのを拒否して夢を目指し、気に入ったことだけに情熱を注ぐ。窮屈な環境の場合は、音楽、踊り、奉仕など打ち込める分野が必要。

女《じょ》宿《しゅく》×魚座

好不調の波が激しい魚座には珍しく、決めたらやり遂げるガッツがあるのが、野心的な女宿の人。理想と現実の落差を努力で埋めて、安定した地位を築ける。いつまでもみずみずしい感性を漂わせられるのが強みだ。

胃《い》宿《しゅく》×魚座

優しい魚座の中では珍しくツッコミ担当なのが、自信家でエネルギッシュな胃宿。だが角はなく、場の雰囲気を和ませるのが上手。盛り上げるためなら体を張ったギャグで自爆もできる心優しきコメディエンヌだ。

柳《りゅう》宿《しゅく》×魚座

揺れやすい魚座でも感情的な柳宿は心の揺れ度No.1。過敏で臆病、ピリピリした場で瞬時に固まり、恋人の優しさで一瞬で解凍する、人や場に染まりやすい人。家庭を安定させ仕事で柔軟性を生かせばうまくいく。

氐《てい》宿《しゅく》×魚座

人懐っこい魚座の中でも、如才ない社交家。パーティーは大得意で、勘のよさで地雷を回避し、スイスイ泳いで「気取らないいい人」と評判を得る。だが笑顔の陰では人間の哀しさ、悪どさも知る。人間性は深い。

虚《きょ》宿《しゅく》×魚座

盛り上げ上手な魚座の中でも人気者なのが、感受性の強い虚宿。人好きで、みんなが喜んでいないと不安になるほど神経質で優しい性格。思いやりや愛を、人を楽しませることで表現。感じやすさゆえに深く悩むことも。

昴《ぼう》宿《しゅく》×魚座

魚座の中でも、出世運のある昴宿。ほんわかした雰囲気で人に気に入られる。嫌われないのが武器で、共感を得て敵に警戒されずに世間を渡る。品がよく良質の人脈を得やすく、場に馴染み「なぜかいつもいる人」に。

星《せい》宿《しゅく》×魚座

無名でありたい魚座なのに、個性的でありたい星宿でもあり、複雑。表に出たくない謙虚な性格なのに、心の底では喝采を浴びたいという欲求もあり常に葛藤。解決策は人の役に立つ福祉や公共の仕事で目立つこと。

房《ぼう》宿《しゅく》×魚座

愛ある魚座の中でも究極のシンクロ人間。洞察力は神がかり的で、恋人が窮地に陥れば数十キロ遠くでも胸騒ぎ。家族の悩みはすぐに察知。人と深く共感しドラマティックな毎日だが、感情的すぎて人生は波乱気味。

危《き》宿《しゅく》×魚座

共感能力の高い魚座の中でも、誰とでも仲良くなれる人。オープンな性格でいつも人が集まってくる。それが多種多様なのは、危宿の寛大さゆえ。時に親身になりすぎて説教臭くなるが、ユーモアを忘れなければ愛される。

畢《ひつ》宿《しゅく》×魚座

ロマンティックな魚座の中でも、美しいものが大好き。いつまでも少女のよう。潤いたっぷりのまなざしや甘い歌声は、地上に降り立ったミューズ。思いやりも深く、その魅力に男性が群がり、恋多き人生を送る。

張《ちょう》宿《しゅく》×魚座

涙もろくデリケートな魚座っぽさを隠している。一度会っただけの他人には、頼もしい人と思われがち。だが内心は自信のなさで涙が溢れそうなことも。それを理解してくれる人に囲まれ、家庭を持つと安定できる。

心《しん》宿《しゅく》×魚座

魚座の中でも、幻や狂気まで含んだ心の世界を追求する心宿。身近な人間関係はもちろん、心理学からヒーリングまで興味は尽きず。喜怒哀楽のツボを熟知しており、大衆を笑わせ泣かせる芸能界にも適性が。

室《しつ》宿《しゅく》×魚座

「伝えられない」魚座が多い中で、実践力のある室宿は例外。想像を創造に変えられる。特に童話や詩に適性があり、微妙な感情のニュアンスをすくい取る。些細な日常にも多彩な夢を見るため、人生の満足度は高い。

觜《し》宿《しゅく》×魚座

優しさゆえに人に同調しやすい魚座の中でも、最も“あなた任せ”。悩んだ末に引っ張られたほうに。それでもかえってうまく世を渡っていけるのが一種の才能。つきあう相手がよければ実力以上の幸せにも恵まれる。

翼《よく》宿《しゅく》×魚座

ナイーブな魚座の中でも、繊細さNo.1。完璧主義の翼宿は有能なクリエイターに。閃きから入り緻密に考え、最後はまた勘に任せる度量があり、心に訴えるものが作れる。落ち込みやすいが繊細な対応で恋は長続き。

尾《び》宿《しゅく》×魚座

魚座の優しさに、社会での使命を求める尾宿の情熱が加わり寛大で親切な“善意の活動家”に。視野が広く、何でもこなせる尾宿の強みに加え、偉ぶらず、さりげない気遣いを見せるという魚座らしさも併せ持つ。

壁《へき》宿《しゅく》×魚座

浮き世離れした魚座の中でも、庶民派アイドルといった楚々とした雰囲気。誰にでも優しく、穏やかで、控えめな態度の清純派。生来母性的で、ケーキを切ったら必ず自分が小さいほうを取るような思いやりがある。

参《しん》宿《しゅく》×魚座

何にでもサッと染まれる魚座のカメレオン体質の代表が、新しいモノ好きな参宿。着る服やつきあう人によって印象がガラリと変化し、会う度に「誰？」と思わせる。その時々の興味に染まって日々を楽しんでいく。

軫《しん》宿《しゅく》×魚座

12星座で最も優しい魚座かつ27宿中最弱の軫宿。競争社会では潰されやすい。だが弱点を逆手に取れば最強で、人懐っこさで可愛がられ、弱さと情で相手をほだして引き立てられ、濁った水も泳ぎきるしたたか者。

箕《き》宿《しゅく》×魚座

夢見がちな魚座は現実逃避の星だが、箕宿は別。自分が見た色鮮やかな夢を、この社会でいかに現実のものにするかに頭を使い、苦難を突破していける人。可視化したりプレゼンする力があるので、コンペにも強い。

奎《けい》宿《しゅく》×魚座

ロマンティックな魚座、かつ最もロマンティストな奎宿。つまり最も感じやすく愛に溢れた人。自我を解放できる瞬間を探すのが課題。恋愛、芸術、子供……全てを犠牲にできるほど愛せるものを得れば、幸せが。

本命宿早見表 1932年-2020年

自分や占いたい相手が27宿のどの本命宿にあてはまるのか調べてみよう。やり方は、まず生まれた年の表を探す。次に、生まれた月と日の交差する欄をチェック。「婁」や「壁」など漢字1文字が、本命宿を表す。例えば1985年4月1日生まれの場合、234ページの一番下、1985年の表の4月と1日の交差する欄を見る。「張」なので、本命宿は「張宿」となる。有名人との相性を調べるもよし、自分の子供の性格や運勢を調べるもよし。活用方法は無限にある。

1932年 昭和7年

月＼日	1	2	3	4	5	6	7	8	9	10	11	12	13	14	15	16	17	18	19	20	21	22	23	24	25	26	27	28	29	30	31
1月	房	心	尾	箕	斗	女	虚	虚	危	室	壁	奎	婁	胃	昴	畢	觜	参	井	鬼	柳	星	張	翼	軫	角	亢	氐	房	心	尾
2月	箕	斗	女	虚	危	室	壁	奎	婁	胃	昴	畢	觜	参	井	鬼	柳	星	張	翼	軫	角	亢	氐	房	心	尾	箕	斗		
3月	女	虚	危	室	壁	奎	奎	婁	胃	昴	畢	觜	参	井	鬼	柳	星	張	翼	軫	角	亢	氐	房	心	尾	箕	斗	女	虚	危
4月	室	壁	奎	婁	胃	胃	昴	畢	觜	参	井	鬼	柳	星	張	翼	軫	角	亢	氐	房	心	尾	箕	斗	女	虚	危	室	壁	
5月	奎	婁	胃	昴	畢	畢	觜	参	井	鬼	柳	星	張	翼	軫	角	亢	氐	房	心	尾	箕	斗	女	虚	危	室	壁	奎	婁	胃
6月	昴	畢	觜	参	井	鬼	柳	星	張	翼	軫	角	亢	氐	房	心	尾	箕	斗	女	虚	危	室	壁	奎	婁	胃	昴	畢	觜	
7月	参	井	鬼	鬼	柳	星	張	翼	軫	角	亢	氐	房	心	尾	箕	斗	女	虚	危	室	壁	奎	婁	胃	昴	畢	觜	参	井	鬼
8月	柳	張	翼	軫	角	亢	氐	房	心	尾	箕	斗	女	虚	危	室	壁	奎	婁	胃	昴	畢	觜	参	井	鬼	柳	星	張	翼	軫
9月	角	亢	氐	房	心	尾	箕	斗	女	虚	危	室	壁	奎	婁	胃	昴	畢	觜	参	井	鬼	柳	星	張	翼	軫	角	亢	氐	
10月	房	心	尾	箕	斗	女	虚	危	室	壁	奎	婁	胃	昴	畢	觜	参	井	鬼	柳	星	張	翼	軫	角	亢	氐	房	心	尾	箕
11月	斗	女	虚	危	室	壁	奎	婁	胃	昴	畢	觜	参	井	鬼	柳	星	張	翼	軫	角	亢	氐	房	心	尾	箕	斗	女	虚	
12月	危	室	壁	奎	婁	胃	昴	畢	觜	参	井	鬼	柳	星	張	翼	軫	角	亢	氐	房	心	尾	箕	斗	女	虚	危	室	壁	奎

1933年 昭和8年

月＼日	1	2	3	4	5	6	7	8	9	10	11	12	13	14	15	16	17	18	19	20	21	22	23	24	25	26	27	28	29	30	31
1月	婁	胃	昴	畢	觜	参	井	鬼	柳	星	張	翼	軫	角	亢	氐	房	心	尾	箕	斗	女	虚	危	室	室	壁	奎	婁	胃	昴
2月	畢	觜	参	井	鬼	柳	星	張	翼	軫	角	亢	氐	房	心	尾	箕	斗	女	虚	危	室	壁	奎	婁	胃	昴	畢			
3月	觜	参	井	鬼	柳	星	張	翼	軫	角	亢	氐	房	心	尾	箕	斗	女	虚	危	室	壁	奎	婁	胃	胃	昴	畢	觜	参	井
4月	鬼	柳	星	張	翼	軫	角	亢	氐	房	心	尾	箕	斗	女	虚	危	室	壁	奎	婁	胃	昴	畢	畢	觜	参	井	鬼	柳	
5月	星	張	翼	軫	角	亢	氐	房	心	尾	箕	斗	女	虚	危	室	壁	奎	婁	胃	昴	畢	觜	参	井	鬼	柳	星	張	翼	軫
6月	角	亢	氐	房	心	尾	箕	斗	女	虚	危	室	壁	奎	婁	胃	昴	畢	觜	参	井	鬼	参	井	鬼	柳	星	張	翼	軫	
7月	角	亢	氐	房	心	尾	箕	斗	女	虚	危	室	壁	奎	婁	胃	昴	畢	觜	参	井	鬼	鬼	柳	星	張	翼	軫	角	亢	氐
8月	房	心	尾	箕	斗	女	虚	危	室	壁	奎	婁	胃	昴	畢	觜	参	井	鬼	柳	張	翼	軫	角	亢	氐	房	心	尾	箕	斗
9月	女	虚	危	室	壁	奎	婁	胃	昴	畢	觜	参	井	鬼	柳	星	張	翼	軫	角	亢	氐	房	心	尾	箕	斗	女	虚	危	
10月	室	壁	奎	婁	胃	昴	畢	觜	参	井	鬼	柳	星	張	翼	軫	角	亢	氐	房	心	尾	箕	斗	女	虚	危	室	壁	奎	婁
11月	胃	昴	畢	觜	参	井	鬼	柳	星	張	翼	軫	角	亢	氐	房	心	心	尾	箕	斗	女	虚	危	室	壁	奎	婁	胃	昴	
12月	畢	觜	参	井	鬼	柳	星	張	翼	軫	角	亢	氐	房	心	尾	斗	女	虚	危	室	壁	奎	婁	胃	昴	畢	觜	参	井	鬼

1934年 昭和9年

月＼日	1	2	3	4	5	6	7	8	9	10	11	12	13	14	15	16	17	18	19	20	21	22	23	24	25	26	27	28	29	30	31
1月	柳	星	張	翼	軫	角	亢	氐	房	心	尾	箕	斗	女	虚	危	室	壁	奎	婁	胃	昴	畢	觜	参	井	鬼	柳	星	張	翼
2月	軫	角	亢	氐	房	心	尾	箕	斗	女	虚	危	室	室	壁	奎	婁	胃	昴	畢	觜	参	井	鬼	柳	星	張	翼			
3月	軫	角	亢	氐	房	心	尾	箕	斗	女	虚	危	室	壁	奎	婁	胃	昴	畢	觜	参	井	鬼	柳	星	張	翼	軫	角	亢	氐
4月	房	心	尾	箕	斗	女	虚	危	室	壁	奎	婁	胃	胃	昴	畢	觜	参	井	鬼	柳	星	張	翼	軫	角	亢	氐	房	心	
5月	尾	箕	斗	女	虚	危	室	壁	奎	婁	胃	昴	畢	觜	参	井	鬼	柳	星	張	翼	軫	角	亢	氐	房	心	尾	箕	斗	女
6月	虚	危	室	壁	奎	婁	胃	昴	畢	觜	参	参	井	鬼	柳	星	張	翼	軫	角	亢	氐	房	心	尾	箕	斗	女	虚	危	
7月	室	壁	奎	婁	胃	昴	畢	觜	参	井	鬼	鬼	柳	星	張	翼	軫	角	亢	氐	房	心	尾	箕	斗	女	虚	危	室	壁	奎
8月	婁	胃	昴	畢	觜	参	井	鬼	柳	張	翼	軫	角	亢	氐	房	心	尾	箕	斗	女	虚	危	室	壁	奎	婁	胃	昴	畢	觜
9月	参	井	鬼	柳	星	張	翼	軫	角	亢	氐	房	心	尾	箕	斗	女	虚	危	室	壁	奎	婁	胃	昴	畢	觜	参	井	鬼	
10月	柳	星	張	翼	軫	角	亢	氐	氐	房	心	尾	箕	斗	女	虚	危	室	壁	奎	婁	胃	昴	畢	觜	参	井	鬼	柳	星	張
11月	翼	軫	角	亢	氐	房	心	尾	箕	斗	女	虚	危	室	壁	奎	婁	胃	昴	畢	觜	参	井	鬼	柳	星	張	翼	軫	角	
12月	亢	氐	房	心	尾	箕	斗	女	虚	危	室	壁	奎	婁	胃	昴	畢	觜	参	井	鬼	柳	星	張	翼	軫	角	亢	氐	房	心

1935年 昭和10年

月＼日	1	2	3	4	5	6	7	8	9	10	11	12	13	14	15	16	17	18	19	20	21	22	23	24	25	26	27	28	29	30	31
1月	尾	箕	斗	女	虚	危	室	壁	奎	婁	胃	昴	畢	觜	参	井	鬼	柳	星	張	翼	軫	角	亢	氐	房	心	尾	箕	斗	女
2月	虚	危	室	室	壁	奎	婁	胃	昴	畢	觜	参	井	鬼	柳	星	張	翼	軫	角	亢	氐	房	心	尾	箕	斗	女			
3月	虚	危	室	壁	奎	婁	胃	昴	畢	觜	参	井	鬼	柳	星	張	翼	軫	角	亢	氐	房	心	尾	箕	斗	女	虚	危	室	壁
4月	奎	婁	胃	昴	畢	觜	参	井	鬼	柳	星	張	翼	軫	角	亢	氐	房	心	尾	箕	斗	女	虚	危	室	壁	奎	婁	胃	
5月	昴	畢	畢	觜	参	井	鬼	柳	星	張	翼	軫	角	亢	氐	房	心	尾	箕	斗	女	虚	危	室	壁	奎	婁	胃	昴	畢	觜
6月	参	井	鬼	柳	星	張	翼	軫	角	亢	氐	房	心	尾	箕	斗	女	虚	危	室	壁	奎	婁	胃	昴	畢	觜	参	井	鬼	
7月	鬼	柳	星	張	翼	軫	角	亢	氐	房	心	尾	箕	斗	女	虚	危	室	壁	奎	婁	胃	昴	畢	觜	参	井	鬼	柳	張	翼
8月	軫	角	亢	氐	房	心	尾	箕	斗	女	虚	危	室	壁	奎	婁	胃	昴	畢	觜	参	井	鬼	柳	星	張	翼	軫	角	亢	氐
9月	房	心	尾	箕	斗	女	虚	危	室	壁	奎	婁	胃	昴	畢	觜	参	井	鬼	柳	星	張	翼	軫	角	亢	氐	氐	房	心	
10月	尾	箕	斗	女	虚	危	室	壁	奎	婁	胃	昴	畢	觜	参	井	鬼	柳	星	張	翼	軫	角	亢	氐	房	心	尾	箕	斗	女
11月	虚	危	室	壁	奎	婁	胃	昴	畢	觜	参	井	鬼	柳	星	張	翼	軫	角	亢	氐	房	心	尾	箕	斗	女	虚	危	室	
12月	壁	奎	婁	胃	昴	畢	觜	参	井	鬼	柳	星	張	翼	軫	角	亢	氐	房	心	尾	箕	斗	女	虚	虚	危	室	壁	奎	婁

1936年 昭和11年

月＼日	1	2	3	4	5	6	7	8	9	10	11	12	13	14	15	16	17	18	19	20	21	22	23	24	25	26	27	28	29	30	31
1月	胃	昴	畢	觜	参	井	鬼	柳	星	張	翼	軫	角	亢	氐	房	心	尾	箕	斗	女	虚	危	室	壁	奎	婁	胃	昴	畢	觜
2月	参	井	鬼	柳	星	張	翼	軫	角	亢	氐	房	心	尾	箕	斗	女	虚	危	室	壁	奎	奎	婁	胃	昴	畢	觜	参		
3月	井	鬼	柳	星	張	翼	軫	角	亢	氐	房	心	尾	箕	斗	女	虚	危	室	壁	奎	婁	胃	昴	畢	觜	参	井	鬼	柳	星
4月	張	翼	軫	角	亢	氐	房	心	尾	箕	斗	女	虚	危	室	壁	奎	婁	胃	昴	胃	昴	畢	觜	参	井	鬼	柳	星	張	
5月	翼	軫	角	亢	氐	房	心	尾	箕	斗	女	虚	危	室	壁	奎	婁	胃	昴	畢	畢	觜	参	井	鬼	柳	星	張	翼	軫	角
6月	亢	氐	房	心	尾	箕	斗	女	虚	危	室	壁	奎	婁	胃	昴	畢	觜	参	井	鬼	柳	星	張	翼	軫	角	亢	氐	房	
7月	心	尾	箕	斗	女	虚	危	室	壁	奎	婁	胃	昴	畢	觜	参	井	鬼	鬼	柳	星	張	翼	軫	角	亢	氐	房	心	尾	箕
8月	斗	女	虚	危	室	壁	奎	婁	胃	昴	畢	觜	参	井	鬼	柳	張	翼	軫	角	亢	氐	房	心	尾	箕	斗	女	虚	危	室
9月	壁	奎	婁	胃	昴	畢	觜	参	井	鬼	柳	星	張	翼	軫	角	亢	氐	房	心	尾	箕	斗	女	虚	危	室	壁	奎	婁	
10月	胃	昴	畢	觜	参	井	鬼	柳	星	張	翼	軫	角	亢	氐	房	心	尾	箕	斗	女	虚	危	室	壁	奎	婁	胃	昴	畢	觜
11月	参	井	鬼	柳	星	張	翼	軫	角	亢	氐	房	心	心	尾	箕	斗	女	虚	危	室	壁	奎	婁	胃	昴	畢	觜	参	井	
12月	鬼	柳	星	張	翼	軫	角	亢	氐	房	心	尾	箕	斗	女	虚	危	室	壁	奎	婁	胃	昴	畢	觜	参	井	鬼	柳	星	張

1937年 昭和12年

月＼日	1	2	3	4	5	6	7	8	9	10	11	12	13	14	15	16	17	18	19	20	21	22	23	24	25	26	27	28	29	30	31
1月	翼	軫	角	亢	氐	房	心	尾	箕	斗	女	虚	虚	危	室	壁	奎	婁	胃	昴	畢	觜	参	井	鬼	柳	星	張	翼	軫	角
2月	亢	氐	房	心	尾	箕	斗	女	虚	危	室	壁	奎	婁	胃	昴	畢	觜	参	井	鬼	柳	星	張	翼	軫	角	亢			
3月	氐	房	心	尾	箕	斗	女	虚	危	室	壁	奎	奎	婁	胃	昴	畢	觜	参	井	鬼	柳	星	張	翼	軫	角	亢	氐	房	心
4月	尾	箕	斗	女	虚	危	室	壁	奎	婁	胃	昴	畢	觜	参	井	鬼	柳	星	張	翼	軫	角	亢	氐	房	心	尾	箕	斗	
5月	女	虚	危	室	壁	奎	婁	胃	昴	畢	觜	参	井	鬼	柳	星	張	翼	軫	角	亢	氐	房	心	尾	箕	斗	女	虚	危	室
6月	壁	奎	婁	胃	昴	畢	觜	参	参	井	鬼	柳	星	張	翼	軫	角	亢	氐	房	心	尾	箕	斗	女	虚	危	室	壁	奎	
7月	婁	胃	昴	畢	觜	参	井	鬼	柳	星	張	翼	軫	角	亢	氐	房	心	尾	箕	斗	女	虚	危	室	壁	奎	婁	胃	昴	畢
8月	觜	参	井	鬼	柳	張	翼	軫	角	亢	氐	房	心	尾	箕	斗	女	虚	危	室	壁	奎	婁	胃	昴	畢	觜	参	井	鬼	柳
9月	星	張	翼	軫	角	亢	氐	房	心	尾	箕	斗	女	虚	危	室	壁	奎	婁	胃	昴	畢	觜	参	井	鬼	柳	星	張	翼	
10月	軫	角	亢	氐	房	心	尾	箕	斗	女	虚	危	室	壁	奎	婁	胃	昴	畢	觜	参	井	鬼	柳	星	張	翼	軫	角	亢	氐
11月	房	心	心	尾	箕	斗	女	虚	危	室	壁	奎	婁	胃	昴	畢	觜	参	井	鬼	柳	星	張	翼	軫	角	亢	氐	房	心	
12月	尾	箕	斗	女	虚	危	室	壁	奎	婁	胃	昴	畢	觜	参	井	鬼	柳	星	張	翼	軫	角	亢	氐	房	心	尾	箕	斗	女

1938年 昭和13年

月＼日	1	2	3	4	5	6	7	8	9	10	11	12	13	14	15	16	17	18	19	20	21	22	23	24	25	26	27	28	29	30	31
1月	虚	虚	危	室	壁	奎	婁	胃	昴	畢	觜	参	井	鬼	柳	星	張	翼	軫	角	亢	氐	房	心	尾	箕	斗	女	虚	危	室
2月	壁	奎	婁	胃	昴	畢	觜	参	井	鬼	柳	星	張	翼	軫	角	亢	氐	房	心	尾	箕	斗	女	虚	危	室	壁			
3月	奎	奎	婁	胃	昴	畢	觜	参	井	鬼	柳	星	張	翼	軫	角	亢	氐	房	心	尾	箕	斗	女	虚	危	室	壁	奎	婁	胃
4月	胃	昴	畢	觜	参	井	鬼	柳	星	張	翼	軫	角	亢	氐	房	心	尾	箕	斗	女	虚	危	室	壁	奎	婁	胃	昴	畢	
5月	觜	参	井	鬼	柳	星	張	翼	軫	角	亢	氐	房	心	尾	箕	斗	女	虚	危	室	壁	奎	婁	胃	昴	畢	觜	参	井	鬼
6月	柳	星	張	翼	軫	角	亢	氐	房	心	尾	箕	斗	女	虚	危	室	壁	奎	婁	胃	昴	畢	觜	参	井	鬼	鬼	柳	星	
7月	張	翼	軫	角	亢	氐	房	心	尾	箕	斗	女	虚	危	室	壁	奎	婁	胃	昴	畢	觜	参	井	鬼	柳	張	翼	軫	角	亢
8月	氐	房	心	尾	箕	斗	女	虚	危	室	壁	奎	婁	胃	昴	畢	觜	参	井	鬼	柳	星	張	翼	張	翼	軫	角	亢	氐	房
9月	心	尾	箕	斗	女	虚	危	室	壁	奎	婁	胃	昴	畢	觜	参	井	鬼	柳	星	張	翼	軫	角	亢	氐	房	心	尾	箕	
10月	斗	女	虚	危	室	壁	奎	婁	胃	昴	畢	觜	参	井	鬼	柳	星	張	翼	軫	角	亢	氐	房	心	尾	箕	斗	女	虚	危
11月	室	壁	奎	婁	胃	昴	畢	觜	参	井	鬼	柳	星	張	翼	軫	角	亢	氐	房	心	心	尾	箕	斗	女	虚	危	室	壁	
12月	奎	婁	胃	昴	畢	觜	参	井	鬼	柳	星	張	翼	軫	角	亢	氐	房	心	尾	箕	斗	女	虚	危	室	壁	奎	婁	胃	昴

1939年 昭和14年

月＼日	1	2	3	4	5	6	7	8	9	10	11	12	13	14	15	16	17	18	19	20	21	22	23	24	25	26	27	28	29	30	31
1月	畢	觜	参	井	鬼	柳	星	張	翼	軫	角	亢	氐	房	心	尾	箕	斗	女	虚	危	室	壁	奎	婁	胃	昴	畢	觜	参	井
2月	鬼	柳	星	張	翼	軫	角	亢	氐	房	心	尾	箕	斗	女	虚	危	室	室	壁	奎	婁	胃	昴	畢	觜	参	井			
3月	鬼	柳	星	張	翼	軫	角	亢	氐	房	心	尾	箕	斗	女	虚	危	室	壁	奎	奎	婁	胃	昴	畢	觜	参	井	鬼	柳	星
4月	張	翼	軫	角	亢	氐	房	心	尾	箕	斗	女	虚	危	室	壁	奎	婁	胃	胃	昴	畢	觜	参	井	鬼	柳	星	張	翼	
5月	軫	角	亢	氐	房	心	尾	箕	斗	女	虚	危	室	壁	奎	婁	胃	昴	畢	觜	参	井	鬼	柳	星	張	翼	軫	角	亢	氐
6月	房	心	尾	箕	斗	女	虚	危	室	壁	奎	婁	胃	昴	畢	觜	参	井	鬼	柳	星	張	翼	軫	角	亢	氐	房	心	尾	
7月	箕	斗	女	虚	危	室	壁	奎	婁	胃	昴	畢	觜	参	井	鬼	鬼	柳	星	張	翼	軫	角	亢	氐	房	心	尾	箕	斗	女
8月	虚	危	室	壁	奎	婁	胃	昴	畢	觜	参	井	鬼	柳	張	翼	軫	角	亢	氐	房	心	尾	箕	斗	女	虚	危	室	壁	奎
9月	婁	胃	昴	畢	觜	参	井	鬼	柳	星	張	翼	角	亢	氐	房	心	尾	箕	斗	女	虚	危	室	壁	奎	婁	胃	昴	畢	
10月	觜	参	井	鬼	柳	星	張	翼	軫	角	亢	氐	氐	房	心	尾	箕	斗	女	虚	危	室	壁	奎	婁	胃	昴	畢	觜	参	井
11月	鬼	柳	星	張	翼	軫	角	亢	氐	房	心	尾	箕	斗	女	虚	危	室	壁	奎	婁	胃	昴	畢	觜	参	井	鬼	柳	星	
12月	張	翼	軫	角	亢	氐	房	心	尾	箕	斗	女	虚	危	室	壁	奎	婁	胃	昴	畢	觜	参	井	鬼	柳	星	張	翼	軫	角

1940年 昭和15年

月＼日	1	2	3	4	5	6	7	8	9	10	11	12	13	14	15	16	17	18	19	20	21	22	23	24	25	26	27	28	29	30	31
1月	亢	氐	房	心	尾	箕	斗	女	虚	危	室	壁	奎	婁	胃	昴	畢	觜	参	井	鬼	柳	星	張	翼	軫	角	亢	氐	房	心
2月	尾	箕	斗	女	虚	危	室	室	壁	奎	婁	胃	昴	畢	觜	参	井	鬼	柳	星	張	翼	軫	角	亢	氐	房	心	尾		
3月	箕	斗	女	虚	危	室	壁	奎	奎	婁	胃	昴	畢	觜	参	井	鬼	柳	星	張	翼	軫	角	亢	氐	房	心	尾	箕	斗	女
4月	虚	危	室	壁	奎	婁	胃	胃	昴	畢	觜	参	井	鬼	柳	星	張	翼	軫	角	亢	氐	房	心	尾	箕	斗	女	虚	危	
5月	室	壁	奎	婁	胃	昴	畢	觜	参	井	鬼	柳	星	張	翼	軫	角	亢	氐	房	心	尾	箕	斗	女	虚	危	室	壁	奎	婁
6月	胃	昴	畢	觜	参	参	井	鬼	柳	星	張	翼	軫	角	亢	氐	房	心	尾	箕	斗	女	虚	危	室	壁	奎	婁	胃	昴	
7月	畢	觜	参	井	鬼	柳	星	張	翼	軫	角	亢	氐	房	心	尾	箕	斗	女	虚	危	室	壁	奎	婁	胃	昴	畢	觜	参	井
8月	鬼	柳	星	張	翼	軫	角	亢	氐	房	心	尾	箕	斗	女	虚	危	室	壁	奎	婁	胃	昴	畢	觜	参	井	鬼	柳	星	張
9月	翼	角	亢	氐	房	心	尾	箕	斗	女	虚	危	室	壁	奎	婁	胃	昴	畢	觜	参	井	鬼	柳	星	張	翼	軫	角	亢	
10月	氐	房	心	尾	箕	斗	女	虚	危	室	壁	奎	婁	胃	昴	畢	觜	参	井	鬼	柳	星	張	翼	軫	角	亢	氐	房	心	心
11月	尾	箕	斗	女	虚	危	室	壁	奎	婁	胃	昴	畢	觜	参	井	鬼	柳	星	張	翼	軫	角	亢	氐	房	心	尾	斗	女	
12月	虚	危	室	壁	奎	婁	胃	昴	畢	觜	参	井	鬼	柳	星	張	翼	軫	角	亢	氐	房	心	尾	箕	斗	女	虚	虚	危	室

1941年 昭和16年

月＼日	1	2	3	4	5	6	7	8	9	10	11	12	13	14	15	16	17	18	19	20	21	22	23	24	25	26	27	28	29	30	31
1月	壁	奎	婁	胃	昴	畢	觜	参	井	鬼	柳	星	張	翼	軫	角	亢	氐	房	心	尾	箕	斗	女	虚	危	室	壁	奎	婁	胃
2月	昴	畢	觜	参	井	鬼	柳	星	張	翼	軫	角	亢	氐	房	心	尾	箕	斗	女	虚	危	室	壁	奎	奎	婁	胃			
3月	昴	畢	觜	参	井	鬼	柳	星	張	翼	軫	角	亢	氐	房	心	尾	箕	斗	女	虚	危	室	壁	奎	婁	胃	胃	昴	畢	觜
4月	参	井	鬼	柳	星	張	翼	軫	角	亢	氐	房	心	尾	箕	斗	女	虚	危	室	壁	奎	婁	胃	昴	畢	觜	参	井	鬼	
5月	柳	星	張	翼	軫	角	亢	氐	房	心	尾	箕	斗	女	虚	危	室	壁	奎	婁	胃	昴	畢	觜	参	参	井	鬼	柳	星	張
6月	翼	軫	角	亢	氐	房	心	尾	箕	斗	女	虚	危	室	壁	奎	婁	胃	昴	畢	觜	参	井	鬼	参	井	鬼	柳	星	張	
7月	翼	軫	角	亢	氐	房	心	尾	箕	斗	女	虚	危	室	壁	奎	婁	胃	昴	畢	觜	参	井	鬼	柳	星	張	翼	軫	角	亢
8月	氐	房	心	尾	箕	斗	女	虚	危	室	壁	奎	婁	胃	昴	畢	觜	参	井	鬼	柳	星	張	翼	軫	角	亢	氐	房	心	尾
9月	箕	斗	女	虚	危	室	壁	奎	婁	胃	昴	畢	觜	参	井	鬼	柳	星	張	翼	角	亢	氐	房	心	尾	箕	斗	女	虚	
10月	危	室	壁	奎	婁	胃	昴	畢	觜	参	井	鬼	柳	星	張	翼	軫	角	亢	氐	房	心	尾	箕	斗	女	虚	危	室	壁	奎
11月	婁	胃	昴	畢	觜	参	井	鬼	柳	星	張	翼	軫	角	亢	氐	房	心	心	尾	箕	斗	女	虚	危	室	壁	奎	婁	胃	
12月	昴	畢	觜	参	井	鬼	柳	星	張	翼	軫	角	亢	氐	房	心	尾	斗	女	虚	危	室	壁	奎	婁	胃	昴	畢	觜	参	井

1942年 昭和17年

月＼日	1	2	3	4	5	6	7	8	9	10	11	12	13	14	15	16	17	18	19	20	21	22	23	24	25	26	27	28	29	30	31
1月	鬼	柳	星	張	翼	軫	角	亢	氐	房	心	尾	箕	斗	女	虚	虚	危	室	壁	奎	婁	胃	昴	畢	觜	参	井	鬼	柳	星
2月	張	翼	軫	角	亢	氐	房	心	尾	箕	斗	女	虚	危	室	壁	奎	婁	胃	昴	畢	觜	参	井	鬼	柳	星	張			
3月	翼	軫	角	亢	氐	房	心	尾	箕	斗	女	虚	危	室	壁	奎	奎	婁	胃	昴	畢	觜	参	井	鬼	柳	星	張	翼	軫	角
4月	亢	氐	房	心	尾	箕	斗	女	虚	危	室	壁	奎	婁	胃	昴	畢	觜	参	井	鬼	柳	星	張	翼	軫	角	亢	氐	房	
5月	心	尾	箕	斗	女	虚	危	室	壁	奎	婁	胃	昴	畢	畢	觜	参	井	鬼	柳	星	張	翼	軫	角	亢	氐	房	心	尾	箕
6月	斗	女	虚	危	室	壁	奎	婁	胃	昴	畢	觜	参	参	井	鬼	柳	星	張	翼	軫	角	亢	氐	房	心	尾	箕	斗	女	
7月	虚	危	室	壁	奎	婁	胃	昴	畢	觜	参	井	鬼	柳	星	張	翼	軫	角	亢	氐	房	心	尾	箕	斗	女	虚	危	室	壁
8月	奎	婁	胃	昴	畢	觜	参	井	鬼	柳	星	張	翼	軫	角	亢	氐	房	心	尾	箕	斗	女	虚	危	室	壁	奎	婁	胃	昴
9月	畢	觜	参	井	鬼	柳	星	張	翼	軫	角	亢	氐	房	心	尾	箕	斗	女	虚	危	室	壁	奎	婁	胃	昴	畢	觜	参	
10月	井	鬼	柳	星	張	翼	軫	角	亢	氐	房	心	尾	箕	斗	女	虚	危	室	壁	奎	婁	胃	昴	畢	觜	参	井	鬼	柳	星
11月	張	翼	軫	角	亢	氐	房	心	心	尾	箕	斗	女	虚	危	室	壁	奎	婁	胃	昴	畢	觜	参	井	鬼	柳	星	張	翼	
12月	軫	角	亢	氐	房	心	尾	斗	女	虚	危	室	壁	奎	婁	胃	昴	畢	觜	参	井	鬼	柳	星	張	翼	軫	角	亢	氐	房

1943年 昭和18年

月＼日	1	2	3	4	5	6	7	8	9	10	11	12	13	14	15	16	17	18	19	20	21	22	23	24	25	26	27	28	29	30	31
1月	心	尾	箕	斗	女	虚	危	室	壁	奎	婁	胃	昴	畢	觜	参	井	鬼	柳	星	張	翼	軫	角	亢	氐	房	心	尾	箕	斗
2月	女	虚	危	室	室	壁	奎	婁	胃	昴	畢	觜	参	井	鬼	柳	星	張	翼	軫	角	亢	氐	房	心	尾	箕	斗			
3月	女	虚	危	室	壁	奎	婁	胃	昴	畢	觜	参	井	鬼	柳	星	張	翼	軫	角	亢	氐	房	心	尾	箕	斗	女	虚	危	室
4月	壁	奎	婁	胃	胃	昴	畢	觜	参	井	鬼	柳	星	張	翼	軫	角	亢	氐	房	心	尾	箕	斗	女	虚	危	室	壁	奎	
5月	婁	胃	昴	畢	觜	参	井	鬼	柳	星	張	翼	軫	角	亢	氐	房	心	尾	箕	斗	女	虚	危	室	壁	奎	婁	胃	昴	畢
6月	觜	参	参	井	鬼	柳	星	張	翼	軫	角	亢	氐	房	心	尾	箕	斗	女	虚	危	室	壁	奎	婁	胃	昴	畢	觜	参	
7月	井	鬼	柳	星	張	翼	軫	角	亢	氐	房	心	尾	箕	斗	女	虚	危	室	壁	奎	婁	胃	昴	畢	觜	参	井	鬼	柳	星
8月	張	翼	軫	角	亢	氐	房	心	尾	箕	斗	女	虚	危	室	壁	奎	婁	胃	昴	畢	觜	参	井	鬼	柳	星	張	翼	軫	角
9月	亢	氐	房	心	尾	箕	斗	女	虚	危	室	壁	奎	婁	胃	昴	畢	觜	参	井	鬼	柳	星	張	翼	軫	角	亢	氐	房	
10月	心	尾	箕	斗	女	虚	危	室	壁	奎	婁	胃	昴	畢	觜	参	井	鬼	柳	星	張	翼	軫	角	亢	氐	房	心	心	尾	箕
11月	斗	女	虚	危	室	壁	奎	婁	胃	昴	畢	觜	参	井	鬼	柳	星	張	翼	軫	角	亢	氐	房	心	尾	箕	斗	女	虚	
12月	危	室	壁	奎	婁	胃	昴	畢	觜	参	井	鬼	柳	星	張	翼	軫	角	亢	氐	房	心	尾	箕	斗	女	虚	危	室	壁	奎

1944年 昭和19年

月＼日	1	2	3	4	5	6	7	8	9	10	11	12	13	14	15	16	17	18	19	20	21	22	23	24	25	26	27	28	29	30	31
1月	婁	胃	昴	畢	觜	参	井	鬼	柳	星	張	翼	軫	角	亢	氐	房	心	尾	箕	斗	女	虚	危	室	室	壁	奎	婁	胃	昴
2月	畢	觜	参	井	鬼	柳	星	張	翼	軫	角	亢	氐	房	心	尾	箕	斗	女	虚	危	室	壁	奎	婁	胃	昴	畢	觜		
3月	参	井	鬼	柳	星	張	翼	軫	角	亢	氐	房	心	尾	箕	斗	女	虚	危	室	壁	奎	婁	胃	昴	畢	觜	参	井	鬼	柳
4月	星	張	翼	軫	角	亢	氐	房	心	尾	箕	斗	女	虚	危	室	壁	奎	婁	胃	昴	畢	畢	觜	参	井	鬼	柳	星	張	
5月	翼	軫	角	亢	氐	房	心	尾	箕	斗	女	虚	危	室	壁	奎	婁	胃	昴	畢	觜	畢	觜	参	井	鬼	柳	星	張	翼	軫
6月	角	亢	氐	房	心	尾	箕	斗	女	虚	危	室	壁	奎	婁	胃	昴	畢	觜	参	参	井	鬼	柳	星	張	翼	軫	角	亢	
7月	氐	房	心	尾	箕	斗	女	虚	危	室	壁	奎	婁	胃	昴	畢	觜	参	井	鬼	柳	星	張	翼	軫	角	亢	氐	房	心	尾
8月	箕	斗	女	虚	危	室	壁	奎	婁	胃	昴	畢	觜	参	井	鬼	柳	星	張	翼	軫	角	亢	氐	房	心	尾	箕	斗	女	虚
9月	危	室	壁	奎	婁	胃	昴	畢	觜	参	井	鬼	柳	星	張	翼	角	亢	氐	房	心	尾	箕	斗	女	虚	危	室	壁	奎	
10月	婁	胃	昴	畢	觜	参	井	鬼	柳	星	張	翼	軫	角	亢	氐	氐	房	心	尾	箕	斗	女	虚	危	室	壁	奎	婁	胃	昴
11月	畢	觜	参	井	鬼	柳	星	張	翼	軫	角	亢	氐	房	心	心	尾	箕	斗	女	虚	危	室	壁	奎	婁	胃	昴	畢	觜	
12月	参	井	鬼	柳	星	張	翼	軫	角	亢	氐	房	心	尾	斗	女	虚	危	室	壁	奎	婁	胃	昴	畢	觜	参	井	鬼	柳	星

1945年 昭和20年

月＼日	1	2	3	4	5	6	7	8	9	10	11	12	13	14	15	16	17	18	19	20	21	22	23	24	25	26	27	28	29	30	31
1月	張	翼	軫	角	亢	氐	房	心	尾	箕	斗	女	虚	虚	危	室	壁	奎	婁	胃	昴	畢	觜	参	井	鬼	柳	星	張	翼	軫
2月	角	亢	氐	房	心	尾	箕	斗	女	虚	危	室	室	壁	奎	婁	胃	昴	畢	觜	参	井	鬼	柳	星	張	翼	軫			
3月	角	亢	氐	房	心	尾	箕	斗	女	虚	危	室	壁	奎	婁	胃	昴	畢	觜	参	井	鬼	柳	星	張	翼	軫	角	亢	氐	房
4月	心	尾	箕	斗	女	虚	危	室	壁	奎	婁	胃	昴	畢	觜	参	井	鬼	柳	星	張	翼	軫	角	亢	氐	房	心	尾	箕	
5月	斗	女	虚	危	室	壁	奎	婁	胃	昴	畢	畢	觜	参	井	鬼	柳	星	張	翼	軫	角	亢	氐	房	心	尾	箕	斗	女	虚
6月	危	室	壁	奎	婁	胃	昴	畢	觜	参	井	鬼	柳	星	張	翼	軫	角	亢	氐	房	心	尾	箕	斗	女	虚	危	室	壁	
7月	奎	婁	胃	昴	畢	觜	参	井	鬼	柳	星	張	翼	軫	角	亢	氐	房	心	尾	箕	斗	女	虚	危	室	壁	奎	婁	胃	昴
8月	畢	觜	参	井	鬼	柳	星	張	翼	軫	角	亢	氐	房	心	尾	箕	斗	女	虚	危	室	壁	奎	婁	胃	昴	畢	觜	参	井
9月	鬼	柳	星	張	翼	角	亢	氐	房	心	尾	箕	斗	女	虚	危	室	壁	奎	婁	胃	昴	畢	觜	参	井	鬼	柳	星	張	
10月	翼	軫	角	亢	氐	氐	房	心	尾	箕	斗	女	虚	危	室	壁	奎	婁	胃	昴	畢	觜	参	井	鬼	柳	星	張	翼	軫	角
11月	亢	氐	房	心	心	尾	箕	斗	女	虚	危	室	壁	奎	婁	胃	昴	畢	觜	参	井	鬼	柳	星	張	翼	軫	角	亢	氐	
12月	房	心	尾	箕	斗	女	虚	危	室	壁	奎	婁	胃	昴	畢	觜	参	井	鬼	柳	星	張	翼	軫	角	亢	氐	房	心	尾	箕

1946年 昭和21年

月＼日	1	2	3	4	5	6	7	8	9	10	11	12	13	14	15	16	17	18	19	20	21	22	23	24	25	26	27	28	29	30	31
1月	斗	女	虚	危	室	壁	奎	婁	胃	昴	畢	觜	参	井	鬼	柳	星	張	翼	軫	角	亢	氐	房	心	尾	箕	斗	女	虚	危
2月	室	室	壁	奎	婁	胃	昴	畢	觜	参	井	鬼	柳	星	張	翼	軫	角	亢	氐	房	心	尾	箕	斗	女	虚	危			
3月	室	壁	奎	奎	婁	胃	昴	畢	觜	参	井	鬼	柳	星	張	翼	軫	角	亢	氐	房	心	尾	箕	斗	女	虚	危	室	壁	奎
4月	婁	胃	昴	畢	觜	参	井	鬼	柳	星	張	翼	軫	角	亢	氐	房	心	尾	箕	斗	女	虚	危	室	壁	奎	婁	胃	昴	
5月	畢	觜	参	井	鬼	柳	星	張	翼	軫	角	亢	氐	房	心	尾	箕	斗	女	虚	危	室	壁	奎	婁	胃	昴	畢	觜	参	参
6月	井	鬼	柳	星	張	翼	軫	角	亢	氐	房	心	尾	箕	斗	女	虚	危	室	壁	奎	婁	胃	昴	畢	觜	参	井	鬼	柳	
7月	星	張	翼	軫	角	亢	氐	房	心	尾	箕	斗	女	虚	危	室	壁	奎	婁	胃	昴	畢	觜	参	井	鬼	柳	張	翼	軫	角
8月	亢	氐	房	心	尾	箕	斗	女	虚	危	室	壁	奎	婁	胃	昴	畢	觜	参	井	鬼	柳	星	張	翼	軫	角	亢	氐	房	心
9月	尾	箕	斗	女	虚	危	室	壁	奎	婁	胃	昴	畢	觜	参	井	鬼	柳	星	張	翼	軫	角	亢	氐	房	心	尾	箕	斗	
10月	女	虚	危	室	壁	奎	婁	胃	昴	畢	觜	参	井	鬼	柳	星	張	翼	軫	角	亢	氐	房	心	心	尾	箕	斗	女	虚	危
11月	室	壁	奎	婁	胃	昴	畢	觜	参	井	鬼	柳	星	張	翼	軫	角	亢	氐	房	心	尾	箕	斗	女	虚	危	室	壁	奎	
12月	婁	胃	昴	畢	觜	参	井	鬼	柳	星	張	翼	軫	角	亢	氐	房	心	尾	箕	斗	女	虚	危	室	壁	奎	婁	胃	昴	畢

1947年 昭和22年

月＼日	1	2	3	4	5	6	7	8	9	10	11	12	13	14	15	16	17	18	19	20	21	22	23	24	25	26	27	28	29	30	31
1月	觜	参	井	鬼	柳	星	張	翼	軫	角	亢	氐	房	心	尾	箕	斗	女	虚	危	室	室	壁	奎	婁	胃	昴	畢	觜	参	井
2月	鬼	柳	星	張	翼	軫	角	亢	氐	房	心	尾	箕	斗	女	虚	危	室	壁	奎	奎	婁	胃	昴	畢	觜	参	井			
3月	鬼	柳	星	張	翼	軫	角	亢	氐	房	心	尾	箕	斗	女	虚	危	室	壁	奎	婁	胃	奎	婁	胃	昴	畢	觜	参	井	鬼
4月	柳	星	張	翼	軫	角	亢	氐	房	心	尾	箕	斗	女	虚	危	室	壁	奎	婁	胃	昴	畢	觜	参	井	鬼	柳	星	張	
5月	翼	軫	角	亢	氐	房	心	尾	箕	斗	女	虚	危	室	壁	奎	婁	胃	昴	畢	觜	参	井	鬼	柳	星	張	翼	軫	角	亢
6月	氐	房	心	尾	箕	斗	女	虚	危	室	壁	奎	婁	胃	昴	畢	觜	参	参	井	鬼	柳	星	張	翼	軫	角	亢	氐	房	
7月	心	尾	箕	斗	女	虚	危	室	壁	奎	婁	胃	昴	畢	觜	参	井	鬼	柳	星	張	翼	軫	角	亢	氐	房	心	尾	箕	斗
8月	女	虚	危	室	壁	奎	婁	胃	昴	畢	觜	参	井	鬼	柳	張	翼	軫	角	亢	氐	房	心	尾	箕	斗	女	虚	危	室	壁
9月	奎	婁	胃	昴	畢	觜	参	井	鬼	柳	星	張	翼	軫	角	亢	氐	房	心	尾	箕	斗	女	虚	危	室	壁	奎	婁	胃	
10月	昴	畢	觜	参	井	鬼	柳	星	張	翼	軫	角	亢	氐	房	心	尾	箕	斗	女	虚	危	室	壁	奎	婁	胃	昴	畢	觜	参
11月	井	鬼	柳	星	張	翼	軫	角	亢	氐	房	心	心	尾	箕	斗	女	虚	危	室	壁	奎	婁	胃	昴	畢	觜	参	井	鬼	
12月	柳	星	張	翼	軫	角	亢	氐	房	心	尾	斗	女	虚	危	室	壁	奎	婁	胃	昴	畢	觜	参	井	鬼	柳	星	張	翼	軫

1948年 昭和23年

月＼日	1	2	3	4	5	6	7	8	9	10	11	12	13	14	15	16	17	18	19	20	21	22	23	24	25	26	27	28	29	30	31
1月	角	亢	氐	房	心	尾	箕	斗	女	虚	虚	危	室	壁	奎	婁	胃	昴	畢	觜	参	井	鬼	柳	星	張	翼	軫	角	亢	氐
2月	房	心	尾	箕	斗	女	虚	危	室	室	壁	奎	婁	胃	昴	畢	觜	参	井	鬼	柳	星	張	翼	軫	角	亢	氐	房		
3月	心	尾	箕	斗	女	虚	危	室	壁	奎	奎	婁	胃	昴	畢	觜	参	井	鬼	柳	星	張	翼	軫	角	亢	氐	房	心	尾	箕
4月	斗	女	虚	危	室	壁	奎	婁	胃	昴	畢	觜	参	井	鬼	柳	星	張	翼	軫	角	亢	氐	房	心	尾	箕	斗	女	虚	
5月	危	室	壁	奎	婁	胃	昴	畢	畢	觜	参	井	鬼	柳	星	張	翼	軫	角	亢	氐	房	心	尾	箕	斗	女	虚	危	室	壁
6月	奎	婁	胃	昴	畢	觜	参	井	鬼	柳	星	張	翼	軫	角	亢	氐	房	心	尾	箕	斗	女	虚	危	室	壁	奎	婁	胃	
7月	昴	畢	觜	参	井	鬼	鬼	柳	星	張	翼	軫	角	亢	氐	房	心	尾	箕	斗	女	虚	危	室	壁	奎	婁	胃	昴	畢	觜
8月	参	井	鬼	柳	張	翼	軫	角	亢	氐	房	心	尾	箕	斗	女	虚	危	室	壁	奎	婁	胃	昴	畢	觜	参	井	鬼	柳	星
9月	張	翼	角	亢	氐	房	心	尾	箕	斗	女	虚	危	室	壁	奎	婁	胃	昴	畢	觜	参	井	鬼	柳	星	張	翼	軫	角	
10月	亢	氐	氐	房	心	尾	箕	斗	女	虚	危	室	壁	奎	婁	胃	昴	畢	觜	参	井	鬼	柳	星	張	翼	軫	角	亢	氐	房
11月	心	尾	箕	斗	女	虚	危	室	壁	奎	婁	胃	昴	畢	觜	参	井	鬼	柳	星	張	翼	軫	角	亢	氐	房	心	尾	箕	
12月	斗	女	虚	危	室	壁	奎	婁	胃	昴	畢	觜	参	井	鬼	柳	星	張	翼	軫	角	亢	氐	房	心	尾	箕	斗	女	虚	危

1949年 昭和24年

月＼日	1	2	3	4	5	6	7	8	9	10	11	12	13	14	15	16	17	18	19	20	21	22	23	24	25	26	27	28	29	30	31
1月	室	壁	奎	婁	胃	昴	畢	觜	参	井	鬼	柳	星	張	翼	軫	角	亢	氐	房	心	尾	箕	斗	女	虚	危	室	室	壁	奎
2月	婁	胃	昴	畢	觜	参	井	鬼	柳	星	張	翼	軫	角	亢	氐	房	心	尾	箕	斗	女	虚	危	室	壁	奎	奎			
3月	婁	胃	昴	畢	觜	参	井	鬼	柳	星	張	翼	軫	角	亢	氐	房	心	尾	箕	斗	女	虚	危	室	壁	奎	婁	胃	胃	昴
4月	畢	觜	参	井	鬼	柳	星	張	翼	軫	角	亢	氐	房	心	尾	箕	斗	女	虚	危	室	壁	奎	婁	胃	昴	畢	觜	参	
5月	井	鬼	柳	星	張	翼	軫	角	亢	氐	房	心	尾	箕	斗	女	虚	危	室	壁	奎	婁	胃	昴	畢	觜	参	参	井	鬼	柳
6月	星	張	翼	軫	角	亢	氐	房	心	尾	箕	斗	女	虚	危	室	壁	奎	婁	胃	昴	畢	觜	参	井	鬼	柳	星	張	翼	
7月	軫	角	亢	氐	房	心	尾	箕	斗	女	虚	危	室	壁	奎	婁	胃	昴	畢	觜	参	井	鬼	柳	星	張	翼	軫	角	亢	氐
8月	房	心	尾	箕	斗	女	虚	危	室	壁	奎	婁	胃	昴	畢	觜	参	井	鬼	柳	星	張	翼	張	翼	軫	角	亢	氐	房	心
9月	尾	箕	斗	女	虚	危	室	壁	奎	婁	胃	昴	畢	觜	参	井	鬼	柳	星	張	翼	角	亢	氐	房	心	尾	箕	斗	女	
10月	虚	危	室	壁	奎	婁	胃	昴	畢	觜	参	井	鬼	柳	星	張	翼	軫	角	亢	氐	氐	房	心	尾	箕	斗	女	虚	危	室
11月	壁	奎	婁	胃	昴	畢	觜	参	井	鬼	柳	星	張	翼	軫	角	亢	氐	房	心	尾	箕	斗	女	虚	危	室	壁	奎	婁	
12月	胃	昴	畢	觜	参	井	鬼	柳	星	張	翼	軫	角	亢	氐	房	心	尾	箕	斗	女	虚	危	室	壁	奎	婁	胃	昴	畢	觜

1950年 昭和25年

月＼日	1	2	3	4	5	6	7	8	9	10	11	12	13	14	15	16	17	18	19	20	21	22	23	24	25	26	27	28	29	30	31
1月	参	井	鬼	柳	星	張	翼	軫	角	亢	氐	房	心	尾	箕	斗	女	虚	危	室	壁	奎	婁	胃	昴	畢	觜	参	井	鬼	柳
2月	星	張	翼	軫	角	亢	氐	房	心	尾	箕	斗	女	虚	危	室	室	壁	奎	婁	胃	昴	畢	觜	参	井	鬼	柳			
3月	星	張	翼	軫	角	亢	氐	房	心	尾	箕	斗	女	虚	危	室	室	壁	奎	婁	胃	昴	畢	觜	参	井	鬼	柳	星	張	翼
4月	軫	角	亢	氐	房	心	尾	箕	斗	女	虚	危	室	壁	奎	婁	胃	昴	畢	觜	参	井	鬼	柳	星	張	翼	軫	角	亢	
5月	氐	房	心	尾	箕	斗	女	虚	危	室	壁	奎	婁	胃	昴	畢	畢	觜	参	井	鬼	柳	星	張	翼	軫	角	亢	氐	房	心
6月	尾	箕	斗	女	虚	危	室	壁	奎	婁	胃	昴	畢	觜	参	参	井	鬼	柳	星	張	翼	軫	角	亢	氐	房	心	尾	箕	
7月	斗	女	虚	危	室	壁	奎	婁	胃	昴	畢	觜	参	井	鬼	柳	星	張	翼	軫	角	亢	氐	房	心	尾	箕	斗	女	虚	危
8月	室	壁	奎	婁	胃	昴	畢	觜	参	井	鬼	柳	星	張	翼	軫	角	亢	氐	房	心	尾	箕	斗	女	虚	危	室	壁	奎	婁
9月	胃	昴	畢	觜	参	井	鬼	柳	星	張	翼	角	亢	氐	房	心	尾	箕	斗	女	虚	危	室	壁	奎	婁	胃	昴	畢	觜	
10月	参	井	鬼	柳	星	張	翼	軫	角	亢	氐	房	心	尾	箕	斗	女	虚	危	室	壁	奎	婁	胃	昴	畢	觜	参	井	鬼	柳
11月	星	張	翼	軫	角	亢	氐	房	心	心	尾	箕	斗	女	虚	危	室	壁	奎	婁	胃	昴	畢	觜	参	井	鬼	柳	星	張	
12月	翼	軫	角	亢	氐	房	心	尾	斗	女	虚	危	室	壁	奎	婁	胃	昴	畢	觜	参	井	鬼	柳	星	張	翼	軫	角	亢	氐

1951年 昭和26年

月＼日	1	2	3	4	5	6	7	8	9	10	11	12	13	14	15	16	17	18	19	20	21	22	23	24	25	26	27	28	29	30	31
1月	房	心	尾	箕	斗	女	虚	虚	危	室	壁	奎	婁	胃	昴	畢	觜	参	井	鬼	柳	星	張	翼	軫	角	亢	氐	房	心	尾
2月	箕	斗	女	虚	危	室	壁	奎	婁	胃	昴	畢	觜	参	井	鬼	柳	星	張	翼	軫	角	亢	氐	房	心	尾	箕			
3月	斗	女	虚	危	室	壁	奎	奎	婁	胃	昴	畢	觜	参	井	鬼	柳	星	張	翼	軫	角	亢	氐	房	心	尾	箕	斗	女	虚
4月	危	室	壁	奎	婁	胃	昴	畢	觜	参	井	鬼	柳	星	張	翼	軫	角	亢	氐	房	心	尾	箕	斗	女	虚	危	室	壁	
5月	奎	婁	胃	昴	畢	畢	觜	参	井	鬼	柳	星	張	翼	軫	角	亢	氐	房	心	尾	箕	斗	女	虚	危	室	壁	奎	婁	胃
6月	昴	畢	觜	参	参	井	鬼	柳	星	張	翼	軫	角	亢	氐	房	心	尾	箕	斗	女	虚	危	室	壁	奎	婁	胃	昴	畢	
7月	觜	参	井	鬼	柳	星	張	翼	軫	角	亢	氐	房	心	尾	箕	斗	女	虚	危	室	壁	奎	婁	胃	昴	畢	觜	参	井	鬼
8月	柳	星	張	翼	軫	角	亢	氐	房	心	尾	箕	斗	女	虚	危	室	壁	奎	婁	胃	昴	畢	觜	参	井	鬼	柳	星	張	翼
9月	角	亢	氐	房	心	尾	箕	斗	女	虚	危	室	壁	奎	婁	胃	昴	畢	觜	参	井	鬼	柳	星	張	翼	軫	角	亢	氐	
10月	氐	房	心	尾	箕	斗	女	虚	危	室	壁	奎	婁	胃	昴	畢	觜	参	井	鬼	柳	星	張	翼	軫	角	亢	氐	房	心	尾
11月	箕	斗	女	虚	危	室	壁	奎	婁	胃	昴	畢	觜	参	井	鬼	柳	星	張	翼	軫	角	亢	氐	房	心	尾	箕	斗	女	
12月	虚	危	室	壁	奎	婁	胃	昴	畢	觜	参	井	鬼	柳	星	張	翼	軫	角	亢	氐	房	心	尾	箕	斗	女	虚	危	室	壁

1952年 昭和27年

月＼日	1	2	3	4	5	6	7	8	9	10	11	12	13	14	15	16	17	18	19	20	21	22	23	24	25	26	27	28	29	30	31
1月	奎	婁	胃	昴	畢	觜	参	井	鬼	柳	星	張	翼	軫	角	亢	氐	房	心	尾	箕	斗	女	虚	危	室	室	壁	奎	婁	胃
2月	昴	畢	觜	参	井	鬼	柳	星	張	翼	軫	角	亢	氐	房	心	尾	箕	斗	女	虚	危	室	壁	奎	婁	胃	昴	畢		
3月	觜	参	井	鬼	柳	星	張	翼	軫	角	亢	氐	房	心	尾	箕	斗	女	虚	危	室	壁	奎	婁	胃	胃	昴	畢	觜	参	井
4月	鬼	柳	星	張	翼	軫	角	亢	氐	房	心	尾	箕	斗	女	虚	危	室	壁	奎	婁	胃	昴	畢	觜	参	井	鬼	柳	星	
5月	張	翼	軫	角	亢	氐	房	心	尾	箕	斗	女	虚	危	室	壁	奎	婁	胃	昴	畢	觜	参	参	井	鬼	柳	星	張	翼	軫
6月	角	亢	氐	房	心	尾	箕	斗	女	虚	危	室	壁	奎	婁	胃	昴	畢	觜	参	井	参	井	鬼	柳	星	張	翼	軫	角	
7月	亢	氐	房	心	尾	箕	斗	女	虚	危	室	壁	奎	婁	胃	昴	畢	觜	参	井	鬼	鬼	柳	星	張	翼	軫	角	亢	氐	房
8月	心	尾	箕	斗	女	虚	危	室	壁	奎	婁	胃	昴	畢	觜	参	井	鬼	柳	星	張	翼	軫	角	亢	氐	房	心	尾	箕	斗
9月	女	虚	危	室	壁	奎	婁	胃	昴	畢	觜	参	井	鬼	柳	星	張	翼	角	亢	氐	房	心	尾	箕	斗	女	虚	危	室	
10月	壁	奎	婁	胃	昴	畢	觜	参	井	鬼	柳	星	張	翼	軫	角	亢	氐	氐	房	心	尾	箕	斗	女	虚	危	室	壁	奎	婁
11月	胃	昴	畢	觜	参	井	鬼	柳	星	張	翼	軫	角	亢	氐	房	心	尾	箕	斗	女	虚	危	室	壁	奎	婁	胃	昴	畢	
12月	觜	参	井	鬼	柳	星	張	翼	軫	角	亢	氐	房	心	尾	箕	斗	女	虚	危	室	壁	奎	婁	胃	昴	畢	觜	参	井	鬼

1953年 昭和28年

月＼日	1	2	3	4	5	6	7	8	9	10	11	12	13	14	15	16	17	18	19	20	21	22	23	24	25	26	27	28	29	30	31
1月	柳	星	張	翼	軫	角	亢	氐	房	心	尾	箕	斗	女	虚	危	室	壁	奎	婁	胃	昴	畢	觜	参	井	鬼	柳	星	張	翼
2月	軫	角	亢	氐	房	心	尾	箕	斗	女	虚	危	室	室	壁	奎	婁	胃	昴	畢	觜	参	井	鬼	柳	星	張	翼			
3月	軫	角	亢	氐	房	心	尾	箕	斗	女	虚	危	室	壁	奎	婁	胃	昴	畢	觜	参	井	鬼	柳	星	張	翼	軫	角	亢	氐
4月	房	心	尾	箕	斗	女	虚	危	室	壁	奎	婁	胃	胃	昴	畢	觜	参	井	鬼	柳	星	張	翼	軫	角	亢	氐	房	心	
5月	尾	箕	斗	女	虚	危	室	壁	奎	婁	胃	昴	畢	觜	参	井	鬼	柳	星	張	翼	軫	角	亢	氐	房	心	尾	箕	斗	女
6月	虚	危	室	壁	奎	婁	胃	昴	畢	觜	参	井	鬼	柳	星	張	翼	軫	角	亢	氐	房	心	尾	箕	斗	女	虚	危	室	
7月	壁	奎	婁	胃	昴	畢	觜	参	井	鬼	鬼	柳	星	張	翼	軫	角	亢	氐	房	心	尾	箕	斗	女	虚	危	室	壁	奎	婁
8月	胃	昴	畢	觜	参	井	鬼	柳	星	張	翼	軫	角	亢	氐	房	心	尾	箕	斗	女	虚	危	室	壁	奎	婁	胃	昴	畢	觜
9月	参	井	鬼	柳	星	張	翼	角	亢	氐	房	心	尾	箕	斗	女	虚	危	室	壁	奎	婁	胃	昴	畢	觜	参	井	鬼	柳	
10月	星	張	翼	軫	角	亢	氐	氐	房	心	尾	箕	斗	女	虚	危	室	壁	奎	婁	胃	昴	畢	觜	参	井	鬼	柳	星	張	翼
11月	軫	角	亢	氐	房	心	心	尾	箕	斗	女	虚	危	室	壁	奎	婁	胃	昴	畢	觜	参	井	鬼	柳	星	張	翼	軫	角	
12月	亢	氐	房	心	尾	斗	女	虚	危	室	壁	奎	婁	胃	昴	畢	觜	参	井	鬼	柳	星	張	翼	軫	角	亢	氐	房	心	尾

1954年 昭和29年

月＼日	1	2	3	4	5	6	7	8	9	10	11	12	13	14	15	16	17	18	19	20	21	22	23	24	25	26	27	28	29	30	31
1月	箕	斗	女	虚	虚	危	室	壁	奎	婁	胃	昴	畢	觜	参	井	鬼	柳	星	張	翼	軫	角	亢	氐	房	心	尾	箕	斗	女
2月	虚	危	室	室	壁	奎	婁	胃	昴	畢	觜	参	井	鬼	柳	星	張	翼	軫	角	亢	氐	房	心	尾	箕	斗	女			
3月	虚	危	室	壁	奎	婁	胃	昴	畢	觜	参	井	鬼	柳	星	張	翼	軫	角	亢	氐	房	心	尾	箕	斗	女	虚	危	室	壁
4月	奎	婁	胃	昴	畢	觜	参	井	鬼	柳	星	張	翼	軫	角	亢	氐	房	心	尾	箕	斗	女	虚	危	室	壁	奎	婁	胃	
5月	昴	畢	畢	觜	参	井	鬼	柳	星	張	翼	軫	角	亢	氐	房	心	尾	箕	斗	女	虚	危	室	壁	奎	婁	胃	昴	畢	觜
6月	参	井	鬼	柳	星	張	翼	軫	角	亢	氐	房	心	尾	箕	斗	女	虚	危	室	壁	奎	婁	胃	昴	畢	觜	参	井	鬼	
7月	柳	星	張	翼	軫	角	亢	氐	房	心	尾	箕	斗	女	虚	危	室	壁	奎	婁	胃	昴	畢	觜	参	井	鬼	柳	星	張	翼
8月	軫	角	亢	氐	房	心	尾	箕	斗	女	虚	危	室	壁	奎	婁	胃	昴	畢	觜	参	井	鬼	柳	星	張	翼	角	亢	氐	房
9月	心	尾	箕	斗	女	虚	危	室	壁	奎	婁	胃	昴	畢	觜	参	井	鬼	柳	星	張	翼	軫	角	亢	氐	氐	房	心	尾	
10月	箕	斗	女	虚	危	室	壁	奎	婁	胃	昴	畢	觜	参	井	鬼	柳	星	張	翼	軫	角	亢	氐	房	心	心	尾	箕	斗	女
11月	虚	危	室	壁	奎	婁	胃	昴	畢	觜	参	井	鬼	柳	星	張	翼	軫	角	亢	氐	房	心	尾	斗	女	虚	危	室	壁	
12月	奎	婁	胃	昴	畢	觜	参	井	鬼	柳	星	張	翼	軫	角	亢	氐	房	心	尾	箕	斗	女	虚	虚	危	室	壁	奎	婁	胃

1955年 昭和30年

月＼日	1	2	3	4	5	6	7	8	9	10	11	12	13	14	15	16	17	18	19	20	21	22	23	24	25	26	27	28	29	30	31
1月	昴	畢	觜	参	井	鬼	柳	星	張	翼	軫	角	亢	氐	房	心	尾	箕	斗	女	虚	危	室	室	壁	奎	婁	胃	昴	畢	觜
2月	参	井	鬼	柳	星	張	翼	軫	角	亢	氐	房	心	尾	箕	斗	女	虚	危	室	壁	奎	奎	婁	胃	昴	畢	觜			
3月	参	井	鬼	柳	星	張	翼	軫	角	亢	氐	房	心	尾	箕	斗	女	虚	危	室	壁	奎	婁	胃	昴	畢	觜	参	井	鬼	柳
4月	星	張	翼	軫	角	亢	氐	房	心	尾	箕	斗	女	虚	危	室	壁	奎	婁	胃	昴	胃	昴	畢	觜	参	井	鬼	柳	星	
5月	張	翼	軫	角	亢	氐	房	心	尾	箕	斗	女	虚	危	室	壁	奎	婁	胃	昴	畢	畢	觜	参	井	鬼	柳	星	張	翼	軫
6月	角	亢	氐	房	心	尾	箕	斗	女	虚	危	室	壁	奎	婁	胃	昴	畢	觜	参	井	鬼	柳	星	張	翼	軫	角	亢	氐	
7月	房	心	尾	箕	斗	女	虚	危	室	壁	奎	婁	胃	昴	畢	觜	参	井	鬼	柳	星	張	翼	軫	角	亢	氐	房	心	尾	箕
8月	斗	女	虚	危	室	壁	奎	婁	胃	昴	畢	觜	参	井	鬼	柳	星	張	翼	軫	角	亢	氐	房	心	尾	箕	斗	女	虚	危
9月	室	壁	奎	婁	胃	昴	畢	觜	参	井	鬼	柳	星	張	翼	角	亢	氐	房	心	尾	箕	斗	女	虚	危	室	壁	奎	婁	
10月	胃	昴	畢	觜	参	井	鬼	柳	星	張	翼	軫	角	亢	氐	氐	房	心	尾	箕	斗	女	虚	危	室	壁	奎	婁	胃	昴	畢
11月	觜	参	井	鬼	柳	星	張	翼	軫	角	亢	氐	房	心	尾	箕	斗	女	虚	危	室	壁	奎	婁	胃	昴	畢	觜	参	井	
12月	鬼	柳	星	張	翼	軫	角	亢	氐	房	心	尾	箕	斗	女	虚	危	室	壁	奎	婁	胃	昴	畢	觜	参	井	鬼	柳	星	張

1956年 昭和31年

月＼日	1	2	3	4	5	6	7	8	9	10	11	12	13	14	15	16	17	18	19	20	21	22	23	24	25	26	27	28	29	30	31
1月	翼	軫	角	亢	氐	房	心	尾	箕	斗	女	虚	虚	危	室	壁	奎	婁	胃	昴	畢	觜	参	井	鬼	柳	星	張	翼	軫	角
2月	亢	氐	房	心	尾	箕	斗	女	虚	危	室	室	壁	奎	婁	胃	昴	畢	觜	参	井	鬼	柳	星	張	翼	軫	角	亢		
3月	氐	房	心	尾	箕	斗	女	虚	危	室	壁	奎	婁	胃	昴	畢	觜	参	井	鬼	柳	星	張	翼	軫	角	亢	氐	房	心	尾
4月	箕	斗	女	虚	危	室	壁	奎	婁	胃	胃	昴	畢	觜	参	井	鬼	柳	星	張	翼	軫	角	亢	氐	房	心	尾	箕	斗	
5月	女	虚	危	室	壁	奎	婁	胃	昴	畢	觜	参	井	鬼	柳	星	張	翼	軫	角	亢	氐	房	心	尾	箕	斗	女	虚	危	室
6月	壁	奎	婁	胃	昴	畢	觜	参	参	井	鬼	柳	星	張	翼	軫	角	亢	氐	房	心	尾	箕	斗	女	虚	危	室	壁	奎	
7月	婁	胃	昴	畢	觜	参	井	鬼	柳	星	張	翼	軫	角	亢	氐	房	心	尾	箕	斗	女	虚	危	室	壁	奎	婁	胃	昴	畢
8月	觜	参	井	鬼	柳	張	翼	軫	角	亢	氐	房	心	尾	箕	斗	女	虚	危	室	壁	奎	婁	胃	昴	畢	觜	参	井	鬼	柳
9月	星	張	翼	軫	角	亢	氐	房	心	尾	箕	斗	女	虚	危	室	壁	奎	婁	胃	昴	畢	觜	参	井	鬼	柳	星	張	翼	
10月	軫	角	亢	氐	房	心	尾	箕	斗	女	虚	危	室	壁	奎	婁	胃	昴	畢	觜	参	井	鬼	柳	星	張	翼	軫	角	亢	氐
11月	房	心	心	尾	箕	斗	女	虚	危	室	壁	奎	婁	胃	昴	畢	觜	参	井	鬼	柳	星	張	翼	軫	角	亢	氐	房	心	
12月	尾	斗	女	虚	危	室	壁	奎	婁	胃	昴	畢	觜	参	井	鬼	柳	星	張	翼	軫	角	亢	氐	房	心	尾	箕	斗	女	虚

1957年 昭和32年

月＼日	1	2	3	4	5	6	7	8	9	10	11	12	13	14	15	16	17	18	19	20	21	22	23	24	25	26	27	28	29	30	31
1月	虚	危	室	壁	奎	婁	胃	昴	畢	觜	参	井	鬼	柳	星	張	翼	軫	角	亢	氐	房	心	尾	箕	斗	女	虚	危	室	室
2月	壁	奎	婁	胃	昴	畢	觜	参	井	鬼	柳	星	張	翼	軫	角	亢	氐	房	心	尾	箕	斗	女	虚	危	室	壁			
3月	奎	奎	婁	胃	昴	畢	觜	参	井	鬼	柳	星	張	翼	軫	角	亢	氐	房	心	尾	箕	斗	女	虚	危	室	壁	奎	婁	胃
4月	昴	畢	觜	参	井	鬼	柳	星	張	翼	軫	角	亢	氐	房	心	尾	箕	斗	女	虚	危	室	壁	奎	婁	胃	昴	畢	畢	
5月	觜	参	井	鬼	柳	星	張	翼	軫	角	亢	氐	房	心	尾	箕	斗	女	虚	危	室	壁	奎	婁	胃	昴	畢	觜	参	井	鬼
6月	柳	星	張	翼	軫	角	亢	氐	房	心	尾	箕	斗	女	虚	危	室	壁	奎	婁	胃	昴	畢	觜	参	井	鬼	鬼	柳	星	
7月	張	翼	軫	角	亢	氐	房	心	尾	箕	斗	女	虚	危	室	壁	奎	婁	胃	昴	畢	觜	参	井	鬼	柳	張	翼	軫	角	亢
8月	氐	房	心	尾	箕	斗	女	虚	危	室	壁	奎	婁	胃	昴	畢	觜	参	井	鬼	柳	星	張	翼	角	亢	氐	房	心	尾	箕
9月	斗	女	虚	危	室	壁	奎	婁	胃	昴	畢	觜	参	井	鬼	柳	星	張	翼	軫	角	亢	氐	角	亢	氐	房	心	尾	箕	
10月	斗	女	虚	危	室	壁	奎	婁	胃	昴	畢	觜	参	井	鬼	柳	星	張	翼	軫	角	亢	氐	房	心	尾	箕	斗	女	虚	危
11月	室	壁	奎	婁	胃	昴	畢	觜	参	井	鬼	柳	星	張	翼	軫	角	亢	氐	房	心	心	尾	箕	斗	女	虚	危	室	壁	
12月	奎	婁	胃	昴	畢	觜	参	井	鬼	柳	星	張	翼	軫	角	亢	氐	房	心	尾	斗	女	虚	危	室	壁	奎	婁	胃	昴	畢

1958年 昭和33年

月＼日	1	2	3	4	5	6	7	8	9	10	11	12	13	14	15	16	17	18	19	20	21	22	23	24	25	26	27	28	29	30	31
1月	觜	参	井	鬼	柳	星	張	翼	軫	角	亢	氐	房	心	尾	箕	斗	女	虚	虚	危	室	壁	奎	婁	胃	昴	畢	觜	参	井
2月	鬼	柳	星	張	翼	軫	角	亢	氐	房	心	尾	箕	斗	女	虚	危	室	室	壁	奎	婁	胃	昴	畢	觜	参	井			
3月	鬼	柳	星	張	翼	軫	角	亢	氐	房	心	尾	箕	斗	女	虚	危	室	壁	奎	婁	胃	昴	畢	觜	参	井	鬼	柳	星	張
4月	翼	軫	角	亢	氐	房	心	尾	箕	斗	女	虚	危	室	壁	奎	婁	胃	胃	昴	畢	觜	参	井	鬼	柳	星	張	翼	軫	
5月	角	亢	氐	房	心	尾	箕	斗	女	虚	危	室	壁	奎	婁	胃	昴	畢	畢	觜	参	井	鬼	柳	星	張	翼	軫	角	亢	氐
6月	房	心	尾	箕	斗	女	虚	危	室	壁	奎	婁	胃	昴	畢	觜	参	井	鬼	柳	星	張	翼	軫	角	亢	氐	房	心	尾	
7月	箕	斗	女	虚	危	室	壁	奎	婁	胃	昴	畢	觜	参	井	鬼	鬼	柳	星	張	翼	軫	角	亢	氐	房	心	尾	箕	斗	女
8月	虚	危	室	壁	奎	婁	胃	昴	畢	觜	参	井	鬼	柳	張	翼	軫	角	亢	氐	房	心	尾	箕	斗	女	虚	危	室	壁	奎
9月	婁	胃	昴	畢	觜	参	井	鬼	柳	星	張	翼	角	亢	氐	房	心	尾	箕	斗	女	虚	危	室	壁	奎	婁	胃	昴	畢	
10月	觜	参	井	鬼	柳	星	張	翼	軫	角	亢	氐	氐	房	心	尾	箕	斗	女	虚	危	室	壁	奎	婁	胃	昴	畢	觜	参	井
11月	鬼	柳	星	張	翼	軫	角	亢	氐	房	心	尾	箕	斗	女	虚	危	室	壁	奎	婁	胃	昴	畢	觜	参	井	鬼	柳	星	
12月	張	翼	軫	角	亢	氐	房	心	尾	箕	斗	女	虚	危	室	壁	奎	婁	胃	昴	畢	觜	参	井	鬼	柳	星	張	翼	軫	角

1959年 昭和34年

月＼日	1	2	3	4	5	6	7	8	9	10	11	12	13	14	15	16	17	18	19	20	21	22	23	24	25	26	27	28	29	30	31
1月	亢	氐	房	心	尾	箕	斗	女	虚	危	室	壁	奎	婁	胃	昴	畢	觜	参	井	鬼	柳	星	張	翼	軫	角	亢	氐	房	心
2月	尾	箕	斗	女	虚	危	室	室	壁	奎	婁	胃	昴	畢	觜	参	井	鬼	柳	星	張	翼	軫	角	亢	氐	房	心			
3月	尾	箕	斗	女	虚	危	室	壁	奎	婁	胃	昴	畢	觜	参	井	鬼	柳	星	張	翼	軫	角	亢	氐	房	心	尾	箕	斗	女
4月	虚	危	室	壁	奎	婁	胃	胃	昴	畢	觜	参	井	鬼	柳	星	張	翼	軫	角	亢	氐	房	心	尾	箕	斗	女	虚	危	
5月	室	壁	奎	婁	胃	昴	畢	畢	觜	参	井	鬼	柳	星	張	翼	軫	角	亢	氐	房	心	尾	箕	斗	女	虚	危	室	壁	奎
6月	婁	胃	昴	畢	觜	参	井	鬼	柳	星	張	翼	軫	角	亢	氐	房	心	尾	箕	斗	女	虚	危	室	壁	奎	婁	胃	昴	
7月	畢	觜	参	井	鬼	鬼	柳	星	張	翼	軫	角	亢	氐	房	心	尾	箕	斗	女	虚	危	室	壁	奎	婁	胃	昴	畢	觜	参
8月	井	鬼	柳	張	翼	軫	角	亢	氐	房	心	尾	箕	斗	女	虚	危	室	壁	奎	婁	胃	昴	畢	觜	参	井	鬼	柳	星	張
9月	翼	軫	角	亢	氐	房	心	尾	箕	斗	女	虚	危	室	壁	奎	婁	胃	昴	畢	觜	参	井	鬼	柳	星	張	翼	軫	角	
10月	亢	氐	房	心	尾	箕	斗	女	虚	危	室	壁	奎	婁	胃	昴	畢	觜	参	井	鬼	柳	星	張	翼	軫	角	亢	氐	房	心
11月	心	尾	箕	斗	女	虚	危	室	壁	奎	婁	胃	昴	畢	觜	参	井	鬼	柳	星	張	翼	軫	角	亢	氐	房	心	尾	斗	
12月	女	虚	危	室	壁	奎	婁	胃	昴	畢	觜	参	井	鬼	柳	星	張	翼	軫	角	亢	氐	房	心	尾	箕	斗	女	虚	虚	危

1960年 昭和35年

月＼日	1	2	3	4	5	6	7	8	9	10	11	12	13	14	15	16	17	18	19	20	21	22	23	24	25	26	27	28	29	30	31
1月	室	壁	奎	婁	胃	昴	畢	觜	参	井	鬼	柳	星	張	翼	軫	角	亢	氐	房	心	尾	箕	斗	女	虚	危	室	壁	奎	婁
2月	胃	昴	畢	觜	参	井	鬼	柳	星	張	翼	軫	角	亢	氐	房	心	尾	箕	斗	女	虚	危	室	壁	奎	奎	婁	胃		
3月	昴	畢	觜	参	井	鬼	柳	星	張	翼	軫	角	亢	氐	房	心	尾	箕	斗	女	虚	危	室	壁	奎	婁	胃	昴	畢	觜	参
4月	井	鬼	柳	星	張	翼	軫	角	亢	氐	房	心	尾	箕	斗	女	虚	危	室	壁	奎	婁	胃	昴	畢	畢	觜	参	井	鬼	
5月	柳	星	張	翼	軫	角	亢	氐	房	心	尾	箕	斗	女	虚	危	室	壁	奎	婁	胃	昴	畢	觜	参	井	鬼	柳	星	張	翼
6月	軫	角	亢	氐	房	心	尾	箕	斗	女	虚	危	室	壁	奎	婁	胃	昴	畢	觜	参	井	鬼	鬼	柳	星	張	翼	軫	角	
7月	亢	氐	房	心	尾	箕	斗	女	虚	危	室	壁	奎	婁	胃	昴	畢	觜	参	井	鬼	柳	星	鬼	柳	星	張	翼	軫	角	亢
8月	氐	房	心	尾	箕	斗	女	虚	危	室	壁	奎	婁	胃	昴	畢	觜	参	井	鬼	柳	張	翼	軫	角	亢	氐	房	心	尾	箕
9月	斗	女	虚	危	室	壁	奎	婁	胃	昴	畢	觜	参	井	鬼	柳	星	張	翼	軫	角	亢	氐	房	心	尾	箕	斗	女	虚	
10月	危	室	壁	奎	婁	胃	昴	畢	觜	参	井	鬼	柳	星	張	翼	軫	角	亢	氐	房	心	尾	箕	斗	女	虚	危	室	壁	奎
11月	婁	胃	昴	畢	觜	参	井	鬼	柳	星	張	翼	軫	角	亢	氐	房	心	心	尾	箕	斗	女	虚	危	室	壁	奎	婁	胃	
12月	昴	畢	觜	参	井	鬼	柳	星	張	翼	軫	角	亢	氐	房	心	尾	斗	女	虚	危	室	壁	奎	婁	胃	昴	畢	觜	参	井

1961年 昭和36年

月＼日	1	2	3	4	5	6	7	8	9	10	11	12	13	14	15	16	17	18	19	20	21	22	23	24	25	26	27	28	29	30	31
1月	鬼	柳	星	張	翼	軫	角	亢	氐	房	心	尾	箕	斗	女	虚	虚	危	室	壁	奎	婁	胃	昴	畢	觜	参	井	鬼	柳	星
2月	張	翼	軫	角	亢	氐	房	心	尾	箕	斗	女	虚	危	室	壁	奎	婁	胃	昴	畢	觜	参	井	鬼	柳	星	張			
3月	翼	軫	角	亢	氐	房	心	尾	箕	斗	女	虚	危	室	壁	奎	奎	婁	胃	昴	畢	觜	参	井	鬼	柳	星	張	翼	軫	角
4月	亢	氐	房	心	尾	箕	斗	女	虚	危	室	壁	奎	婁	胃	昴	畢	觜	参	井	鬼	柳	星	張	翼	軫	角	亢	氐	房	
5月	心	尾	箕	斗	女	虚	危	室	壁	奎	婁	胃	昴	畢	畢	觜	参	井	鬼	柳	星	張	翼	軫	角	亢	氐	房	心	尾	箕
6月	斗	女	虚	危	室	壁	奎	婁	胃	昴	畢	觜	参	井	鬼	柳	星	張	翼	軫	角	亢	氐	房	心	尾	箕	斗	女	虚	
7月	危	室	壁	奎	婁	胃	昴	畢	觜	参	井	鬼	鬼	柳	星	張	翼	軫	角	亢	氐	房	心	尾	箕	斗	女	虚	危	室	壁
8月	奎	婁	胃	昴	畢	觜	参	井	鬼	柳	張	翼	軫	角	亢	氐	房	心	尾	箕	斗	女	虚	危	室	壁	奎	婁	胃	昴	畢
9月	觜	参	井	鬼	柳	星	張	翼	軫	角	亢	氐	房	心	尾	箕	斗	女	虚	危	室	壁	奎	婁	胃	昴	畢	觜	参	井	
10月	鬼	柳	星	張	翼	軫	角	亢	氐	氐	房	心	尾	箕	斗	女	虚	危	室	壁	奎	婁	胃	昴	畢	觜	参	井	鬼	柳	星
11月	張	翼	軫	角	亢	氐	房	心	尾	箕	斗	女	虚	危	室	壁	奎	婁	胃	昴	畢	觜	参	井	鬼	柳	星	張	翼	軫	
12月	角	亢	氐	房	心	尾	箕	斗	女	虚	危	室	壁	奎	婁	胃	昴	畢	觜	参	井	鬼	柳	星	張	翼	軫	角	亢	氐	房

1962年 昭和37年

月＼日	1	2	3	4	5	6	7	8	9	10	11	12	13	14	15	16	17	18	19	20	21	22	23	24	25	26	27	28	29	30	31
1月	心	尾	箕	斗	女	虚	危	室	壁	奎	婁	胃	昴	畢	觜	参	井	鬼	柳	星	張	翼	軫	角	亢	氐	房	心	尾	箕	斗
2月	女	虚	危	室	室	壁	奎	婁	胃	昴	畢	觜	参	井	鬼	柳	星	張	翼	軫	角	亢	氐	房	心	尾	箕	斗			
3月	女	虚	危	室	壁	奎	婁	胃	昴	畢	觜	参	井	鬼	柳	星	張	翼	軫	角	亢	氐	房	心	尾	箕	斗	女	虚	危	室
4月	壁	奎	婁	胃	胃	昴	畢	觜	参	井	鬼	柳	星	張	翼	軫	角	亢	氐	房	心	尾	箕	斗	女	虚	危	室	壁	奎	
5月	婁	胃	昴	畢	觜	参	井	鬼	柳	星	張	翼	軫	角	亢	氐	房	心	尾	箕	斗	女	虚	危	室	壁	奎	婁	胃	昴	畢
6月	觜	参	井	鬼	柳	星	張	翼	軫	角	亢	氐	房	心	尾	箕	斗	女	虚	危	室	壁	奎	婁	胃	昴	畢	觜	参	井	
7月	鬼	鬼	柳	星	張	翼	軫	角	亢	氐	房	心	尾	箕	斗	女	虚	危	室	壁	奎	婁	胃	昴	畢	觜	参	井	鬼	柳	張
8月	翼	軫	角	亢	氐	房	心	尾	箕	斗	女	虚	危	室	壁	奎	婁	胃	昴	畢	觜	参	井	鬼	柳	星	張	翼	軫	角	亢
9月	氐	房	心	尾	箕	斗	女	虚	危	室	壁	奎	婁	胃	昴	畢	觜	参	井	鬼	柳	星	張	翼	軫	角	亢	氐	氐	房	
10月	心	尾	箕	斗	女	虚	危	室	壁	奎	婁	胃	昴	畢	觜	参	井	鬼	柳	星	張	翼	軫	角	亢	氐	房	心	尾	箕	斗
11月	女	虚	危	室	壁	奎	婁	胃	昴	畢	觜	参	井	鬼	柳	星	張	翼	軫	角	亢	氐	房	心	尾	箕	斗	女	虚	危	
12月	室	壁	奎	婁	胃	昴	畢	觜	参	井	鬼	柳	星	張	翼	軫	角	亢	氐	房	心	尾	箕	斗	女	虚	虚	危	室	壁	奎

1963年 昭和38年

月＼日	1	2	3	4	5	6	7	8	9	10	11	12	13	14	15	16	17	18	19	20	21	22	23	24	25	26	27	28	29	30	31
1月	婁	胃	昴	畢	觜	参	井	鬼	柳	星	張	翼	軫	角	亢	氐	房	心	尾	箕	斗	女	虚	危	室	壁	奎	婁	胃	昴	畢
2月	觜	参	井	鬼	柳	星	張	翼	軫	角	亢	氐	房	心	尾	箕	斗	女	虚	危	室	壁	奎	奎	婁	胃	昴	畢			
3月	觜	参	井	鬼	柳	星	張	翼	軫	角	亢	氐	房	心	尾	箕	斗	女	虚	危	室	壁	奎	婁	胃	昴	畢	觜	参	井	鬼
4月	柳	星	張	翼	軫	角	亢	氐	房	心	尾	箕	斗	女	虚	危	室	壁	奎	婁	胃	昴	畢	畢	觜	参	井	鬼	柳	星	
5月	張	翼	軫	角	亢	氐	房	心	尾	箕	斗	女	虚	危	室	壁	奎	婁	胃	昴	畢	觜	畢	觜	参	井	鬼	柳	星	張	翼
6月	軫	角	亢	氐	房	心	尾	箕	斗	女	虚	危	室	壁	奎	婁	胃	昴	畢	觜	参	井	鬼	柳	星	張	翼	軫	角	亢	
7月	氐	房	心	尾	箕	斗	女	虚	危	室	壁	奎	婁	胃	昴	畢	觜	参	井	鬼	鬼	柳	星	張	翼	軫	角	亢	氐	房	心
8月	尾	箕	斗	女	虚	危	室	壁	奎	婁	胃	昴	畢	觜	参	井	鬼	柳	張	翼	軫	角	亢	氐	房	心	尾	箕	斗	女	虚
9月	危	室	壁	奎	婁	胃	昴	畢	觜	参	井	鬼	柳	星	張	翼	軫	角	亢	氐	房	心	尾	箕	斗	女	虚	危	室	壁	
10月	奎	婁	胃	昴	畢	觜	参	井	鬼	柳	星	張	翼	軫	角	亢	氐	房	心	尾	箕	斗	女	虚	危	室	壁	奎	婁	胃	昴
11月	畢	觜	参	井	鬼	柳	星	張	翼	軫	角	亢	氐	房	心	心	尾	箕	斗	女	虚	危	室	壁	奎	婁	胃	昴	畢	觜	
12月	参	井	鬼	柳	星	張	翼	軫	角	亢	氐	房	心	尾	箕	斗	女	虚	危	室	壁	奎	婁	胃	昴	畢	觜	参	井	鬼	柳

1964年 昭和39年

月＼日	1	2	3	4	5	6	7	8	9	10	11	12	13	14	15	16	17	18	19	20	21	22	23	24	25	26	27	28	29	30	31
1月	星	張	翼	軫	角	亢	氐	房	心	尾	箕	斗	女	虚	虚	危	室	壁	奎	婁	胃	昴	畢	觜	参	井	鬼	柳	星	張	翼
2月	軫	角	亢	氐	房	心	尾	箕	斗	女	虚	危	室	壁	奎	婁	胃	昴	畢	觜	参	井	鬼	柳	星	張	翼	軫	角		
3月	亢	氐	房	心	尾	箕	斗	女	虚	危	室	壁	奎	奎	婁	胃	昴	畢	觜	参	井	鬼	柳	星	張	翼	軫	角	亢	氐	房
4月	心	尾	箕	斗	女	虚	危	室	壁	奎	婁	胃	昴	畢	觜	参	井	鬼	柳	星	張	翼	軫	角	亢	氐	房	心	尾	箕	
5月	斗	女	虚	危	室	壁	奎	婁	胃	昴	畢	畢	觜	参	井	鬼	柳	星	張	翼	軫	角	亢	氐	房	心	尾	箕	斗	女	虚
6月	危	室	壁	奎	婁	胃	昴	畢	觜	参	井	鬼	柳	星	張	翼	軫	角	亢	氐	房	心	尾	箕	斗	女	虚	危	室	壁	
7月	奎	婁	胃	昴	畢	觜	参	井	鬼	柳	星	張	翼	軫	角	亢	氐	房	心	尾	箕	斗	女	虚	危	室	壁	奎	婁	胃	昴
8月	畢	觜	参	井	鬼	柳	星	張	翼	軫	角	亢	氐	房	心	尾	箕	斗	女	虚	危	室	壁	奎	婁	胃	昴	畢	觜	参	井
9月	鬼	柳	星	張	翼	角	亢	氐	房	心	尾	箕	斗	女	虚	危	室	壁	奎	婁	胃	昴	畢	觜	参	井	鬼	柳	星	張	
10月	翼	軫	角	亢	氐	氐	房	心	尾	箕	斗	女	虚	危	室	壁	奎	婁	胃	昴	畢	觜	参	井	鬼	柳	星	張	翼	軫	角
11月	亢	氐	房	心	尾	箕	斗	女	虚	危	室	壁	奎	婁	胃	昴	畢	觜	参	井	鬼	柳	星	張	翼	軫	角	亢	氐	房	
12月	心	尾	箕	斗	女	虚	危	室	壁	奎	婁	胃	昴	畢	觜	参	井	鬼	柳	星	張	翼	軫	角	亢	氐	房	心	尾	箕	斗

1965年 昭和40年

月＼日	1	2	3	4	5	6	7	8	9	10	11	12	13	14	15	16	17	18	19	20	21	22	23	24	25	26	27	28	29	30	31
1月	女	虚	虚	危	室	壁	奎	婁	胃	昴	畢	觜	参	井	鬼	柳	星	張	翼	軫	角	亢	氐	房	心	尾	箕	斗	女	虚	危
2月	室	室	壁	奎	婁	胃	昴	畢	觜	参	井	鬼	柳	星	張	翼	軫	角	亢	氐	房	心	尾	箕	斗	女	虚	危			
3月	室	壁	奎	婁	胃	昴	畢	觜	参	井	鬼	柳	星	張	翼	軫	角	亢	氐	房	心	尾	箕	斗	女	虚	危	室	壁	奎	婁
4月	胃	胃	昴	畢	觜	参	井	鬼	柳	星	張	翼	軫	角	亢	氐	房	心	尾	箕	斗	女	虚	危	室	壁	奎	婁	胃	昴	
5月	畢	觜	参	井	鬼	柳	星	張	翼	軫	角	亢	氐	房	心	尾	箕	斗	女	虚	危	室	壁	奎	婁	胃	昴	畢	觜	参	参
6月	井	鬼	柳	星	張	翼	軫	角	亢	氐	房	心	尾	箕	斗	女	虚	危	室	壁	奎	婁	胃	昴	畢	觜	参	井	鬼	柳	
7月	星	張	翼	軫	角	亢	氐	房	心	尾	箕	斗	女	虚	危	室	壁	奎	婁	胃	昴	畢	觜	参	井	鬼	柳	張	翼	軫	角
8月	亢	氐	房	心	尾	箕	斗	女	虚	危	室	壁	奎	婁	胃	昴	畢	觜	参	井	鬼	柳	星	張	翼	軫	角	亢	氐	房	心
9月	尾	箕	斗	女	虚	危	室	壁	奎	婁	胃	昴	畢	觜	参	井	鬼	柳	星	張	翼	軫	角	亢	氐	房	心	尾	箕	斗	
10月	女	虚	危	室	壁	奎	婁	胃	昴	畢	觜	参	井	鬼	柳	星	張	翼	軫	角	亢	氐	房	心	尾	箕	斗	女	虚	危	室
11月	壁	奎	婁	胃	昴	畢	觜	参	井	鬼	柳	星	張	翼	軫	角	亢	氐	房	心	尾	箕	斗	女	虚	危	室	壁	奎	婁	
12月	胃	昴	畢	觜	参	井	鬼	柳	星	張	翼	軫	角	亢	氐	房	心	尾	箕	斗	女	虚	虚	危	室	壁	奎	婁	胃	昴	畢

1966年 昭和41年

月＼日	1	2	3	4	5	6	7	8	9	10	11	12	13	14	15	16	17	18	19	20	21	22	23	24	25	26	27	28	29	30	31
1月	觜	参	井	鬼	柳	星	張	翼	軫	角	亢	氐	房	心	尾	箕	斗	女	虚	危	室	室	壁	奎	婁	胃	昴	畢	觜	参	井
2月	鬼	柳	星	張	翼	軫	角	亢	氐	房	心	尾	箕	斗	女	虚	危	室	壁	奎	婁	胃	昴	畢	觜	参	井	鬼			
3月	柳	星	張	翼	軫	角	亢	氐	房	心	尾	箕	斗	女	虚	危	室	壁	奎	婁	胃	胃	昴	畢	觜	参	井	鬼	柳	星	張
4月	翼	軫	角	亢	氐	房	心	尾	箕	斗	女	虚	危	室	壁	奎	婁	胃	昴	婁	胃	昴	畢	觜	参	井	鬼	柳	星	張	
5月	翼	軫	角	亢	氐	房	心	尾	箕	斗	女	虚	危	室	壁	奎	婁	胃	昴	婁	觜	参	井	鬼	柳	星	張	翼	軫	角	亢
6月	氐	房	心	尾	箕	斗	女	虚	危	室	壁	奎	婁	胃	昴	畢	觜	参	参	井	鬼	柳	星	張	翼	軫	角	亢	氐	房	
7月	心	尾	箕	斗	女	虚	危	室	壁	奎	婁	胃	昴	畢	觜	参	井	鬼	柳	星	張	翼	軫	角	亢	氐	房	心	尾	箕	斗
8月	女	虚	危	室	壁	奎	婁	胃	昴	畢	觜	参	井	鬼	柳	張	翼	軫	角	亢	氐	房	心	尾	箕	斗	女	虚	危	室	壁
9月	奎	婁	胃	昴	畢	觜	参	井	鬼	柳	星	張	翼	軫	角	亢	氐	房	心	尾	箕	斗	女	虚	危	室	壁	奎	婁	胃	
10月	昴	畢	觜	参	井	鬼	柳	星	張	翼	軫	角	亢	氐	房	心	尾	箕	斗	女	虚	危	室	壁	奎	婁	胃	昴	畢	觜	参
11月	井	鬼	柳	星	張	翼	軫	角	亢	氐	房	心	尾	箕	斗	女	虚	危	室	壁	奎	婁	胃	昴	畢	觜	参	井	鬼	柳	
12月	星	張	翼	軫	角	亢	氐	房	心	尾	箕	斗	女	虚	危	室	壁	奎	婁	胃	昴	畢	觜	参	井	鬼	柳	星	張	翼	軫

1967年 昭和42年

月＼日	1	2	3	4	5	6	7	8	9	10	11	12	13	14	15	16	17	18	19	20	21	22	23	24	25	26	27	28	29	30	31
1月	角	亢	氐	房	心	尾	箕	斗	女	虚	虚	危	室	壁	奎	婁	胃	昴	畢	觜	参	井	鬼	柳	星	張	翼	軫	角	亢	氐
2月	房	心	尾	箕	斗	女	虚	危	室	壁	奎	婁	胃	昴	畢	觜	参	井	鬼	柳	星	張	翼	軫	角	亢	氐	房			
3月	心	尾	箕	斗	女	虚	危	室	壁	奎	奎	婁	胃	昴	畢	觜	参	井	鬼	柳	星	張	翼	軫	角	亢	氐	房	心	尾	箕
4月	斗	女	虚	危	室	壁	奎	婁	胃	胃	昴	畢	觜	参	井	鬼	柳	星	張	翼	軫	角	亢	氐	房	心	尾	箕	斗	女	
5月	虚	危	室	壁	奎	婁	胃	昴	畢	觜	参	井	鬼	柳	星	張	翼	軫	角	亢	氐	房	心	尾	箕	斗	女	虚	危	室	壁
6月	奎	婁	胃	昴	畢	觜	参	参	井	鬼	柳	星	張	翼	軫	角	亢	氐	房	心	尾	箕	斗	女	虚	危	室	壁	奎	婁	
7月	胃	昴	畢	觜	参	井	鬼	鬼	柳	星	張	翼	軫	角	亢	氐	房	心	尾	箕	斗	女	虚	危	室	壁	奎	婁	胃	昴	畢
8月	觜	参	井	鬼	柳	張	翼	軫	角	亢	氐	房	心	尾	箕	斗	女	虚	危	室	壁	奎	婁	胃	昴	畢	觜	参	井	鬼	柳
9月	星	張	翼	角	亢	氐	房	心	尾	箕	斗	女	虚	危	室	壁	奎	婁	胃	昴	畢	觜	参	井	鬼	柳	星	張	翼	軫	
10月	角	亢	氐	氐	房	心	尾	箕	斗	女	虚	危	室	壁	奎	婁	胃	昴	畢	觜	参	井	鬼	柳	星	張	翼	軫	角	亢	氐
11月	房	心	尾	箕	斗	女	虚	危	室	壁	奎	婁	胃	昴	畢	觜	参	井	鬼	柳	星	張	翼	軫	角	亢	氐	房	心	尾	
12月	箕	斗	女	虚	危	室	壁	奎	婁	胃	昴	畢	觜	参	井	鬼	柳	星	張	翼	軫	角	亢	氐	房	心	尾	箕	斗	女	虚

1968年 昭和43年

月＼日	1	2	3	4	5	6	7	8	9	10	11	12	13	14	15	16	17	18	19	20	21	22	23	24	25	26	27	28	29	30	31
1月	危	室	壁	奎	婁	胃	昴	畢	觜	参	井	鬼	柳	星	張	翼	軫	角	亢	氐	房	心	尾	箕	斗	女	虚	危	室	室	壁
2月	奎	婁	胃	昴	畢	觜	参	井	鬼	柳	星	張	翼	軫	角	亢	氐	房	心	尾	箕	斗	女	虚	危	室	壁	奎	婁		
3月	胃	昴	畢	觜	参	井	鬼	柳	星	張	翼	軫	角	亢	氐	房	心	尾	箕	斗	女	虚	危	室	壁	奎	婁	胃	胃	昴	畢
4月	觜	参	井	鬼	柳	星	張	翼	軫	角	亢	氐	房	心	尾	箕	斗	女	虚	危	室	壁	奎	婁	胃	昴	畢	畢	觜	参	
5月	井	鬼	柳	星	張	翼	軫	角	亢	氐	房	心	尾	箕	斗	女	虚	危	室	壁	奎	婁	胃	昴	畢	觜	参	井	鬼	柳	星
6月	張	翼	軫	角	亢	氐	房	心	尾	箕	斗	女	虚	危	室	壁	奎	婁	胃	昴	畢	觜	参	井	鬼	鬼	柳	星	張	翼	
7月	軫	角	亢	氐	房	心	尾	箕	斗	女	虚	危	室	壁	奎	婁	胃	昴	畢	觜	参	井	鬼	柳	星	翼	軫	角	亢	氐	房
8月	心	尾	箕	斗	女	虚	危	室	壁	奎	婁	胃	昴	畢	觜	参	井	鬼	柳	星	張	翼	軫	張	翼	軫	角	亢	氐	房	心
9月	尾	箕	斗	女	虚	危	室	壁	奎	婁	胃	昴	畢	觜	参	井	鬼	柳	星	張	翼	角	亢	氐	房	心	尾	箕	斗	女	
10月	虚	危	室	壁	奎	婁	胃	昴	畢	觜	参	井	鬼	柳	星	張	翼	軫	角	亢	氐	氐	房	心	尾	箕	斗	女	虚	危	室
11月	壁	奎	婁	胃	昴	畢	觜	参	井	鬼	柳	星	張	翼	軫	角	亢	氐	房	心	尾	箕	斗	女	虚	危	室	壁	奎	婁	
12月	胃	昴	畢	觜	参	井	鬼	柳	星	張	翼	軫	角	亢	氐	房	心	尾	箕	斗	女	虚	危	室	壁	奎	婁	胃	昴	畢	觜

1969年 昭和44年

月＼日	1	2	3	4	5	6	7	8	9	10	11	12	13	14	15	16	17	18	19	20	21	22	23	24	25	26	27	28	29	30	31
1月	参	井	鬼	柳	星	張	翼	軫	角	亢	氐	房	心	尾	箕	斗	女	虚	危	室	壁	奎	婁	胃	昴	畢	觜	参	井	鬼	柳
2月	星	張	翼	軫	角	亢	氐	房	心	尾	箕	斗	女	虚	危	室	室	壁	奎	婁	胃	昴	畢	觜	参	井	鬼	柳			
3月	星	張	翼	軫	角	亢	氐	房	心	尾	箕	斗	女	虚	危	室	壁	奎	婁	胃	昴	畢	觜	参	井	鬼	柳	星	張	翼	軫
4月	角	亢	氐	房	心	尾	箕	斗	女	虚	危	室	壁	奎	婁	胃	胃	昴	畢	觜	参	井	鬼	柳	星	張	翼	軫	角	亢	
5月	氐	房	心	尾	箕	斗	女	虚	危	室	壁	奎	婁	胃	昴	畢	觜	参	井	鬼	柳	星	張	翼	軫	角	亢	氐	房	心	尾
6月	箕	斗	女	虚	危	室	壁	奎	婁	胃	昴	畢	觜	参	参	井	鬼	柳	星	張	翼	軫	角	亢	氐	房	心	尾	箕	斗	
7月	女	虚	危	室	壁	奎	婁	胃	昴	畢	觜	参	井	鬼	柳	星	張	翼	軫	角	亢	氐	房	心	尾	箕	斗	女	虚	危	室
8月	壁	奎	婁	胃	昴	畢	觜	参	井	鬼	柳	星	張	翼	軫	角	亢	氐	房	心	尾	箕	斗	女	虚	危	室	壁	奎	婁	胃
9月	昴	畢	觜	参	井	鬼	柳	星	張	翼	軫	角	亢	氐	房	心	尾	箕	斗	女	虚	危	室	壁	奎	婁	胃	昴	畢	觜	
10月	参	井	鬼	柳	星	張	翼	軫	角	亢	氐	房	心	尾	箕	斗	女	虚	危	室	壁	奎	婁	胃	昴	畢	觜	参	井	鬼	柳
11月	星	張	翼	軫	角	亢	氐	房	心	心	尾	箕	斗	女	虚	危	室	壁	奎	婁	胃	昴	畢	觜	参	井	鬼	柳	星	張	
12月	翼	軫	角	亢	氐	房	心	尾	斗	女	虚	危	室	壁	奎	婁	胃	昴	畢	觜	参	井	鬼	柳	星	張	翼	軫	角	亢	氐

1970年 昭和45年

月＼日	1	2	3	4	5	6	7	8	9	10	11	12	13	14	15	16	17	18	19	20	21	22	23	24	25	26	27	28	29	30	31
1月	房	心	尾	箕	斗	女	虚	虚	危	室	壁	奎	婁	胃	昴	畢	觜	参	井	鬼	柳	星	張	翼	軫	角	亢	氐	房	心	尾
2月	箕	斗	女	虚	危	室	壁	奎	婁	胃	昴	畢	觜	参	井	鬼	柳	星	張	翼	軫	角	亢	氐	房	心	尾	箕			
3月	斗	女	虚	危	室	壁	奎	奎	婁	胃	昴	畢	觜	参	井	鬼	柳	星	張	翼	軫	角	亢	氐	房	心	尾	箕	斗	女	虚
4月	危	室	壁	奎	婁	胃	昴	畢	觜	参	井	鬼	柳	星	張	翼	軫	角	亢	氐	房	心	尾	箕	斗	女	虚	危	室	壁	
5月	奎	婁	胃	昴	畢	觜	参	井	鬼	柳	星	張	翼	軫	角	亢	氐	房	心	尾	箕	斗	女	虚	危	室	壁	奎	婁	胃	昴
6月	畢	觜	参	参	井	鬼	柳	星	張	翼	軫	角	亢	氐	房	心	尾	箕	斗	女	虚	危	室	壁	奎	婁	胃	昴	畢	觜	
7月	参	井	鬼	鬼	柳	星	張	翼	軫	角	亢	氐	房	心	尾	箕	斗	女	虚	危	室	壁	奎	婁	胃	昴	畢	觜	参	井	鬼
8月	柳	張	翼	軫	角	亢	氐	房	心	尾	箕	斗	女	虚	危	室	壁	奎	婁	胃	昴	畢	觜	参	井	鬼	柳	星	張	翼	軫
9月	角	亢	氐	房	心	尾	箕	斗	女	虚	危	室	壁	奎	婁	胃	昴	畢	觜	参	井	鬼	柳	星	張	翼	軫	角	亢	氐	
10月	房	心	尾	箕	斗	女	虚	危	室	壁	奎	婁	胃	昴	畢	觜	参	井	鬼	柳	星	張	翼	軫	角	亢	氐	房	心	心	尾
11月	箕	斗	女	虚	危	室	壁	奎	婁	胃	昴	畢	觜	参	井	鬼	柳	星	張	翼	軫	角	亢	氐	房	心	尾	箕	斗	女	
12月	虚	危	室	壁	奎	婁	胃	昴	畢	觜	参	井	鬼	柳	星	張	翼	軫	角	亢	氐	房	心	尾	箕	斗	女	虚	危	室	壁

1971年 昭和46年

月＼日	1	2	3	4	5	6	7	8	9	10	11	12	13	14	15	16	17	18	19	20	21	22	23	24	25	26	27	28	29	30	31
1月	奎	婁	胃	昴	畢	觜	参	井	鬼	柳	星	張	翼	軫	角	亢	氐	房	心	尾	箕	斗	女	虚	危	室	室	壁	奎	婁	胃
2月	昴	畢	觜	参	井	鬼	柳	星	張	翼	軫	角	亢	氐	房	心	尾	箕	斗	女	虚	危	室	壁	奎	婁	胃	昴			
3月	畢	觜	参	井	鬼	柳	星	張	翼	軫	角	亢	氐	房	心	尾	箕	斗	女	虚	危	室	壁	奎	婁	胃	胃	昴	畢	觜	参
4月	井	鬼	柳	星	張	翼	軫	角	亢	氐	房	心	尾	箕	斗	女	虚	危	室	壁	奎	婁	胃	昴	畢	觜	参	井	鬼	柳	
5月	星	張	翼	軫	角	亢	氐	房	心	尾	箕	斗	女	虚	危	室	壁	奎	婁	胃	昴	畢	觜	参	井	鬼	柳	星	張	翼	軫
6月	角	亢	氐	房	心	尾	箕	斗	女	虚	危	室	壁	奎	婁	胃	昴	畢	觜	参	井	鬼	参	井	鬼	柳	星	張	翼	軫	
7月	角	亢	氐	房	心	尾	箕	斗	女	虚	危	室	壁	奎	婁	胃	昴	畢	觜	参	井	鬼	柳	星	張	翼	軫	角	亢	氐	房
8月	心	尾	箕	斗	女	虚	危	室	壁	奎	婁	胃	昴	畢	觜	参	井	鬼	柳	星	張	翼	軫	角	亢	氐	房	心	尾	箕	斗
9月	女	虚	危	室	壁	奎	婁	胃	昴	畢	觜	参	井	鬼	柳	星	張	翼	角	亢	氐	房	心	尾	箕	斗	女	虚	危	室	
10月	壁	奎	婁	胃	昴	畢	觜	参	井	鬼	柳	星	張	翼	軫	角	亢	氐	氐	房	心	尾	箕	斗	女	虚	危	室	壁	奎	婁
11月	胃	昴	畢	觜	参	井	鬼	柳	星	張	翼	軫	角	亢	氐	房	心	心	尾	箕	斗	女	虚	危	室	壁	奎	婁	胃	昴	
12月	畢	觜	参	井	鬼	柳	星	張	翼	軫	角	亢	氐	房	心	尾	箕	斗	女	虚	危	室	壁	奎	婁	胃	昴	畢	觜	参	井

1972年 昭和47年

月＼日	1	2	3	4	5	6	7	8	9	10	11	12	13	14	15	16	17	18	19	20	21	22	23	24	25	26	27	28	29	30	31
1月	鬼	柳	星	張	翼	軫	角	亢	氐	房	心	尾	箕	斗	女	虚	危	室	壁	奎	婁	胃	昴	畢	觜	参	井	鬼	柳	星	張
2月	翼	軫	角	亢	氐	房	心	尾	箕	斗	女	虚	危	室	室	壁	奎	婁	胃	昴	畢	觜	参	井	鬼	柳	星	張	翼		
3月	軫	角	亢	氐	房	心	尾	箕	斗	女	虚	危	室	壁	奎	婁	胃	昴	畢	觜	参	井	鬼	柳	星	張	翼	軫	角	亢	氐
4月	房	心	尾	箕	斗	女	虚	危	室	壁	奎	婁	胃	胃	昴	畢	觜	参	井	鬼	柳	星	張	翼	軫	角	亢	氐	房	心	
5月	尾	箕	斗	女	虚	危	室	壁	奎	婁	胃	昴	畢	觜	参	井	鬼	柳	星	張	翼	軫	角	亢	氐	房	心	尾	箕	斗	女
6月	虚	危	室	壁	奎	婁	胃	昴	畢	觜	参	井	鬼	柳	星	張	翼	軫	角	亢	氐	房	心	尾	箕	斗	女	虚	危	室	
7月	壁	奎	婁	胃	昴	畢	觜	参	井	鬼	鬼	柳	星	張	翼	軫	角	亢	氐	房	心	尾	箕	斗	女	虚	危	室	壁	奎	婁
8月	胃	昴	畢	觜	参	井	鬼	柳	張	翼	軫	角	亢	氐	房	心	尾	箕	斗	女	虚	危	室	壁	奎	婁	胃	昴	畢	觜	参
9月	井	鬼	柳	星	張	翼	軫	角	亢	氐	房	心	尾	箕	斗	女	虚	危	室	壁	奎	婁	胃	昴	畢	觜	参	井	鬼	柳	
10月	星	張	翼	軫	角	亢	氐	房	心	尾	箕	斗	女	虚	危	室	壁	奎	婁	胃	昴	畢	觜	参	井	鬼	柳	星	張	翼	軫
11月	角	亢	氐	房	心	心	尾	箕	斗	女	虚	危	室	壁	奎	婁	胃	昴	畢	觜	参	井	鬼	柳	星	張	翼	軫	角	亢	
12月	氐	房	心	尾	箕	斗	女	虚	危	室	壁	奎	婁	胃	昴	畢	觜	参	井	鬼	柳	星	張	翼	軫	角	亢	氐	房	心	尾

1973年 昭和48年

月＼日	1	2	3	4	5	6	7	8	9	10	11	12	13	14	15	16	17	18	19	20	21	22	23	24	25	26	27	28	29	30	31
1月	箕	斗	女	虚	虚	危	室	壁	奎	婁	胃	昴	畢	觜	参	井	鬼	柳	星	張	翼	軫	角	亢	氐	房	心	尾	箕	斗	女
2月	虚	危	室	壁	奎	婁	胃	昴	畢	觜	参	井	鬼	柳	星	張	翼	軫	角	亢	氐	房	心	尾	箕	斗	女	虚			
3月	危	室	壁	奎	奎	婁	胃	昴	畢	觜	参	井	鬼	柳	星	張	翼	軫	角	亢	氐	房	心	尾	箕	斗	女	虚	危	室	壁
4月	奎	婁	胃	昴	畢	觜	参	井	鬼	柳	星	張	翼	軫	角	亢	氐	房	心	尾	箕	斗	女	虚	危	室	壁	奎	婁	胃	
5月	昴	畢	畢	觜	参	井	鬼	柳	星	張	翼	軫	角	亢	氐	房	心	尾	箕	斗	女	虚	危	室	壁	奎	婁	胃	昴	畢	觜
6月	参	井	鬼	柳	星	張	翼	軫	角	亢	氐	房	心	尾	箕	斗	女	虚	危	室	壁	奎	婁	胃	昴	畢	觜	参	井	鬼	
7月	柳	星	張	翼	軫	角	亢	氐	房	心	尾	箕	斗	女	虚	危	室	壁	奎	婁	胃	昴	畢	觜	参	井	鬼	柳	星	張	翼
8月	軫	角	亢	氐	房	心	尾	箕	斗	女	虚	危	室	壁	奎	婁	胃	昴	畢	觜	参	井	鬼	柳	星	張	翼	角	亢	氐	房
9月	心	尾	箕	斗	女	虚	危	室	壁	奎	婁	胃	昴	畢	觜	参	井	鬼	柳	星	張	翼	軫	角	亢	氐	房	心	尾	箕	
10月	斗	女	虚	危	室	壁	奎	婁	胃	昴	畢	觜	参	井	鬼	柳	星	張	翼	軫	角	亢	氐	房	心	心	尾	箕	斗	女	虚
11月	危	室	壁	奎	婁	胃	昴	畢	觜	参	井	鬼	柳	星	張	翼	軫	角	亢	氐	房	心	尾	箕	斗	女	虚	危	室	壁	
12月	奎	婁	胃	昴	畢	觜	参	井	鬼	柳	星	張	翼	軫	角	亢	氐	房	心	尾	箕	斗	女	虚	虚	危	室	壁	奎	婁	胃

1974年 昭和49年

月＼日	1	2	3	4	5	6	7	8	9	10	11	12	13	14	15	16	17	18	19	20	21	22	23	24	25	26	27	28	29	30	31
1月	昴	畢	觜	参	井	鬼	柳	星	張	翼	軫	角	亢	氐	房	心	尾	箕	斗	女	虚	危	室	壁	奎	婁	胃	昴	畢	觜	参
2月	井	鬼	柳	星	張	翼	軫	角	亢	氐	房	心	尾	箕	斗	女	虚	危	室	壁	奎	奎	婁	胃	昴	畢	觜	参			
3月	井	鬼	柳	星	張	翼	軫	角	亢	氐	房	心	尾	箕	斗	女	虚	危	室	壁	奎	婁	胃	胃	昴	畢	觜	参	井	鬼	柳
4月	星	張	翼	軫	角	亢	氐	房	心	尾	箕	斗	女	虚	危	室	壁	奎	婁	胃	昴	畢	觜	参	井	鬼	柳	星	張	翼	
5月	軫	角	亢	氐	房	心	尾	箕	斗	女	虚	危	室	壁	奎	婁	胃	昴	畢	觜	参	畢	觜	参	井	鬼	柳	星	張	翼	軫
6月	角	亢	氐	房	心	尾	箕	斗	女	虚	危	室	壁	奎	婁	胃	昴	畢	觜	参	井	鬼	柳	星	張	翼	軫	角	亢	氐	
7月	房	心	尾	箕	斗	女	虚	危	室	壁	奎	婁	胃	昴	畢	觜	参	井	鬼	柳	星	張	翼	軫	角	亢	氐	房	心	尾	箕
8月	斗	女	虚	危	室	壁	奎	婁	胃	昴	畢	觜	参	井	鬼	柳	星	張	翼	軫	角	亢	氐	房	心	尾	箕	斗	女	虚	危
9月	室	壁	奎	婁	胃	昴	畢	觜	参	井	鬼	柳	星	張	翼	角	亢	氐	房	心	尾	箕	斗	女	虚	危	室	壁	奎	婁	
10月	胃	昴	畢	觜	参	井	鬼	柳	星	張	翼	軫	角	亢	氐	房	心	尾	箕	斗	女	虚	危	室	壁	奎	婁	胃	昴	畢	觜
11月	参	井	鬼	柳	星	張	翼	軫	角	亢	氐	房	心	心	尾	箕	斗	女	虚	危	室	壁	奎	婁	胃	昴	畢	觜	参	井	
12月	鬼	柳	星	張	翼	軫	角	亢	氐	房	心	尾	箕	斗	女	虚	危	室	壁	奎	婁	胃	昴	畢	觜	参	井	鬼	柳	星	張

1975年 昭和50年

月＼日	1	2	3	4	5	6	7	8	9	10	11	12	13	14	15	16	17	18	19	20	21	22	23	24	25	26	27	28	29	30	31
1月	翼	軫	角	亢	氐	房	心	尾	箕	斗	女	虚	危	室	壁	奎	婁	胃	昴	畢	觜	参	井	鬼	柳	星	張	翼	軫	角	亢
2月	氐	房	心	尾	箕	斗	女	虚	危	室	室	壁	奎	婁	胃	昴	畢	觜	参	井	鬼	柳	星	張	翼	軫	角	亢			
3月	氐	房	心	尾	箕	斗	女	虚	危	室	壁	奎	奎	婁	胃	昴	畢	觜	参	井	鬼	柳	星	張	翼	軫	角	亢	氐	房	心
4月	尾	箕	斗	女	虚	危	室	壁	奎	婁	胃	胃	昴	畢	觜	参	井	鬼	柳	星	張	翼	軫	角	亢	氐	房	心	尾	箕	
5月	斗	女	虚	危	室	壁	奎	婁	胃	昴	畢	觜	参	井	鬼	柳	星	張	翼	軫	角	亢	氐	房	心	尾	箕	斗	女	虚	危
6月	室	壁	奎	婁	胃	昴	畢	觜	参	参	井	鬼	柳	星	張	翼	軫	角	亢	氐	房	心	尾	箕	斗	女	虚	危	室	壁	
7月	奎	婁	胃	昴	畢	觜	参	井	鬼	柳	星	張	翼	軫	角	亢	氐	房	心	尾	箕	斗	女	虚	危	室	壁	奎	婁	胃	昴
8月	畢	觜	参	井	鬼	柳	張	翼	軫	角	亢	氐	房	心	尾	箕	斗	女	虚	危	室	壁	奎	婁	胃	昴	畢	觜	参	井	鬼
9月	柳	星	張	翼	軫	角	亢	氐	房	心	尾	箕	斗	女	虚	危	室	壁	奎	婁	胃	昴	畢	觜	参	井	鬼	柳	星	張	
10月	翼	軫	角	亢	氐	房	心	尾	箕	斗	女	虚	危	室	壁	奎	婁	胃	昴	畢	觜	参	井	鬼	柳	星	張	翼	軫	角	亢
11月	氐	房	心	尾	箕	斗	女	虚	危	室	壁	奎	婁	胃	昴	畢	觜	参	井	鬼	柳	星	張	翼	軫	角	亢	氐	房	心	
12月	尾	箕	斗	女	虚	危	室	壁	奎	婁	胃	昴	畢	觜	参	井	鬼	柳	星	張	翼	軫	角	亢	氐	房	心	尾	箕	斗	女

1976年 昭和51年

月＼日	1	2	3	4	5	6	7	8	9	10	11	12	13	14	15	16	17	18	19	20	21	22	23	24	25	26	27	28	29	30	31
1月	虚	危	室	壁	奎	婁	胃	昴	畢	觜	参	井	鬼	柳	星	張	翼	軫	角	亢	氐	房	心	尾	箕	斗	女	虚	危	室	室
2月	壁	奎	婁	胃	昴	畢	觜	参	井	鬼	柳	星	張	翼	軫	角	亢	氐	房	心	尾	箕	斗	女	虚	危	室	壁	奎		
3月	奎	婁	胃	昴	畢	觜	参	井	鬼	柳	星	張	翼	軫	角	亢	氐	房	心	尾	箕	斗	女	虚	危	室	壁	奎	婁	胃	胃
4月	昴	畢	觜	参	井	鬼	柳	星	張	翼	軫	角	亢	氐	房	心	尾	箕	斗	女	虚	危	室	壁	奎	婁	胃	昴	畢	觜	
5月	参	井	鬼	柳	星	張	翼	軫	角	亢	氐	房	心	尾	箕	斗	女	虚	危	室	壁	奎	婁	胃	昴	畢	觜	参	参	井	鬼
6月	柳	星	張	翼	軫	角	亢	氐	房	心	尾	箕	斗	女	虚	危	室	壁	奎	婁	胃	昴	畢	觜	参	井	鬼	柳	星	張	
7月	翼	軫	角	亢	氐	房	心	尾	箕	斗	女	虚	危	室	壁	奎	婁	胃	昴	畢	觜	参	井	鬼	柳	星	張	翼	軫	角	亢
8月	氐	房	心	尾	箕	斗	女	虚	危	室	壁	奎	婁	胃	昴	畢	觜	参	井	鬼	柳	星	張	翼	角	亢	氐	房	心	尾	箕
9月	斗	女	虚	危	室	壁	奎	婁	胃	昴	畢	觜	参	井	鬼	柳	星	張	翼	軫	角	亢	氐	角	亢	氐	房	心	尾	箕	
10月	斗	女	虚	危	室	壁	奎	婁	胃	昴	畢	觜	参	井	鬼	柳	星	張	翼	軫	角	亢	氐	房	心	尾	箕	斗	女	虚	危
11月	室	壁	奎	婁	胃	昴	畢	觜	参	井	鬼	柳	星	張	翼	軫	角	亢	氐	房	心	心	尾	箕	斗	女	虚	危	室	壁	
12月	奎	婁	胃	昴	畢	觜	参	井	鬼	柳	星	張	翼	軫	角	亢	氐	房	心	尾	斗	女	虚	危	室	壁	奎	婁	胃	昴	畢

1977年 昭和52年

月＼日	1	2	3	4	5	6	7	8	9	10	11	12	13	14	15	16	17	18	19	20	21	22	23	24	25	26	27	28	29	30	31
1月	觜	参	井	鬼	柳	星	張	翼	軫	角	亢	氐	房	心	尾	箕	斗	女	虚	危	室	壁	奎	婁	胃	昴	畢	觜	参	井	鬼
2月	柳	星	張	翼	軫	角	亢	氐	房	心	尾	箕	斗	女	虚	危	室	室	壁	奎	婁	胃	昴	畢	觜	参	井	鬼			
3月	柳	星	張	翼	軫	角	亢	氐	房	心	尾	箕	斗	女	虚	危	室	壁	奎	奎	婁	胃	昴	畢	觜	参	井	鬼	柳	星	張
4月	翼	軫	角	亢	氐	房	心	尾	箕	斗	女	虚	危	室	壁	奎	婁	胃	昴	畢	觜	参	井	鬼	柳	星	張	翼	軫	角	
5月	亢	氐	房	心	尾	箕	斗	女	虚	危	室	壁	奎	婁	胃	昴	畢	畢	觜	参	井	鬼	柳	星	張	翼	軫	角	亢	氐	房
6月	心	尾	箕	斗	女	虚	危	室	壁	奎	婁	胃	昴	畢	觜	参	参	井	鬼	柳	星	張	翼	軫	角	亢	氐	房	心	尾	
7月	箕	斗	女	虚	危	室	壁	奎	婁	胃	昴	畢	觜	参	井	鬼	柳	星	張	翼	軫	角	亢	氐	房	心	尾	箕	斗	女	虚
8月	危	室	壁	奎	婁	胃	昴	畢	觜	参	井	鬼	柳	星	張	翼	軫	角	亢	氐	房	心	尾	箕	斗	女	虚	危	室	壁	奎
9月	婁	胃	昴	畢	觜	参	井	鬼	柳	星	張	翼	角	亢	氐	房	心	尾	箕	斗	女	虚	危	室	壁	奎	婁	胃	昴	畢	
10月	觜	参	井	鬼	柳	星	張	翼	軫	角	亢	氐	氐	房	心	尾	箕	斗	女	虚	危	室	壁	奎	婁	胃	昴	畢	觜	参	井
11月	鬼	柳	星	張	翼	軫	角	亢	氐	房	心	尾	箕	斗	女	虚	危	室	壁	奎	婁	胃	昴	畢	觜	参	井	鬼	柳	星	
12月	張	翼	軫	角	亢	氐	房	心	尾	箕	斗	女	虚	危	室	壁	奎	婁	胃	昴	畢	觜	参	井	鬼	柳	星	張	翼	軫	角

1978年 昭和53年

月＼日	1	2	3	4	5	6	7	8	9	10	11	12	13	14	15	16	17	18	19	20	21	22	23	24	25	26	27	28	29	30	31
1月	亢	氐	房	心	尾	箕	斗	女	虚	危	室	壁	奎	婁	胃	昴	畢	觜	参	井	鬼	柳	星	張	翼	軫	角	亢	氐	房	心
2月	尾	箕	斗	女	虚	危	室	壁	奎	婁	胃	昴	畢	觜	参	井	鬼	柳	星	張	翼	軫	角	亢	氐	房	心	尾			
3月	箕	斗	女	虚	危	室	壁	奎	奎	婁	胃	昴	畢	觜	参	井	鬼	柳	星	張	翼	軫	角	亢	氐	房	心	尾	箕	斗	女
4月	虚	危	室	壁	奎	婁	胃	胃	昴	畢	觜	参	井	鬼	柳	星	張	翼	軫	角	亢	氐	房	心	尾	箕	斗	女	虚	危	
5月	室	壁	奎	婁	胃	昴	畢	觜	参	井	鬼	柳	星	張	翼	軫	角	亢	氐	房	心	尾	箕	斗	女	虚	危	室	壁	奎	婁
6月	胃	昴	畢	觜	参	参	井	鬼	柳	星	張	翼	軫	角	亢	氐	房	心	尾	箕	斗	女	虚	危	室	壁	奎	婁	胃	昴	
7月	畢	觜	参	井	鬼	柳	星	張	翼	軫	角	亢	氐	房	心	尾	箕	斗	女	虚	危	室	壁	奎	婁	胃	昴	畢	觜	参	井
8月	鬼	柳	星	張	翼	軫	角	亢	氐	房	心	尾	箕	斗	女	虚	危	室	壁	奎	婁	胃	昴	畢	觜	参	井	鬼	柳	星	張
9月	翼	軫	角	亢	氐	房	心	尾	箕	斗	女	虚	危	室	壁	奎	婁	胃	昴	畢	觜	参	井	鬼	柳	星	張	翼	軫	角	
10月	亢	氐	房	心	尾	箕	斗	女	虚	危	室	壁	奎	婁	胃	昴	畢	觜	参	井	鬼	柳	星	張	翼	軫	角	亢	氐	房	心
11月	心	尾	箕	斗	女	虚	危	室	壁	奎	婁	胃	昴	畢	觜	参	井	鬼	柳	星	張	翼	軫	角	亢	氐	房	心	尾	斗	
12月	女	虚	危	室	壁	奎	婁	胃	昴	畢	觜	参	井	鬼	柳	星	張	翼	軫	角	亢	氐	房	心	尾	箕	斗	女	虚	虚	危

1979年 昭和54年

月＼日	1	2	3	4	5	6	7	8	9	10	11	12	13	14	15	16	17	18	19	20	21	22	23	24	25	26	27	28	29	30	31
1月	室	壁	奎	婁	胃	昴	畢	觜	参	井	鬼	柳	星	張	翼	軫	角	亢	氐	房	心	尾	箕	斗	女	虚	危	室	壁	奎	婁
2月	胃	昴	畢	觜	参	井	鬼	柳	星	張	翼	軫	角	亢	氐	房	心	尾	箕	斗	女	虚	危	室	壁	奎	奎	婁			
3月	胃	昴	畢	觜	参	井	鬼	柳	星	張	翼	軫	角	亢	氐	房	心	尾	箕	斗	女	虚	危	室	壁	奎	婁	胃	昴	畢	觜
4月	参	井	鬼	柳	星	張	翼	軫	角	亢	氐	房	心	尾	箕	斗	女	虚	危	室	壁	奎	婁	胃	昴	畢	觜	参	井	鬼	
5月	柳	星	張	翼	軫	角	亢	氐	房	心	尾	箕	斗	女	虚	危	室	壁	奎	婁	胃	昴	畢	觜	参	参	井	鬼	柳	星	張
6月	翼	軫	角	亢	氐	房	心	尾	箕	斗	女	虚	危	室	壁	奎	婁	胃	昴	畢	觜	参	井	鬼	柳	星	張	翼	軫	角	
7月	亢	氐	房	心	尾	箕	斗	女	虚	危	室	壁	奎	婁	胃	昴	畢	觜	参	井	鬼	柳	星	鬼	柳	星	張	翼	軫	角	亢
8月	氐	房	心	尾	箕	斗	女	虚	危	室	壁	奎	婁	胃	昴	畢	觜	参	井	鬼	柳	張	翼	軫	角	亢	氐	房	心	尾	箕
9月	斗	女	虚	危	室	壁	奎	婁	胃	昴	畢	觜	参	井	鬼	柳	星	張	翼	軫	角	亢	氐	房	心	尾	箕	斗	女	虚	
10月	危	室	壁	奎	婁	胃	昴	畢	觜	参	井	鬼	柳	星	張	翼	軫	角	亢	氐	氐	房	心	尾	箕	斗	女	虚	危	室	壁
11月	奎	婁	胃	昴	畢	觜	参	井	鬼	柳	星	張	翼	軫	角	亢	氐	房	心	心	尾	箕	斗	女	虚	危	室	壁	奎	婁	
12月	胃	昴	畢	觜	参	井	鬼	柳	星	張	翼	軫	角	亢	氐	房	心	尾	斗	女	虚	危	室	壁	奎	婁	胃	昴	畢	觜	参

1980年 昭和55年

月＼日	1	2	3	4	5	6	7	8	9	10	11	12	13	14	15	16	17	18	19	20	21	22	23	24	25	26	27	28	29	30	31
1月	井	鬼	柳	星	張	翼	軫	角	亢	氐	房	心	尾	箕	斗	女	虚	虚	危	室	壁	奎	婁	胃	昴	畢	觜	参	井	鬼	柳
2月	星	張	翼	軫	角	亢	氐	房	心	尾	箕	斗	女	虚	危	室	壁	奎	婁	胃	昴	畢	觜	参	井	鬼	柳	星	張		
3月	翼	軫	角	亢	氐	房	心	尾	箕	斗	女	虚	危	室	壁	奎	奎	婁	胃	昴	畢	觜	参	井	鬼	柳	星	張	翼	軫	角
4月	亢	氐	房	心	尾	箕	斗	女	虚	危	室	壁	奎	婁	胃	昴	畢	觜	参	井	鬼	柳	星	張	翼	軫	角	亢	氐	房	
5月	心	尾	箕	斗	女	虚	危	室	壁	奎	婁	胃	昴	畢	觜	参	井	鬼	柳	星	張	翼	軫	角	亢	氐	房	心	尾	箕	斗
6月	女	虚	危	室	壁	奎	婁	胃	昴	畢	觜	参	参	井	鬼	柳	星	張	翼	軫	角	亢	氐	房	心	尾	箕	斗	女	虚	
7月	危	室	壁	奎	婁	胃	昴	畢	觜	参	井	鬼	柳	星	張	翼	軫	角	亢	氐	房	心	尾	箕	斗	女	虚	危	室	壁	奎
8月	婁	胃	昴	畢	觜	参	井	鬼	柳	星	張	翼	軫	角	亢	氐	房	心	尾	箕	斗	女	虚	危	室	壁	奎	婁	胃	昴	畢
9月	觜	参	井	鬼	柳	星	張	翼	角	亢	氐	房	心	尾	箕	斗	女	虚	危	室	壁	奎	婁	胃	昴	畢	觜	参	井	鬼	
10月	柳	星	張	翼	軫	角	亢	氐	氐	房	心	尾	箕	斗	女	虚	危	室	壁	奎	婁	胃	昴	畢	觜	参	井	鬼	柳	星	張
11月	翼	軫	角	亢	氐	房	心	心	尾	箕	斗	女	虚	危	室	壁	奎	婁	胃	昴	畢	觜	参	井	鬼	柳	星	張	翼	軫	
12月	角	亢	氐	房	心	尾	箕	斗	女	虚	危	室	壁	奎	婁	胃	昴	畢	觜	参	井	鬼	柳	星	張	翼	軫	角	亢	氐	房

1981年 昭和56年

月＼日	1	2	3	4	5	6	7	8	9	10	11	12	13	14	15	16	17	18	19	20	21	22	23	24	25	26	27	28	29	30	31
1月	心	尾	箕	斗	女	虚	危	室	壁	奎	婁	胃	昴	畢	觜	参	井	鬼	柳	星	張	翼	軫	角	亢	氐	房	心	尾	箕	斗
2月	女	虚	危	室	室	壁	奎	婁	胃	昴	畢	觜	参	井	鬼	柳	星	張	翼	軫	角	亢	氐	房	心	尾	箕	斗			
3月	女	虚	危	室	壁	奎	婁	胃	昴	畢	觜	参	井	鬼	柳	星	張	翼	軫	角	亢	氐	房	心	尾	箕	斗	女	虚	危	室
4月	壁	奎	婁	胃	胃	昴	畢	觜	参	井	鬼	柳	星	張	翼	軫	角	亢	氐	房	心	尾	箕	斗	女	虚	危	室	壁	奎	
5月	婁	胃	昴	畢	觜	参	井	鬼	柳	星	張	翼	軫	角	亢	氐	房	心	尾	箕	斗	女	虚	危	室	壁	奎	婁	胃	昴	畢
6月	觜	参	井	鬼	柳	星	張	翼	軫	角	亢	氐	房	心	尾	箕	斗	女	虚	危	室	壁	奎	婁	胃	昴	畢	觜	参	井	
7月	鬼	鬼	柳	星	張	翼	軫	角	亢	氐	房	心	尾	箕	斗	女	虚	危	室	壁	奎	婁	胃	昴	畢	觜	参	井	鬼	柳	張
8月	翼	軫	角	亢	氐	房	心	尾	箕	斗	女	虚	危	室	壁	奎	婁	胃	昴	畢	觜	参	井	鬼	柳	星	張	翼	軫	角	亢
9月	氐	房	心	尾	箕	斗	女	虚	危	室	壁	奎	婁	胃	昴	畢	觜	参	井	鬼	柳	星	張	翼	軫	角	亢	氐	房	心	
10月	尾	箕	斗	女	虚	危	室	壁	奎	婁	胃	昴	畢	觜	参	井	鬼	柳	星	張	翼	軫	角	亢	氐	房	心	心	尾	箕	斗
11月	女	虚	危	室	壁	奎	婁	胃	昴	畢	觜	参	井	鬼	柳	星	張	翼	軫	角	亢	氐	房	心	尾	箕	斗	女	虚	危	
12月	室	壁	奎	婁	胃	昴	畢	觜	参	井	鬼	柳	星	張	翼	軫	角	亢	氐	房	心	尾	箕	斗	女	虚	危	室	壁	奎	婁

1982年 昭和57年

月＼日	1	2	3	4	5	6	7	8	9	10	11	12	13	14	15	16	17	18	19	20	21	22	23	24	25	26	27	28	29	30	31
1月	胃	昴	畢	觜	参	井	鬼	柳	星	張	翼	軫	角	亢	氐	房	心	尾	箕	斗	女	虚	危	室	室	壁	奎	婁	胃	昴	畢
2月	觜	参	井	鬼	柳	星	張	翼	軫	角	亢	氐	房	心	尾	箕	斗	女	虚	危	室	壁	奎	奎	婁	胃	昴	畢			
3月	觜	参	井	鬼	柳	星	張	翼	軫	角	亢	氐	房	心	尾	箕	斗	女	虚	危	室	壁	奎	婁	胃	昴	畢	觜	参	井	鬼
4月	柳	星	張	翼	軫	角	亢	氐	房	心	尾	箕	斗	女	虚	危	室	壁	奎	婁	胃	昴	畢	畢	觜	参	井	鬼	柳	星	
5月	張	翼	軫	角	亢	氐	房	心	尾	箕	斗	女	虚	危	室	壁	奎	婁	胃	昴	畢	觜	畢	觜	参	井	鬼	柳	星	張	翼
6月	軫	角	亢	氐	房	心	尾	箕	斗	女	虚	危	室	壁	奎	婁	胃	昴	畢	觜	参	井	鬼	柳	星	張	翼	軫	角	亢	
7月	氐	房	心	尾	箕	斗	女	虚	危	室	壁	奎	婁	胃	昴	畢	觜	参	井	鬼	鬼	柳	星	張	翼	軫	角	亢	氐	房	心
8月	尾	箕	斗	女	虚	危	室	壁	奎	婁	胃	昴	畢	觜	参	井	鬼	柳	張	翼	軫	角	亢	氐	房	心	尾	箕	斗	女	虚
9月	危	室	壁	奎	婁	胃	昴	畢	觜	参	井	鬼	柳	星	張	翼	軫	角	亢	氐	房	心	尾	箕	斗	女	虚	危	室	壁	
10月	奎	婁	胃	昴	畢	觜	参	井	鬼	柳	星	張	翼	軫	角	亢	氐	房	心	尾	箕	斗	女	虚	危	室	壁	奎	婁	胃	昴
11月	畢	觜	参	井	鬼	柳	星	張	翼	軫	角	亢	氐	房	心	心	尾	箕	斗	女	虚	危	室	壁	奎	婁	胃	昴	畢	觜	
12月	参	井	鬼	柳	星	張	翼	軫	角	亢	氐	房	心	尾	箕	斗	女	虚	危	室	壁	奎	婁	胃	昴	畢	觜	参	井	鬼	柳

1983年 昭和58年

月＼日	1	2	3	4	5	6	7	8	9	10	11	12	13	14	15	16	17	18	19	20	21	22	23	24	25	26	27	28	29	30	31
1月	星	張	翼	軫	角	亢	氐	房	心	尾	箕	斗	女	虚	危	室	壁	奎	婁	胃	昴	畢	觜	参	井	鬼	柳	星	張	翼	軫
2月	角	亢	氐	房	心	尾	箕	斗	女	虚	危	室	室	壁	奎	婁	胃	昴	畢	觜	参	井	鬼	柳	星	張	翼	軫			
3月	角	亢	氐	房	心	尾	箕	斗	女	虚	危	室	壁	奎	奎	婁	胃	昴	畢	觜	参	井	鬼	柳	星	張	翼	軫	角	亢	氐
4月	房	心	尾	箕	斗	女	虚	危	室	壁	奎	婁	胃	昴	畢	觜	参	井	鬼	柳	星	張	翼	軫	角	亢	氐	房	心	尾	
5月	箕	斗	女	虚	危	室	壁	奎	婁	胃	昴	畢	畢	觜	参	井	鬼	柳	星	張	翼	軫	角	亢	氐	房	心	尾	箕	斗	女
6月	虚	危	室	壁	奎	婁	胃	昴	畢	觜	参	井	鬼	柳	星	張	翼	軫	角	亢	氐	房	心	尾	箕	斗	女	虚	危	室	
7月	壁	奎	婁	胃	昴	畢	觜	参	井	鬼	柳	星	張	翼	軫	角	亢	氐	房	心	尾	箕	斗	女	虚	危	室	壁	奎	婁	胃
8月	昴	畢	觜	参	井	鬼	柳	星	張	翼	軫	角	亢	氐	房	心	尾	箕	斗	女	虚	危	室	壁	奎	婁	胃	昴	畢	觜	参
9月	井	鬼	柳	星	張	翼	角	亢	氐	房	心	尾	箕	斗	女	虚	危	室	壁	奎	婁	胃	昴	畢	觜	参	井	鬼	柳	星	
10月	張	翼	軫	角	亢	氐	房	心	尾	箕	斗	女	虚	危	室	壁	奎	婁	胃	昴	畢	觜	参	井	鬼	柳	星	張	翼	軫	角
11月	亢	氐	房	心	心	尾	箕	斗	女	虚	危	室	壁	奎	婁	胃	昴	畢	觜	参	井	鬼	柳	星	張	翼	軫	角	亢	氐	
12月	房	心	尾	箕	斗	女	虚	危	室	壁	奎	婁	胃	昴	畢	觜	参	井	鬼	柳	星	張	翼	軫	角	亢	氐	房	心	尾	箕

1984年 昭和59年

月＼日	1	2	3	4	5	6	7	8	9	10	11	12	13	14	15	16	17	18	19	20	21	22	23	24	25	26	27	28	29	30	31
1月	斗	女	虚	危	室	壁	奎	婁	胃	昴	畢	觜	参	井	鬼	柳	星	張	翼	軫	角	亢	氐	房	心	尾	箕	斗	女	虚	危
2月	室	室	壁	奎	婁	胃	昴	畢	觜	参	井	鬼	柳	星	張	翼	軫	角	亢	氐	房	心	尾	箕	斗	女	虚	危	室		
3月	壁	奎	奎	婁	胃	昴	畢	觜	参	井	鬼	柳	星	張	翼	軫	角	亢	氐	房	心	尾	箕	斗	女	虚	危	室	壁	奎	婁
4月	胃	昴	畢	觜	参	井	鬼	柳	星	張	翼	軫	角	亢	氐	房	心	尾	箕	斗	女	虚	危	室	壁	奎	婁	胃	昴	畢	
5月	畢	觜	参	井	鬼	柳	星	張	翼	軫	角	亢	氐	房	心	尾	箕	斗	女	虚	危	室	壁	奎	婁	胃	昴	畢	觜	参	参
6月	井	鬼	柳	星	張	翼	軫	角	亢	氐	房	心	尾	箕	斗	女	虚	危	室	壁	奎	婁	胃	昴	畢	觜	参	井	鬼	柳	
7月	星	張	翼	軫	角	亢	氐	房	心	尾	箕	斗	女	虚	危	室	壁	奎	婁	胃	昴	畢	觜	参	井	鬼	柳	張	翼	軫	角
8月	亢	氐	房	心	尾	箕	斗	女	虚	危	室	壁	奎	婁	胃	昴	畢	觜	参	井	鬼	柳	星	張	翼	軫	角	亢	氐	房	心
9月	尾	箕	斗	女	虚	危	室	壁	奎	婁	胃	昴	畢	觜	参	井	鬼	柳	星	張	翼	軫	角	亢	氐	房	心	尾	箕	斗	
10月	女	虚	危	室	壁	奎	婁	胃	昴	畢	觜	参	井	鬼	柳	星	張	翼	軫	角	亢	氐	房	心	心	尾	箕	斗	女	虚	危
11月	室	壁	奎	婁	胃	昴	畢	觜	参	井	鬼	柳	星	張	翼	軫	角	亢	氐	房	心	尾	心	尾	箕	斗	女	虚	危	室	
12月	壁	奎	婁	胃	昴	畢	觜	参	井	鬼	柳	星	張	翼	軫	角	亢	氐	房	心	尾	斗	女	虚	危	室	壁	奎	婁	胃	昴

1985年 昭和60年

月＼日	1	2	3	4	5	6	7	8	9	10	11	12	13	14	15	16	17	18	19	20	21	22	23	24	25	26	27	28	29	30	31
1月	畢	觜	参	井	鬼	柳	星	張	翼	軫	角	亢	氐	房	心	尾	箕	斗	女	虚	虚	危	室	壁	奎	婁	胃	昴	畢	觜	参
2月	井	鬼	柳	星	張	翼	軫	角	亢	氐	房	心	尾	箕	斗	女	虚	危	室	室	壁	奎	婁	胃	昴	畢	觜	参			
3月	井	鬼	柳	星	張	翼	軫	角	亢	氐	房	心	尾	箕	斗	女	虚	危	室	壁	奎	婁	胃	昴	畢	觜	参	井	鬼	柳	星
4月	張	翼	軫	角	亢	氐	房	心	尾	箕	斗	女	虚	危	室	壁	奎	婁	胃	胃	昴	畢	觜	参	井	鬼	柳	星	張	翼	
5月	軫	角	亢	氐	房	心	尾	箕	斗	女	虚	危	室	壁	奎	婁	胃	昴	畢	畢	觜	参	井	鬼	柳	星	張	翼	軫	角	亢
6月	氐	房	心	尾	箕	斗	女	虚	危	室	壁	奎	婁	胃	昴	畢	觜	参	井	鬼	柳	星	張	翼	軫	角	亢	氐	房	心	
7月	尾	箕	斗	女	虚	危	室	壁	奎	婁	胃	昴	畢	觜	参	井	鬼	鬼	柳	星	張	翼	軫	角	亢	氐	房	心	尾	箕	斗
8月	女	虚	危	室	壁	奎	婁	胃	昴	畢	觜	参	井	鬼	柳	星	張	翼	軫	角	亢	氐	房	心	尾	斗	女	虚	危	室	壁
9月	奎	婁	胃	昴	畢	觜	参	井	鬼	柳	星	張	翼	軫	角	亢	氐	房	心	尾	箕	斗	女	虚	危	室	壁	奎	婁	胃	
10月	昴	畢	觜	参	井	鬼	柳	星	張	翼	軫	角	亢	氐	房	心	尾	箕	斗	女	虚	危	室	壁	奎	婁	胃	昴	畢	觜	参
11月	井	鬼	柳	星	張	翼	軫	角	亢	氐	房	心	尾	箕	斗	女	虚	危	室	壁	奎	婁	胃	昴	畢	觜	参	井	鬼	柳	
12月	星	張	翼	軫	角	亢	氐	房	心	尾	箕	斗	女	虚	危	室	壁	奎	婁	胃	昴	畢	觜	参	井	鬼	柳	星	張	翼	軫

1986年 昭和61年

月＼日	1	2	3	4	5	6	7	8	9	10	11	12	13	14	15	16	17	18	19	20	21	22	23	24	25	26	27	28	29	30	31
1月	角	亢	氐	房	心	尾	箕	斗	女	虚	危	室	壁	奎	婁	胃	昴	畢	觜	参	井	鬼	柳	星	張	翼	軫	角	亢	氐	房
2月	心	尾	箕	斗	女	虚	危	室	室	壁	奎	婁	胃	昴	畢	觜	参	井	鬼	柳	星	張	翼	軫	角	亢	氐	房			
3月	心	尾	箕	斗	女	虚	危	室	壁	奎	婁	胃	昴	畢	觜	参	井	鬼	柳	星	張	翼	軫	角	亢	氐	房	心	尾	箕	斗
4月	女	虚	危	室	壁	奎	婁	胃	胃	昴	畢	觜	参	井	鬼	柳	星	張	翼	軫	角	亢	氐	房	心	尾	箕	斗	女	虚	
5月	危	室	壁	奎	婁	胃	昴	畢	畢	觜	参	井	鬼	柳	星	張	翼	軫	角	亢	氐	房	心	尾	箕	斗	女	虚	危	室	壁
6月	奎	婁	胃	昴	畢	觜	参	井	鬼	柳	星	張	翼	軫	角	亢	氐	房	心	尾	箕	斗	女	虚	危	室	壁	奎	婁	胃	
7月	昴	畢	觜	参	井	鬼	鬼	柳	星	張	翼	軫	角	亢	氐	房	心	尾	箕	斗	女	虚	危	室	壁	奎	婁	胃	昴	畢	觜
8月	参	井	鬼	柳	星	張	翼	軫	角	亢	氐	房	心	尾	箕	斗	女	虚	危	室	壁	奎	婁	胃	昴	畢	觜	参	井	鬼	柳
9月	星	張	翼	角	亢	氐	房	心	尾	箕	斗	女	虚	危	室	壁	奎	婁	胃	昴	畢	觜	参	井	鬼	柳	星	張	翼	軫	
10月	角	亢	氐	氐	房	心	尾	箕	斗	女	虚	危	室	壁	奎	婁	胃	昴	畢	觜	参	井	鬼	柳	星	張	翼	軫	角	亢	氐
11月	房	心	心	尾	箕	斗	女	虚	危	室	壁	奎	婁	胃	昴	畢	觜	参	井	鬼	柳	星	張	翼	軫	角	亢	氐	房	心	
12月	尾	斗	女	虚	危	室	壁	奎	婁	胃	昴	畢	觜	参	井	鬼	柳	星	張	翼	軫	角	亢	氐	房	心	尾	箕	斗	女	虚

1987年 昭和62年

月＼日	1	2	3	4	5	6	7	8	9	10	11	12	13	14	15	16	17	18	19	20	21	22	23	24	25	26	27	28	29	30	31
1月	危	室	壁	奎	婁	胃	昴	畢	觜	参	井	鬼	柳	星	張	翼	軫	角	亢	氐	房	心	尾	箕	斗	女	虚	危	室	室	壁
2月	奎	婁	胃	昴	畢	觜	参	井	鬼	柳	星	張	翼	軫	角	亢	氐	房	心	尾	箕	斗	女	虚	危	室	壁	奎			
3月	婁	胃	昴	畢	觜	参	井	鬼	柳	星	張	翼	軫	角	亢	氐	房	心	尾	箕	斗	女	虚	危	室	壁	奎	婁	胃	昴	畢
4月	觜	参	井	鬼	柳	星	張	翼	軫	角	亢	氐	房	心	尾	箕	斗	女	虚	危	室	壁	奎	婁	胃	昴	畢	畢	觜	参	
5月	井	鬼	柳	星	張	翼	軫	角	亢	氐	房	心	尾	箕	斗	女	虚	危	室	壁	奎	婁	胃	昴	畢	觜	参	井	鬼	柳	星
6月	張	翼	軫	角	亢	氐	房	心	尾	箕	斗	女	虚	危	室	壁	奎	婁	胃	昴	畢	觜	参	井	鬼	鬼	柳	星	張	翼	
7月	軫	角	亢	氐	房	心	尾	箕	斗	女	虚	危	室	壁	奎	婁	胃	昴	畢	觜	参	井	鬼	柳	星	鬼	柳	星	張	翼	軫
8月	角	亢	氐	房	心	尾	箕	斗	女	虚	危	室	壁	奎	婁	胃	昴	畢	觜	参	井	鬼	柳	張	翼	軫	角	亢	氐	房	心
9月	尾	箕	斗	女	虚	危	室	壁	奎	婁	胃	昴	畢	觜	参	井	鬼	柳	星	張	翼	軫	角	亢	氐	房	心	尾	箕	斗	
10月	女	虚	危	室	壁	奎	婁	胃	昴	畢	觜	参	井	鬼	柳	星	張	翼	軫	角	亢	氐	氐	房	心	尾	箕	斗	女	虚	危
11月	室	壁	奎	婁	胃	昴	畢	觜	参	井	鬼	柳	星	張	翼	軫	角	亢	氐	房	心	尾	箕	斗	女	虚	危	室	壁	奎	
12月	婁	胃	昴	畢	觜	参	井	鬼	柳	星	張	翼	軫	角	亢	氐	房	心	尾	箕	斗	女	虚	危	室	壁	奎	婁	胃	昴	畢

1988年 昭和63年

月＼日	1	2	3	4	5	6	7	8	9	10	11	12	13	14	15	16	17	18	19	20	21	22	23	24	25	26	27	28	29	30	31
1月	觜	参	井	鬼	柳	星	張	翼	軫	角	亢	氐	房	心	尾	箕	斗	女	虚	危	室	壁	奎	婁	胃	昴	畢	觜	参	井	鬼
2月	柳	星	張	翼	軫	角	亢	氐	房	心	尾	箕	斗	女	虚	危	室	壁	奎	婁	胃	昴	畢	觜	参	井	鬼	柳	星		
3月	張	翼	軫	角	亢	氐	房	心	尾	箕	斗	女	虚	危	室	壁	奎	奎	婁	胃	昴	畢	觜	参	井	鬼	柳	星	張	翼	軫
4月	角	亢	氐	房	心	尾	箕	斗	女	虚	危	室	壁	奎	婁	胃	昴	畢	觜	参	井	鬼	柳	星	張	翼	軫	角	亢	氐	
5月	房	心	尾	箕	斗	女	虚	危	室	壁	奎	婁	胃	昴	畢	畢	觜	参	井	鬼	柳	星	張	翼	軫	角	亢	氐	房	心	尾
6月	箕	斗	女	虚	危	室	壁	奎	婁	胃	昴	畢	觜	参	井	鬼	柳	星	張	翼	軫	角	亢	氐	房	心	尾	箕	斗	女	
7月	虚	危	室	壁	奎	婁	胃	昴	畢	觜	参	井	鬼	鬼	柳	星	張	翼	軫	角	亢	氐	房	心	尾	箕	斗	女	虚	危	室
8月	壁	奎	婁	胃	昴	畢	觜	参	井	鬼	柳	張	翼	軫	角	亢	氐	房	心	尾	箕	斗	女	虚	危	室	壁	奎	婁	胃	昴
9月	畢	觜	参	井	鬼	柳	星	張	翼	軫	角	亢	氐	房	心	尾	箕	斗	女	虚	危	室	壁	奎	婁	胃	昴	畢	觜	参	
10月	井	鬼	柳	星	張	翼	軫	角	亢	氐	氐	房	心	尾	箕	斗	女	虚	危	室	壁	奎	婁	胃	昴	畢	觜	参	井	鬼	柳
11月	星	張	翼	軫	角	亢	氐	房	心	心	尾	箕	斗	女	虚	危	室	壁	奎	婁	胃	昴	畢	觜	参	井	鬼	柳	星	張	
12月	翼	軫	角	亢	氐	房	心	尾	斗	女	虚	危	室	壁	奎	婁	胃	昴	畢	觜	参	井	鬼	柳	星	張	翼	軫	角	亢	氐

1989年 昭和64年／平成元年

月＼日	1	2	3	4	5	6	7	8	9	10	11	12	13	14	15	16	17	18	19	20	21	22	23	24	25	26	27	28	29	30	31
1月	房	心	尾	箕	斗	女	虚	虚	危	室	壁	奎	婁	胃	昴	畢	觜	参	井	鬼	柳	星	張	翼	軫	角	亢	氐	房	心	尾
2月	箕	斗	女	虚	危	室	壁	奎	婁	胃	昴	畢	觜	参	井	鬼	柳	星	張	翼	軫	角	亢	氐	房	心	尾	箕			
3月	斗	女	虚	危	室	壁	奎	奎	婁	胃	昴	畢	觜	参	井	鬼	柳	星	張	翼	軫	角	亢	氐	房	心	尾	箕	斗	女	虚
4月	危	室	壁	奎	婁	胃	昴	畢	觜	参	井	鬼	柳	星	張	翼	軫	角	亢	氐	房	心	尾	箕	斗	女	虚	危	室	壁	
5月	奎	婁	胃	昴	畢	觜	参	井	鬼	柳	星	張	翼	軫	角	亢	氐	房	心	尾	箕	斗	女	虚	危	室	壁	奎	婁	胃	昴
6月	畢	觜	参	参	井	鬼	柳	星	張	翼	軫	角	亢	氐	房	心	尾	箕	斗	女	虚	危	室	壁	奎	婁	胃	昴	畢	觜	
7月	参	井	鬼	柳	星	張	翼	軫	角	亢	氐	房	心	尾	箕	斗	女	虚	危	室	壁	奎	婁	胃	昴	畢	觜	参	井	鬼	柳
8月	星	張	翼	軫	角	亢	氐	房	心	尾	箕	斗	女	虚	危	室	壁	奎	婁	胃	昴	畢	觜	参	井	鬼	柳	星	張	翼	角
9月	亢	氐	房	心	尾	箕	斗	女	虚	危	室	壁	奎	婁	胃	昴	畢	觜	参	井	鬼	柳	星	張	翼	軫	角	亢	氐	氐	
10月	房	心	尾	箕	斗	女	虚	危	室	壁	奎	婁	胃	昴	畢	觜	参	井	鬼	柳	星	張	翼	軫	角	亢	氐	房	心	尾	箕
11月	斗	女	虚	危	室	壁	奎	婁	胃	昴	畢	觜	参	井	鬼	柳	星	張	翼	軫	角	亢	氐	房	心	尾	箕	斗	女	虚	
12月	危	室	壁	奎	婁	胃	昴	畢	觜	参	井	鬼	柳	星	張	翼	軫	角	亢	氐	房	心	尾	箕	斗	女	虚	虚	危	室	壁

1990年 平成2年

月＼日	1	2	3	4	5	6	7	8	9	10	11	12	13	14	15	16	17	18	19	20	21	22	23	24	25	26	27	28	29	30	31
1月	奎	婁	胃	昴	畢	觜	参	井	鬼	柳	星	張	翼	軫	角	亢	氐	房	心	尾	箕	斗	女	虚	危	室	室	壁	奎	婁	胃
2月	昴	畢	觜	参	井	鬼	柳	星	張	翼	軫	角	亢	氐	房	心	尾	箕	斗	女	虚	危	室	壁	奎	婁	胃	昴			
3月	畢	觜	参	井	鬼	柳	星	張	翼	軫	角	亢	氐	房	心	尾	箕	斗	女	虚	危	室	壁	奎	婁	胃	胃	昴	畢	觜	参
4月	井	鬼	柳	星	張	翼	軫	角	亢	氐	房	心	尾	箕	斗	女	虚	危	室	壁	奎	婁	胃	昴	畢	觜	参	井	鬼	柳	
5月	星	張	翼	軫	角	亢	氐	房	心	尾	箕	斗	女	虚	危	室	壁	奎	婁	胃	昴	畢	觜	参	井	鬼	柳	星	張	翼	軫
6月	角	亢	氐	房	心	尾	箕	斗	女	虚	危	室	壁	奎	婁	胃	昴	畢	觜	参	井	鬼	参	井	鬼	柳	星	張	翼	軫	
7月	角	亢	氐	房	心	尾	箕	斗	女	虚	危	室	壁	奎	婁	胃	昴	畢	觜	参	井	鬼	柳	星	張	翼	軫	角	亢	氐	房
8月	心	尾	箕	斗	女	虚	危	室	壁	奎	婁	胃	昴	畢	觜	参	井	鬼	柳	星	張	翼	軫	角	亢	氐	房	心	尾	箕	斗
9月	女	虚	危	室	壁	奎	婁	胃	昴	畢	觜	参	井	鬼	柳	星	張	翼	角	亢	氐	房	心	尾	箕	斗	女	虚	危	室	
10月	壁	奎	婁	胃	昴	畢	觜	参	井	鬼	柳	星	張	翼	軫	角	亢	氐	房	心	尾	箕	斗	女	虚	危	室	壁	奎	婁	胃
11月	昴	畢	觜	参	井	鬼	柳	星	張	翼	軫	角	亢	氐	房	心	心	尾	箕	斗	女	虚	危	室	壁	奎	婁	胃	昴	畢	
12月	觜	参	井	鬼	柳	星	張	翼	軫	角	亢	氐	房	心	尾	箕	斗	女	虚	危	室	壁	奎	婁	胃	昴	畢	觜	参	井	鬼

1991年 平成3年

月＼日	1	2	3	4	5	6	7	8	9	10	11	12	13	14	15	16	17	18	19	20	21	22	23	24	25	26	27	28	29	30	31
1月	柳	星	張	翼	軫	角	亢	氐	房	心	尾	箕	斗	女	虚	虚	危	室	壁	奎	婁	胃	昴	畢	觜	参	井	鬼	柳	星	張
2月	翼	軫	角	亢	氐	房	心	尾	箕	斗	女	虚	危	室	室	壁	奎	婁	胃	昴	畢	觜	参	井	鬼	柳	星	張			
3月	翼	軫	角	亢	氐	房	心	尾	箕	斗	女	虚	危	室	壁	奎	婁	胃	昴	畢	觜	参	井	鬼	柳	星	張	翼	軫	角	亢
4月	氐	房	心	尾	箕	斗	女	虚	危	室	壁	奎	婁	胃	胃	昴	畢	觜	参	井	鬼	柳	星	張	翼	軫	角	亢	氐	房	
5月	心	尾	箕	斗	女	虚	危	室	壁	奎	婁	胃	昴	畢	觜	参	井	鬼	柳	星	張	翼	軫	角	亢	氐	房	心	尾	箕	斗
6月	女	虚	危	室	壁	奎	婁	胃	昴	畢	觜	参	井	鬼	柳	星	張	翼	軫	角	亢	氐	房	心	尾	箕	斗	女	虚	危	
7月	室	壁	奎	婁	胃	昴	畢	觜	参	井	鬼	鬼	柳	星	張	翼	軫	角	亢	氐	房	心	尾	箕	斗	女	虚	危	室	壁	奎
8月	婁	胃	昴	畢	觜	参	井	鬼	柳	張	翼	軫	角	亢	氐	房	心	尾	箕	斗	女	虚	危	室	壁	奎	婁	胃	昴	畢	觜
9月	参	井	鬼	柳	星	張	翼	角	亢	氐	房	心	尾	箕	斗	女	虚	危	室	壁	奎	婁	胃	昴	畢	觜	参	井	鬼	柳	
10月	星	張	翼	軫	角	亢	氐	氐	房	心	尾	箕	斗	女	虚	危	室	壁	奎	婁	胃	昴	畢	觜	参	井	鬼	柳	星	張	翼
11月	軫	角	亢	氐	房	心	心	尾	箕	斗	女	虚	危	室	壁	奎	婁	胃	昴	畢	觜	参	井	鬼	柳	星	張	翼	軫	角	
12月	亢	氐	房	心	尾	斗	女	虚	危	室	壁	奎	婁	胃	昴	畢	觜	参	井	鬼	柳	星	張	翼	軫	角	亢	氐	房	心	尾

1992年 平成4年

月＼日	1	2	3	4	5	6	7	8	9	10	11	12	13	14	15	16	17	18	19	20	21	22	23	24	25	26	27	28	29	30	31
1月	箕	斗	女	虚	虚	危	室	壁	奎	婁	胃	昴	畢	觜	参	井	鬼	柳	星	張	翼	軫	角	亢	氐	房	心	尾	箕	斗	女
2月	虚	危	室	室	壁	奎	婁	胃	昴	畢	觜	参	井	鬼	柳	星	張	翼	軫	角	亢	氐	房	心	尾	箕	斗	女	虚		
3月	危	室	壁	奎	婁	胃	昴	畢	觜	参	井	鬼	柳	星	張	翼	軫	角	亢	氐	房	心	尾	箕	斗	女	虚	危	室	壁	奎
4月	婁	胃	胃	昴	畢	觜	参	井	鬼	柳	星	張	翼	軫	角	亢	氐	房	心	尾	箕	斗	女	虚	危	室	壁	奎	婁	胃	
5月	昴	畢	畢	觜	参	井	鬼	柳	星	張	翼	軫	角	亢	氐	房	心	尾	箕	斗	女	虚	危	室	壁	奎	婁	胃	昴	畢	觜
6月	参	井	鬼	柳	星	張	翼	軫	角	亢	氐	房	心	尾	箕	斗	女	虚	危	室	壁	奎	婁	胃	昴	畢	觜	参	井	鬼	
7月	柳	星	張	翼	軫	角	亢	氐	房	心	尾	箕	斗	女	虚	危	室	壁	奎	婁	胃	昴	畢	觜	参	井	鬼	柳	星	張	翼
8月	軫	角	亢	氐	房	心	尾	箕	斗	女	虚	危	室	壁	奎	婁	胃	昴	畢	觜	参	井	鬼	柳	星	張	翼	角	亢	氐	房
9月	心	尾	箕	斗	女	虚	危	室	壁	奎	婁	胃	昴	畢	觜	参	井	鬼	柳	星	張	翼	軫	角	亢	氐	房	心	尾	箕	
10月	斗	女	虚	危	室	壁	奎	婁	胃	昴	畢	觜	参	井	鬼	柳	星	張	翼	軫	角	亢	氐	房	心	心	尾	箕	斗	女	虚
11月	危	室	壁	奎	婁	胃	昴	畢	觜	参	井	鬼	柳	星	張	翼	軫	角	亢	氐	房	心	尾	斗	女	虚	危	室	壁	奎	
12月	婁	胃	昴	畢	觜	参	井	鬼	柳	星	張	翼	軫	角	亢	氐	房	心	尾	箕	斗	女	虚	虚	危	室	壁	奎	婁	胃	昴

1993年 平成5年

月＼日	1	2	3	4	5	6	7	8	9	10	11	12	13	14	15	16	17	18	19	20	21	22	23	24	25	26	27	28	29	30	31
1月	畢	觜	参	井	鬼	柳	星	張	翼	軫	角	亢	氐	房	心	尾	箕	斗	女	虚	危	室	室	壁	奎	婁	胃	昴	畢	觜	参
2月	井	鬼	柳	星	張	翼	軫	角	亢	氐	房	心	尾	箕	斗	女	虚	危	室	壁	奎	婁	胃	昴	畢	觜	参	井			
3月	鬼	柳	星	張	翼	軫	角	亢	氐	房	心	尾	箕	斗	女	虚	危	室	壁	奎	婁	胃	胃	昴	畢	觜	参	井	鬼	柳	星
4月	張	翼	軫	角	亢	氐	房	心	尾	箕	斗	女	虚	危	室	壁	奎	婁	胃	昴	畢	胃	昴	畢	觜	参	井	鬼	柳	星	
5月	張	翼	軫	角	亢	氐	房	心	尾	箕	斗	女	虚	危	室	壁	奎	婁	胃	昴	畢	觜	参	井	鬼	柳	星	張	翼	軫	角
6月	亢	氐	房	心	尾	箕	斗	女	虚	危	室	壁	奎	婁	胃	昴	畢	觜	参	参	井	鬼	柳	星	張	翼	軫	角	亢	氐	
7月	房	心	尾	箕	斗	女	虚	危	室	壁	奎	婁	胃	昴	畢	觜	参	井	鬼	柳	星	張	翼	軫	角	亢	氐	房	心	尾	箕
8月	斗	女	虚	危	室	壁	奎	婁	胃	昴	畢	觜	参	井	鬼	柳	星	張	翼	軫	角	亢	氐	房	心	尾	箕	斗	女	虚	危
9月	室	壁	奎	婁	胃	昴	畢	觜	参	井	鬼	柳	星	張	翼	角	亢	氐	房	心	尾	箕	斗	女	虚	危	室	壁	奎	婁	
10月	胃	昴	畢	觜	参	井	鬼	柳	星	張	翼	軫	角	亢	氐	房	心	尾	箕	斗	女	虚	危	室	壁	奎	婁	胃	昴	畢	觜
11月	参	井	鬼	柳	星	張	翼	軫	角	亢	氐	房	心	心	尾	箕	斗	女	虚	危	室	壁	奎	婁	胃	昴	畢	觜	参	井	
12月	鬼	柳	星	張	翼	軫	角	亢	氐	房	心	尾	斗	女	虚	危	室	壁	奎	婁	胃	昴	畢	觜	参	井	鬼	柳	星	張	翼

1994年 平成6年

月＼日	1	2	3	4	5	6	7	8	9	10	11	12	13	14	15	16	17	18	19	20	21	22	23	24	25	26	27	28	29	30	31
1月	軫	角	亢	氐	房	心	尾	箕	斗	女	虚	虚	危	室	壁	奎	婁	胃	昴	畢	觜	参	井	鬼	柳	星	張	翼	軫	角	亢
2月	氐	房	心	尾	箕	斗	女	虚	危	室	壁	奎	婁	胃	昴	畢	觜	参	井	鬼	柳	星	張	翼	軫	角	亢	氐			
3月	房	心	尾	箕	斗	女	虚	危	室	壁	奎	奎	婁	胃	昴	畢	觜	参	井	鬼	柳	星	張	翼	軫	角	亢	氐	房	心	尾
4月	箕	斗	女	虚	危	室	壁	奎	婁	胃	胃	昴	畢	觜	参	井	鬼	柳	星	張	翼	軫	角	亢	氐	房	心	尾	箕	斗	
5月	女	虚	危	室	壁	奎	婁	胃	昴	畢	畢	觜	参	井	鬼	柳	星	張	翼	軫	角	亢	氐	房	心	尾	箕	斗	女	虚	危
6月	室	壁	奎	婁	胃	昴	畢	觜	参	井	鬼	柳	星	張	翼	軫	角	亢	氐	房	心	尾	箕	斗	女	虚	危	室	壁	奎	
7月	婁	胃	昴	畢	觜	参	井	鬼	鬼	柳	星	張	翼	軫	角	亢	氐	房	心	尾	箕	斗	女	虚	危	室	壁	奎	婁	胃	昴
8月	畢	觜	参	井	鬼	柳	張	翼	軫	角	亢	氐	房	心	尾	箕	斗	女	虚	危	室	壁	奎	婁	胃	昴	畢	觜	参	井	鬼
9月	柳	星	張	翼	軫	角	亢	氐	房	心	尾	箕	斗	女	虚	危	室	壁	奎	婁	胃	昴	畢	觜	参	井	鬼	柳	星	張	
10月	翼	軫	角	亢	氐	房	心	尾	箕	斗	女	虚	危	室	壁	奎	婁	胃	昴	畢	觜	参	井	鬼	柳	星	張	翼	軫	角	亢
11月	氐	房	心	心	尾	箕	斗	女	虚	危	室	壁	奎	婁	胃	昴	畢	觜	参	井	鬼	柳	星	張	翼	軫	角	亢	氐	房	
12月	心	尾	箕	斗	女	虚	危	室	壁	奎	婁	胃	昴	畢	觜	参	井	鬼	柳	星	張	翼	軫	角	亢	氐	房	心	尾	箕	斗

1995年 平成7年

月＼日	1	2	3	4	5	6	7	8	9	10	11	12	13	14	15	16	17	18	19	20	21	22	23	24	25	26	27	28	29	30	31
1月	女	虚	危	室	壁	奎	婁	胃	昴	畢	觜	参	井	鬼	柳	星	張	翼	軫	角	亢	氐	房	心	尾	箕	斗	女	虚	危	室
2月	壁	奎	婁	胃	昴	畢	觜	参	井	鬼	柳	星	張	翼	軫	角	亢	氐	房	心	尾	箕	斗	女	虚	危	室	壁			
3月	奎	婁	胃	昴	畢	觜	参	井	鬼	柳	星	張	翼	軫	角	亢	氐	房	心	尾	箕	斗	女	虚	危	室	壁	奎	婁	胃	胃
4月	昴	畢	觜	参	井	鬼	柳	星	張	翼	軫	角	亢	氐	房	心	尾	箕	斗	女	虚	危	室	壁	奎	婁	胃	昴	畢	畢	
5月	觜	参	井	鬼	柳	星	張	翼	軫	角	亢	氐	房	心	尾	箕	斗	女	虚	危	室	壁	奎	婁	胃	昴	畢	觜	参	井	鬼
6月	柳	星	張	翼	軫	角	亢	氐	房	心	尾	箕	斗	女	虚	危	室	壁	奎	婁	胃	昴	畢	觜	参	井	鬼	鬼	柳	星	
7月	張	翼	軫	角	亢	氐	房	心	尾	箕	斗	女	虚	危	室	壁	奎	婁	胃	昴	畢	觜	参	井	鬼	柳	張	翼	軫	角	亢
8月	氐	房	心	尾	箕	斗	女	虚	危	室	壁	奎	婁	胃	昴	畢	觜	参	井	鬼	柳	星	張	翼	軫	角	亢	氐	房	心	尾
9月	箕	斗	女	虚	危	室	壁	奎	婁	胃	昴	畢	觜	参	井	鬼	柳	星	張	翼	軫	角	亢	氐	角	亢	氐	房	心	尾	
10月	箕	斗	女	虚	危	室	壁	奎	婁	胃	昴	畢	觜	参	井	鬼	柳	星	張	翼	軫	角	亢	氐	房	心	尾	箕	斗	女	虚
11月	危	室	壁	奎	婁	胃	昴	畢	觜	参	井	鬼	柳	星	張	翼	軫	角	亢	氐	房	心	心	尾	箕	斗	女	虚	危	室	
12月	壁	奎	婁	胃	昴	畢	觜	参	井	鬼	柳	星	張	翼	軫	角	亢	氐	房	心	尾	斗	女	虚	危	室	壁	奎	婁	胃	昴

1996年 平成8年

月＼日	1	2	3	4	5	6	7	8	9	10	11	12	13	14	15	16	17	18	19	20	21	22	23	24	25	26	27	28	29	30	31
1月	畢	觜	参	井	鬼	柳	星	張	翼	軫	角	亢	氐	房	心	尾	箕	斗	女	虚	危	室	壁	奎	婁	胃	昴	畢	觜	参	井
2月	鬼	柳	星	張	翼	軫	角	亢	氐	房	心	尾	箕	斗	女	虚	危	室	室	壁	奎	婁	胃	昴	畢	觜	参	井	鬼		
3月	柳	星	張	翼	軫	角	亢	氐	房	心	尾	箕	斗	女	虚	危	室	壁	奎	婁	胃	昴	畢	觜	参	井	鬼	柳	星	張	翼
4月	軫	角	亢	氐	房	心	尾	箕	斗	女	虚	危	室	壁	奎	婁	胃	胃	昴	畢	觜	参	井	鬼	柳	星	張	翼	軫	角	
5月	亢	氐	房	心	尾	箕	斗	女	虚	危	室	壁	奎	婁	胃	昴	畢	觜	参	井	鬼	柳	星	張	翼	軫	角	亢	氐	房	心
6月	尾	箕	斗	女	虚	危	室	壁	奎	婁	胃	昴	畢	觜	参	参	井	鬼	柳	星	張	翼	軫	角	亢	氐	房	心	尾	箕	
7月	斗	女	虚	危	室	壁	奎	婁	胃	昴	畢	觜	参	井	鬼	鬼	柳	星	張	翼	軫	角	亢	氐	房	心	尾	箕	斗	女	虚
8月	危	室	壁	奎	婁	胃	昴	畢	觜	参	井	鬼	柳	張	翼	軫	角	亢	氐	房	心	尾	箕	斗	女	虚	危	室	壁	奎	婁
9月	胃	昴	畢	觜	参	井	鬼	柳	星	張	翼	軫	角	亢	氐	房	心	尾	箕	斗	女	虚	危	室	壁	奎	婁	胃	昴	畢	
10月	觜	参	井	鬼	柳	星	張	翼	軫	角	亢	氐	房	心	尾	箕	斗	女	虚	危	室	壁	奎	婁	胃	昴	畢	觜	参	井	鬼
11月	柳	星	張	翼	軫	角	亢	氐	房	心	心	尾	箕	斗	女	虚	危	室	壁	奎	婁	胃	昴	畢	觜	参	井	鬼	柳	星	
12月	張	翼	軫	角	亢	氐	房	心	尾	箕	斗	女	虚	危	室	壁	奎	婁	胃	昴	畢	觜	参	井	鬼	柳	星	張	翼	軫	角

1997年 平成9年

月＼日	1	2	3	4	5	6	7	8	9	10	11	12	13	14	15	16	17	18	19	20	21	22	23	24	25	26	27	28	29	30	31
1月	亢	氐	房	心	尾	箕	斗	女	虚	危	室	壁	奎	婁	胃	昴	畢	觜	参	井	鬼	柳	星	張	翼	軫	角	亢	氐	房	心
2月	尾	箕	斗	女	虚	危	室	室	壁	奎	婁	胃	昴	畢	觜	参	井	鬼	柳	星	張	翼	軫	角	亢	氐	房	心			
3月	尾	箕	斗	女	虚	危	室	壁	奎	婁	胃	昴	畢	觜	参	井	鬼	柳	星	張	翼	軫	角	亢	氐	房	心	尾	箕	斗	女
4月	虚	危	室	壁	奎	婁	胃	昴	畢	觜	参	井	鬼	柳	星	張	翼	軫	角	亢	氐	房	心	尾	箕	斗	女	虚	危	室	
5月	壁	奎	婁	胃	昴	畢	畢	觜	参	井	鬼	柳	星	張	翼	軫	角	亢	氐	房	心	尾	箕	斗	女	虚	危	室	壁	奎	婁
6月	胃	昴	畢	觜	参	井	鬼	柳	星	張	翼	軫	角	亢	氐	房	心	尾	箕	斗	女	虚	危	室	壁	奎	婁	胃	昴	畢	
7月	觜	参	井	鬼	鬼	柳	星	張	翼	軫	角	亢	氐	房	心	尾	箕	斗	女	虚	危	室	壁	奎	婁	胃	昴	畢	觜	参	井
8月	鬼	柳	張	翼	軫	角	亢	氐	房	心	尾	箕	斗	女	虚	危	室	壁	奎	婁	胃	昴	畢	觜	参	井	鬼	柳	星	張	翼
9月	軫	角	亢	氐	房	心	尾	箕	斗	女	虚	危	室	壁	奎	婁	胃	昴	畢	觜	参	井	鬼	柳	星	張	翼	軫	角	亢	
10月	氐	氐	房	心	尾	箕	斗	女	虚	危	室	壁	奎	婁	胃	昴	畢	觜	参	井	鬼	柳	星	張	翼	軫	角	亢	氐	房	心
11月	尾	箕	斗	女	虚	危	室	壁	奎	婁	胃	昴	畢	觜	参	井	鬼	柳	星	張	翼	軫	角	亢	氐	房	心	尾	箕	斗	
12月	女	虚	危	室	壁	奎	婁	胃	昴	畢	觜	参	井	鬼	柳	星	張	翼	軫	角	亢	氐	房	心	尾	箕	斗	女	虚	虚	危

1998年 平成10年

月＼日	1	2	3	4	5	6	7	8	9	10	11	12	13	14	15	16	17	18	19	20	21	22	23	24	25	26	27	28	29	30	31
1月	室	壁	奎	婁	胃	昴	畢	觜	参	井	鬼	柳	星	張	翼	軫	角	亢	氐	房	心	尾	箕	斗	女	虚	危	室	壁	奎	婁
2月	胃	昴	畢	觜	参	井	鬼	柳	星	張	翼	軫	角	亢	氐	房	心	尾	箕	斗	女	虚	危	室	壁	奎	奎	婁			
3月	胃	昴	畢	觜	参	井	鬼	柳	星	張	翼	軫	角	亢	氐	房	心	尾	箕	斗	女	虚	危	室	壁	奎	婁	胃	昴	畢	觜
4月	参	井	鬼	柳	星	張	翼	軫	角	亢	氐	房	心	尾	箕	斗	女	虚	危	室	壁	奎	婁	胃	昴	畢	觜	参	井	鬼	
5月	柳	星	張	翼	軫	角	亢	氐	房	心	尾	箕	斗	女	虚	危	室	壁	奎	婁	胃	昴	畢	觜	参	参	井	鬼	柳	星	張
6月	翼	軫	角	亢	氐	房	心	尾	箕	斗	女	虚	危	室	壁	奎	婁	胃	昴	畢	觜	参	井	参	井	鬼	柳	星	張	翼	
7月	軫	角	亢	氐	房	心	尾	箕	斗	女	虚	危	室	壁	奎	婁	胃	昴	畢	觜	参	井	鬼	柳	星	張	翼	軫	角	亢	氐
8月	房	心	尾	箕	斗	女	虚	危	室	壁	奎	婁	胃	昴	畢	觜	参	井	鬼	柳	星	張	翼	軫	角	亢	氐	房	心	尾	箕
9月	斗	女	虚	危	室	壁	奎	婁	胃	昴	畢	觜	参	井	鬼	柳	星	張	翼	軫	角	亢	氐	房	心	尾	箕	斗	女	虚	
10月	危	室	壁	奎	婁	胃	昴	畢	觜	参	井	鬼	柳	星	張	翼	軫	角	亢	氐	房	心	尾	箕	斗	女	虚	危	室	壁	奎
11月	婁	胃	昴	畢	觜	参	井	鬼	柳	星	張	翼	軫	角	亢	氐	房	心	心	尾	箕	斗	女	虚	危	室	壁	奎	婁	胃	
12月	昴	畢	觜	参	井	鬼	柳	星	張	翼	軫	角	亢	氐	房	心	尾	箕	斗	女	虚	危	室	壁	奎	婁	胃	昴	畢	觜	参

1999年 平成11年

月＼日	1	2	3	4	5	6	7	8	9	10	11	12	13	14	15	16	17	18	19	20	21	22	23	24	25	26	27	28	29	30	31
1月	井	鬼	柳	星	張	翼	軫	角	亢	氐	房	心	尾	箕	斗	女	虚	虚	危	室	壁	奎	婁	胃	昴	畢	觜	参	井	鬼	柳
2月	星	張	翼	軫	角	亢	氐	房	心	尾	箕	斗	女	虚	危	室	壁	奎	婁	胃	昴	畢	觜	参	井	鬼	柳	星			
3月	張	翼	軫	角	亢	氐	房	心	尾	箕	斗	女	虚	危	室	壁	奎	奎	婁	胃	昴	畢	觜	参	井	鬼	柳	星	張	翼	軫
4月	角	亢	氐	房	心	尾	箕	斗	女	虚	危	室	壁	奎	婁	胃	昴	畢	觜	参	井	鬼	柳	星	張	翼	軫	角	亢	氐	
5月	房	心	尾	箕	斗	女	虚	危	室	壁	奎	婁	胃	昴	畢	觜	参	井	鬼	柳	星	張	翼	軫	角	亢	氐	房	心	尾	箕
6月	斗	女	虚	危	室	壁	奎	婁	胃	昴	畢	觜	参	参	井	鬼	柳	星	張	翼	軫	角	亢	氐	房	心	尾	箕	斗	女	
7月	虚	危	室	壁	奎	婁	胃	昴	畢	觜	参	井	鬼	柳	星	張	翼	軫	角	亢	氐	房	心	尾	箕	斗	女	虚	危	室	壁
8月	奎	婁	胃	昴	畢	觜	参	井	鬼	柳	張	翼	軫	角	亢	氐	房	心	尾	箕	斗	女	虚	危	室	壁	奎	婁	胃	昴	畢
9月	觜	参	井	鬼	柳	星	張	翼	軫	角	亢	氐	房	心	尾	箕	斗	女	虚	危	室	壁	奎	婁	胃	昴	畢	觜	参	井	
10月	鬼	柳	星	張	翼	軫	角	亢	氐	氐	房	心	尾	箕	斗	女	虚	危	室	壁	奎	婁	胃	昴	畢	觜	参	井	鬼	柳	星
11月	張	翼	軫	角	亢	氐	房	心	尾	箕	斗	女	虚	危	室	壁	奎	婁	胃	昴	畢	觜	参	井	鬼	柳	星	張	翼	軫	
12月	角	亢	氐	房	心	尾	箕	斗	女	虚	危	室	壁	奎	婁	胃	昴	畢	觜	参	井	鬼	柳	星	張	翼	軫	角	亢	氐	房

2000年 平成12年

月＼日	1	2	3	4	5	6	7	8	9	10	11	12	13	14	15	16	17	18	19	20	21	22	23	24	25	26	27	28	29	30	31
1月	心	尾	箕	斗	女	虚	虚	危	室	壁	奎	婁	胃	昴	畢	觜	参	井	鬼	柳	星	張	翼	軫	角	亢	氐	房	心	尾	箕
2月	斗	女	虚	危	室	壁	奎	婁	胃	昴	畢	觜	参	井	鬼	柳	星	張	翼	軫	角	亢	氐	房	心	尾	箕	斗	女		
3月	虚	危	室	壁	奎	奎	婁	胃	昴	畢	觜	参	井	鬼	柳	星	張	翼	軫	角	亢	氐	房	心	尾	箕	斗	女	虚	危	室
4月	壁	奎	婁	胃	胃	昴	畢	觜	参	井	鬼	柳	星	張	翼	軫	角	亢	氐	房	心	尾	箕	斗	女	虚	危	室	壁	奎	
5月	婁	胃	昴	畢	觜	参	井	鬼	柳	星	張	翼	軫	角	亢	氐	房	心	尾	箕	斗	女	虚	危	室	壁	奎	婁	胃	昴	畢
6月	觜	参	井	鬼	柳	星	張	翼	軫	角	亢	氐	房	心	尾	箕	斗	女	虚	危	室	壁	奎	婁	胃	昴	畢	觜	参	井	
7月	鬼	鬼	柳	星	張	翼	軫	角	亢	氐	房	心	尾	箕	斗	女	虚	危	室	壁	奎	婁	胃	昴	畢	觜	参	井	鬼	柳	張
8月	翼	軫	角	亢	氐	房	心	尾	箕	斗	女	虚	危	室	壁	奎	婁	胃	昴	畢	觜	参	井	鬼	柳	星	張	翼	角	亢	氐
9月	房	心	尾	箕	斗	女	虚	危	室	壁	奎	婁	胃	昴	畢	觜	参	井	鬼	柳	星	張	翼	軫	角	亢	氐	氐	房	心	
10月	尾	箕	斗	女	虚	危	室	壁	奎	婁	胃	昴	畢	觜	参	井	鬼	柳	星	張	翼	軫	角	亢	氐	房	心	尾	箕	斗	女
11月	虚	危	室	壁	奎	婁	胃	昴	畢	觜	参	井	鬼	柳	星	張	翼	軫	角	亢	氐	房	心	尾	箕	斗	女	虚	危	室	
12月	壁	奎	婁	胃	昴	畢	觜	参	井	鬼	柳	星	張	翼	軫	角	亢	氐	房	心	尾	箕	斗	女	虚	虚	危	室	壁	奎	婁

2001年 平成13年

月＼日	1	2	3	4	5	6	7	8	9	10	11	12	13	14	15	16	17	18	19	20	21	22	23	24	25	26	27	28	29	30	31
1月	胃	昴	畢	觜	参	井	鬼	柳	星	張	翼	軫	角	亢	氐	房	心	尾	箕	斗	女	虚	危	室	壁	奎	婁	胃	昴	畢	觜
2月	参	井	鬼	柳	星	張	翼	軫	角	亢	氐	房	心	尾	箕	斗	女	虚	危	室	壁	奎	奎	婁	胃	昴	畢	觜			
3月	参	井	鬼	柳	星	張	翼	軫	角	亢	氐	房	心	尾	箕	斗	女	虚	危	室	壁	奎	婁	胃	胃	昴	畢	觜	参	井	鬼
4月	柳	星	張	翼	軫	角	亢	氐	房	心	尾	箕	斗	女	虚	危	室	壁	奎	婁	胃	昴	畢	畢	觜	参	井	鬼	柳	星	
5月	張	翼	軫	角	亢	氐	房	心	尾	箕	斗	女	虚	危	室	壁	奎	婁	胃	昴	畢	觜	畢	觜	参	井	鬼	柳	星	張	翼
6月	軫	角	亢	氐	房	心	尾	箕	斗	女	虚	危	室	壁	奎	婁	胃	昴	畢	觜	参	井	鬼	柳	星	張	翼	軫	角	亢	
7月	氐	房	心	尾	箕	斗	女	虚	危	室	壁	奎	婁	胃	昴	畢	觜	参	井	鬼	鬼	柳	星	張	翼	軫	角	亢	氐	房	心
8月	尾	箕	斗	女	虚	危	室	壁	奎	婁	胃	昴	畢	觜	参	井	鬼	柳	張	翼	軫	角	亢	氐	房	心	尾	箕	斗	女	虚
9月	危	室	壁	奎	婁	胃	昴	畢	觜	参	井	鬼	柳	星	張	翼	角	亢	氐	房	心	尾	箕	斗	女	虚	危	室	壁	奎	
10月	婁	胃	昴	畢	觜	参	井	鬼	柳	星	張	翼	軫	角	亢	氐	氐	房	心	尾	箕	斗	女	虚	危	室	壁	奎	婁	胃	昴
11月	畢	觜	参	井	鬼	柳	星	張	翼	軫	角	亢	氐	房	心	尾	箕	斗	女	虚	危	室	壁	奎	婁	胃	昴	畢	觜	参	
12月	井	鬼	柳	星	張	翼	軫	角	亢	氐	房	心	尾	箕	斗	女	虚	危	室	壁	奎	婁	胃	昴	畢	觜	参	井	鬼	柳	星

2002年 平成14年

月＼日	1	2	3	4	5	6	7	8	9	10	11	12	13	14	15	16	17	18	19	20	21	22	23	24	25	26	27	28	29	30	31
1月	張	翼	軫	角	亢	氐	房	心	尾	箕	斗	女	虚	危	室	壁	奎	婁	胃	昴	畢	觜	参	井	鬼	柳	星	張	翼	軫	角
2月	亢	氐	房	心	尾	箕	斗	女	虚	危	室	室	壁	奎	婁	胃	昴	畢	觜	参	井	鬼	柳	星	張	翼	軫	角			
3月	亢	氐	房	心	尾	箕	斗	女	虚	危	室	壁	奎	奎	婁	胃	昴	畢	觜	参	井	鬼	柳	星	張	翼	軫	角	亢	氐	房
4月	心	尾	箕	斗	女	虚	危	室	壁	奎	婁	胃	胃	昴	畢	觜	参	井	鬼	柳	星	張	翼	軫	角	亢	氐	房	心	尾	
5月	箕	斗	女	虚	危	室	壁	奎	婁	胃	昴	畢	觜	参	井	鬼	柳	星	張	翼	軫	角	亢	氐	房	心	尾	箕	斗	女	虚
6月	危	室	壁	奎	婁	胃	昴	畢	觜	参	参	井	鬼	柳	星	張	翼	軫	角	亢	氐	房	心	尾	箕	斗	女	虚	危	室	
7月	壁	奎	婁	胃	昴	畢	觜	参	井	鬼	柳	星	張	翼	軫	角	亢	氐	房	心	尾	箕	斗	女	虚	危	室	壁	奎	婁	胃
8月	昴	畢	觜	参	井	鬼	柳	星	張	翼	軫	角	亢	氐	房	心	尾	箕	斗	女	虚	危	室	壁	奎	婁	胃	昴	畢	觜	参
9月	井	鬼	柳	星	張	翼	角	亢	氐	房	心	尾	箕	斗	女	虚	危	室	壁	奎	婁	胃	昴	畢	觜	参	井	鬼	柳	星	
10月	張	翼	軫	角	亢	氐	房	心	尾	箕	斗	女	虚	危	室	壁	奎	婁	胃	昴	畢	觜	参	井	鬼	柳	星	張	翼	軫	角
11月	亢	氐	房	心	心	尾	箕	斗	女	虚	危	室	壁	奎	婁	胃	昴	畢	觜	参	井	鬼	柳	星	張	翼	軫	角	亢	氐	
12月	房	心	尾	斗	女	虚	危	室	壁	奎	婁	胃	昴	畢	觜	参	井	鬼	柳	星	張	翼	軫	角	亢	氐	房	心	尾	箕	斗

2003年 平成15年

月＼日	1	2	3	4	5	6	7	8	9	10	11	12	13	14	15	16	17	18	19	20	21	22	23	24	25	26	27	28	29	30	31
1月	女	虚	虚	危	室	壁	奎	婁	胃	昴	畢	觜	参	井	鬼	柳	星	張	翼	軫	角	亢	氐	房	心	尾	箕	斗	女	虚	危
2月	室	壁	奎	婁	胃	昴	畢	觜	参	井	鬼	柳	星	張	翼	軫	角	亢	氐	房	心	尾	箕	斗	女	虚	危	室			
3月	壁	奎	奎	婁	胃	昴	畢	觜	参	井	鬼	柳	星	張	翼	軫	角	亢	氐	房	心	尾	箕	斗	女	虚	危	室	壁	奎	婁
4月	胃	胃	昴	畢	觜	参	井	鬼	柳	星	張	翼	軫	角	亢	氐	房	心	尾	箕	斗	女	虚	危	室	壁	奎	婁	胃	昴	
5月	畢	觜	参	井	鬼	柳	星	張	翼	軫	角	亢	氐	房	心	尾	箕	斗	女	虚	危	室	壁	奎	婁	胃	昴	畢	觜	参	参
6月	井	鬼	柳	星	張	翼	軫	角	亢	氐	房	心	尾	箕	斗	女	虚	危	室	壁	奎	婁	胃	昴	畢	觜	参	井	鬼	鬼	
7月	柳	星	張	翼	軫	角	亢	氐	房	心	尾	箕	斗	女	虚	危	室	壁	奎	婁	胃	昴	畢	觜	参	井	鬼	柳	張	翼	軫
8月	角	亢	氐	房	心	尾	箕	斗	女	虚	危	室	壁	奎	婁	胃	昴	畢	觜	参	井	鬼	柳	星	張	翼	軫	角	亢	氐	房
9月	心	尾	箕	斗	女	虚	危	室	壁	奎	婁	胃	昴	畢	觜	参	井	鬼	柳	星	張	翼	軫	角	亢	氐	房	心	尾	箕	
10月	斗	女	虚	危	室	壁	奎	婁	胃	昴	畢	觜	参	井	鬼	柳	星	張	翼	軫	角	亢	氐	房	心	尾	箕	斗	女	虚	危
11月	室	壁	奎	婁	胃	昴	畢	觜	参	井	鬼	柳	星	張	翼	軫	角	亢	氐	房	心	尾	箕	斗	女	虚	危	室	壁	奎	
12月	婁	胃	昴	畢	觜	参	井	鬼	柳	星	張	翼	軫	角	亢	氐	房	心	尾	箕	斗	女	虚	危	室	壁	奎	婁	胃	昴	畢

2004年 平成16年

月＼日	1	2	3	4	5	6	7	8	9	10	11	12	13	14	15	16	17	18	19	20	21	22	23	24	25	26	27	28	29	30	31
1月	觜	参	井	鬼	柳	星	張	翼	軫	角	亢	氐	房	心	尾	箕	斗	女	虚	危	室	室	壁	奎	婁	胃	昴	畢	觜	参	井
2月	鬼	柳	星	張	翼	軫	角	亢	氐	房	心	尾	箕	斗	女	虚	危	室	壁	奎	婁	胃	昴	畢	觜	参	井	鬼	柳		
3月	星	張	翼	軫	角	亢	氐	房	心	尾	箕	斗	女	虚	危	室	壁	奎	婁	胃	奎	婁	胃	昴	畢	觜	参	井	鬼	柳	星
4月	張	翼	軫	角	亢	氐	房	心	尾	箕	斗	女	虚	危	室	壁	奎	婁	胃	昴	畢	觜	参	井	鬼	柳	星	張	翼	軫	
5月	角	亢	氐	房	心	尾	箕	斗	女	虚	危	室	壁	奎	婁	胃	昴	畢	畢	觜	参	井	鬼	柳	星	張	翼	軫	角	亢	氐
6月	房	心	尾	箕	斗	女	虚	危	室	壁	奎	婁	胃	昴	畢	觜	参	参	井	鬼	柳	星	張	翼	軫	角	亢	氐	房	心	
7月	尾	箕	斗	女	虚	危	室	壁	奎	婁	胃	昴	畢	觜	参	井	鬼	柳	星	張	翼	軫	角	亢	氐	房	心	尾	箕	斗	女
8月	虚	危	室	壁	奎	婁	胃	昴	畢	觜	参	井	鬼	柳	星	張	翼	軫	角	亢	氐	房	心	尾	箕	斗	女	虚	危	室	壁
9月	奎	婁	胃	昴	畢	觜	参	井	鬼	柳	星	張	翼	角	亢	氐	房	心	尾	箕	斗	女	虚	危	室	壁	奎	婁	胃	昴	
10月	畢	觜	参	井	鬼	柳	星	張	翼	軫	角	亢	氐	氐	房	心	尾	箕	斗	女	虚	危	室	壁	奎	婁	胃	昴	畢	觜	参
11月	井	鬼	柳	星	張	翼	軫	角	亢	氐	房	心	尾	箕	斗	女	虚	危	室	壁	奎	婁	胃	昴	畢	觜	参	井	鬼	柳	
12月	星	張	翼	軫	角	亢	氐	房	心	尾	箕	斗	女	虚	危	室	壁	奎	婁	胃	昴	畢	觜	参	井	鬼	柳	星	張	翼	軫

2005年 平成17年

月＼日	1	2	3	4	5	6	7	8	9	10	11	12	13	14	15	16	17	18	19	20	21	22	23	24	25	26	27	28	29	30	31
1月	角	亢	氐	房	心	尾	箕	斗	女	虚	危	室	壁	奎	婁	胃	昴	畢	觜	参	井	鬼	柳	星	張	翼	軫	角	亢	氐	房
2月	心	尾	箕	斗	女	虚	危	室	室	壁	奎	婁	胃	昴	畢	觜	参	井	鬼	柳	星	張	翼	軫	角	亢	氐	房			
3月	心	尾	箕	斗	女	虚	危	室	壁	奎	婁	胃	昴	畢	觜	参	井	鬼	柳	星	張	翼	軫	角	亢	氐	房	心	尾	箕	斗
4月	女	虚	危	室	壁	奎	婁	胃	胃	昴	畢	觜	参	井	鬼	柳	星	張	翼	軫	角	亢	氐	房	心	尾	箕	斗	女	虚	
5月	危	室	壁	奎	婁	胃	昴	畢	觜	参	井	鬼	柳	星	張	翼	軫	角	亢	氐	房	心	尾	箕	斗	女	虚	危	室	壁	奎
6月	婁	胃	昴	畢	觜	参	参	井	鬼	柳	星	張	翼	軫	角	亢	氐	房	心	尾	箕	斗	女	虚	危	室	壁	奎	婁	胃	
7月	昴	畢	觜	参	井	鬼	柳	星	張	翼	軫	角	亢	氐	房	心	尾	箕	斗	女	虚	危	室	壁	奎	婁	胃	昴	畢	觜	参
8月	井	鬼	柳	星	張	翼	軫	角	亢	氐	房	心	尾	箕	斗	女	虚	危	室	壁	奎	婁	胃	昴	畢	觜	参	井	鬼	柳	星
9月	張	翼	軫	角	亢	氐	房	心	尾	箕	斗	女	虚	危	室	壁	奎	婁	胃	昴	畢	觜	参	井	鬼	柳	星	張	翼	軫	
10月	角	亢	氐	房	心	尾	箕	斗	女	虚	危	室	壁	奎	婁	胃	昴	畢	觜	参	井	鬼	柳	星	張	翼	軫	角	亢	氐	房
11月	心	心	尾	箕	斗	女	虚	危	室	壁	奎	婁	胃	昴	畢	觜	参	井	鬼	柳	星	張	翼	軫	角	亢	氐	房	心	尾	
12月	斗	女	虚	危	室	壁	奎	婁	胃	昴	畢	觜	参	井	鬼	柳	星	張	翼	軫	角	亢	氐	房	心	尾	箕	斗	女	虚	虚

2006年　平成18年

月＼日	1	2	3	4	5	6	7	8	9	10	11	12	13	14	15	16	17	18	19	20	21	22	23	24	25	26	27	28	29	30	31
1月	危	室	壁	奎	婁	胃	昴	畢	觜	参	井	鬼	柳	星	張	翼	軫	角	亢	氐	房	心	尾	箕	斗	女	虚	危	室	壁	奎
2月	婁	胃	昴	畢	觜	参	井	鬼	柳	星	張	翼	軫	角	亢	氐	房	心	尾	箕	斗	女	虚	危	室	壁	奎	奎			
3月	婁	胃	昴	畢	觜	参	井	鬼	柳	星	張	翼	軫	角	亢	氐	房	心	尾	箕	斗	女	虚	危	室	壁	奎	婁	胃	昴	畢
4月	觜	参	井	鬼	柳	星	張	翼	軫	角	亢	氐	房	心	尾	箕	斗	女	虚	危	室	壁	奎	婁	胃	昴	畢	畢	觜	参	
5月	井	鬼	柳	星	張	翼	軫	角	亢	氐	房	心	尾	箕	斗	女	虚	危	室	壁	奎	婁	胃	昴	畢	觜	参	井	鬼	柳	星
6月	張	翼	軫	角	亢	氐	房	心	尾	箕	斗	女	虚	危	室	壁	奎	婁	胃	昴	畢	觜	参	井	鬼	鬼	柳	星	張	翼	
7月	軫	角	亢	氐	房	心	尾	箕	斗	女	虚	危	室	壁	奎	婁	胃	昴	畢	觜	参	井	鬼	柳	張	翼	軫	角	亢	氐	房
8月	心	尾	箕	斗	女	虚	危	室	壁	奎	婁	胃	昴	畢	觜	参	井	鬼	柳	星	張	翼	軫	張	翼	軫	角	亢	氐	房	心
9月	尾	箕	斗	女	虚	危	室	壁	奎	婁	胃	昴	畢	觜	参	井	鬼	柳	星	張	翼	角	亢	氐	房	心	尾	箕	斗	女	
10月	虚	危	室	壁	奎	婁	胃	昴	畢	觜	参	井	鬼	柳	星	張	翼	軫	角	亢	氐	氐	房	心	尾	箕	斗	女	虚	危	室
11月	壁	奎	婁	胃	昴	畢	觜	参	井	鬼	柳	星	張	翼	軫	角	亢	氐	房	心	心	尾	箕	斗	女	虚	危	室	壁	奎	
12月	婁	胃	昴	畢	觜	参	井	鬼	柳	星	張	翼	軫	角	亢	氐	房	心	尾	斗	女	虚	危	室	壁	奎	婁	胃	昴	畢	觜

2007年　平成19年

月＼日	1	2	3	4	5	6	7	8	9	10	11	12	13	14	15	16	17	18	19	20	21	22	23	24	25	26	27	28	29	30	31
1月	参	井	鬼	柳	星	張	翼	軫	角	亢	氐	房	心	尾	箕	斗	女	虚	虚	危	室	壁	奎	婁	胃	昴	畢	觜	参	井	鬼
2月	柳	星	張	翼	軫	角	亢	氐	房	心	尾	箕	斗	女	虚	危	室	室	壁	奎	婁	胃	昴	畢	觜	参	井	鬼			
3月	柳	星	張	翼	軫	角	亢	氐	房	心	尾	箕	斗	女	虚	危	室	壁	奎	婁	胃	昴	畢	觜	参	井	鬼	柳	星	張	翼
4月	軫	角	亢	氐	房	心	尾	箕	斗	女	虚	危	室	壁	奎	婁	胃	昴	畢	觜	参	井	鬼	柳	星	張	翼	軫	角	亢	
5月	氐	房	心	尾	箕	斗	女	虚	危	室	壁	奎	婁	胃	昴	畢	畢	觜	参	井	鬼	柳	星	張	翼	軫	角	亢	氐	房	心
6月	尾	箕	斗	女	虚	危	室	壁	奎	婁	胃	昴	畢	觜	参	井	鬼	柳	星	張	翼	軫	角	亢	氐	房	心	尾	箕	斗	
7月	女	虚	危	室	壁	奎	婁	胃	昴	畢	觜	参	井	鬼	柳	星	張	翼	軫	角	亢	氐	房	心	尾	箕	斗	女	虚	危	室
8月	壁	奎	婁	胃	昴	畢	觜	参	井	鬼	柳	星	張	翼	軫	角	亢	氐	房	心	尾	箕	斗	女	虚	危	室	壁	奎	婁	胃
9月	昴	畢	觜	参	井	鬼	柳	星	張	翼	角	亢	氐	房	心	尾	箕	斗	女	虚	危	室	壁	奎	婁	胃	昴	畢	觜	参	
10月	井	鬼	柳	星	張	翼	軫	角	亢	氐	氐	房	心	尾	箕	斗	女	虚	危	室	壁	奎	婁	胃	昴	畢	觜	参	井	鬼	柳
11月	星	張	翼	軫	角	亢	氐	房	心	心	尾	箕	斗	女	虚	危	室	壁	奎	婁	胃	昴	畢	觜	参	井	鬼	柳	星	張	
12月	翼	軫	角	亢	氐	房	心	尾	箕	斗	女	虚	危	室	壁	奎	婁	胃	昴	畢	觜	参	井	鬼	柳	星	張	翼	軫	角	亢

2008年　平成20年

月＼日	1	2	3	4	5	6	7	8	9	10	11	12	13	14	15	16	17	18	19	20	21	22	23	24	25	26	27	28	29	30	31
1月	氐	房	心	尾	箕	斗	女	虚	危	室	壁	奎	婁	胃	昴	畢	觜	参	井	鬼	柳	星	張	翼	軫	角	亢	氐	房	心	尾
2月	箕	斗	女	虚	危	室	室	壁	奎	婁	胃	昴	畢	觜	参	井	鬼	柳	星	張	翼	軫	角	亢	氐	房	心	尾	箕		
3月	斗	女	虚	危	室	壁	奎	奎	婁	胃	昴	畢	觜	参	井	鬼	柳	星	張	翼	軫	角	亢	氐	房	心	尾	箕	斗	女	虚
4月	危	室	壁	奎	婁	胃	昴	畢	觜	参	井	鬼	柳	星	張	翼	軫	角	亢	氐	房	心	尾	箕	斗	女	虚	危	室	壁	
5月	奎	婁	胃	昴	畢	觜	参	井	鬼	柳	星	張	翼	軫	角	亢	氐	房	心	尾	箕	斗	女	虚	危	室	壁	奎	婁	胃	昴
6月	畢	觜	参	参	井	鬼	柳	星	張	翼	軫	角	亢	氐	房	心	尾	箕	斗	女	虚	危	室	壁	奎	婁	胃	昴	畢	觜	
7月	参	井	鬼	柳	星	張	翼	軫	角	亢	氐	房	心	尾	箕	斗	女	虚	危	室	壁	奎	婁	胃	昴	畢	觜	参	井	鬼	柳
8月	張	翼	軫	角	亢	氐	房	心	尾	箕	斗	女	虚	危	室	壁	奎	婁	胃	昴	畢	觜	参	井	鬼	柳	星	張	翼	軫	角
9月	亢	氐	房	心	尾	箕	斗	女	虚	危	室	壁	奎	婁	胃	昴	畢	觜	参	井	鬼	柳	星	張	翼	軫	角	亢	氐	房	
10月	心	尾	箕	斗	女	虚	危	室	壁	奎	婁	胃	昴	畢	觜	参	井	鬼	柳	星	張	翼	軫	角	亢	氐	房	心	心	尾	箕
11月	斗	女	虚	危	室	壁	奎	婁	胃	昴	畢	觜	参	井	鬼	柳	星	張	翼	軫	角	亢	氐	房	心	尾	箕	斗	女	虚	
12月	危	室	壁	奎	婁	胃	昴	畢	觜	参	井	鬼	柳	星	張	翼	軫	角	亢	氐	房	心	尾	箕	斗	女	虚	危	室	壁	奎

2009年　平成21年

月＼日	1	2	3	4	5	6	7	8	9	10	11	12	13	14	15	16	17	18	19	20	21	22	23	24	25	26	27	28	29	30	31
1月	婁	胃	昴	畢	觜	参	井	鬼	柳	星	張	翼	軫	角	亢	氐	房	心	尾	箕	斗	女	虚	危	室	室	壁	奎	婁	胃	昴
2月	畢	觜	参	井	鬼	柳	星	張	翼	軫	角	亢	氐	房	心	尾	箕	斗	女	虚	危	室	壁	奎	奎	婁	胃	昴			
3月	畢	觜	参	井	鬼	柳	星	張	翼	軫	角	亢	氐	房	心	尾	箕	斗	女	虚	危	室	壁	奎	婁	胃	胃	昴	畢	觜	参
4月	井	鬼	柳	星	張	翼	軫	角	亢	氐	房	心	尾	箕	斗	女	虚	危	室	壁	奎	婁	胃	昴	畢	觜	参	井	鬼	柳	
5月	星	張	翼	軫	角	亢	氐	房	心	尾	箕	斗	女	虚	危	室	壁	奎	婁	胃	昴	畢	觜	参	井	鬼	柳	星	張	翼	軫
6月	角	亢	氐	房	心	尾	箕	斗	女	虚	危	室	壁	奎	婁	胃	昴	畢	觜	参	井	鬼	参	井	鬼	柳	星	張	翼	軫	
7月	角	亢	氐	房	心	尾	箕	斗	女	虚	危	室	壁	奎	婁	胃	昴	畢	觜	参	井	鬼	柳	星	張	翼	軫	角	亢	氐	房
8月	心	尾	箕	斗	女	虚	危	室	壁	奎	婁	胃	昴	畢	觜	参	井	鬼	柳	張	翼	軫	角	亢	氐	房	心	尾	箕	斗	女
9月	虚	危	室	壁	奎	婁	胃	昴	畢	觜	参	井	鬼	柳	星	張	翼	軫	角	亢	氐	房	心	尾	箕	斗	女	虚	危	室	
10月	壁	奎	婁	胃	昴	畢	觜	参	井	鬼	柳	星	張	翼	軫	角	亢	氐	房	心	尾	箕	斗	女	虚	危	室	壁	奎	婁	胃
11月	昴	畢	觜	参	井	鬼	柳	星	張	翼	軫	角	亢	氐	房	心	心	尾	箕	斗	女	虚	危	室	壁	奎	婁	胃	昴	畢	
12月	觜	参	井	鬼	柳	星	張	翼	軫	角	亢	氐	房	心	尾	斗	女	虚	危	室	壁	奎	婁	胃	昴	畢	觜	参	井	鬼	柳

2010年　平成22年

月＼日	1	2	3	4	5	6	7	8	9	10	11	12	13	14	15	16	17	18	19	20	21	22	23	24	25	26	27	28	29	30	31
1月	星	張	翼	軫	角	亢	氐	房	心	尾	箕	斗	女	虚	虚	危	室	壁	奎	婁	胃	昴	畢	觜	参	井	鬼	柳	星	張	翼
2月	軫	角	亢	氐	房	心	尾	箕	斗	女	虚	危	室	室	壁	奎	婁	胃	昴	畢	觜	参	井	鬼	柳	星	張	翼			
3月	軫	角	亢	氐	房	心	尾	箕	斗	女	虚	危	室	壁	奎	奎	婁	胃	昴	畢	觜	参	井	鬼	柳	星	張	翼	軫	角	亢
4月	氐	房	心	尾	箕	斗	女	虚	危	室	壁	奎	婁	胃	昴	畢	觜	参	井	鬼	柳	星	張	翼	軫	角	亢	氐	房	心	
5月	尾	箕	斗	女	虚	危	室	壁	奎	婁	胃	昴	畢	畢	觜	参	井	鬼	柳	星	張	翼	軫	角	亢	氐	房	心	尾	箕	斗
6月	女	虚	危	室	壁	奎	婁	胃	昴	畢	觜	参	井	鬼	柳	星	張	翼	軫	角	亢	氐	房	心	尾	箕	斗	女	虚	危	
7月	室	壁	奎	婁	胃	昴	畢	觜	参	井	鬼	鬼	柳	星	張	翼	軫	角	亢	氐	房	心	尾	箕	斗	女	虚	危	室	壁	奎
8月	婁	胃	昴	畢	觜	参	井	鬼	柳	張	翼	軫	角	亢	氐	房	心	尾	箕	斗	女	虚	危	室	壁	奎	婁	胃	昴	畢	觜
9月	参	井	鬼	柳	星	張	翼	角	亢	氐	房	心	尾	箕	斗	女	虚	危	室	壁	奎	婁	胃	昴	畢	觜	参	井	鬼	柳	
10月	星	張	翼	軫	角	亢	氐	氐	房	心	尾	箕	斗	女	虚	危	室	壁	奎	婁	胃	昴	畢	觜	参	井	鬼	柳	星	張	翼
11月	軫	角	亢	氐	房	心	尾	箕	斗	女	虚	危	室	壁	奎	婁	胃	昴	畢	觜	参	井	鬼	柳	星	張	翼	軫	角	亢	
12月	氐	房	心	尾	箕	斗	女	虚	危	室	壁	奎	婁	胃	昴	畢	觜	参	井	鬼	柳	星	張	翼	軫	角	亢	氐	房	心	尾

2011年 平成23年

月＼日	1	2	3	4	5	6	7	8	9	10	11	12	13	14	15	16	17	18	19	20	21	22	23	24	25	26	27	28	29	30	31
1月	箕	斗	女	虚	危	室	壁	奎	婁	胃	昴	畢	觜	参	井	鬼	柳	星	張	翼	軫	角	亢	氐	房	心	尾	箕	斗	女	虚
2月	危	室	室	壁	奎	婁	胃	昴	畢	觜	参	井	鬼	柳	星	張	翼	軫	角	亢	氐	房	心	尾	箕	斗	女	虚			
3月	危	室	壁	奎	奎	婁	胃	昴	畢	觜	参	井	鬼	柳	星	張	翼	軫	角	亢	氐	房	心	尾	箕	斗	女	虚	危	室	壁
4月	奎	婁	胃	昴	畢	觜	参	井	鬼	柳	星	張	翼	軫	角	亢	氐	房	心	尾	箕	斗	女	虚	危	室	壁	奎	婁	胃	
5月	昴	畢	畢	觜	参	井	鬼	柳	星	張	翼	軫	角	亢	氐	房	心	尾	箕	斗	女	虚	危	室	壁	奎	婁	胃	昴	畢	觜
6月	参	参	井	鬼	柳	星	張	翼	軫	角	亢	氐	房	心	尾	箕	斗	女	虚	危	室	壁	奎	婁	胃	昴	畢	觜	参	井	
7月	鬼	柳	星	張	翼	軫	角	亢	氐	房	心	尾	箕	斗	女	虚	危	室	壁	奎	婁	胃	昴	畢	觜	参	井	鬼	柳	星	張
8月	翼	軫	角	亢	氐	房	心	尾	箕	斗	女	虚	危	室	壁	奎	婁	胃	昴	畢	觜	参	井	鬼	柳	星	張	翼	角	亢	氐
9月	房	心	尾	箕	斗	女	虚	危	室	壁	奎	婁	胃	昴	畢	觜	参	井	鬼	柳	星	張	翼	軫	角	亢	氐	房	心	尾	
10月	箕	斗	女	虚	危	室	壁	奎	婁	胃	昴	畢	觜	参	井	鬼	柳	星	張	翼	軫	角	亢	氐	房	心	心	尾	箕	斗	女
11月	虚	危	室	壁	奎	婁	胃	昴	畢	觜	参	井	鬼	柳	星	張	翼	軫	角	亢	氐	房	心	尾	斗	女	虚	危	室	壁	
12月	奎	婁	胃	昴	畢	觜	参	井	鬼	柳	星	張	翼	軫	角	亢	氐	房	心	尾	箕	斗	女	虚	虚	危	室	壁	奎	婁	胃

2012年 平成24年

月＼日	1	2	3	4	5	6	7	8	9	10	11	12	13	14	15	16	17	18	19	20	21	22	23	24	25	26	27	28	29	30	31
1月	昴	畢	觜	参	井	鬼	柳	星	張	翼	軫	角	亢	氐	房	心	尾	箕	斗	女	虚	危	室	壁	奎	婁	胃	昴	畢	觜	参
2月	井	鬼	柳	星	張	翼	軫	角	亢	氐	房	心	尾	箕	斗	女	虚	危	室	壁	奎	奎	婁	胃	昴	畢	觜	参	井		
3月	鬼	柳	星	張	翼	軫	角	亢	氐	房	心	尾	箕	斗	女	虚	危	室	壁	奎	婁	胃	昴	畢	觜	参	井	鬼	柳	星	張
4月	翼	軫	角	亢	氐	房	心	尾	箕	斗	女	虚	危	室	壁	奎	婁	胃	昴	畢	畢	觜	参	井	鬼	柳	星	張	翼	軫	
5月	角	亢	氐	房	心	尾	箕	斗	女	虚	危	室	壁	奎	婁	胃	昴	畢	觜	参	畢	觜	参	井	鬼	柳	星	張	翼	軫	角
6月	亢	氐	房	心	尾	箕	斗	女	虚	危	室	壁	奎	婁	胃	昴	畢	觜	参	井	鬼	柳	星	張	翼	軫	角	亢	氐	房	
7月	心	尾	箕	斗	女	虚	危	室	壁	奎	婁	胃	昴	畢	觜	参	井	鬼	鬼	柳	星	張	翼	軫	角	亢	氐	房	心	尾	箕
8月	斗	女	虚	危	室	壁	奎	婁	胃	昴	畢	觜	参	井	鬼	柳	張	張	翼	軫	角	亢	氐	房	心	尾	箕	斗	女	虚	危
9月	室	奎	婁	胃	昴	畢	觜	参	井	鬼	柳	星	張	翼	翼	角	亢	氐	房	心	尾	箕	斗	女	虚	危	室	壁	奎	婁	
10月	胃	昴	畢	觜	参	井	鬼	柳	星	張	翼	軫	角	亢	氐	房	心	尾	箕	斗	女	虚	危	室	壁	奎	婁	胃	昴	畢	觜
11月	参	井	鬼	柳	星	張	翼	軫	角	亢	氐	房	心	心	尾	箕	斗	女	虚	危	室	壁	奎	婁	胃	昴	畢	觜	参	井	
12月	鬼	柳	星	張	翼	軫	角	亢	氐	房	心	尾	斗	女	虚	危	室	壁	奎	婁	胃	昴	畢	觜	参	井	鬼	柳	星	張	翼

2013年 平成25年

月＼日	1	2	3	4	5	6	7	8	9	10	11	12	13	14	15	16	17	18	19	20	21	22	23	24	25	26	27	28	29	30	31
1月	軫	角	亢	氐	房	心	尾	箕	斗	女	虚	虚	危	室	壁	奎	婁	胃	昴	畢	觜	参	井	鬼	柳	星	張	翼	軫	角	亢
2月	氐	房	心	尾	箕	斗	女	虚	危	室	壁	奎	婁	胃	昴	畢	觜	参	井	鬼	柳	星	張	翼	軫	角	亢	氐			
3月	房	心	尾	箕	斗	女	虚	危	室	壁	奎	奎	婁	胃	昴	畢	觜	参	井	鬼	柳	星	張	翼	軫	角	亢	氐	房	心	尾
4月	箕	斗	女	虚	危	室	壁	奎	婁	胃	昴	畢	觜	参	井	鬼	柳	星	張	翼	軫	角	亢	氐	房	心	尾	箕	斗	女	
5月	虚	危	室	壁	奎	婁	胃	昴	畢	畢	觜	参	井	鬼	柳	星	張	翼	軫	角	亢	氐	房	心	尾	箕	斗	女	虚	危	室
6月	壁	奎	婁	胃	昴	畢	觜	参	参	井	鬼	柳	星	張	翼	軫	角	亢	氐	房	心	尾	箕	斗	女	虚	危	室	壁	奎	
7月	婁	胃	昴	畢	觜	参	井	鬼	柳	星	張	翼	軫	角	亢	氐	房	心	尾	箕	斗	女	虚	危	室	壁	奎	婁	胃	昴	畢
8月	觜	参	井	鬼	柳	星	張	翼	軫	角	亢	氐	房	心	尾	箕	斗	女	虚	危	室	壁	奎	婁	胃	昴	畢	觜	参	井	鬼
9月	柳	星	張	翼	角	亢	氐	房	心	尾	箕	斗	女	虚	危	室	壁	奎	婁	胃	昴	畢	觜	参	井	鬼	柳	星	張	翼	
10月	軫	角	亢	氐	氐	房	心	尾	箕	斗	女	虚	危	室	壁	奎	婁	胃	昴	畢	觜	参	井	鬼	柳	星	張	翼	軫	角	亢
11月	氐	房	心	尾	箕	斗	女	虚	危	室	壁	奎	婁	胃	昴	畢	觜	参	井	鬼	柳	星	張	翼	軫	角	亢	氐	房	心	
12月	尾	箕	斗	女	虚	危	室	壁	奎	婁	胃	昴	畢	觜	参	井	鬼	柳	星	張	翼	軫	角	亢	氐	房	心	尾	箕	斗	女

2014年 平成26年

月＼日	1	2	3	4	5	6	7	8	9	10	11	12	13	14	15	16	17	18	19	20	21	22	23	24	25	26	27	28	29	30	31
1月	虚	危	室	壁	奎	婁	胃	昴	畢	觜	参	井	鬼	柳	星	張	翼	軫	角	亢	氐	房	心	尾	箕	斗	女	虚	危	室	室
2月	壁	奎	婁	胃	昴	畢	觜	参	井	鬼	柳	星	張	翼	軫	角	亢	氐	房	心	尾	箕	斗	女	虚	危	室	壁			
3月	奎	婁	胃	昴	畢	觜	参	井	鬼	柳	星	張	翼	軫	角	亢	氐	房	心	尾	箕	斗	女	虚	危	室	壁	奎	婁	胃	胃
4月	昴	畢	觜	参	井	鬼	柳	星	張	翼	軫	角	亢	氐	房	心	尾	箕	斗	女	虚	危	室	壁	奎	婁	胃	昴	畢	觜	
5月	参	井	鬼	柳	星	張	翼	軫	角	亢	氐	房	心	尾	箕	斗	女	虚	危	室	壁	奎	婁	胃	昴	畢	觜	参	参	井	鬼
6月	柳	星	張	翼	軫	角	亢	氐	房	心	尾	箕	斗	女	虚	危	室	壁	奎	婁	胃	昴	畢	觜	参	井	鬼	柳	星	張	
7月	翼	軫	角	亢	氐	房	心	尾	箕	斗	女	虚	危	室	壁	奎	婁	胃	昴	畢	觜	参	井	鬼	柳	星	張	翼	軫	角	亢
8月	氐	房	心	尾	箕	斗	女	虚	危	室	壁	奎	婁	胃	昴	畢	觜	参	井	鬼	柳	星	張	翼	角	亢	氐	房	心	尾	箕
9月	斗	女	虚	危	室	壁	奎	婁	胃	昴	畢	觜	参	井	鬼	柳	星	張	翼	軫	角	亢	氐	氐	房	心	尾	箕	斗	女	
10月	虚	危	室	壁	奎	婁	胃	昴	畢	觜	参	井	鬼	柳	星	張	翼	軫	角	亢	氐	房	心	氐	房	心	尾	箕	斗	女	虚
11月	危	室	壁	奎	婁	胃	昴	畢	觜	参	井	鬼	柳	星	張	翼	軫	角	亢	氐	房	心	尾	箕	斗	女	虚	危	室	壁	
12月	奎	婁	胃	昴	畢	觜	参	井	鬼	柳	星	張	翼	軫	角	亢	氐	房	心	尾	箕	斗	女	虚	危	室	壁	奎	婁	胃	昴

2015年 平成27年

月＼日	1	2	3	4	5	6	7	8	9	10	11	12	13	14	15	16	17	18	19	20	21	22	23	24	25	26	27	28	29	30	31
1月	畢	觜	参	井	鬼	柳	星	張	翼	軫	角	亢	氐	房	心	尾	箕	斗	女	虚	危	室	壁	奎	婁	胃	昴	畢	觜	参	井
2月	鬼	柳	星	張	翼	軫	角	亢	氐	房	心	尾	箕	斗	女	虚	危	室	室	壁	奎	婁	胃	昴	畢	觜	参	井			
3月	鬼	柳	星	張	翼	軫	角	亢	氐	房	心	尾	箕	斗	女	虚	危	室	壁	奎	婁	胃	昴	畢	觜	参	井	鬼	柳	星	張
4月	翼	軫	角	亢	氐	房	心	尾	箕	斗	女	虚	危	室	壁	奎	婁	胃	胃	昴	畢	觜	参	井	鬼	柳	星	張	翼	軫	
5月	角	亢	氐	房	心	尾	箕	斗	女	虚	危	室	壁	奎	婁	胃	昴	畢	觜	参	井	鬼	柳	星	張	翼	軫	角	亢	氐	房
6月	心	尾	箕	斗	女	虚	危	室	壁	奎	婁	胃	昴	畢	觜	参	井	鬼	柳	星	張	翼	軫	角	亢	氐	房	心	尾	箕	
7月	斗	女	虚	危	室	壁	奎	婁	胃	昴	畢	觜	参	井	鬼	鬼	柳	星	張	翼	軫	角	亢	氐	房	心	尾	箕	斗	女	虚
8月	危	室	壁	奎	婁	胃	昴	畢	觜	参	井	鬼	柳	張	翼	軫	角	亢	氐	房	心	尾	箕	斗	女	虚	危	室	壁	奎	婁
9月	胃	昴	畢	觜	参	井	鬼	柳	星	張	翼	軫	角	亢	氐	房	心	尾	箕	斗	女	虚	危	室	壁	奎	婁	胃	昴	畢	
10月	觜	参	井	鬼	柳	星	張	翼	軫	角	亢	氐	氐	房	心	尾	箕	斗	女	虚	危	室	壁	奎	婁	胃	昴	畢	觜	参	井
11月	鬼	柳	星	張	翼	軫	角	亢	氐	房	心	心	尾	箕	斗	女	虚	危	室	壁	奎	婁	胃	昴	畢	觜	参	井	鬼	柳	
12月	星	張	翼	軫	角	亢	氐	房	心	尾	斗	女	虚	危	室	壁	奎	婁	胃	昴	畢	觜	参	井	鬼	柳	星	張	翼	軫	角

2016年 平成28年

月＼日	1	2	3	4	5	6	7	8	9	10	11	12	13	14	15	16
1月	亢	氐	房	心	尾	箕	斗	女	虚	虚	危	室	壁	奎	婁	胃
2月	心	尾	箕	斗	女	虚	危	室	壁	奎	婁	胃	昴	畢	觜	参
3月	箕	斗	女	虚	危	室	壁	奎	奎	婁	胃	昴	畢	觜	参	井
4月	虚	危	室	壁	奎	婁	胃	昴	畢	觜	参	井	鬼	柳	星	張
5月	壁	奎	婁	胃	昴	畢	畢	觜	参	井	鬼	柳	星	張	翼	軫
6月	胃	昴	畢	觜	参	井	鬼	柳	星	張	翼	軫	角	亢	氐	房
7月	觜	参	井	鬼	柳	星	張	翼	軫	角	亢	氐	房	心	尾	箕
8月	柳	星	張	翼	軫	角	亢	氐	房	心	尾	箕	斗	女	虚	危
9月	角	亢	氐	房	心	尾	箕	斗	女	虚	危	室	壁	奎	婁	胃
10月	氐	房	心	尾	箕	斗	女	虚	危	室	壁	奎	婁	胃	昴	畢
11月	尾	箕	斗	女	虚	危	室	壁	奎	婁	胃	昴	畢	觜	参	井
12月	虚	危	室	壁	奎	婁	胃	昴	畢	觜	参	井	鬼	柳	星	張

月＼日	17	18	19	20	21	22	23	24	25	26	27	28	29	30	31
1月	昴	畢	觜	参	井	鬼	柳	星	張	翼	軫	角	亢	氐	房
2月	井	鬼	柳	星	張	翼	軫	角	亢	氐	房	心	尾		
3月	鬼	柳	星	張	翼	軫	角	亢	氐	房	心	尾	箕	斗	女
4月	翼	軫	角	亢	氐	房	心	尾	箕	斗	女	虚	危	室	
5月	角	亢	氐	房	心	尾	箕	斗	女	虚	危	室	壁	奎	婁
6月	心	尾	箕	斗	女	虚	危	室	壁	奎	婁	胃	昴	畢	
7月	斗	女	虚	危	室	壁	奎	婁	胃	昴	畢	觜	参	井	鬼
8月	室	壁	奎	婁	胃	昴	畢	觜	参	井	鬼	柳	星	張	翼
9月	昴	畢	觜	参	井	鬼	柳	星	張	翼	軫	角	亢	氐	
10月	觜	参	井	鬼	柳	星	張	翼	軫	角	亢	氐	房	心	心
11月	鬼	柳	星	張	翼	軫	角	亢	氐	房	心	尾	斗	女	
12月	翼	軫	角	亢	氐	房	心	尾	箕	斗	女	虚	虚	危	室

2017年 平成29年

月＼日	1	2	3	4	5	6	7	8	9	10	11	12	13	14	15	16
1月	壁	奎	婁	胃	昴	畢	觜	参	井	鬼	柳	星	張	翼	軫	角
2月	胃	昴	畢	觜	参	井	鬼	柳	星	張	翼	軫	角	亢	氐	房
3月	昴	畢	觜	参	井	鬼	柳	星	張	翼	軫	角	亢	氐	房	心
4月	参	井	鬼	柳	星	張	翼	軫	角	亢	氐	房	心	尾	箕	斗
5月	柳	星	張	翼	軫	角	亢	氐	房	心	尾	箕	斗	女	虚	危
6月	翼	軫	角	亢	氐	房	心	尾	箕	斗	女	虚	危	室	壁	奎
7月	軫	角	亢	氐	房	心	尾	箕	斗	女	虚	危	室	壁	奎	婁
8月	房	心	尾	箕	斗	女	虚	危	室	壁	奎	婁	胃	昴	畢	觜
9月	斗	女	虚	危	室	壁	奎	婁	胃	昴	畢	觜	参	井	鬼	柳
10月	室	壁	奎	婁	胃	昴	畢	觜	参	井	鬼	柳	星	張	翼	軫
11月	婁	胃	昴	畢	觜	参	井	鬼	柳	星	張	翼	軫	角	亢	氐
12月	畢	觜	参	井	鬼	柳	星	張	翼	軫	角	亢	氐	房	心	尾

月＼日	17	18	19	20	21	22	23	24	25	26	27	28	29	30	31
1月	亢	氐	房	心	尾	箕	斗	女	虚	危	室	室	壁	奎	婁
2月	心	尾	箕	斗	女	虚	危	室	壁	奎	婁	胃			
3月	尾	箕	斗	女	虚	危	室	壁	奎	婁	胃	胃	昴	畢	觜
4月	女	虚	危	室	壁	奎	婁	胃	昴	畢	觜	参	井	鬼	
5月	室	壁	奎	婁	胃	昴	畢	觜	参	参	井	鬼	柳	星	張
6月	婁	胃	昴	畢	觜	参	井	参	井	鬼	柳	星	張	翼	
7月	胃	昴	畢	觜	参	井	鬼	柳	星	張	翼	軫	角	亢	氐
8月	参	井	鬼	柳	星	張	翼	軫	角	亢	氐	房	心	尾	箕
9月	星	張	翼	角	亢	氐	房	心	尾	箕	斗	女	虚	危	
10月	角	亢	氐	氐	房	心	尾	箕	斗	女	虚	危	室	壁	奎
11月	房	心	尾	箕	斗	女	虚	危	室	壁	奎	婁	胃	昴	
12月	箕	斗	女	虚	危	室	壁	奎	婁	胃	昴	畢	觜	参	井

2018年 平成30年

月＼日	1	2	3	4	5	6	7	8	9	10	11	12	13	14	15	16
1月	鬼	柳	星	張	翼	軫	角	亢	氐	房	心	尾	箕	斗	女	虚
2月	張	翼	軫	角	亢	氐	房	心	尾	箕	斗	女	虚	危	室	室
3月	張	翼	軫	角	亢	氐	房	心	尾	箕	斗	女	虚	危	室	壁
4月	亢	氐	房	心	尾	箕	斗	女	虚	危	室	壁	奎	婁	胃	胃
5月	房	心	尾	箕	斗	女	虚	危	室	壁	奎	婁	胃	昴	畢	觜
6月	斗	女	虚	危	室	壁	奎	婁	胃	昴	畢	觜	参	参	井	鬼
7月	虚	危	室	壁	奎	婁	胃	昴	畢	觜	参	井	鬼	柳	星	張
8月	奎	婁	胃	昴	畢	觜	参	井	鬼	柳	張	翼	軫	角	亢	氐
9月	觜	参	井	鬼	柳	星	張	翼	軫	角	亢	氐	房	心	尾	箕
10月	鬼	柳	星	張	翼	軫	角	亢	氐	房	心	尾	箕	斗	女	虚
11月	翼	軫	角	亢	氐	房	心	心	尾	箕	斗	女	虚	危	室	壁
12月	角	亢	氐	房	心	尾	斗	女	虚	危	室	壁	奎	婁	胃	昴

月＼日	17	18	19	20	21	22	23	24	25	26	27	28	29	30	31
1月	虚	危	室	壁	奎	婁	胃	昴	畢	觜	参	井	鬼	柳	星
2月	壁	奎	婁	胃	昴	畢	觜	参	井	鬼	柳	星			
3月	奎	婁	胃	昴	畢	觜	参	井	鬼	柳	星	張	翼	軫	角
4月	昴	畢	觜	参	井	鬼	柳	星	張	翼	軫	角	亢	氐	
5月	参	井	鬼	柳	星	張	翼	軫	角	亢	氐	房	心	尾	箕
6月	柳	星	張	翼	軫	角	亢	氐	房	心	尾	箕	斗	女	
7月	翼	軫	角	亢	氐	房	心	尾	箕	斗	女	虚	危	室	壁
8月	房	心	尾	箕	斗	女	虚	危	室	壁	奎	婁	胃	昴	畢
9月	斗	女	虚	危	室	壁	奎	婁	胃	昴	畢	觜	参	井	
10月	危	室	壁	奎	婁	胃	昴	畢	觜	参	井	鬼	柳	星	張
11月	奎	婁	胃	昴	畢	觜	参	井	鬼	柳	星	張	翼	軫	
12月	畢	觜	参	井	鬼	柳	星	張	翼	軫	角	亢	氐	房	心

2019年 平成31年

月＼日	1	2	3	4	5	6	7	8	9	10	11	12	13	14	15	16
1月	尾	箕	斗	女	虚	虚	危	室	壁	奎	婁	胃	昴	畢	觜	参
2月	女	虚	危	室	室	壁	奎	婁	胃	昴	畢	觜	参	井	鬼	柳
3月	女	虚	危	室	壁	奎	奎	婁	胃	昴	畢	觜	参	井	鬼	柳
4月	室	壁	奎	婁	胃	昴	畢	觜	参	井	鬼	柳	星	張	翼	軫
5月	婁	胃	昴	畢	畢	觜	参	井	鬼	柳	星	張	翼	軫	角	亢
6月	畢	觜	参	井	鬼	柳	星	張	翼	軫	角	亢	氐	房	心	尾
7月	井	鬼	鬼	柳	星	張	翼	軫	角	亢	氐	房	心	尾	箕	斗
8月	張	翼	軫	角	亢	氐	房	心	尾	箕	斗	女	虚	危	室	壁
9月	氐	房	心	尾	箕	斗	女	虚	危	室	壁	奎	婁	胃	昴	畢
10月	心	尾	箕	斗	女	虚	危	室	壁	奎	婁	胃	昴	畢	觜	参
11月	女	虚	危	室	壁	奎	婁	胃	昴	畢	觜	参	井	鬼	柳	星
12月	室	奎	婁	胃	昴	畢	觜	参	井	鬼	柳	星	張	翼	軫	角

月＼日	17	18	19	20	21	22	23	24	25	26	27	28	29	30	31
1月	井	鬼	柳	星	張	翼	軫	角	亢	氐	房	心	尾	箕	斗
2月	星	張	翼	軫	角	亢	氐	房	心	尾	箕	斗			
3月	星	張	翼	軫	角	亢	氐	房	心	尾	箕	斗	女	虚	危
4月	角	亢	氐	房	心	尾	箕	斗	女	虚	危	室	壁	奎	
5月	氐	房	心	尾	箕	斗	女	虚	危	室	壁	奎	婁	胃	昴
6月	箕	斗	女	虚	危	室	壁	奎	婁	胃	昴	畢	觜	参	
7月	女	虚	危	室	壁	奎	婁	胃	昴	畢	觜	参	井	鬼	柳
8月	奎	婁	胃	昴	畢	觜	参	井	鬼	柳	星	張	翼	角	亢
9月	觜	参	井	鬼	柳	星	張	翼	軫	角	亢	氐	氐	房	
10月	井	鬼	柳	星	張	翼	軫	角	亢	氐	房	心	尾	箕	斗
11月	張	翼	軫	角	亢	氐	房	心	尾	箕	斗	女	虚	危	
12月	亢	氐	房	心	尾	箕	斗	女	女	虚	危	室	壁	奎	婁

2020年 平成32年

月＼日	1	2	3	4	5	6	7	8	9	10	11	12	13	14	15	16
1月	胃	昴	畢	觜	参	井	鬼	柳	星	張	翼	軫	角	亢	氐	房
2月	觜	参	井	鬼	柳	星	張	翼	軫	角	亢	氐	房	心	尾	箕
3月	参	井	鬼	柳	星	張	翼	軫	角	亢	氐	房	心	尾	箕	斗
4月	星	張	翼	軫	角	亢	氐	房	心	尾	箕	斗	女	虚	危	室
5月	翼	軫	角	亢	氐	房	心	尾	箕	斗	女	虚	危	室	壁	奎
6月	軫	角	亢	氐	房	心	尾	箕	斗	女	虚	危	室	壁	奎	婁
7月	氐	房	心	尾	箕	斗	女	虚	危	室	壁	奎	婁	胃	昴	畢
8月	尾	箕	斗	女	虚	危	室	壁	奎	婁	胃	昴	畢	觜	参	井
9月	危	室	壁	奎	婁	胃	昴	畢	觜	参	井	鬼	柳	星	張	翼
10月	婁	胃	昴	畢	觜	参	井	鬼	柳	星	張	翼	軫	角	亢	氐
11月	畢	觜	参	井	鬼	柳	星	張	翼	軫	角	亢	氐	房	心	尾
12月	井	鬼	柳	星	張	翼	軫	角	亢	氐	房	心	尾	箕	斗	女

月＼日	17	18	19	20	21	22	23	24	25	26	27	28	29	30	31
1月	心	尾	箕	斗	女	虚	危	室	室	壁	奎	婁	胃	昴	畢
2月	斗	女	虚	危	室	壁	奎	奎	婁	胃	昴	畢	觜		
3月	女	虚	危	室	壁	奎	婁	胃	昴	畢	觜	参	井	鬼	柳
4月	壁	奎	婁	胃	昴	畢	畢	觜	参	井	鬼	柳	星	張	
5月	婁	胃	昴	畢	觜	参	畢	觜	参	井	鬼	柳	星	張	翼
6月	胃	昴	畢	觜	参	井	鬼	柳	星	張	翼	軫	角	亢	
7月	觜	参	井	鬼	鬼	柳	星	張	翼	軫	角	亢	氐	房	心
8月	鬼	柳	張	翼	軫	角	亢	氐	房	心	尾	箕	斗	女	虚
9月	角	亢	氐	房	心	尾	箕	斗	女	虚	危	室	壁	奎	
10月	氐	房	心	尾	箕	斗	女	虚	危	室	壁	奎	婁	胃	昴
11月	箕	斗	女	虚	危	室	壁	奎	婁	胃	昴	畢	觜	参	
12月	虚	危	室	壁	奎	婁	胃	昴	畢	觜	参	井	鬼	柳	星

水晶玉子

東洋・西洋の枠を超えて、数々の占術を研究。1998年、『FRaU』占い特集号にて宿曜経にインド占星術を加味したオリジナルの「オリエンタル占星術」を発表。大反響となり、以後15年あまり、年２回の特別付録「オリエンタル占星術カレンダー」は不動の人気を築いている。現在、『MEN'S NON-NO』『SPUR』『MISS』『TVぴあ』など数多くの雑誌で連載を持ち、携帯・PCサイト「オリエンタル占星術」や「マンダリン占星術」など幅広く活躍中。蟹座の危宿で、趣味は歴史、バレエ鑑賞とウサギ。

オリエンタル占星術　http://fortune.goo.ne.jp/oriental/
公式ツイッターアカウント　@Suisho_Tamako
公式ブログ　http://blog.frau-web.net/tamako/

ブックデザイン　伊藤泰久（Dynamite Brothers Syndicate）
装画　マツオアキコ
27宿の星座図（p.8）　野本あやこ
編集　FRaU編集部

はじめてのオリエンタル占星術《せんせいじゅつ》　―27宿《しゅく》の秘密《ひみつ》―
2012年３月26日　第１刷発行
2016年11月１日　第３刷発行

著者　水晶玉子《すいしょうたまこ》
発行者　鈴木 哲
発行所　株式会社　講談社
〒112-8001　東京都文京区音羽2-12-21
☎03-5395-3452（編集）
☎03-5395-3606（販売）
☎03-5395-3615（業務）
印刷　大日本印刷株式会社
製本　大口製本印刷株式会社

ISBN978-4-06-217562-3